형사기록 연습

김 재 중 저

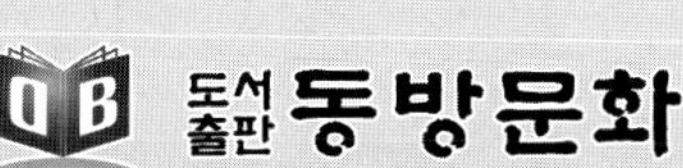

머 리 말

주지하는 바와 같이 형사소송 분야는 최근 수 차례의 형사소송법 개정과 국민의 형사재판참여에 관한 법률의 제정으로 인하여 과거의 법률과는 질적, 양적인 면에서 많은 차이가 있게 되었고 이로 인하여 형사법정의 모습도 달라졌으며 형사 절차도 큰 변화를 맞이하게 되었다. 공판중심주의가 학자 사이에서 뿐만 아니라 전 국민들의 관심거리가 되었고 공판중심주의를 실질적으로 실현시키기 위해 공판준비절차가 강화되고 증거개시제도가 도입되었다. 형사재판에 있어 피해자의 권리가 두드러지게 강조되고 있으며 이러한 피해자 보호주의는 형사소송체계 전반의 틀을 피고인 중심에서 피해자 중심으로 재편할 것을 요구하고 있다. 나아가 국민이 배심원으로 형사재판에 참여하는 국민사법참여제도가 실시되면서 사법 분야에도 민주적 정당성 확보를 위한 각종 제도의 도입이 논의되고 있는 시점이다.

저자는 제25회 사법시험 합격하여 사법연수원을 15기로 수료하고 법조실무에 종사하던 중 대학원에서 형사법을 전공하여 박사학위를 취득한 후 법학전문대학원 제도 도입이 논의될 때 충북대학교에서 형사법 실무교수로 재직하게 되면서 자연스럽게 형사기록연습과목을 강의하게 되었다. 변호사시절에 형사사건의 국선변호, 사선변호를 통하여 일천 명 이상의 피의자, 피고인을 접견하고 그 가족들과 면담한 바 있기에 이러한 경험과 지식이 녹아 들어간 교재를 만들어 학생들에게 다양한 사건을 접하게 하는 것이 좋겠다는 생각을 하여 왔지만 막상 변호사시험을 앞두고 있는 로스쿨 학생들에게 효과적으로 시험을 대비할 수 있게 하기 위해서는 기출문제를 중심으로 형사법 기록형 문제에 대한 적응력을 기르면서 새로운 유형의 문제들도 접하는 것이 최선이라는 생각에서 우선 기출문제에 대한 소개와 해설을 하는 것이 필요하다고 생각하게 되었다. 또한 기록형 실무교육에 대한 별다른 자료가 없었던 터에 사법연수원 교수와 로스쿨 실무 교수들이 중심이 된 법실무연구회에서 민형사 사건기록을 제공한 바 있어 그 문제도 소개하려 한다.

형사기록연습이라는 과목을 통하여 우리 학생들이 형법이나 형사소송법적 지식을 응용하고 대법원의 판례가 어떻게 형성되었으며 실제 어떻게 적용되고 있는 지 살펴보고 이해하는 시간이 되기를 바라며 이 교재가 학생들에게 도움이 되기를 바란다. 그리하여 변호사로서 훌륭한 법조생활을 하는 작은 밑거름이 되길 희망한다. 이 책에는 먼저 기록형 문제를 접하기 위한 기초이론을 소개하고 대표적인 기록형 문제와 그 해결방안을 제시하는 것으로 지면을 채울까 한다. 부족한 부분이 많을 것이겠지만 차후에 이를 보완하겠다는 말로써 이해를 구하고자 한다.

이 교재의 발간을 계기로 저자는 형사소송관련 쟁점들을 더욱 활발하게 연구하여 학생들이 법조실무에 보다 익숙하게 연착륙하는데 길잡이가 되겠다는 다짐도 하여 본다. 이 책이 출간될 수 있도록 모든 노력을 아끼지 않은 동방문화사의 임직원, 그리고 충북대학교 법학전문대학원 구성원들께 충심으로 감사드린다. 출판과정에 힘을 보태준 정희진 학생에게 고마움을 전하며 그의 발전을 기원한다.

2014년 8월

김 재 중

목 차

▸ 형사기록연습을 위한 기초이론

▸ 연습문제

형사기록연습을 위한

기초이론

제1장 공판심리의 범위

제2장 공판기일의 절차

제3장 전문증거의 증거능력 - 전문법칙

제4장 위법수집증거배제법칙

제5장 종국재판

제1장 공판심리의 범위

Ⅰ. 심판의 대상

1. 의의

가. 심판의 대상과 불고불리의 원칙

(1) 검사가 공소를 제기함에는 법원에 공소장을 제출하여야 하고, 공소장에 기재된 공소사실은 범죄의 시일·장소와 방법을 명시하여 사실을 특정할 수 있어야 한다(제254조 제1항·제4항).

(2) 법원의 심판의 대상이 공소장에 기재된 피고인과 공소사실에 제한 되어야 한다는 것은 불고불리의 원칙의 당연한 결과이다.

(3) 공소장에 공소사실을 특정하도록 하고 법원의 심판의 대상을 공소장에 기재된 공소사실에 제한하는 것은 피고인의 방어권행사를 보장하여 당사자주의의 실효성을 확보하기 위한 것이다.

나. 심판대상의 확정기능

공소제기의 효력은 공소장에 기재된 공소사실과 동일성이 있는 사실의 전부에 미치므로(제327조 제3호), 판결의 기판력도 동일성이 인정되는 사건의 전부에 미치므로, 확정판결이 있는 때에는 비록 경범죄처벌법위반으로 즉결심판이 확정된 때에도 그것과 동일성이 인정되는 강간사건에 대하여까지 면소판결을 해야 한다(제326조 제1호 : 대법원 1984.10.10, 선고 83도1790). 이러한 불합리한 결과를 피하기 위하여 형사소송법은 공소장에 수개의 범죄사실과 적용 법조를 예비적·택일적으로 기재할 수 있도록 하고 있다(제254조 제5항).

다. 공소장변경

동적·발전적 성격을 가지고 있는 형사소송에 있어서는 공소장에 기재된 공소사실과 적용법조가 공판의 진행에 따라 사실적·법률적으로 변경되는 때가 있다. 이 경우에도 공소사실과 동일성이 인정되는 범위에서 변경된 사실을 심판의 대상으로 할 필요가 있다. 그러나 공소사실과 동일성이 인정된다고 하여 모든 경우에 법원이 공소장 변경 없이 공소장에 기재된 공소사실과 다른 사실을 판단하는 것은 피고인의 방어에 현저한 불이익을 주게 되고, 이는 당사자주의 소송구조와 근본적으로 배치된다. 따라서 형사소송법은 공소장변경제도를 인정하여 공소장에 기재된 공소사실과 동일성이 인정되는 사실이라 할지라도, 피고인에게 불이익을 주는 경우에는 공소장을 변경하지 않으면 법원에서 심판할 수 없도록 하여 피고인의 방어권을 철저히 보호하고 있다.

2. 학설과 판례의 입장

형사소송법의 해석상 심판의 대상이 무엇인가에 대하여는 공소장에 공소사실이 현실적 심판의 대상이고, 공소사실과 동일성이 인정되는 사실이 잠재적 심판의 대상이라는 이원설이 다수설이자 판례(대법원 1989.2.14, 선고 85도1435 외 다수)의 태도이다. 따라서 불고불리의 원칙에 법원의 현실적 심판의 대상은 어디까지나 공소장에 기재된 공소사실이고, 그 공소사실과 동일성이 인정되는 사실은 공소장변경이 있을 때에 비로소 심판의 대상이 된다는 의미에서 잠재적 심판의 대상에 불과하며, 공소장변경에 의하여 잠재적 심판의 대상이 현실적 심판의 대상이 된다.

Ⅱ. 공소장변경

1. 공소장변경의 의의

가. 공소장변경의 개념

검사가 공소사실의 동일성을 해하지 않는 한도에서 법원의 허가를 얻어 공소장에 기재된 공소사실 또는 적용 법조를 추가·철회·변경하는 것을 공소장변경이라고 한다(제298조 제1항).

나. 구별개념

(1) 추가기소·공소취소와 구별

공소장변경은 공소사실의 동일성이 인정되어야 허용되는 제도인 점에서 공소사실의 추가는 추가기소와 구별되고, 철회는 공소취소와 다른 뜻을 가지게 된다.

(2) 공소장정정과의 구별

공소장변경은 법원의 심판의 대상에 변경을 가져온다는 점에서 공소장에 기재된 일시나 피고인의 성명 등에 명백한 오기가 있는 경우(대법원 1984.9.25, 84도 1610)에 이를 고치는 공소장정정과 구별된다.

다. 공소장변경제도의 가치

법원의 심판의 대상은 검사의 공소장에 기재된 공소사실이다. 따라서 공소사실과 동일성이 인정되는 사실이라 할지라도 공소장변경절차에 의하여 변경되지 않은 사실을 법원은 심판할 수 없다. 공소장변경제도는 공소제기의 효력과 판결의 기판력이 동일성이 인정되는 사건의 전부에 미친다는 점에 비추어, 공소장에 기재된 공소사실과 동일성이 인정되는 사건의전부에 대상이 될 수 있는 길을 열어 적정한 형벌권의 발동을 가능하게 한다. 한편으로 법원은 동일성이 인정되는 사실일지라도 공소장변경이 있는 경우에만 이를 심판할 수 있도록 함으로써 피고인의 방어권을 보장하는 데 그 제도적 가치가 있다.

2. 공소장변경의 한계

공소장변경은 공소사실의 동일성을 해하지 않는 범위에서 허용된다(제298조 제1항). 이러한 의미에서 공소사실의 동일성은 공소제기의 효력과 기판력이 미치는 범위를 결정할 뿐만 아니라, 공소장변경의 한계를 결정하는 기능을 가진다.

가. 공소사실의 동일성의 의의

공소사실의 동일성이란 공소사실의 단일성과 협의의 동일성을 포함하는 개념을 말한다(다수설).

(1) 공소사실의 단일성

소송의 어느 한 시점에서 볼 때 사건이 1개인 것을 말한다.

(2) 공소사실의 동일성

소송절차의 비교되는 두 시점에서 사건을 비교하였을 때, 사건의 전·후가 동일한 경우를 말한다(동일성은 단일성을 전제로 하는 개념임).

나. 공소사실의 동일성의 기준

공소사실의 동일성은 소송의 발전에 따른 시간적 전·후의 동일성을 말한다. 그러나 어느 정도 동일하면 이를 인정할 수 있는가에 대하여는 견해가 대립되고 있다.

(1) 기본적 사실동일설(다수설·판례)

공소사실을 그 기초가 되는 사회적 사실로 환원하여 그러한 사실 사이에 다소의 차이가 있더라도, 기본적인 점에서 동일하면 동일성을 인정해야 한다는 견해이다. 대법원도 일관하여 공소사실의 동일성은 그 사실의 기초가 되는 사회적 사실관계가 기본적인 점에서 동일한 것인가에 따라서 판단해야 한다고 하여 이 견해를 따르고 있다(대법원 1990.5.8, 89도1450외 다수). 단, 피고인의 행위와 그 사회적인 사실관계를 기본으로 하면서 규범적 요소 또한 아울러 고려하여 판단하여야 한다(대법원 2005.1.13, 2004도6390).

(2) 죄질동일설

공소사실은 자연적 사실이 아닌 일정한 죄명, 즉 구성요건의 유형적 본질에 의한 사실관계의 파악이므로 죄질의 동일성이 인정되어야 공소사실의 동일성을 인정할 수 있다는 견해이다.

(3) 구성요건공통설

죄질동일설의 결함을 시정하여 구성요건에도 상당한 정도에 부합하는 때에는 공소사실의 동일성이 인정된다는 견해이다.

(4) 소인(訴因)공통설

소인(訴因)의 기본적 부분을 공통으로 할 때에 공소사실의 동일성이 인정된다는 견해이다. 일본에서 주로 논의되는 개념이다.

(5) 사실적 규범적 사건개념설

대법원은 최근 기본적 사실관계의 동일성을 판단함에 있어 서는 그 사실의 동일성이 갖는 기능을 염두에 두고 피고인의 행위와 그 사회적 사실관계를 기본으로 하되, 규범적 요소도 함께 고려하여야 한다는 수정된 입장을 보이고 있다.[1)]

---

1) 예컨대 판례는 강도상해행위를 망보고 난 뒤 강취, 재물을 나누어 가진 공범이 장물취득죄로 심판 받는 경우와 강도상해의 공동정범으로 심판받는 경우는 각기 별개의 사건으로 보지만(대법원 1994. 3. 22. 선고 93도2080), 멱살을 잡고 구타하여 상해를 가했으나 경범죄처벌법 위반죄로 심판받는 경우와 상해죄

3. 공소장변경의 필요성

가. 공소장변경의 요부

공소장에 기재된 공소사실과 동일성이 인정되는 사실은 공소장변경에 의하여 비로소 심판의 대상이 된다고 하여, 공소사실이나 적용법조에 조금이라도 변경이 생기면 언제나 공소장변경을 해야 하는 것이 아니다. 여기서 법원이 어떤 범위에서 공소장변경 없이 공소장에 기재된 공소사실과 다른 사실을 인정할 수 있는가가 바로 공소장변경의 필요성 또는 요부의 문제이다.

나. 견해의 대립

공소장변경의 필요성을 결정하는 기준에 대하여는 동일법조설과 법률구성설 및 사실기재설이 대립되고 있다. 이 중 통설·판례인 사실기재설은 공소사실을 구성요건에 해당하는 구체적 사실의 주장이라고 파악하여 그 사실적 측면을 강조함으로써, 공소장에 기재되어 있는 사실과 실질적으로 다른 사실을 인정할 때에는 공소장변경을 필요로 한다는 견해이다. 사실기재설이라 하여 조금이라도 사실의 변경이 있으면 언제나 공소장변경을 요한다는 것이 아니라, 사실 사이에 실질적 차이가 있을 때에만 공소장변경을 필요로 한다고 본다. 사실 사이에 실질적 차이가 있느냐의 여부는 결국 심판의 대상으로서의 기본적 성격, 즉 형식적으로는 사실의 변화가 사회적·법률적으로 의미를 달리하고, 실질적으로 피고인의 방어권행사에 불이익을 초래하느냐를 기준으로 판단해야 한다는 것이다.

다. 필요성판단의 기준

사실기재설에 의하여 공소장변경의 필요성을 판단하는 경우에도 피고인의 방어권행사에 불이익을 초래한다는 추상적 기준을 구체화할 필요가 있다. 공소장에 기재된 공소사실과 법원에서 인정할 사실이 같은 구성요건에 속하는 경우와 다른 경우를 나누어, 공소장변경의 필요성의 유무를 살펴보기로 한다.

(1) 구성요건이 같은 경우

공소장에 기재된 공소사실과 인정되는 범죄사실이 같은 구성요건에 속하는 경우에

로 심판받는 경우는 동일한 사건으로 본다(대법원 2003. 7. 11. 선고 2002도2642).

는 공소사실을, 심판의 대상을 특정하기 위하여 필요불가결한 사실과 기타의 사실로 나누어 필요불가결한 경우에는 공소장변경을 요하지만, 기타의 사실의 경우는 요하지 않는다고 할 수 있다. 그러나 이 경우에도 그것이 피고인의 방어에 중요한 의의를 가지는가를 함께 고려해야 한다.

① 범죄의 일시·장소의 변경

㉠ 원칙 : 범죄의 일시와 장소의 변경은 원칙적으로 공소장변경을 요한다. 범죄의 일시·장소는 공소사실의 특정을 위한 불가결한 요소이며, 피고인의 방어권행사에 직접 영향을 미치는 것이기 때문이다.

㉡ 예외 : 범죄의 일시의 기재가 명백한 오기(誤記)인 때에는 공소장변경을 요하지 않는다.

② 범죄의 수단과 방법의 변경 : 범죄의 수단 또는 방법이 변경된 경우에도 원칙적으로 공소장변경을 요한다. 범죄의 수단도 공소사실을 특정하기 위한 요소이기 때문이다. 따라서 살인죄에 있어서 살해방법이나 강도죄에 있어서 폭행·협박의 수단을 변경한 때에는 공소장변경이 있어야 한다.

③ 범죄의 객체의 변경

㉠ 원칙 : 범죄의 객체도 범죄의 일시·장소 또는 수단에 준하여 원칙적으로 공소장변경을 요한다. 그것은 피고인의 방어권행사에 영향을 미치는 사실이기 때문이다.

㉡ 예외 : 객체가 달라진 경우에도 피고인이 시인하여 방어권에 불이익을 주지 않을 때에는 공소장변경을 요하지 않는다. 범죄의 객체 가운데 일부만을 인정하는 때에도 같다.

(2) 구성요건이 다른 경우 : 공소사실과 법원이 인정할 범죄사실 사이에 구성요건을 달리하는 때에는 사실도 변경되며, 또 그 사실의 변경은 피고인의 방어에 영향을 미친다고 할 것이므로 원칙적으로 공소장변경이 필요하다.

① 공소장변경을 요하지 않는 경우

㉠ 축소사실의 인정 : 구성요건을 달리한 사실이 공소사실에 포함되어 있는 경우에는 "大는 小를 포함하다."는 이론에 의하여 공소장변경을 요하지 않는다.[2)]

---

2) ㉮ 강간치상죄 → 강간죄(대법원 1980.7.8, 선고 80도1227)
㉯ 강간치사죄 → 강간미수죄(대법원 1969.2.18, 선고 68도106)

② 법률평가만을 달리하는 경우

㉠ 공소장변경이 필요 없는 경우 : 사실의 변화 없이 법적 평가만을 달리하는 경우에는 원칙적으로 공소장변경을 요하지 않는다. 대법원은 피고인의 방어에 실질적 불이익을 초래하지 아니한 경우에도 공소장변경을 요하지 않는다고 판시하고 있다.

㉡ 공소장변경이 필요한 경우 : 공소장에 기재된 공소사실보다 법정형이 무거운 사실을 인정하는 경우에는 공소장변경을 요한다고 해야 한다. 그것이 피고인의 방어에 실질적인 불이익을 줄 수 있기 때문이다.

4. 공소장변경의 절차

가. 검사의 신청에 의한 공소장변경

(1) 공소장변경신청

공소장변경은 검사의 신청에 의한다(제298조 제1항). 검사는 공소사실 등을 예비적·택일적으로 변경할 수 있다. 이때에는 법원의 판단순서도 검사의 기소순위에 제한된다. 검사의 공소장변경신청은 서면에 의하여야 한다. 즉 검사는 공소장변경허가신청서를 법원에 제출하여야 한다. 공소장변경을 허가한 때에는 재판장은 공판기일에 검사로 하여금 공소장변경허가신청서에 의하여 공소장변경의 요지를 진술하게 할 수 있다(규칙 제142조 제4항). 다만, 피고인이 재정하는 공판정에서는 피고인에게 이익이 되거나 피고인이 동의하는 경우 구술에 의한 공소장변경을 허가할 수 있다(규칙 제142조 제5항).

㉰ 강제추행치상죄 → 강제추행죄(대법원 1999.4.15, 선고 96도1922전합)
㉱ 특수강도강간미수죄 → 특수강도죄(대법원 1996.6.28, 선고 96도1232)
㉲ 강도 강간죄 → 강간죄(대법원 1987.5.12, 선고 87도792)
㉳ 수뢰 후 부정처사죄 → 뇌물수수죄(대법원 1999.11.9, 선고 99도2530)
㉴ 항소심에서의 강제추행치상죄 → 강제추행죄(대법원 1999.4.15, 선고 96도1922 전원합의체)
㉵ 재물편취의 사기죄 → 이익편취의 사기죄(대법원 2004.4.9, 선고 2003도7828)
㉶ 허위사실적시 명예훼손죄 → 사실적시 명예훼손죄(대법원 2003.9.5, 선고 2002도7055)
㉷ 특수절도죄 → 절도죄(대법원 1973.7.24, 선고 73도1256)
㉸ 강도상해죄 → 절도죄와 상해죄(대법원 1965.10.26, 선고 65도599)
㉹ 강도상해 → 주거침입 및 상해죄(대법원 1996.5.10, 선고 96도755)
㉺ 중실화죄 → 실화죄(대법원 1980.10.14, 선고 79도305)
㉻ 기수 → 미수

(2) 공소장변경허가

검사의 공소장변경신청이 공소사실의 동일성을 해하지 않는 때에는 법원은 이를 허가하여야 한다.

법원의 허가는 의무적이다(대법원 1975.10.23, 선고 75도2712). 다만, 검사의 공소장변경허가신청이 현저히 시기에 늦거나 부적법한 공소사실로 변경하는 때에는 그 예외를 인정해야 할 것이다. 공소사실의 동일성이 인정되지 않는 등의 사유로 공소장변경허가결정에 위법사유가 있는 경우에는 공소장변경허가를 한 법원이 스스로 이를 취소할 수 있다. 공소장변경이 피고인의 방어에 불이익을 증가할 염려가 있다고 인정될 때에는 법원은 결정으로 필요한 기간 공판절차를 정지할 수 있다(제298조 제4항).

나. 법원의 공소장변경의 요구

(1) 공소장변경요구의 의의

법원은 심리의 경과에 비추어 상당하다고 인정할 때에는 공소사실 또는 적용법조의 추가 또는 변경을 요구하여야 한다(제298조 제2항). 이와 같이 법원이 검사에 대하여 공소사실 또는 적용법조의 추가 또는 변경을 요구하는 것을 '공소장변경요구'라고 한다. 검사가 공소장을 변경하지 않기 때문에 명백히 죄를 범한 자를 무죄로 하는 일이 없도록 함으로써 적정한 형사사법을 실현하기 위한 제도이다. 공소장변경요구는 법원이 행하는 소송지휘에 관한 결정의 성질을 가지므로, 공소장변경요구는 공판정에서 구두에 의하여 고지하는 것이 통례이다. 공소장변경요구에 있어서는 법원에 공소장변경요구의 의무가 있는가와 법원의 공소장변경요구에 형성력이 인정되는가가 문제된다.

(2) 공소장변경요구의 의무성

공소장변경요구가 법원의 의무라고 할 수 있는가에 관하여는 의무설과 재량설 및 예외적 의무설이 대립되고 있으나, 대법원은 재량설의 입장이다. 공소장변경요구는 법원의 권리일 뿐이며 법원에서 요구해야 할 의무가 있는 것은 아니라는 견해를 말한다.

(3) 공소장변경요구의 형성력

법원의 공소장변경요구가 있는 경우에 공소장변경요구의 형성력에 의하여 공소장이 자동적으로 변경되는가의 문제에서 공소사실의 설정과 변경은 검사의 권한에 속하며 공소장변경의 효과를 의제하는 규정이 없다는 점 등에서 부정설이 타당하다.

다. 심급에 따른 공소장변경허용 여부

항소심에서 공소장변경이 허용되느냐는 항소심의 구조와 관련된다. 항소심에서도 당연히 공소장변경이 허용된다고 해석하는 것이 다수설·판례 입장이다. 상고심은 법률심이고, 사후심이므로 공소장변경이 허용되지 아니한다.

제2장 공판기일의 절차

Ⅰ. 모두절차

1. 진술거부권의 고지

피고인은 진술하지 아니하거나 개개의 질문에 대해 진술을 거부할 수 있다. 따라서 재판장은 피고인에게 진술을 거부할 수 있음을 고지하여야 한다(제283조의2).

2. 인정신문

재판장은 피고인의 성명·연령·등록기준지·주거와 직업을 물어서 피고인임에 틀림없음을 확인하여야 한다(제284조). 이와 같이 공판기일에 실질적인 심리에 들어가기 전에 피고인으로 출석한 자가 공소장에 기재된 피고인과 동일인인가를 확인하는 절차를 인정신문이라고 한다. 재판장은 피고인에 대한 인정신문 이전에 피고인에게 진술거부권이 있음을 고지하여야 하므로, 피고인이 재판장의 인정신문에 대하여도 진술거부권을 행사할 수 있다.

3. 검사의 모두진술

검사는 공소장에 의하여 '공소사실, 죄명 및 적용법조'를 낭독하여야 한다(제285조). 다만, 사안에 따라 굳이 검사가 공소사실과 죄명 및 적용 법조를 공소장에 의하여 낭독할 필요가 없는 사건의 경우에는 재판장은 검사에게 '공소의 요지'를 진술하게 할 수 있다(제285조 단서).

4. 피고인의 모두진술

검사의 진술이 끝난 뒤 피고인이 진술거부권을 행사하지 않는 이상 피고인은 공소사실의 인정여부를 진술하여야 한다(제286조 제1항). 신속하게 사건의 쟁점과 피고인이 공소사실을 다투는지 여부를 확인함으로써 심리의 효율을 도모하기 위함이며 피고인 및 변호인은 이 모두절차에서 공소사실의 인정 여부뿐 아니라 자신에게 이익이 되는 사실 등을 진술할 수 있다(제286조 제1항). 피고인은 모두진술을 통하여 관할이전신청(제15조), 기피신청(제18조), 국선변호인의 선정청구(제33조 5호), 공판기일변경신청(제270조) 등을 할 수 있다. 관할위반의 신청(제320조), 공소장부본송달에 대한 이의신청(제266조 단서), 제1회 공판기일의 유예기간에 대한 이의신청(제269조)은 늦어도 이 단계까지는 하여야 한다. 이의신청을 하지 않을 경우에는 피고인은 이러한 절차의 하자를 다툴 수 없게 된다.

Ⅱ. 사실심리절차

1. 재판장의 쟁점정리 및 검사 · 변호인의 증거관계에 대한 진술

가. 재판장의 쟁점정리

재판장이 증거조사 이전에 사건의 쟁점을 정리하여 이어지는 증거조사절차에서 효율적인 심리를 할 수 있도록 하기 위해서 재판장은 피고인의 모두진술이 끝난 다음 피고인 또는 변호인에게 쟁점정리를 위한 질문을 할 수 있다(제287조 제1항).

나. 검사 · 변호인의 증거관계에 대한 진술

재판장은 증거조사를 하기에 앞서 검사 및 변호인으로 하여금 공소사실 등의 증명과 관련된 주장 및 입증계획 등을 진술하게 할 수 있다. 다만, 증거조사에 들어가기 전에 법원이 증거능력이 없는 자료에 의하여 심증이 형성되는 것을 방지하기 위해서 증거로 할 수 없거나 증거로 신청할 의사가 없는 자료에 기초하여 법원으로 하여금 사건에 대한 예단 또는 편견을 발생하게 할 염려가 있는 사항은 진술할 수 없다(제287 제2항).

2. 증거조사

가. 증거조사의 의의

(1) 의의 : 증거조사란 법원이 피고사건의 사실인정과 형의 양정에 관한 심증을 얻기 위하여 인증 · 서증 · 물증 등 각종의 증거방법을 조사하여 그 내용을 감지하는 소송행위를 말한다. 증거조사는 피고사건에 대한 법원의 심증을 얻기 위하여 행하는 것이

지만, 당사자에 대하여는 증거의 내용을 알게 하여 공격·방어의 기회를 주는 기능을 가진다.

(2) 시기 : 증거조사는 재판장의 쟁점정리 및 검사·변호인의 증거관계 등에 대한 진술 후 피고인에 대한 신문 전에 하여야 한다(제290조).

(3) 장소 : 증거조사는 공판기일에 공판정에서 법원이 직접 행하는 것이 원칙이나. 공판정 외에서의 증거조사도 허용된다.

(4) 주체 : 증거조사의 주체는 법원이다. 비록 검사와 피고인이 증인을 신문하는 경우에도 그 주체는 법원이 된다. 증거조사는 주로 수소법원이 공판기일에서 행하는 증인신문·검증 ·감정·통역·번역 등을 말한다. 그러나 수소법원 이외의 수명법관이나 수탁판사가 행하는 증인신문·검증·감정, 공판절차 외에서 수임판사가 증거보전을 위해 행하는 증인신문·검증·감정 및 수사절차에서의 수임판사의 참고인에 대한 증인신문도 이에 해당한다.

나. 증거조사의 절차

증거조사에는 당사자의 신청에 의한 증거조사와 직권에 의한 증거조사가 있다. 당사자주의가 강화된 형사소송법에 있어서는 당사자의 신청에 의한 증거조사가 원칙이다.

(1) 당사자신청에 의한 증거조사

① 증거조사의 신청 : 검사·피고인 또는 변호인은 서류나 물건을 현실적으로 증거로 제출할 수 있다. 이 경우 입증취지를 명시하여야 한다. 증인·감정인·통역인 또는 번역인의 신문도 신청할 수 있다. 또한 법원은 검사, 피고인 또는 변호인이 고의로 증거를 뒤늦게 신청함으로써 공판의 완결을 지연하는 것으로 인정할 때에는 직권 또는 상대방의 신청에 따라 결정으로 이를 각하할 수 있다(제294조).

② 증거결정

법원은 증거신청에 대하여 결정을 하여야 한다(제295조). 또한 법원이 직권으로 증거조사의 절차를 개시하는 때에도 증거조사개시결정이 필요하다. 법원의 증거결정에는 신청된 증거를 조사하기로 하는 채택결정과 신청을 기각하는 기각결정 그리고 직권으로 증거조사를 하기로 하는 직권결정 등이 있다. 증거결정을 함에 있어서 필요하다고 인정할 때에는 그 증거에 대한 검사·피고인 또는 변호인의 의견을 들을 수 있다. 법원은 서류 또는 물건이 증거로 제출된 경우에 이에 관한 증거결정을 함에 있어서는 제출한 자로 하여금 그 서류 또는 물건을 상대방에게 제시하게 하여 상대방으로 하여금 그 서류 또는 물건의 증거능력 유무에 관한 의견을 진술하게 하여야 한다(규칙 제134조). 증거의 결정은 법원의 재량에 속한다고 보아야 한다.

(2) 직권에 의한 증거조사 : 법원은 직권으로 증거조사를 할 수 있다(제295조 후단). 그러나 실체진실주의와 공장한 재판이 형사소송의 최고의 이념임에 비추어 직권에 의한 증거조사는 법원의 권한임과 동시에 의무이므로, 법원이 직권에 의한 증거조사를 다하지 않은 때에는 심리미진의 위법이 있다고 해야 한다[3]

다. 증거조사의 방법

증거서류의 내용을 법정에 현출하는 주체를 원칙적으로 당해 증거내용을 잘 알고 있는 증거신청인으로 규정하고, 증거조사의 방법도 원칙적으로 증거신청인이 이를 낭독하는 방식으로 한다(제292조 제1항). 법원이 직권으로 증거서류를 조사하는 때에는 소지인 또는 재판장이 이를 낭독하여야 한다(제292조 제2항). 재판장은 필요하다고 인정하는 때에는 증거신청인으로 하여금 증거서류의 내용을 고지하게 하거나 직접 내용을 고지하는 방법을 조사할 수 있고(제292 3항) 법원사무관 등으로 하여금 낭독이나 고지를 하게 할 수 있다(제292조 제4항). 그러나 낭독이나 내용의 고지보다 열람이 더욱 효과적인 증거조사방법이 되는 경우 재판장은 증거서류를 제시하여 열람하게 하는 방법으로 증거서류를 조사할 수 있도록 하였다(제292조 5항). 또한 검사, 피고인 또는 변호인의 신청에 따라 증거물을 조사하는 때에는 신청인이 이를 제시하여야 한다(제292의2 제1항). 법원이 직권으로 증거물을 조사하는 때에는 소지인 또는 재판장이 이를 제시하여야 한다(제292의2 제2항). 재판장은 법원사무관 등으로 하여금 위에 따른 제시를 하게 할 수 있다(제292의2 제3항).

라. 증거조사에 대한 이의신청

검사·피고인 또는 변호인은 증거조사에 관하여 이의신청을 할 수 있다. 법원은 이

3) 대법원 1974.1.15. 선고 73도 2522

의신청에 대하여 결정을 하여야 한다(제296조). '증거조사에 관하여'란 증거조사의 절차뿐만 아니라 증거조사단계에서 행하여지는 모든 처분을 포함한다. 이의신청은 법령의 위반이 있는 경우뿐만 아니라 상당하지 아니함을 이유로 하는 경우에도 허용된다. 다만, 재판장의 증거결정에 대한 이의신청은 법령의 위반이 있음을 이유로 한 때에만 할 수 있다(규칙 제136조).

마. 증거조사결과와 피고인의 의견

재판장은 피고인에게 각 증거조사의 결과에 대한 의견을 묻고 권리를 보호함에 필요한 증거조사를 실청할 수 있음을 고지하여야 한다(제293조). 증거조사의 결과 법원이 피고인에게 불리한 심증을 형성할 수 있는 경우 피고인으로 하여금 심증형성을 움직일 수 있도록 변론의 기회를 주려는 것이다. 그러나 간이공판절차에서의 증거조사에는 그러하지 않다.

3. 피고인신문

가. 피고인신문의 의의

피고인신문이란 피고인에 대하여 공소사실과 그 정상에 관한 필요한 사항을 신문하는 절차이다. 피고인은 당사자의 지위뿐만 아니라 증거방법으로서의 지위를 가지고 있으나, 증거방법으로서의 지위로 인하여 피고인의 당사자적 지위가 침해되어서는 아니 된다. 여기서 형사소송법은 피고인신문제도를 인정하면서 피고인에게 각개의 신문에 대하여 진술거부권을 인정하고(제283의2), 피고인신문을 증인신문의 방법에 의하여 행하도록 규정하고 있다.

나. 피고인신문의 순서

피고인신문의 순서는 증인신문과 마찬가지로 검사, 변호인이 신문하고 재판장은 그 신문이 끝난 위에 신문하는 것이 원칙이다. 재판장은 필요하다고 인정하면 어느 때나 신문하거나 신문순서를 변경할 수 있으며, 합의부원은 재판장에게 고하고 신문할 수 있다(제296의2 제3항, 제161의2 제1항~5항).

다. 피고인신문의 방법

피고인은 각개의 신문뿐만 아니라 전체신문에 대하서도 진술을 거부할 수 있으며, 재판장은 소송지휘권에 의해 불필요한 신문·진술을 제한할 수 있다. 피고인신문의 범위는 공소사실과 정상에 관한 필요한 사항이다. 피고인신문에 있어서는 진술의 강요와 유도신문이 금지된다. 재판장은 피고인이 어떤 재정인의 면전에서 충분한 진술을 할 수 없다고 인정한 때에는 그 재정인을 퇴정하게 하고 진술하게 할 수 있다.

원래 피고인신문은 ① 공소사실에 대한 피고인의 답변과 쟁점을 정리하는 기능과 ② 피고인의 법정진술도 증거로 사용되므로 증거조사의 기능을 함께 갖고 있다. 그런데 공소사실에 대한 피고인의 답변과 쟁점정리 기능, 피고인의 변소기능은 유지·강화되어야 하겠지만, 피고인신문의 증거조사기능이 중시되다 보면 자칫 피고인의 진술거부권이 유명무실해지고, 재판절차가 피고인의 자백을 얻기 위한 절차로 변질할 우려가 있다. 원래 당사자주의적 관점에서 보면 피고인신문제도는 피고인의 당사자지위와 상충되므로, 피고인신문절차는 피고인에게 충분한 진술의 기회를 부여하는 방향으로 운영되어야 할 것이지, 공판정에서 피고인의 자백을 받아 내기 위한 기회로 이용되어서는 안 된다.

4. 최후진술

증거조사가 끝나면 당사자의 의견진술이 행하여진다. 다만, 재판장은 필요하다고 인정하는 경우 검사·피고인 또는 변호인의 본질적인 권리를 해치지 아니하는 범위 내에서 의견진술의 시간을 제한할 수 있다. 의견진술은 검사의 의견진술과 변호인의 최후진술의 순서로 진행된다. 검사는 사실과 법률적용에 관하여 의견을 진술하여야 한다. 이를 검사의 논고라고 하며, 특히 검사의 양형에 대한 의견을 구형이라고 한다. 법원은 검사의 구형에 구속되지 않는다. 따라서 법원은 구형을 초과하는 형을 선고할 수 있다.[4] 재판장은 검사의 의견을 들은 후 피고인과 변호인에게 최종의 의견을 진술할 기회를 주어야 한다(제303조). 피고인의 최종진술을 끝으로 변론을 종결하면 판결만을 기다리는 상태에 있게 된다. 그러나 법원은 필요하다고 인정

---

4) 대법원 1984.4.24. 선고 83도 1789

하는 때에는 직권 또는 검사·피고인이나 변호인의 신청에 의하여 결정으로 종결한 변론을 재개할 수 있다(제305조).

Ⅲ. 판결의 선고

1. 판결 선고의 기일

판결의 선고도 원칙적으로 변론을 종결한 기일에 하여야 하되, 다만 특별한 사정이 있는 때에는 따로 선고일을 지정할 수 있고, 이 경우에도 변론종결 후 14일 이내로 지정하여야 한다고 규정하고 있다(제318조의4). 이는 해석상 훈시규정이다.

2. 판결 선고의 방법

변론을 종결한 기일에 판결을 선고하는 경우에는 판결의 선고 후에 판결서를 작성할 수 있도록 함으로써(제318조의4 제2항), 특히 약식명령에 대한 정식재판청구사건이나 피고인이 자백하는 등 사건의 쟁점이 간단한 사건에 대해서는 판결서 원본 없이 변론종결 직후에 판결을 선고하고, 그 후에 판결서를 작성할 수 있다. 판결은 공판정에서 재판서에 의하여 선고한다(제42조 본문). 판결의 선고는 재판장이 하며, 주문을 낭독하고 이유의 요지를 설명하여야 한다(제43조). 형을 선고하는 경우에는 재판장은 피고인에게 상소할 기간과 상소할 법원을 고지하여야 한다(제324조). 판결의 선고는 반드시 공개하여야 한다.

3. 피고인의 출석

판결을 선고하는 공판기일에도 피고인이 출석하여야 한다. 다만, 피고인이 진술하지 아니하거나 재판장의 허가 없이 퇴정하거나, 재판장의 질서유지를 위한 퇴정명령을 받은 때에는 피고인의 출석 없이 판결할 수 있다(제330조).

4. 판결 선고 후의 조치

판결을 선고한 때에는 선고일로부터 14일 이내에 피고인에게 그 판결서등본을 송부하여야 한다. 그러나 판례는 피고인이 제1심의 판결서등본을 송부 받지 못하였다는 논지는 판결에 영향을 미친 절차위반의 사유가 될 수 없다고 판시하였다.

5. 판결 선고의 효력

판결의 선고에 의하여 당해 심급의 공판절차는 종결되고, 상소기간이 진행된다. 판결을 선고한 사실은 공판조서에 기재하여야 한다.

제3장 전문증거의 증거능력 - 전문법칙

Ⅰ. 의의

1. 전문증거

전문증거라(hearsay evidence)함은 사실인정의 기초로 되는 경험적 사실을 경험자 자신이 직접 법원에 진술하지 아니하고 다른 형태로 간접적으로 보고하는 경우에 그 간접적인 보고를 말한다.[5)]

전문증거에는

(1) 경험사실을 들은 타인이 전문한 사실을 법원에 진술하는 경우(전문진술), (2) 경험자 자신이 경험사실을 서면에 기재하는 경우(진술서 또는 자술서), (3) 경험사실을 들은 타인이 서면에 기재하는 경우(진술녹취서)가 포함되며, 진술서와 진술녹취서를 합하여 전문서류 또는 진술대용서면이라고 한다.[6)]

2. 전문법칙

전문법칙(hearsay rule)이라 함은 전문증거의 증거능력을 원칙적으로 부정하는 증거법상의 원칙을 말한다. 즉, '전문증거는 증거가 되지 않는다(hearsay is no evidence)'는 것으로, 이는 영미 증거법에서 유래하는 것이다.

3. 전문법칙의 이론적 근거

영미의 증거법에서 전문법칙이 형성된 근거에 대하여도 견해가 일치하는 것은 아니다.

(1) 신용성의 결여 : 전문법칙은 전문증거가 신용성의 결여라는 본질적 약점 때문에 증거가 될 수 없다

(2) 반대신문의 결여 : 진술증거에는 기억·표현 또는 서술의 과정에 잘못이 개입될 위험이 크고, 이러한 위험을 제거하기 위한 가장 효과적인 방법이 바로 당사자의 반대신문이다.[7)] 그러나 전문증거를 증거로 사용하게 된다면 문제된 사실의 증명으로 인하

5) 신동운, 신형사소송법, 법문사, 2008, 889면 ; 이재상, 신형사소송법(제2판), 박영사, 2008, 551면
6) 신동운, 890면, 이재상, 551면

여 불이익을 받게 될 당사자가 원진술자에 대하여 반대신문을 행하여 그 진술의 오류를 지적하고, 자신을 방어할 수 있는 기회를 박탈당하므로 전문증거의 증거능력을 부인해야 한다는 견해이다.

(3) 부정확한 전달의 위험 : 타인의 말을 전달하는 경우에는 경험한 사실을 재생하는 경우에 비하여 오류의 가능성이 크기 때문에 전문법칙이 부정확한 전달의 위험을 방지하기 위하여 확립된 것이라고 보는 견해이다.

4. 현행법상 규정

형사소송법 제 310조2는 "제311조 내지 제 316조에 규정한 것 이외에는 공판준비 또는 공판기일에서의 진술에 대신하여 진술을 기재한 서류나 공판준비 또는 공판기일 외에서의 타인의 진술을 내용으로 하는 진술은 이를 증거로 할 수 없다"라고 규정하여 전문법칙을 도입하고 있다.

Ⅱ. 전문법칙의 적용범위

1. 전문증거의 개념요소

전문증거는 요증사실의 경험에 대한 보고를 내용으로 하는 원질술이 간접적으로 법원에 제출된 증거이다. 전문증거의 핵심요소인 원진술의 특징을 살펴보면 다음과 같다.

가. 진술증거

전문증거는 요증사실을 직접 체험한 자의 진술을 내용으로 하는 증거이다. 따라서 증거서류이든 인증이든 진술증거만 전문증거가 될 수 있고, 증거물과 같은 비진술증거에 대하여는 전문법칙의 적용이 없다. 전문증거는 진술증거이므로 원진술은 언어적 표현에 의하여 진술자의 체험사실을 외부에 전달하고 있어야 한다.

---

7) 이러한 의미에서 Wigmore는 반대신문권을 진실발견을 위한 가장 위대한 법적 엔진(the greatest legal engine) 이라고 하였으며, 미국 헌법수정 제 6조는 형사피고인의 승인에 대한 대질심문권(right of confrontation)을 보장하고 있다. 자세한 것은 이재상, 559면 참조

나. 요증사실과의 관계

전문증거는 원진술의 내용이 된 사실자체의 존부가 요증사실을 이루고 있어야 한다. "갑이 을을 살해하였다"고 말하는 것을 병으로부터 들은 정이 병의 진술내용을 갑에 대한 살인 사건에서 증언하는 것은 전문증거에 해당하나, 병에 대한 명예훼손 사건에서 증언하는 것은 전문증거가 아니라 원본증거[8]가 된다. 이러한 의미에서 전문증거는 요증사실과의 관계에 의하여 결정되는 상대적 개념이라고 할 수 있다.[9]

판례[10]도 어떤 진술이 범죄사실에 대한 직접증거로 사용함에 있어서는 전문증거가 된다고 하더라도 그와 같은 진술을 하였다는 것 자체 또는 그 진술의 진실성과 관계없는 간접사실에 대한 정황증거로 사용함에 있어서는 반드시 전문증거가 되는 것은 아니라고 한다.

2. 전문법칙의 적용이 배제되는 경우

형식적으로는 전문증거인 것처럼 보이지만, ① 진술내용이 요증사실 자체의 구성요소를 이루는 경우[위 2. 가. (2)참조], ② 진술이 어떠한 행위나 언동의 의미가 애매한 경우에 오로지 그 의미를 설명할 목적으로 제출되는 경우, ③ 진술을 원진술자의 심리적·정신적 상태를 증명하기 위한 정황증거로 사용하는 경우, ④ 증인의 증언의 신용성을 탄핵하기 위해서 공판정 외에서의 자기모순의 진술을 증거로 제출하는 경우 등은 전문법칙이 적용되지 않는다.

Ⅲ. 전문법칙의 예외이론

1. 예외 인정의 필요성

전문법칙을 지나치게 엄격히 적용하면, 사실인정에 필요한 자료를 지나치게 제한하는 결과를 가져와 실체적 진실을 발견하는 데 차질을 초래하고, 무용한 증거조사절차

---

8) 전문증거에 대비되는 개념으로, 진술증거 중 직접 체험한 사실을 중간의 매개체를 거치지 않고 직접 법원에 진술하는 것을 말한다.

9) 이재상, 557, 558면

10) 대법원 2000. 2. 25. 선고 99도 1252

를 강요하게 되어 절차의 신속성과 소송경제의 요청에 반하는 결과를 초래할 염려가 있기 때문에 일정한 제한 아래 그 예외를 인정하고 있다.[11)]

영미법에서도 전문법칙에는 많은 예외가 인정되어 왔으며 또 예외의 범위는 확대되어 왔다. 전문법칙은 오히려 예외를 전제로 하여 발달한 예외의 이론이며, 전문법칙의 역사는 그 예외 확장의 역사라고 할 수 있다.

2. 예외 인정의 요건

영미의 증거법에서 판례를 통하여 형성되어 온 전문법칙의 예외사유는 '신용성의 정황적보장'과 '필요성'의 두 가지 요건으로 요약될 수 있으며, 우리 형사소송법의 해석에 있어서도 일반적으로 위 두 가지 요건이 필요하다고 설명하고 있다.

가. 신용성의 정황적 보장

신용성의 정황적 보장(circumstantial guarantee of trustworthiness)이란 공판정 외에서의 진술의 진실성이 제반의 정황에 의하여 보장되어 있는 것 또는 반대신문에 대신할 만한 외부적 정황 아래에서 진술이 행하여진 것을 말한다. 여기의 신용성이란 증거능력과 관련된 것이므로 진술내용의 진실성을 의미하는 것이 아니라 진실성을 보장할 만한 외부적 정황을 의미하는 것이다.[12)]

나. 필요성

필요성(necessity)이란 같은 가치의 증거를 얻는 것이 불가능하거나 곤란하기 때문에 전문증거라도 사용할 필요가 있는 것을 말한다. 원진술자의 사망·질병·행방불명·국외체재 등의 사정들로 인하여 원진술자를 공판정에 출석케 하여 다시 진술하게 하는 것이 불가능하거나 현저히 곤란한 경우가 이에 해당한다.

3. 현행법상 전문법칙의 예외규정

형사소송법은 제 311조 내지 제 316조에서 전문증거에 예외적으로 증거능력을 부여

---

11) 신동운, 899면, 이재상, 559면

12) 이재상, 560면, 임동규, 형사소송법(제5판), 법문사, 2008, 487면

하는 경우를 규정하고 있다.

위 예외규정들은, ① 전문증거가 서류인 경우와 구두진술인 경우, ②원진술이 피고인의 진술인 경우와 그렇지 아니한 경우, ③ 신용성의 정황적 보장을 이유로 하는 경우와 필요성을 이유로 하는 경우 등으로 구분하여 볼 수 있으나, 이하에서는 항을 바꾸어 조문 순서에 따라 살펴보기로 한다.

Ⅳ. 제311조에 의한 예외

1. 제311조의 입법취지

법원 또는 법관이 주재하는 절차에서 작성된 조서[13]로서, 비록 수소법원이 아니라 할지라도 수소법원을 구성하는 법관[14]이나 이와 동일한 자격을 가지고 있는 법관[15]이 진술을 청취하고 그 결과 조서가 작성되었다면 그 성립의 진정과 신용성의 정황적 보장이 인정된다고 볼 수 있기 때문에 별다른 제한 없이 전면적으로 그 증거능력을 인정하고 있는 것이다.[16]

2. 공판준비 또는 공판기일에 피고인의 진술을 기재한 조서

① 제273조에 의하여 공판기일 전에 피고인을 신문한 조서와 공판조서가 이에 해당한다. 공판기일에서의 피고인의 진술은 그 자체가 바로 증거가 되므로, 피고인의 진술을 기재한 공판조서가 본 조에 의하여 증거능력이 인정되는 것은 결국 판사의 경질로 인하여 공판절차가 갱신된 경우 그 갱신전의 공판조서를 말한다고 볼 것이다.[17]

② 본 조의 각 조서[18]가 당해 사건에 관하여 작성된 조서에 국한되는지 아니면 다른 사건에 있어서 작성된 조서도 포함되는지 여부에 대하여 견해의 대립이 있는바, 판

13) '법원 또는 법관의 면전조서'라고도 부른다.
14) 제136조, 제145조, 제167조에 규정된 '수명법관'을 말한다.
15) 제136조, 제145조, 제167조에 규정된 '수탁판사'를 말한다.
16) 신동운, 902면, 이재상, 561면
17) 신동운, 903면, 이재상, 562면, 실무제요II, 99면
18) 피고인 아닌 자의 진술을 기재한 조서, 검증조서, 증거보전절차조서, 제1회 공판기일전 증인신문조서 등에 관하여도 여기서 함께 살펴본다.

례[19]는, 다른 사건에서 공범의 진술을 기재한 공판조서의 증거능력이 문제된 사건에서, "다른 피고사건의 공판조서는 제 315조 제3호의 문서로서 당연히 증거능력이 있다"고 하는데, 실무도 본 조에 의하여 증거능력이 인정되는 것은 당해 사건에 관하여 작성된 조서에 한하고 다른 사건의 공판조서나 검증조서 등은 제 315조 제3호에 해당하는 것으로 본다.[20]

③ 한편, 피고인의 공판조서열람권을 침해하여 열람 또는 등사나 낭독청구에 응하지 아니한 때에는 그 공판조서를 유죄의 증거로 할 수 없는바(제55조 제3항), 이는 공판조서의 열람 또는 등사를 통하여 피고인으로 하여금 진술자의 진술내용과 그 기재된 조서의 기재내용의 일치 여부를 확인할 수 있도록 기회를 줌으로써 그 조서의 정확성을 담보함과 아울러 피고인의 방어권을 충실하게 보장하려는 데 있으므로, 피고인의 공판조서에 대한 열람 또는 등사청구에 법원이 불응하여 피고인의 열람 또는 등사청구권이 침해된 경우에는 그 공판조서를 유죄의 증거로 할 수 없을 뿐만 아니라, 공판조서에 기재된 당해 피고인이나 증인의 진술도 증거로 할 수 없다.[21]

3. 공판준비 또는 공판기일에 피고인 아닌 자의 진술을 기재한 조서

① '피고인 아닌 자'라 함은 당해 피고인을 제외한 제3자를 지칭하는 것으로서, 증인 · 감정인 · 통역인 · 번역인 등을 가리킨다. 공판기일에서의 증인의 진술은 그 자체가 바로 증거가 되므로, 증인의 진술을 기재한 공판조서가 본 조에 의하여 증거능력이 인정되는 것은 결국 공판절차가 갱신된 경우 그 갱신 전의 공판조서를 말하는 것임은 위 나.항 과 같다.

② 공동피고인도 여기의 '피고인 아닌 자'에 포함된다고 일반적으로 설명한다.[22]

4. 법원 또는 법관의 검증의 결과를 기재한 조서

① 검증의 결과를 기재한 조서, 즉 검증조서란 검증을 한 자가 오관의 작용에 의하여

---

19) 대법원 1964. 4. 28. 선고 64도135, 1965. 6. 22. 선고 65도372, 1966. 7. 12. 선고 66도617
20) 신양균, 형사소송법, 화산미디어, 2009, 903면, 임동규, 489면, 실무제요II, 99면
21) 대법원 2003. 10. 10. 2003도3282
22) 신동운, 905면, 신양균, 717면, 이재상, 562면, 임동규, 490면

사람의 신체상태나 물건의 존재 및 상태에 대하여 인식한 것을 기재한 서면을 말한다.

검증자가 법원 또는 법관이므로 검증의 결과에 신용성이 인정되고, 당사자의 참여권이 인정되어 실질상 반대신문권의 보장이 있는 것으로 볼 수 있으며, 검증자의 기억에 의한 진술보다 서면화한 것이 보다 정확·상세할 것이기 때문에 무조건 증거능력을 인정하고 있다.

한편, 여기의 검증조서는 수소법원이 공판기일 외에서 행한 검증 또는 수소법원 이외의 법원 또는 법관이 행한 검증의 결과를 기재한 조서를 말하고[23], 수소법원이 공판기일에 법정에서 검증을 행한 때에는[24] 그 검증결과가 바로 증거가 되며 검증조서의 증거조사 문제는 생기지 않는다.[25]

② 여기의 검증조서는 당해 사건의 검증조서에 한한다고 보는 것이 다수설임은 앞서 살펴본 바와 같다. 또한 당해 사건의 검증조서라도 당사자에게 참여의 기회를 주지 않은 경우에는 검증절차의 적법성의 결여로 증거능력이 없다고 본다.[26]

③ 검증조서에는 검증목적물의 현상을 명확하게 하기 위해서 도화나 사진을 첨부할 수 있는데(제49조 제2항), 이러한 도화나 사진은 검증결과의 이해를 돕기 위해서 사용된 표시방법에 지나지 않는 것으로서 검증조서와 일체를 이루는 것이므로 본 조에 의하여 증거능력이 인정된다.[27]

④ 한편, 법원 또는 법관의 검증조서 중 실제 증거자료가 되는 부분의 성질에 따라 그 취급을 달리하여야 할 특수한 경우가 있다. 즉 판례에 의하면, 사인이 피고인 아닌 자의 진술을 녹음한 녹음테이프에 대하여 법원이 실시한 검증의 내용은 녹음테이프에 녹음된 대화 내용이 검증조서에 첨부된 녹취서에 기재된 내용과 같다는 것에 불과한 경우 증거자료가 되는 것은 여전히 녹음테이프에 녹음된 대화의 내용이라 할 것인바,

23) 신동운, 906면 참조
수소법원의 검증은 그 성질상(예컨대 현장검증 등) 공판기일 외에서 행하는 것이 원칙이다시피 되어 있고, 한편 수소법원 이외의 법원 또는 법관이 행한 검증의 예로는 공판절차갱신전의 것, 수명법관·수탁판사에 의한 것 등을 들 수 있을 것이다.

24) 공판기일에 공판정에서 행한 검증에 대하여는 독립한 검증조서를 작성하지 않고 공판조서에 이를 기재하는데(제51조 제2항 제10호), 다만 그 기재내용이 복잡한 경우에는 증인신문조서처럼 독립조서를 작성하기도 하나, 이는 어디까지나 공판조서의 일부이다(실무제요II, 271, 272면)

25) 법원행정처, 실무제요II, 276면

26) 신동운, 906면, 이재상, 582면

27) 신동운, 907면, 이재상, 583면

그 중 위와 같은 대화의 내용은 실질적으로 제311조, 제312조 규정 이외의 진술을 기재한 서류와 다를 바 없으므로, 피고인이 그 녹음테이프를 증거로 할 수 있음에 동의하지 않는 이상 녹음테이프의 녹음내용 중 위와 같은 내용의 진술 및 이에 관한 검증조서의 기재 중 위와 같은 진술내용을 공소사실을 인정하기 위한 증거자료로 사용하기 위하여서는 제313조 제1항에 따라 공판준비 또는 공판기일에서 원진술자의 진술에 의하여 녹음테이프에 녹음된 각자의 진술내용이 자신이 진술한대로 녹음된 것이라는 점이 인정되어야 한다고[28] 한다.

5. 제184조 및 제221조의2의 규정에 의하여 작성한 조서

① 증거보전절차(제184조)에 의하여 작성된 조서 및 검사의 청구에 의한 제1회 공판기일 전 증인신문절차(제221조의2)에서 작성된 증인신문조서가 이에 해당한다. 선서와 법관의 직권신문에 의한 강한 신용성이 인정되므로 공판조서와 같이 취급된다.

② 공범인 공동피고인이 수사단계에서 다른 공동피고인에 대한 증거보전을 위해서 증인으로서 증언한 증인신문조서는 그 다른 공동피고인에 대하여 증거능력이 있으나[29], 증거보전방법으로 피의자신문을 청구할 수는 없으므로 증거보전절차에서 공범인 공동피고인을 증인으로 신문한 증인신문조서 중 당시 피의자였던 다른 공동피고인이 당사자로 참여하여 자신의 범행사실을 시인하는 전제하에 증인에게 반대신문을 하는 과정에서 행한 진술 부분은, 공판준비 또는 공판기일에 피고인 등의 진술을 기재한 조서도 아니고 제184조에 의한 증인신문조서도 아니므로 제311조에 의하여 증거능력을 인정할 수 없다[30].

③ 한편, 제1회 공판기일 전 증인신문조서의 증거능력에 관하여는 특히 참여권 보장과 관련하여 문제가 있다.

우선, 제184조에 의한 증거보전절차에서 증인신문을 하면서 위 증인신문의 일시와 장소를 피의자 및 변호인에게 미리 통지하지 아니하여 증인신문에 참여할 수 있는 기회를 주지 아니하였고, 또 변호인이 제1심 공판기일에 위 증인신문조서의 증거조사에

28) 대법원 1997. 3. 28. 선고 96도2417
29) 대법원 1966. 5. 17. 선고 66도276, 1988. 11. 8. 선고 86도1646
30) 대법원 1984. 5. 15. 선고 84도508

관하여 이의신청을 하였다면 위 증인신문조서는 증거능력이 없다 할 것이고, 그 증인이 후에 법정에서 그 조서의 진정 성립을 인정한다 하여 다시 그 증거능력을 취득한다고 볼 수도 없다.[31]

제221조의2 제5항에서 증인신문기일을 정한 때에는 피고인 · 피의자 또는 변호인에게 이를 통지하여 증인신문에 참여할 수 있도록 하여야 한다고 규정하고 있다.

Ⅴ. 제312조에 의한 예외

1. 검사가 피고인이 된 피의자의 진술을 기재한 조서

가. 개요

① 검사가 피고인이 된 피의자의 진술을 기재한 조서는 적법한 절차와 방식에 따라 작성된 것으로서 피고인이 진술한 내용과 동일하게 기재되어 있음이 공판준비 또는 공판기일에서의 피고인의 진술에 의하여 인정되고, 그 조서에 기재된 진술이 특히 신빙할 수 있는 상태하에서 행하여졌음이 증명된 때에 한하여 증거로 할 수 있으며(제312조 제1항), 피고인이 그 조서의 성립의 진정을 부인하는 경우에는 그 조서에 기재된 진술이 피고인이 진술한 내용과 동일하게 기재되어 있음이 영상녹화물이나 그 밖의 객관적인 방법에 의하여 증명되고, 그 조서에 기재된 진술이 특히 신빙할 수 있는 상태하에서 행하여졌음이 증명된 때에 한하여 증거로 할 수 있다(제312조 2항).

즉, 형사소송법은 검사가 작성한 피의자신문조서에 대하여 공판준비 또는 공판기일에서 피고인이 진정성립[32]을 인정한 경우(제312조 제1항)와 진정성립을 부인하는 경우(같은 조 제2항)로 나누어 규정하면서, 피고인이 진정성립을 인정하는 때에는 특신상황이 인정되면 증거능력이 인정되고(같은 조 제1항), 피고인이 진정성립을 부인하는 경우에는 영상녹화물 기타 객관적인 방법에 의하여 진정성립이 증명되고 특신상황이

31) 대법원 1992. 2. 8. 선고 91도2337 등

32) 구 형사소송법 제312조 제1항에 규정되어 있던 조서의 '성립의 진정'이라 함은 조서에 기재된 간인과 서명날인이 진술자의 것임이 틀림없다는 '형식적 진정성립'과 그 조서가 진술자의 진술내용대로 기재된 것이라는 '실질적 진정성립'을 포함하는 의미로 해석되었는바(현행 형사소송법 제313조 제1항에 규정되어 있는 조서의 '성립의 진정'도 같음), 현행 형사소송법 제312조 제2항에서의 '성립의 진정'은 그 중 실질적 진정성립을 의미하는 것이다.

인정되면 증거능력이 인정된다고 하고 있다(같은 조 제2항). 피의자신문조서의 증거능력이 인정되기 위해서는 제312조 제1항 소정의 '적법한 절차와 방식에 따라 작성될 것'이 전제로 됨은 물론이다.

② 검사에게 객관의무가 인정된다고 하여 검사에게 피의자의 이익을 충분히 보장할 것을 기대하기는 어렵고, 피의자신문에 있어서 변호인의 참여권이 보장되고 있기는 하나(제243조의2)[33] 검사 작성의 피의자신문조서에 대한 신용성의 보장을 법관의 면전조서에 비하여 약하다고 하지 않을 수 없으므로 법관의 면전조서보다는 엄격한 요건을 요구하는 반면, 검사의 준사법기관으로서의 지위에 비추어 그 이외의 수사기관에 비하여는 보다 공정한 직무수행이 기대되므로 검사 이외의 수사기관 작성의 피의자신문조서보다는 그 요건을 완화하여 증거능력을 인정하고 있는 것이다.

③ 검사 작성의 피의자신문조서가 본 조에 의하여 증거능력이 인정되려면 그 피의자신문조서가 검사에 의하여 작성된 것이어야 한다. 예컨대 검찰주사가 검사의 지시에 따라 검사가 참석하지 않은 상태에서 피의자였던 피고인을 신문하여 작성하고 검사는 검찰주사의 조사 직후 피고인에게 개괄적으로 질문한 사실이 있을 뿐인데도 검사가 작성한 것으로 되어 있는 피고인에 대한 피의자신문조서는 검사의 서명·날인이 되어 있다고 하더라도 검사가 작성한 것이라고는 볼 수 없으므로, 본 조 소정의 검사가 피의자의 진술을 기재한 조서에 해당하지 않는다.[34]

나. 증거능력의 인정요건

(1) 적법한 절차와 방식에 따라 작성될 것[35]

① 검사가 피고인이 된 피의자의 진술을 기재한 조서는 '적법한 절차와 방식'에 따

---

33) 한편, 구 형사송법하에서는 법률상 변호인의 참여권을 보장하는 규정을 두고 있지는 아니하였으나 大決 2003. 11. 11. 선고 2003모402(송두율 사건)에서 구금된 피의자는 피의자신문을 받음에 있어 원칙적으로 변호인의 참여를 요구할 수 있고 그러한 경우 수사기관은 이를 거절할 수 없는 것으로 해석하여야 하고, 이렇게 해석하는 것은 인신구속과 처벌에 관하여 "적법절차주의"를 선언한 헌법의 정신에도 부합한다 할 것이라고 하여 해석에 의하여 변호인참여권을 인정하였다.

34) 대법원 1990. 9. 28. 선고 90도1483(이러한 조서는 제313조 제1항 소정의 서류에도 해당하지 않는다), 2003. 10. 9. 선고 2002도4372(이러한 조서는 제312조 제3항 소정의 검사 이외의 수사기관 작성의 피의자신문조서에 해당한다)

35) 검사가 피고인이 된 피의자의 진술을 기재한 피의자신문조서가 증거능력이 인정되기 위해서는 물론 그 조서에 기재된 진술의 임의성(제317조에 의한 진수의 임의성을 말한다)이 인정되어야 하지만, 이 점은 본 조에 특유한 문제라고 할 수는 없다.

라 작성된 것이어야 한다. 여기서 '적법한 절차와 방식'이라 함은 구 형사소송법상 조서의 형식적 진정성립보다는 넓은 개념으로서, 형사소송법 제242조(피의자신문사항), 제243조(피의자신문과 참여자), 제243조의2(변호인의 참여 등), 제244조(피의자신문조서의 작성), 제244조의3(진술거부권 등의 고지), 제244조의5(장애인 등 특별히 보호를 요하는 자에 대한 특칙) 등 형사소송법이 정한 절차와 방식에 따라 조서가 작성되어야 한다는 것을 의미한다.[36)]

② 피의자신문조서에는 피의자로 하여금 간인한 후 기명날인 또는 서명하게 하여야 하므로(제244조 제3항), 피고인의 기명날인 및 간인이 없거나 피고인의 기명만이 있고 그 날인이나 무인이 없는 검사 작성의 피고인에 대한 피의자신문조서는 증거능력이 없다.[37)] 서명날인을 거절하여 그 뜻을 조서에 기재하여 둔 경우에도 그 거절 이유 여하를 묻지 않고 증거능력이 없다.[38)]

③ 작성자인 검사의 기명날인 또는 서명이 되어 있지 아니한 피의자신문조서는 제57조 제1항에서 요구하는 공무원이 작성하는 서류로서의 요건을 갖추지 못한 것으로서 위 법규정에 위반되어 무효이고 따라서 이에 대하여 증거능력을 인정할 수는 없다.[39)]

④ 한편, 판례는, 검찰에 송치되기 전에 구속피의자로부터 받은 검사 작성의 피의자신문조서는 극히 이례에 속하는 것으로 그와 같은 상태에서 작성된 피의자신문조서는 내용만 부인하면 증거능력을 상실하게 되는 사법경찰관 작성의 피의자신문조서상의 자백 등을 부당하게 유지하려는 수단으로 악용될 가능성이 있어 그렇게 했어야 할 특별한 사정이 보이지 않는 한 송치 후에 작성된 피의자신문조서와 마찬가지로 취급하기는 어렵다고 하고[40)], 다만, 검사가 범죄의 혐의가 있다고 보아 수사를 개시하는 행

36) 예컨대 피의자가 조서의 증감 또는 변경의 청구 등 이의를 제기하였거나 의견을 진술하였음에도 이를 조서에 추가로 기재되지 않은 사실이 밝혀졌다면 당해 피의자신문조서는 적법한 절차와 방식에 따라 작성된 것이라고 할 수 없다(실무제요II, 105면)

37) 대법원 1981. 10. 27. 선고 81도1370, 1992. 6. 23. 선고 92도954
서명 또는 기명날인이 되어 있지 아니한 피고인에 대한 진술조서에 대하여 같은 취지로 대법원 1993. 4. 23. 선고 92도 2908

38) 대법원 1999. 4. 13. 선고 99도237(피고인이 법정에서 그 임의성을 인정한 경우라도 마찬가지이다)

39) 대법원 2001. 9. 28. 선고 2001도4091은 작성자인 검사의 서명날인이 되어 있지 아니한 피의자신문조서(구 형사소송법 제57조 제1항은 공무원이 작성하는 서류에는 서명날인하도록 규정하고 있었다)는 공무원이 작성한 서류로서 요건을 갖추지 못한 것이므로 진술자인 피고인의 서명날인이 되어 있다거나, 피고인이 법정에서 그 피의자신문조서에 대하여 진정성립과 임의성을 인정하였다고 하여도 증거능력을 인정할 수 없다고 판시하였다.

위를 한 때에는 검찰사건사무규칙의 규정에 따라 범죄인지서를 작성하여 사건을 수리하는 절차를 거치기 전이라도 이때에 범죄를 인지한 것으로 보아야 하므로, 이러한 인지절차를 밟기 전에 수사를 하였다고 하더라도 그 수사가 장차 인지의 가능성이 전혀 없는 상태하에서 행해졌다는 등의 특별한 사정이 없는 한 인지절차가 이루어지기 전에 수사를 하였다는 이유만으로 그 수사가 위법하다고 볼 수는 없고, 따라서 그 수사과정에서 작성된 피의자신문조서나 진술조서 등의 증거능력도 이를 부인할 수 없다고 한다.[41]

(2) 피고인이 진술한 내용과 동일하게 기재되었음이 인정될 것(실질적 진정성립)

① 여기에서 진정성립이란 당해 조서의 기재내용과 원진술자인 피고인의 진술내용이 일치한다는 것을 의미한다. 이러한 진정성립은 피고인의 공판준비 또는 공판기일에서의 진술[42]이나 영상녹화물 기타 객관적인 방법에 의하여 증명되어야 한다.

② 현행 형사소송법은 실질적 진정성립을 원진술자인 피고인의 진술에 의하여만 인정할 수 있는 것으로 한정하였던 구 형사소송법과는 달리[43] 원진술자인 피고인의 진술 이외에 '영상녹화물 기타 객관적 방법'에 의해서도 조서의 실질적 진정성립을 증명할 수 있도록 함으로써 조서의 증거능력에 관한 인정요건을 완화한 것이다.

---

40) 대법원 1994. 8. 9. 선고 94도1228

41) 대법원 2001. 10. 26. 선고 2000도2968

42) 이는 피고인이 당해 공판절차의 당사자로서 법관에게 행하는 그 조서의 증거능력에 관한 진술을 의미하고 (규칙 제134조 제2항 참조), 따라서 피고인이 당해 공판절차의 당사자로서 법관에게 검사가 제출한 자신의 진술이 기재된 조서의 진정성립을 부인함으로써 그 조서의 증거능력을 부정하는 취지의 진술을 한 이상, 비록 그 공판 진행 중 피고인신문 또는 공동피고인에 대한 증언 과정에서 그 조서의 진정성립을 인정하는 취지의 진술을 하였다고 하더라도, 이로써 그 조서의 증거능력에 관한 종전의 진술을 번복하는 것임이 분명하게 확인되는 예외적인 경우가 아니라면, 원진술자인 피고인의 진술에 의하여 그 조서의 진정성립이 인정되었다고 할 수는 없다(대법원 2008. 10. 23. 선고 2008도2826).

43) 구 형사소송법 제312조 제1항에서의 '성립의 진정'은 형식적 진정성립과 실질적 진정성립을 포함하는 의미라고 봄이 판례·통설이었고, 그 경우 조서의 형식적인 진정성립이 인정되면 실질적인 진정성립이 추정되는 것인지 여부가 논의되었는데, 대법원은 2004. 12. 16. 선고 2002도537 전원합의체 판결을 통하여 형식적 진정성립이 인정되면 특별한 사정이 없는 한 그 실질적 성립이 추정되는 것으로 본 종전의 견해를 변경하면서, 검사가 작성한 피의자나 피의자 아닌 자의 진술을 기재한 조서는 공판준비 또는 공판기일에서 원진술자의 진술에 의하여 형식적 진정성립뿐만 아니라 실질적 진정성립까지 인정된 때에 한하여 비로소 그 성립의 진정함이 인정되어 증거로 사용할 수 있다고 판시하였고, 이에 따르면 공판준비 또는 공판기일에서 피고인이 검사 작성의 피고인에 대한 피의자신문조서에 대하여 형식적 진정성립 또는 실질적 진정성립 중 어느 하나라도 부인하는 진술을 할 경우에는 그 피의자신문조서는 그 자체로 증거능력이 없게 되고, 이와 같이 원진술자인 피고인이 진정성립을 부인하는 진술을 하는 이상 검사로서는 진정성립을 인정시킬 다른 대체수단은 없게 되었다.

③ 이 경우 영상녹화물은 독립된 증거로 사용할 수 없고, 조서의 진정성립을 인정하기 위한 자료로만 사용할 수 있다. 또한, 제244조의2에 신설된 피의자진술의 영상녹화의 요건을 갖추어야 함은 물론이다.[44)]

④ 피고인이 검사 작성의 피의자신문조서의 성립의 진정을 인정하였다가 그 뒤 이를 부인하는 진술을 하거나 서면을 제출한 경우 법원이 그 조서의 기재내용, 형식 등과 피고인의 법정에서의 범행에 관련한 진술 등에 비추어 성립의 진정을 인정한 최초의 진술이 신빙성이 있다고 보아 그 성립의 진정을 인정하는 때에는 그 피의자신문조서는 증거능력이 인정된다.[45)]

⑤ 한편, 검사가 피의자의 진술을 기재한 조서 중 일부에 관해서만 원진술자가 공판준비 또는 공판기일에서 실질적 진정성립을 인정하는 경우에는 법원은 당해 조서 중 어느 부분이 원진술자가 진술한 대로 기재되어 있고, 어느 부분이 달리 기재되어 있는지 여부를 구체적으로 심리한 다음, 진술한 대로 기재되어 있다고 하는 부분에 한하여 증거능력을 인정하여야 하고, 그 밖에 실질적 진정성립이 부정되는 부분에 대해서는 증거능력을 부정하여야 하며, 이는 아래 다.에서 보는 검사가 피의자 아닌 자의 진술을 기재한 조서의 경우도 동일하다고 함이 판례이다.[46)]

(3) 특신상황이 인정될 것

① 제312조 제1항과 제2항에 의하여 검사 작성의 피의자신문조서의 진정성립이 인정되는 경우에도, 그 조서가 증거능력을 갖기 위해서는 조서에 기재된 진술이 특히 신빙할 수 있는 상태하에서 행하여졌음이 증명되어야 한다.[47)]

---

44) 실무제요II, 106면

45) 대법원 1992. 6. 23. 선고 92도954, 1996. 8. 23. 선고 96도88, 1997. 12. 12. 선고 97도2368, 2005. 8. 19. 선고 2005도3045 등

46) 대법원 2005. 6. 10. 선고 2005도1849(원심이 원진술자의 법정진술에 의하여 실질적 진정성립이 인정되지 않는다는 이유로 조서 전체의 증거능력을 배척한 검사 작성의 피의자신문조서 또는 진술조서에 대하여 그 실질적 진정성립이 인정되는 부분과 인정되지 않는 부분을 구체적으로 심리하여 그 조서의 증거능력을 판단하여야 한 사례)

47) 구 형사소송법 제312조 제1항 본문과 단서의 관계에 관하여 조서의 진정성립과 특신상황 중 어느 하나만 있으면 증거능력이 인정된다는 견해(이른바 '완화요건설')와 진정성립과 특신상황 모두를 갖추어야 증거능력이 인정된다는 견해(이른바 '가중요건설')등에 관한 논의가 있었는바, 대법원은 2007. 1. 25. 선고 2006도7342 판결에서 검사 작성의 피고인이 된 피의자신문조서에 대하여 실질적 진정성립이 인정되지 아니하는 이상 그 조서에 기재된 피고인의 진술이 특히 신빙할 수 있는 상태하에서 행하여진 경우라고 하여도 이를 증거로 사용할 수 없다고 판시함으로써 가중요건설을 명백히 하였으며, 학설상

② 여기서 '특히 신빙할 수 있는 상태'(신용성의 정황적 보장)란 조서 작성 당시 그 진술내용이나 조서 또는 서류의 작성에 허위개입의 여지가 거의 없고, 그 진술내용의 신빙성이나 임의성을 담보할 구체적이고 외부적인 정황이 있는 경우를 가리킨다.

③ 신용성의 정황적 보장의 존재 및 그 강약에 관하여서는 구체적 사안에 따라 이를 가릴 수밖에 없다. 예컨대 변호인과 자유롭게 접견하였는지 여부, 변호인의 참여가 정당한 사유 없이 배제되었는지 여부, 조사의 내용 등에 비추어 합리적인 조사기간을 넘어서 조사가 이루어졌는지 여부 또는 구속 상태에서 별다른 조사를 하지도 않은 상태에서 매일 소환하여 같은 질문을 반복하도록 하였는지 여부 등 엄격하여 요건을 살펴보아야 한다.[48]

2. 검사 이외의 수사기관 작성의 피의자신문조서

① 검사 이외의 수사기관이 작성한 피의자신문조서는 적법한 절차와 방식에 따라 작성된 것으로 공판준비 또는 공판기일에 그 피의자였던 피고인 또는 변호인이 그 내용을 인정한 때에 한하여 증거로 할 수 있다(제312조제3항).[49] 이와 같이 증거능력 부여에 있어서 검사 이외의 수사기관 작성의 피의자신문조서에 대하여 보다 엄격한 요건을 요구한 취지는, 검사 이외의 수사기관의 피의자신문은 이른바 신용성의 정황적 보장이 박약한데다가[50], 그 신문에 있어서 있을지도 모르는 개인의 기본적 인권보장의 결여를 방지하려는 입법정책적 고려에 있는 것이고[51], 우리나라 고유의 조문으로서 위법수사의 예방장치로서 독자적인 의미를 가지는 조항이라 할 수 있다.[52]

으로도 가중요건설에 대부분 일치되어 있었다. 따라서 위 조항 단서에서 "…그 피의자였던 피고인의 공판준비 또는 공판기일에서의 진술에 불구하고 증거로 할 수 있다."라는 의미는 피의자였던 피고인이 검사 작성의 피의자신문조서에 대하여 공판준비 또는 공판기일에서 그 형식적 진정성립 및 실질적 진정성립을 모두 인정하면서도 그 피의자신문조서의 내용은 사실과 다르다고 진술하는 경우에는 법원은 검사의 입증에 의하여 특신상황이 인정되는 경우에만 그 피의자신문조서의 증거능력을 인정할 수 없다는 것으로 해석되었는바, 현행 형사소송법은 이러한 가중요건설의 관점에서 제312조의 요건을 재구성한 것이다.

48) 실무제요II, 107면

49) 법 개정으로 구 형사소송법 제312조 제2항과 대비하여 실질적으로 달라진 것이 없으므로 종전의 해석론이 그대로 유용하다. 다만, 이 경우 피고인 등이 그 조서에 관하여 내용을 부인한 경우 피고인을 조사하였던 자의 증언과 그 조서의 증거능력 취득 여부의 문제는 후술하는 9. 참조

50) 대법원 1995. 3. 24. 선고 94도2287

51) 대법원 1982. 9. 14. 선고 82도1479 전원합의체 판결 (김시훈 사건)

② 검사 이외의 수사기관이란 제196조에 의한 사법경찰관리 및 기타 법률[53)]에 의하여 그 직무를 행할 자를 말한다. 따라서 검찰수사서기관, 검찰사무관, 국가정보원 직원 등도 모두 이에 해당한다. 그리고 외국의 권한 있는 수사기관도 특별한 사정이 없는 한 여기서 말하는 검사 이외의 수사기관에 포함된다.[54)]

③ 내용의 인정이란 성립의 진정을 전제로 그 진술한 내용이 실제 사실과 부합한다고 인정하는 것을 의미한다.[55)] 피고인이 검찰이래 사법경찰리 앞에서의 자백은 허위였다고 일관되게 진술하고 있는 경우 피고인은 사법경찰리 작성의 피의자신문조서의 진술내용을 인정하지 않는 것이라고 보아야 하고, 이 경우 증거목록에 내용을 인정한 것으로 기재되어 있어도 이는 착오기재였거나 아니면 피고인이 그와 같이 진술한 사실이 있었다고 한 것(즉 실질적 진정성립을 인정한 것)을 '내용인정'으로 조서를 잘못 정리한 것으로 보아야 할 것이다.[56)]

④ 본 조항은 검사 이외의 수사기관이 작성한 당해 피고인에 대한 피의자신문조서를 유죄의 증거로 하는 경우뿐만 아니라 검사 이외의 수사기관이 작성한 당해 피고인과 공범관계가 있는 다른 피고인 또는 피의자에 대한 피의자신문조서를 피고인에 대한 유죄의 증거로 하는 경우에도 적용된다.[57)] 따라서 검사 이외의 수사기관이 작성한 공범관계에 있는 자에 대한 피의자신문조서는 당해 피고인 또는 그의 변호인이 그 내용을 인정하여야만 증거능력을 부여할 수 있으며, 원진술자인 공범관계에 있는 자 또는 그의 변호인이 내용을 인정하였다 하여 증거능력을 부여할 수는 없다.[58)] 만일 피고인이나 변호인이 위 피의자신문조서에 대하여 증거로 함에 부동의하였다면 이는 그 내용을 인정하지 않는다는 취지로 볼 것이다.[59)]

---

52) 신동운, 928, 929면

53) 사법경찰관리의 직무를 수행할 자와 그 직무범위에 관한 법률 및 검찰청법 제46조, 제47조, 근로기준법 제 102조 제5항, 국가정보원법 제16조 등 참조

54) 대법원 2006. 1. 13. 선고 2003도6548(미국의 범죄수사대(CID), 연방수사국(FBI)의 수사관들이 작성한 수사보고서 및 피고인이 위 수사관들에 의한 조사를 받는 과정에서 작성하여 제출한 진술서에 대하여 피고인이 그 내용을 부인하는 이상 증거로 쓸 수 없다고 본 사례)

55) 대법원 1995. 5. 23. 선고 94도1735, 2001. 9. 28. 선고 2001도3997

56) 대법원 1995. 5. 23. 선고 94도1735, 1997. 10. 28. 선고 97도2211, 2001. 9. 28. 선고 2001도3997, 2004. 9. 24. 선고 2004도4389, 2006. 5. 26. 선고 2005도 6271

57) 대법원 1979. 4. 10. 선고 79도287, 1986. 11. 11. 선고 86도1783, 1996. 7. 12. 선고 96도667, 2004. 9. 3. 선고 2004도3588

58) 대법원 1986. 11. 11. 선고 86도 1783

그리고 본 조항은 당해 사건에서 피의자였던 피고인에 대한 검사 이외의 수사기관 작성의 피의자신문조서에만 적용되는 것이 아니라 전혀 별개의 사건에서 피의자였던 당해 피고인에 대한 검사 이외의 수사기관 작성의 피의자신문조서에 대하여도 적용된다.

3. 검사 또는 사법경찰관이 피고인 아닌 자의 진술을 기재한 조서

가. 개요

① 제312조 제4항은 피고인 아닌 자의 진술을 기재한 조서의 증거능력에 대하여 작성주체인 검사와 사법경찰관을 구별하지 않고 동일한 조항에서 규정하고 있고,[60] 그 조서의 진정성립을 인정하는 요건으로서 '원진술자의 공판준비 또는 공판기일에서의 진술' 이외에 검사 작성 피의자신문조서와 마찬가지로 '영상녹화물 기타 객관적 방법'에 의하여 증명할 수 있도록 하고 있으며, 아울러 '기재내용에 관하여 원진술자를 신문할 수 있었던 때' 즉 반대신문권의 보장을 증거능력의 요건으로 추가하고 있다.

② 구 형사소송법하에서 검사가 작성한 공동피고인 등에 대한 피의자신문조서에 관한 해석론

이에 관한 구 형사소송법하에서의 판례 및 논의를 보면 다음과 같다.

즉, 검사 작성의 공범인 공동피고인에 대한 피의자신문조서는 공동피고인이 법정에서 성립 및 임의성을 인정한 이상 당해 피고인이 이를 증거로 함에 부동의하였다고 하더라도 당해 피고인의 범죄사실에 대한 유죄의 증거로 삼을 수 있으나,[61] 공동피고인이 아닌 공범에 대한 검사 작성의 피의자신문조서는 당해 피고인이 증거로 함에 동의하지 않는 이상 반드시 원진술자인 공범이 현재 사건의 공판기일 등에 증인으로 출석하여 그 성립의 진정을 인정하여야 증거능력이 인정되고, 공범이 자신 또는 다른 공범

---

59) 대법원 1996. 7. 12. 선고 96도667

60) 구 형사소송법에서 검사가 피의자 아닌 자(참고인)의 진술을 기재한 조서는 공판준비 또는 공판기일에서의 원진술자인 참고인의 진술에 의하여 그 성립의 진정함이 인정된 때에는 증거능력이 있었고(구 형사소송법 제312조 제1항), 사법경찰관이 피의자 아닌 자의 진술을 기재한 조서는 형식적 진정성립과 실질적 진정성립이 인정된 때에 증거능력이 있으며(구 형사소송법 제313조 제1항), 원진술자가 그 조서의 형식적 진정성립과 실질적 진정성립을 인정한 이상 그 내용을 부인하거나 조서내용과 다른 진술을 하여도 증거능력이 인정된다고 해석되었다.

61) 대법원 1991. 11. 8. 선고 91도1984, 1996. 3. 8. 선고 95도2930, 2001. 4. 27. 선고 99도 484. 위 판례들의 판시 자체만으로는 공범임을 요하는지 여부가 명확하지 아니하나 사안으로 보면 공범인 공동피고인에 관한 것임이 분명하다.

에 대한 공판절차 등에서 진정성립을 인정하였다 하여 당해 피고인에 대하여 증거능력을 부여할 수는 없다.[62)]

피고인이 증거로 함에 동의한 바 없는 공범이 아닌 공동피고인에 대한 검사 작성의 피의자신문조서는 피고인의 공소범죄사실을 인정하는 증거로 삼을 수 없다고 하는 바,[63)] 위와 같은 조서는 당해 피고인에 대한 관계에 있어서 참고인 진술조서와 같은 것으로서, 비록 공범이 아닌 공동피고인(원진술자)이 규칙 제134조 제2항 본문에 의한 필요적 의견진술을 하는 과정에서[64)] 그 진정성립과 임의성을 인정하더라도 당해 피고인에 대한 관계에서 증거능력을 가질 수 없고, 공동피고인이 증인으로 출석하여 그 성립의 진정을 인정하여야 증거능력이 인정된다는 취지로 이해된다.[65)] 공범이 아니고 공동피고인도 아닌 제3자에 대한 검사 작성의 피의자신문조서도 당해 피고인에 대한 관계에 있어서는 참고인 진술조서와 같은 것이므로, 피고인이 증거로 함에 동의하지 않는 이상 제3자가 현재의 사건에 증인으로 출석하여 그 성립의 진정을 인정하여야 증거능력이 인정된다.[66)]

③ 형사소송법하에서 검사가 작성한 공동피고인 등에 대한 피의자신문조서에 관한 해석론

현행 형사소송법하에서도 검사 작성의 공동피고인에 대한 피의자신문조서에 관하여 논의가 있을 수 있으나, 공동피고인은 제312조 제4항에서 규정하는 피고인이 아닌 자에 해당함이 분명하여 이를 참고인진술조서로 취급하여야 하고, 따라서 제312조 제1항이 아니라 제312조 제4항에 따라 증거능력을 인정할 것이다.[67)]

다만, 공범인 공동피고인 등이 사법경찰관 앞에서 한 진술을 기재한 조서에 대해서는 참고인 진술조서로 보아 제312조 제4항을 적용하는 것보다는 제312조 제3항을 적용하는 것이 피고인에게 더 유리하므로, 구 형사소송법과 마찬가지로 제312조 제3항의 적용을 받는다고 보아야 할 것이다.[68)]

---

62) 대법원 1999. 7. 23. 선고 99도1860, 1999. 10. 8. 선고 99도3063
63) 대법원 1982. 6. 22. 선고 82도898, 1982. 9. 14. 선고 82도1000, 2006. 1. 12. 선고 2005도7601
64) 공범이 아닌 공동피고인이 선서 없이 한 법정진술이 증거능력이 없다는 점에 대하여는 대법원 1982. 6. 22. 선고 82도898, 1982. 9. 14. 선고 82도1000 참조
65) 대법원 1999. 10. 8. 선고 99도3063 참조
66) 대법원 1991. 4. 23. 선고 91도314, 1999. 10. 8. 선고 99도3063
67) 실무제요II, 108면

④ 그리고 피고인이 된 피의자의 진술을 기재하였다면, 비록 진술조서라는 명칭을 가지고 있다 하더라도 이는 피의자신문조서로 취급하여야 할 것이지 참고인진술조서로 볼 수 없다고 할 것이다.[69]

나. 증거능력의 인정요건

(1) 적법한 절차와 방식에 따라 작성될 것

검사 또는 사법경찰관이 피고인이 아닌 자의 진술을 기재한 조서는 우선 '적법한 절차와 방식'에 따라 작성된 것이어야 한다. 여기서 '적법한 절차와 방식'이라 함은 원진술자의 서명 또는 날인이 있어야 하는 등[70] 앞서 피의자신문조서에 관한 설명에서 본 바와 같다.

(2) 진정성립이 인정될 것

① 조서의 기재 내용이 검사 또는 사법경찰관 앞에서 진술한 내용과 동일하게 기재되어 있음이 원진술자의 공판준비 또는 공판기일에서의 진술이나 영상녹화물 기타 객관적인 방법에 의하여 증명되어야 한다(제312조 제4항 본문)

진정성립의 의미와 영상녹화물에 관한 설명은 진술한 피의자신문조서 부분과 같다.

② 원진술자의 진술로서 성립의 진정을 인정하고자 하는 경우, 원진술자의 진술은 그 자체 증거능력 있는 것이어야 한다. 따라서 예컨대 필요적 변호사건에서 변호인 없이 이루어진 증인신문에서 원진술자에 의하여 성립의 진정함이 진술된 조서는 위 각 조항에 의하여 증거능력이 인정되지 아니하며,[71] 성립의 진정을 인정하기 위한 원진술자의 진술(증언)은, 증인신문과정에서 당해 진술조서의 내용을 열람하거나 고지 받은 다음 그 진술조서에 간인 및 서명 또는 날인한 점과 그 내용이 자기가 진술한 대로 작성된 것이라는 점을 인정하는 것이어야 한다.[72] 따라서 원진술자가 증인신문과정에

68) 대법원 1986. 11. 11. 선고 86도1783 등
69) 실무제요II, 108면
70) 대법원 1997. 4. 11. 선고 96도2865(사법경찰리 작성의 피해자에 대한 진술조서가 피해자의 화상으로 인한 서명불능을 이유로 입회하고 있던 피해자의 동생으로 하여금 서명날인하게 하는 방법으로 작성된 경우 형식적 요건을 결여한 서류로서 증거로 사용할 수 없다고 한다), 1999. 2. 26. 선고 98도2742(외국에 거주하는 참고인과의 전화 대화내용을 문답형식으로 기재한 검찰주사 작성의 수사보고서는 진술인의 서명 또는 날인이 없어 증거로 삼을 수 없다고 한다)
71) 대법원 1999. 4. 23. 선고 99도915
72) 대법원 1982. 10. 12. 선고 82도1865, 82감도383, 1985. 10. 8. 선고 85도1843, 85감도265

서 당해 진술기재 내용을 열람하거나 고지 받지 못한 채 단지 검사의 신문에 대하여 수사기관에서 사실대로 진술하였다는 취지의 증언만을 한 경우 그 진술조서는 증언능력이 없고[73], 수사기관에서 사실대로 진술하고 그 내용을 확인한 후 서명날인하였다는 취지로 증언하고 있을 뿐인 경우 그 진술이 조서의 진정성립을 인정하는 취지인지 분명하지 아니하므로 그 진술만으로는 조서의 진정성립을 인정하기에 부족하다.[74][75]

③ 그 외 진정성립 여부가 문제된 구 형사소송법하에서의 판례로, 원진술자가 진술조서의 진술기재 내용이 자기가 진술한 것과 다른데도 수사기관이 마음대로 공소사실에 부합되도록 기재한 다음 괜찮으니 서명날인하라고 요구하여서 할 수 없이 서명날인한 것이라고 진술한 경우 그 진술조서는 증거능력이 없다고 한 것[76], 원진술자가 수사관이 자신의 진술을 받아 기재한 것이 아니라 다른 참고인이 범죄사실에 관하여 진술한 내용을 미리 기재하여 놓은 다음 자신의 서명 무인만을 받은 것이라는 취지로 진술함으로써 위 진술조서의 실질적인 성립의 진정을 부인하고 있다면 위 진술조서는 증거로 할 수 없다고 한 것[77]이 있다.

④ 한편, 여기서의 진정성립은 원진술자가 진술한 대로 기재되었는지 여부를 가리키는 것이지 그 진술의 진위 여부를 문제삼는 것은 아니므로, 원 진술자가 공판기일에서 그 진술조서의 내용과 다른 진술을 하였다 하여 증거능력을 부정할 사유가 되지는 못한다.[78]

(3) 반대신문의 기회가 보장될 것

① 원진술자에 대한 반대신문의 기회가 보장되어야 한다. 즉 참고인진술조서는 피

73) 대법원 1994. 9. 9. 선고 94도1384, 1994. 11. 11. 선고 94도343

74) 대법원 1982. 10. 12. 선고 82도1865, 82감도383, 1996. 10. 15. 선고 96도1301, 2000. 6. 27. 선고 99도128, 원진술자가 법정에서 그 조서의 내용을 열람하거나 고지 받았는지 여부가 불분명한 점이 문제된 것으로 보인다.

75) 그리고 원진술자의 진술에 의하여만 위 조서의 진정성립이 인정된다고 본 구 형사소송법하에서의 판례에 의하면, 사법경찰리 작성의 진술조서에 대하여 원진술자가 공판기일에서 그 진술조서에 서명·무인한 것은 맞으나 그 진술조서의 기재내용과 같이 진술하지는 아니하였다고 진술함으로써 실질적인 성립의 진정을 부인한 경우, 그 진술조서를 작성한 경찰관이 공판기일에 증인으로 나와 원진술자가 진술하는 내용대로 조서를 작성하고 진술인이 서명·무인하였다고 진술하고 있다 하여 증거능력이 있게 되는 것은 아니라고 하였다(대법원 2002. 8. 23. 선고 2002도2112 등).

76) 대법원 1990. 10. 16. 선고 90도1474

77) 대법원 1992. 6. 9. 선고 92도737

78) 대법원 1985. 10. 8. 선고 85도1843, 85감도265, 2000. 8. 18. 선고 2000도2943

고인 또는 변호인이 공판준비 또는 공판기일에서 그 기재내용에 관하여 원진술자를 신문할 수 있어야 증거능력이 인정된다.

② 반대신문권의 보장은 실질적 · 효과적이어야 하나, 이는 반대신문권의 기회를 주어야 한다는 것이지, 현실적으로 반드시 반대신문이 이루어져야 한다는 것은 아니다.

③ 다만, 성폭력범죄의 처벌 및 피해자보호 등에 관한 법률 제21조의3 제4항에 의하면, 일정한 성폭력범죄의 경우 피해자의 진술이 담긴 영상녹화물이 증거로 제출된 경우에는, 원진술자인 피해자뿐만 아니라 조사과정에 동석하였던 신뢰관계 있는 자의 진술에 의하여 그 진정성립을 인정할 수 있다.[79] 따라서 원진술자의 진술에 의한 진정성립의 예외를 규정하고 있는 셈이고, 이러한 경우에는 반드시 원진술자에 대한 반대신문권의 보장을 요건으로 하고 있지 않다.

(4) 특신상황이 인정될 것

수사기관이 작성한 참고인진술조서에 대하여 검사 작성의 피의자신문조서와 마찬가지로 그 진술이 특히 신빙할 수 있는 상태하에서 행하여졌음이 증명된 때에 한하여 증거능력이 인정된다.[80] 이른바 '특신상황'에 관해서는 앞서 검사 작성의 피의자신문조서의 증거능력에 관한 설명에서 본 바와 같다.

다. 기타

공소제기 후에 참고인 조사가 허용되는지 여부에 관하여, 판례는, 어떠한 증거가 공소가 제기된 이후 수사관에 의하여 수집되었다는 이유만으로 위법한 절차에 의하여 수집된 증거라고 보지는 아니한다.[81]

다만, 피고인에게 유리한 증언을 한 증인을 법정 외에서 추궁하여 법정에서의 증언을 번복하게 하는 내용의 진술조서(이른바 증언 번복 진술조서)의 증거능력에 관하여, 종전 판례는, 그 후 공판기일에 다시 증인으로 신문하면서 그 진술조서 기재내용에 관하여 피고인 측에게 반대신문의 기회를 부여하였다면 그 증거채용을 탓할 것은 아니나,[82] 그와 같은 경로에 의하여 수집된 증거는 신빙성이 상대적으로 희박하다고 할 수

79) 대법원 2006. 4. 14. 선고 2005도9561 참조
80) 형사소송법 개정으로 그 요건을 더욱 강화한 것이다.
81) 대법원 1983. 8. 23. 선고 83도1632, 2000. 6. 15. 선고 99도1108 전원합의체 판결 중 보충의견 참조
82) 대법원 1992. 8. 18. 선고 92도1555(그 증인, 즉 원진술자가 다시 공판기일 등에 증인으로 나와 그 진정

밖에 없다[83]고 하여 그 증거능력 자체를 부정하지 아니하면서 그 신빙성만을 문제삼았으나, 그 후 대법원은 2000. 6. 15. 선고 99도1108 전원합의체 판결에서, 위와 같은 진술조서는 당사자주의·공판중심주의·직접주의를 지향하는 현행 형사소송법의 소송구조에 어긋나는 것일 뿐만 아니라, 헌법 제27조가 보장하는 기본권, 즉 법관의 면전에서 모든 증거자료가 조사·진술되고 이에 대하여 피고인이 공격·방어할 수 있는 기회가 실질적으로 부여되는 재판을 받을 권리를 침해하는 것이므로, 피고인이 증거로 할 수 있음에 동의하지 아니하는 한 그 증거능력이 없다고 하여야 할 것이고, 그 후 원진술자인 종전 증인이 다시 법정에 출석하여 증언을 하면서 그 진술조서의 성립의 진정함을 인정하고 피고인 측에 반대신문의 기회가 부여되었다고 하더라도 그 증언 자체를 유죄의 증거로 할 수 있음은 별론으로 하고 위와 같은 진술조서의 증거능력은 없다고 하여[84] 그 증거능력 자체를 부정하는 것으로 태도를 변경하였다. 통설은 종전부터 그 증거능력을 부정하여 왔다.[85]

4. 수사과정에서 작성한 진술서

피고인 또는 피고인이 아닌 자가 수사과정에서 작성한 진술서의 증거능력에 대해서는 수사기관이 작성한 조서와 동일하다(제312조 제5항).

검사의 관여 하에 작성, 제출된 피고인의 진술서는 검사작성의 피의자신문조서(제312조 제1항, 제2항)에 준하여, 검사 외의 수사기관 관여 하에 작성된 피고인의 진술서는 검사 외의 수사기관에서 작성한 피의자신문조서(제312조 제3항)에 준하여[86][87],

---

성립을 진술하여야 한다는 의미이다)

83) 대법원 1983. 8. 23. 선고 83도1632, 1993. 4. 27. 선고 92도2171

84) 위 전원합의체 판결에 의하여 이와 저촉되는 종전 판결은 변경되었다.

85) 백형구, 형사소송법강의(신정2판), 박영사, 1996, 338면, 이재상, 335면, 신동운, 447면

86) 사법경찰관이 피의자를 조사하는 과정에서 제244조에 의하여 피의자신문조서에 기재됨이 마땅한 피의자의 진술내용을 진술서의 형식으로 피의자로 하여금 기재하여 제출하게 한 경우에 위 진술서의 증거능력 유무는 검사 이외의 수사기관이 작성한 피의자신문조서와 마찬가지로 구 형사소송법 제312조 제2항에 따라 결정하여야 할 것이라고 한 대법원 1982. 9. 14. 선고 82도1479 전원합의체 판결(이른바 김시훈 사건)을 입법화한 것이다.

87) 한편, 판례는 피고인의 진술을 녹취 내지 기재한 서류나 문서가 검사 이외의 수사기관의 수사과정에서 작성된 것이라면 그것이 진술조서, 진술서, 자술서라는 형식을 취하였더라도 피의자 신문조서와 달리 볼 이유가 없으므로 피고인이 공판정에서 그 내용을 부인하면 증거능력이 없다고 하였다(대법원 1983. 7. 26. 선고 82도385, 1992. 4. 14. 선고 92도442, 2004. 9. 3. 선고 2004도3588).

피고인 아닌 자가 작성한 진술서는 모두 참고인진술조서에 준하여 각 증거능력이 결정된다.

5. 검사 또는 사법경찰관이 검증의 결과를 기재한 조서

① 검사 또는 사법경찰관이 검증의 결과를 기재한 조서는 적법한 절차와 방식에 따라 작성된 것으로서 공판준비 또는 공판기일에서의 작성자의 진술에 따라 그 성립의 진정함이 증명된 때에는 증거로 할 수 있다(제312조 제6항).

적법한 절차와 방식은 피의자신문조서나 참고인진술조서에서의 의미와 같고, 작성자는 검증의 주체가 되는 검사나 사법경찰관을 말하며, 검증에 참여한 데 불과한 자는 해당하지 않는다.[88] 그리고 본 조의 적용을 받는 검증조서는 당해 사건에 관하여 작성된 것임을 요하지 아니하고 다른 사건에 관한 것도 포함된다.[89]

한편, 검사가 범죄의 현장 기타 장소에서 실황조사를 한 후 작성하는 실황조서나 사법경찰관이 수사상 필요하다고 인정하여 범죄현장 또는 기타 장소에 임하여 실황을 조사할 때 작성하는 실황조사서 등도 검증조서에 준하여 증거능력을 판단하나, 단지 수사의 경위 및 결과를 내부적으로 보고하기 위하여 작성된 서류(수사보고서)에 불과하다면 그 안에 검증의 결과에 해당하는 기재가 있다고 하여 이를 제312조 제6항 소정의 검증조서라고 할 수 없다.[90]

검증조서에 첨부된 현장상황에 관한 사진 등은 검증조서와 일체를 이루는 것으로 보면 될 것이나.

② 판례[91]는 사법경찰관이 작성한 실황조사서에 피의자이던 피고인이 사법경찰관의 면전에서 자백한 범행내용을 현장에 따라 진술, 재연하고 사법경찰관이 그 진술, 재연의 상황을 기재하거나 이를 사진으로 촬영한 것에 대하여 피고인이 공판정에서 그 진술내용 및 범행재연의 상황을 모두 부인하고 있는 이상 그 실황조사서는 증거능력이 없다고 하고 있고[92], 또한, 판례[93]는 사법경찰관 작성의 검증조서에 대하여 피

88) 대법원 1976. 4. 13. 선고 76도500 참조
89) 배종대 · 이상돈 · 정승환, 신형사소송법, 홍문사, 2008, 610면, 이재상, 583면, 임동규, 506면
90) 대법원 2001. 5. 29. 선고 2000도2933
91) 대법원 1984. 5. 29. 선고 84도378, 1989, 12, 26. 선고 89도1557
92) 이는 제312조 제3항에 따른다는 취지로 보인다.

고인이 증거로 함에 동의만 하였을 뿐 공판정에서 검증조서에 기재된 진술내용 및 범행을 재연한 부분에 대하여 그 성립의 진정 및 내용을 인정한 흔적을 찾아 볼 수 없고 오히려 이를 부인하고 있는 경우에는 그 증거능력을 인정할 수 없다고 하여 검증조서에 대하여도 제312조 제3항에 따를 것이라는 취지로 판단하고 있다.[94)]

Ⅵ. 제313조에 의한 예외

1. 개설

① 제313조 제1항은 제311조 및 제312조의 규정에 의하여 증거능력이 인정되는 서류 이외에 피고인 또는 피고인 아닌 자가 작성한 진술서나 그 진술을 기재한 서류에 대하여 일정한 요건하에 증거능력을 인정하고 있고, 제313조 제2항은 감정의 경과와 결과를 기재한 서류의 증거능력에 관하여 규정하고 있다.

② 그런데 제313조 제1항은 제311조 및 제312조의 규정에 의하여 증거능력이 인정되는 서류를 그 적용대상에서 제외하고 있으므로 수사과정에서 작성한 진술서는 제312조 제5항에 의하여 작성의 주체 및 작성이 이루어진 수사단계에 따라 그 증거능력이 결정될 것이고, 따라서 제313조 제1항의 적용대상은 피고인 또는 피고인 아닌 자가 수사기관 이외에서 작성한 진술서나 진술을 기재한 서류가 된다.

따라서 사인 또는 공증인 등에 의하여 작성된 서류, 진술서 등이 본 조의 적용대상이다.

③ 제313조 제1항이 규율하고 있는 진술서면은 피고인이 원진술자인 진술서면과 피고인 아닌 자가 원진술자인 진술서면, 원진술자가 직접 작성한 진술서[95)]와 제3자가 원진술자의 진술을 기재한 서류 등으로 나눌 수 있다. 진술서 · 자술서 · 시말서 등 그 명칭 여하를 묻지 않고, 사건과 관계없이 작성된 메모나 일기 등도 여기에 포함된다.[96)]

사인인 의사가 작성한 진단서는 당연히 증거능력이 있는 서류가 되지 아니하고,[97)]

---

93) 대법원 1998. 3. 13. 선고 98도159, 2006. 1. 13. 선고 2003도6548

94) 김주형, '사법경찰관작성의 검증조서 중 피고인의 진술기재부분과 범행재연의 사진영상부분의 증거능력', 대법원판례해설 9호, 474, 475면

95) 실무상 대부분을 차지하는 것으로, 특히 참고인 진술서가 대부분이다.

96) 신동운, 949면, 이재상, 577면

97) 대법원 1969. 3. 31. 선고 69도179

본 조항에 의하여 공판기일 등에서 그 작성자인 의사의 진술에 의하여 그 성립의 진정함이 증명되어야 증거능력을 가진다.[98)]

2. 피고인의 진술서 또는 피고인의 진술을 기재한 서류

① 제311조 및 제312조의 규정 이외에 피고인이 작성한 진술서나 그 진술을 기재한 서류로서 그 작성자 또는 진술자의 자필이거나 그 서명 또는 날인이 있는 것은 공판준비나 공판기일에서의 그 작성자 또는 진술자의 진술에 의하여 그 성립의 진정함이 증명된 때에는 증거로 할 수 있다(제313조 제1항 본문). 단, 피고인의 진술을 기재한 서류는 공판준비 또는 공판기일에서의 그 작성자의 진술에 의하여 그 성립의 진정함이 증명되고 그 진술이 특히 신빙할 수 있는 상태하에서 행하여진 때에 한하여 피고인의 공판준비 또는 공판기일에서의 진술에 불구하고 증거로 할 수 있다(제313조 제1항 단서).

② 본 조항 본문 후단은 '그 작성자 또는 진술자의 진술'로 규정하고 있어 원진술자 외에 그 진술을 기재한 제3자의 진술로도 성립의 진정을 증명할 수 있지 않은가'하는 의심이 있을 수 있으나, 여기서 '작성자'는 전단의 '진술서'에, '진술자'는 전단의 '진술을 기재한 서류'에 각각 해당되는 것으로 풀이되므로 본 조항의 진술서면은 원진술자가 직접 작성한 진술서이든 제3자가 원진술자의 진술을 기재한 서류이든 언제나 원진술자의 공판진술에 의해서만 진정성립을 증명할 수 있는 것이라 할 것이다.[99)]

③ 본 조항에 의하여 증거능력이 인정되려면 우선 원진술자(진술서의 경우는 작성자)의 자필이거나 그의 서명 또는 날인이 있어야 한다. 진술서에는 사필을 요하고 진술을 기재한 서류에는 서명 또는 날인을 요한다는 견해[100)]가 있으나, 반드시 그와 같이 볼 필요는 없고 타이프에 의하거나 부동문자에 의하여 일정한 사실이 진술되어 있는 때에도 피고인의 서명 또는 날인이 있는 한 진술서에 해당한다.[101)]

④ 여기에서 성립의 진정은 형식적 진정성립과 실질적 진정성립을 포함하는 의미로 볼 것이다.[102)]

---

98) 대법원 1967. 4. 18. 선고 67도231
99) 신동운, 950, 951면, 실무제요II, 114면, 대법원 1995. 10. 13. 선고 95도1761, 95감도83 참조
100) 차용석 · 최용성, 형사소송법, 세영사, 2010, 589면
101) 임동규, 502면, 진봉진, '피고인 작성의 신술서', 형사증거법(하) 260면
102) 신동운, 951면, 서희석, '우리 형사소송법상의 전문법칙', 형사증거법(상) 284면

⑤ 한편, 피고인의 진술을 기재한 서류[103]는 본 조항 단서에 의하여 그 진술이 특히 신빙할 수 있는 상태하에서 행해지고 작성자의 공판진술에 의하여 성립의 진정함이 증명된 때에 한해서 진술자인 피고인의 공판준비 또는 공판기일에서의 진술 여하에 불구하고 증거능력이 인정되는데, 여기에서의 '작성자'는 원진술자인 피고인을 의미한다고 보는 견해[104]와 피고인의 진술을 기재한 서류의 작성자(녹취자)를 가리키는 것으로 보는 견해[105]가 나뉘어져 있다.

판례[106]는 피고인의 진술내용이 녹음된 녹음테이프의 증거능력이 문제된 사안에서 제313조 제1항 단서가 적용되는 경우임을 전제로, 피고인의 진술내용을 증거로 사용하기 위하여는 그 녹음테이프 작성자의 진술에 의하여 녹음테이프에 녹음된 피고인의 진술내용이 피고인이 진술한 대로 녹음된 것이 증명되어야 하고 나아가 특신상황이 인정되어야 한다고 판시하고 있는 점에 비추어 보면, 본 조항 단서가 적용되는 녹음테이프의 경우에는 그 '작성자'는 녹음테이프 작성자를 의미한다고 해석하고 있는 것으로 보인다.

3. 피고인 아닌 자의 진술서 또는 그 사람의 진술을 기재한 서류

① 피고인 아닌 자가 법원이나 수사기관 외에서 작성한 진술서나 그 진술을 기재한 서류는 원진술자의 자필이거나 그 서명 또는 날인이 있고, 공판준비 또는 공판기일에서 원진술자의 진술에 의하여 성립의 진정이 인정되면 증거능력이 인정되고, 별도로 특신상황에 대한 증명은 요구되지는 않는다.

② 압수조서 중 압수의 경과를 기재한 부분은 진술서로서의 실질을 가지고 있으므로 본 조항에 의하여 증거능력이 부여될 수 있다. 판례는, 사법경찰리가 작성한 '피고

103) 검사나 사법경찰관이 피고인의 진술을 기재한 서류(피의자신문조서, 진술조서)는 제312조 등에 별도로 규정되어 있으므로 이 경우에 해당하지 않는다.

104) 신동운, 950면, 신양균, 743면

105) 서희석, '우리 형사소송법상의 전문법칙', 형사증거법(상) 284, 285면

106) 대법원 2001. 10. 9. 선고 2001도3106(고소인이 피고인과의 진술내용을 녹음한 녹음테이프에 대한 검증조서 중 피고인의 진술내용이 증거능력을 갖기 위하여는 제313조 제1항 단서에 따라 그 작성자인 고소인의 진술에 의하여 녹음테이프에 녹음된 피고인의 진술내용이 피고인이 진술한 대로 녹음된 것이라는 점이 증명되고 그 진술이 특히 신빙할 수 있는 상태하에서 행하여진 것으로 인정되어야 한다). 대법원 2005. 12. 23. 2005 선고 도2945도 같은 취지이다.

인이 임의로 제출하는 별지 기재의 물건을 압수하였다'는 내용의 압수조서는 피고인이 공판정에서 증거로 함에 동의하지 아니하였고 원진술자의 공판기일에서의 증언에 의하여 그 성립의 진정함이 인정된 바도 없다면 증거로 쓸 수 없다고 하여 원진술자(압수조서의 작성자)의 진술에 의하여 성립의 진정함이 인정되면 증거능력을 가지는 것으로 본다.

4. 감정의 경과와 결과를 기재한 서류

① 제313조 제2항은 감정의 경과와 결과를 기재한 서류, 즉 감정서도 전항과 같다고 규정하고 있으므로, 감정서도 피고인 아닌 자가 작성한 진술서와 마찬가지로 감정인의 자필이거나 그 서명 또는 날인이 있고, 공판준비나 공판기일에서 감정인의 진술에 의하여 그 성립의 진정함이 증명된 때에만 증거능력이 부여된다.

② 법원 또는 법관의 명령에 의하여 감정인이 제출한 감정서(제171조 제1항)가 이에 해당함은 물론이고, 수사기관에 의하여 감정을 위촉받은(제221조 제2항) 감정수탁자가 작성한 감정서도 여기에 포함되는 것으로 본다. 감정인은 수사기관 내부의 기관도 이에 해당하고, 문서의 형식과 제목도 감정서라는 제목에 한정되지 않는다.

③ 성립의 진정은, 다른 경우와 마찬가지로 작성명의가 진정하고 감정인의 관찰대로 기술되었다는 것을 의미한다고 볼 것이다.

Ⅶ. 제314조에 의한 예외

1. 의의

① 제312조 또는 제313조의 예외에 해당하지 아니하는 전문증거라 하더라도 필요성과 신용성의 정황적 보장을 조건으로 수사서류 등 전문증거의 증거능력을 예외적으로 인정하고 있다.

〈예〉 수사단계에서 진술한 피해자가 사망·질병·외국거주·소재불명·그밖에 이에 준하는 사유 등의 사유로 공판기일에 증인으로 출석할 수 없는 경우에도, 수사단계에서 특히 신빙할 수 있는 상태에서 행하여 졌다고 인정되면, 피해자의 진술이 기재된 서류(진술조서, 진술서)의 증거능력이 인정된다.

② 기존의 대법원 판례에 의하면, 무단전출 또는 주민등록 미등재로 인하여 피해자의 소환이 불능한 경우 그에 대한 진술조서의 증거능력을 인정하였고, 진술을 요할 자가 소환에 불응하고 그에 대한 구인집행도 안 되는 경우 형사소송법 제314조의 요건이 충족되었다고 판시하는 등 "기타 사유"를 비교적 넓게 인정해 왔다.

※ 관련판례 대법원 2007.1.11, 선고 2006도7228

③ 최근의 대법원 판례는 이에 관하여 비교적 엄격하게 판단하는 경향을 보이고 있다. 특히 원진술자의 법정출석 및 반대신문이 이루어지지 못한 경우 수사기관이 원진술자의 진술을 기재한 조서의 증명력을 제한하는 경향을 보이고 있다.

※ 관련판례 대법원 2006.12.8, 선고 2005도9730

2. 적용범위

형사소송법 제314조에서 규정하는 서류는 동법 제312조와 제313조에서 규정하는 서류이다. 또한 우리나라의 권한있는 수사기관 등이 작성한 조서 및 서류에만 한정하여 볼 것이 아니고 외국의 권한있는 수사기관 등이 작성한 서류도 포함되어 동법 제314조의 요건을 갖춘 것이라면 이를 유죄의 증거로 할 수 있다(대법원 1997.7.25, 선고 97도1351).

① 피고인 자신의 진술이 기재된 서류 : 적용되지 않는다. 지고인 자신이 공판기일에 출석하고 있기 때문이다.

〈예〉 피의자신문조서, 피의자진술서 등

② 피고인 아닌 자의 진술이 기재된 서류 : 적용된다.

〈예〉 피해자진술조서, 참고인진술조서, 피해자진술서, 참고인진술서, 의사가 작성한 진단서, 감정인이 작성한 감정서 등

③ 수사기관이 작성한 검증조서, 실황조사서: 적용된다. 형사소송법 제311조가 적용되는 법원이 작성한 검증조서의 경우에는 당연히 증거능력이 인정되므로 적용될 여지가 없다.

④ 공동피의자에 대한 피의자신문조서

㉠ 검사작성인 경우 : 적용된다(대법원 1984.1.24, 선고 83도2945).

㉡ 사법경찰관작성인 경우 : 적용되지 않는다(대법원 2004.7.15, 선고 2003도7185 전원합의체).

3. 요건(필요성, 특신상태)

① 필요성 : 원진술자인 피의자가 사망· 질병, 외국거주, 소재불명, 그밖에 이에 준하는 사유로 진술할 수 없을 것을 요한다.

㉠ 사망 및 질병, 외국거주 : 사망으로 존재하지 않거나 정신적·신체적 고장 또는 국외에 있기 때문에 임상신문이나 출장신문이 불가능한 경우를 말한다.

㉡ 기타사유 : 진술불능의 사유로 '기타사유'라는 포괄적인 개념을 사용하고 있는바, 주로 원진술자의 소재불명이 대표적인 경우이다.

※ 관련판례

◈ 원진술자가 진술할 수 없는 때에 해당되지 않는 사례

· 단지 소환장이 주소불명 등으로 송달불능되었다거나 소재탐지촉탁을 하였으나 그 회보가 오지 않은 상태인 경우(대법원 1996.5.14, 선고 96도575).

· 소재탐사를 하지 않았거나 주거지 아닌 곳에 소재탐사를 한경우(대법원 1973.10.31, 선고 73도2124).

· 소환장이 송달불능된 자에 대하여 소재탐지도 하지 아니하거나, 소환을 받고도 2회나 출석하지 아니한 자에 대하여 구인신청도 하지 아니한 채 검사가 그 증인소환신청을 철회하여 공판정에서의 신문을 할 수 없게 된 경우(대법원 1969.5.13, 선고 69도364).

· 진술을 요할 자의 주소지가 아닌 곳으로 소환장을 보내 송달불능이 되자 그 곳을 중심으로 소재탐지를 하여 소재불명회보를 받은 경우, 즉 주거지가 아닌 곳에서 소재탐사를 한 경우(대법원 1979.12.11, 선고 79도1002).

· 원진술자가 적법한 소환을 받고도 단순히 소환에 응하지 아니한 경우(대법원 1972.6.27, 선고 72도969).

· 공판기일에 증인으로 소환받고도 출산을 앞두고 있다는 이유로 출석하지 아니한

경우(대법원 1993.2.7, 선고 93도56).

② 특신상태(신용성의 정황적 보장) : 특히 신빙할 수 있는 상태하에서 행하여진 때라 함은 그 진술내용이나 조서 또는 서류의 작성에 허위개입의 여지가 거의 없고, 그 진술내용의 신빙성이나 임의성을 담보할 구체적이고 외부적인 정황이 있는 경우를 가리킨다(대법원 1999.11.26, 선고 99도3786외 다수). 법원이 구체적인 사건에 따라 제반 사정을 참작하여 자유로운 심증으로 판단하면 될 것이다.

※ 관련판례 대법원 1995.5.12, 선고 95도484

Ⅷ. 제315조에 의한 예외

형사소송법 제315조는 일정한 서류에 대하여 당연히 증거능력을 인정하는 것으로 규정하고 있다. 여기에 규정된 서류는 원래 진술서에 해당한다. 그러나 진술서라 할지라도, 특히 신용성이 높고 그 작성자를 증인으로 신문하는 것이 부적당하거나 실익이 없기 때문에 필요성이 인정되는 경우에 증거능력을 인정하도록 한 것이다. 진술서의 증거능력이 성립의 진정을 요건으로 한다는 점에서 볼 때에는 성립의 진정이 추정되는 경우라고도 할 수 있다. 형사소송법 제315조가 규정하고 있는 서류는 다음과 같다.

1. 공권적인 증명문서

공권적 증명문서는 고도의 신용성이 보장되며 원본을 제출하거나 공무원을 증인으로 신문하는 것이 곤란하므로, 필요성이 인정되기 때문에 증거능력을 인정한 것으로 호적의 등·초본, 공정증서등본은 그 예시에 지나지 않는다.

가. 해당되는 경우

㉠ 가족관계기록사항에 관한 증명서

㉡ 공정증서등본

㉢ 등기부 등·초본, 인감증명

㉣ 전과조회회보

㉤ 보건복지부장관의 마약(메사돈)에 관한 시가보고서(대법원 1967.6.13, 선고 67

도544)

ⓑ 세관공무원의 범칙물자에 대한 시가감정서(대법원 1985.4.9, 선고 85도225)

ⓢ 외국공무원이 직무상 작성한 문서(대법원 1984.2.28, 선고 83도3145)

ⓞ 법원의 판결문사본(대법원 1981.11.24, 선고 81도2591)

ⓙ 신원증명서, 군의관작성의 진단서(대법원 1972.6.13, 선고 72도922)

ⓒ 국립과학수사연구소장이 작성한 감정의뢰회보서(대법원 1982.9.14, 선고 82도1504)

나. 해당되지 않는 경우(수사기관이 작성한 문서는 제외됨)

㉠ 공소장(대법원 1978.5.23, 선고 78도575)

㉡ 외국수사기관의 수사결과 얻은 정보를 회답하여 온 문서(대법원 1979.9.25, 선고 79도1852)

㉢ 사법경찰관사무취급작성 실황조사서(대법원 1982.9.14, 선고 82도1504)

※ 관련판례 대법원 2006.1.13, 선고 2003도6548

2. 업무상 작성된 통상문서

일상업무의 과정에서 작성되는 문서는 업무상의 신용 때문에 정확한 기재를 기대할 수 있고 기계적 기재로 인하여 허위기재의 우려가 없을 뿐 아니라 작성자를 일일이 소환하는 것이 부적당하고 소환하더라도 서면을 제출하는 것 이상의 의미가 없다는데 그 근거가 있다.

가. 해당되는 경우

㉠ 상업장부 · 항해일지

㉡ 기타 업무상 필요로 작성한 통상문서

㉢ (금전)출납부 · 전표 · 통계표, 전산자료

㉣ 진료부

나. 해당되지 않는 경우

㉠ 피고인이 작성한 상업장부는 당연히 증거능력있는 서면에 해당하지 않는다.

㉡ 사인(私人)인 의사가 작성한 진단서는 당연히 증거능력이 인정되는 서류가 되지

아니하고(대법원 1969.3.31, 선고 69도179), 형사소송법 제313조에 의하여 공판기일 등에서 그 작성자인 의사의 진술에 의하여 그 성립의 진정함이 증명되어야 증거능력을 가진다(대법원 1967.4.18, 선고 67도231).

3. 기타 특히 신용할 만한 정황에 의하여 작성된 문서(고도의 신용성이 문서자체에 의하여 보장되는 서면)

가. 해당되는 경우

㉠ 공공기록 · 보고서 · 역서(曆書) · 정기간행물의 시장가격표 · 스포츠기록 · 공무소 작성의 각종 통계와 연감

㉡ 다른 피고사건의 공판조서 내지는 공판조서등본(대법원 1965.6.22, 선고 65도372, 1986.9.23, 선고 86도1547).

㉢ 피고인의 소지 · 탐독사실을 인정하고 있는 유인물의 내용을 분석하고 이를 기계적으로 복사하여 그 말미에 그대로 첨부한 사법경찰관작성의 수사보고서(대법원 1992.8.14, 선고 92도1211).

㉣ 구속적부심문조서(대법원 2004.1.16, 선고 2003도5693).

㉤ 군법회의 판결서사본(대법원 1981.11.24, 선고 81도2591).

㉥ 사법경찰관 작성의 "새세대 16호"에 대한 수사보고서(새세대 16호라는 유인물의 내용을 분석하고 이를 기계적으로 복사하여 그 말미에 그대로 첨부한 문서)(대법원 1992.8.14, 선고 92도1211).

나. 해당되지 않는 경우: 주민들의 진정서사본은 증거능력이 인정되지 않는다(대법원 1983.12.13, 선고 83도2613).

Ⅸ. 제316조에 의한 예외

1. 개설

제 311조 내지 제 315조가 서면의 형식에 의한 전문증거에 대한 증거능력 인정의 예외규정임에 반하여, 본 조는 구두진술에 의한 전문증거, 즉 전문진술에 대한 증거능력이

인정의 예외규정이다.

2. 피고인의 진술을 내용으로 하는 제3자의 진술

① 피고인 아닌 자의 공판준비 또는 공판기일에서의 진술이 피고인의 진술을 그 내용으로 하는 것인 때에는 그 진술이 특히 신빙할 수 있는 상태에서 행하여졌음이 증명된 때에 한하여 이를 증거로 할 수 있다(제316조 제1항).

피고인의 진술이란 피고인의 지위에서 행하여진 것임을 요하지 않고, 조사절차나 그 밖의 단계에서 행하여진 것도 포함한다.

② 제316조 제1항에서 구 형사소송법과 달리 피고인이 아닌 자에 '공소제기 전에 피고인을 피의자로 조사하였거나 그 조사에 참여하였던 자를 포함한다'라는 규정을 신설하여 조사관에 의한 증언을 허용하고 있는바, 이는 조서관 등이 증인으로 나와 위증죄의 부담을 안고 피고인 측의 반대신문을 받으면서 한 증언에 증거능력을 부여함으로써 실체적 진실발견과 피고인의 방어권 보장 사이에 조화를 도모할 목적이라고 설명된다. 검사 이외의 수사기관 작성의 피의자신문조서에 관한 종래 판례는 이러한 경우 피고인이 경찰에서의 진술을 부인하는 이상 구 형사소송법 제312조 제2항(제312조 제3항에 해당)의 취지에 비추어 증거능력이 없다는 확고한 입장을 취하고 있었는 바,[107][108] 제316조 제1항에서 새로이 규정하고 있는 조사자의 증언 허용범위와 그 증거능력 및 증명력 등에 관하여는 앞으로 판례와 학설로 구체화되어야 할 것이다.

③ '특히 신빙할 수 있는 상태'와 관련하여 피고인이 경찰 조사시 파출소 2층에서 친구에게 범행사실을 순순히 자복하였다는 내용의 그 친구의 증언 및 그에 대한 검사 작성의 진술조서에 대하여, 피고인이 사건 당일부터 5일간 경찰관에 의해 연행, 호텔에

---

107) 즉, 피고인을 조사하였던 경찰관이 법정에 나와 "피고인의 진술대로 조서가 작성되었고, 작성 후 피고인이 조서를 읽어보고 내용을 확인한 후 서명·무인하였다"고 증언하더라도 그 피의자신문조서가 증거능력을 가지게 되는 것은 아니며, 피고인이 공판정에서 경찰에서의 진술내용을 부인하고 있는 이상 피고인이 '검거 당시 또는 조사 당시'범행을 시인하는 것을 직접 보고 들었다거나 그 자백경위 등에 관한 조사 경찰관이나 피해자 기타 참고인 등의 증언 및 그들에 대한 검사나 그 이외의 수사기관 작성의 각 진술조서도 모두 피고인이 경찰에서 조사받을 때의 진술을 그 내용으로 하는 것에 다름없어 그 증거능력이 없다고 하였다.

108) 다만, 종래의 판례에 의하더라도 현행범을 체포한 경찰관의 진술은 범행을 목격한 부분에 관하여는 여느 목격자의 진술과 다름없이 증거능력이 있다고 할 것이다(대법원 1995.5.9. 선고 95도535).

연금되어 잠을 자지 못하고 조사를 받은 사실 등에 비추어 보면 피고인의 그 같은 진술이 특히 신빙할 수 있는 상태에서 이루어졌다고 보기 어려워 증거능력이 없다고 한 판례[109]와, 피고인과의 전화통화 중에 자백하는 것을 들은 경우 특히 신빙할 수 있는 상태에서 행하여진 것으로 볼 수 있다고 한 판례[110]가 있다.

④ 한편, 피고인 아닌 자의 진술을 기재한 조서가 피고인의 진술을 그 내용으로 하는 것인 때에는 그 전문진술이 기재된 조서는 제 312조 내지 제 314조의 규정에 의하여 그 증거능력이 인정될 수 있는 경우에 해당하여야 함은 물론 나아가 제 316조 제1항의 규정에 따른 조건을 갖춘 때에 예외적으로 증거능력이 인정되어야 한다.[111]

3. 피고인 아닌 타인의 진술을 내용으로 하는 제3자의 진술

① 피고인 아닌 자의 공판준비 또는 공판기일에서의 진술이 피고인 아닌 타인의 진술을 그 내용으로 하는 것인 때에는 원진술자가 사망, 질병, 외국거주, 소재불명, 그 밖에 이에 준하는 사유로 인하여 진술할 수 없고 그 진술이 특히 신빙할 수 있는 상태하에서 행하여졌음이 증명된 때에 한하여 이를 증거로 할 수 있다(제316조 제2항).

② 피고인 아닌 타인에는 공범과 공동피고인도 포함된다.[112]

③ 원진술자의 진술불능과 특신상황의 내용은 제314조의 그것과 같다.[113]

즉, 여기서의 특신상황이라 함은(원진술자가)그 진술을 하였다는 것에 허위 개입의 여지가 거의 없고, 그 진술내용의 신빙성이나 임의성을 담보할 구체적이고 외부적인 정황이 있는 경우를 기리킨다.[114]

간통이 문제된 사건에서 상간자로부터 간통사실을 들었다는 증인의 증언 및 그에 대한 검사 작성의 진술조서는, 그 상간자가 당해 피고인과 함께 재판을 받고 있는 한 원진술자가 진술할 수 없는 때에 해당되지 아니하므로 증거능력이 없고[115], 원진술자

109) 대법원 1984.1.24. 선고 83도3032

110) 대법원 2000.9.8. 선고 99도4814

111) 대법원 2002.5.10. 선고 2002도1187, 2005.11.25. 선고 2005도5831 등

112) 신동운, 972면, 이재상, 589면, 임동규, 519면. 대법원 1984.11.27. 선고 84도2279, 2000.12.27. 선고 99도 5679

113) 신동운, 972면

114) 대법원 2000.3.10. 선고 2000도159

115) 대법원 1984.11.27. 선고 84도2279, 이 사안에 있어 간통자와 상간자가 공동피고인으로 함께 재판을

가 공판정에 나와 전문진술과 일치하는 진술을 하였다 하여 그 전문증거(전문진술)가 증거능력을 취득한다고는 할 수 없다.[116]

④ 여기서의 전문진술은 실질상 단순한 전문의 형태를 취하는 경우에 한하고, 원진술자로부터 들은 사람으로부터 다시 전해들은 사람의 진술과 같은 재전문진술(그 사람의 진술을 기재한 재전문진술조서도 마찬가지이다)은 피고인이 증거로 하는 데 동의하지 아니하는 한 증거능력을 취득할 수 없다.[117]

⑤ 한편, 피고인 아닌 자의 진술을 기재한 조서가 피고인 아닌 타인의 진술을 그 내용으로 하는 것인 때에도 그 전문진술이 기재된 조서는 제312조 내지 제314조의 규정에 의하여 그 증거능력이 인정될 수 있는 경우에 해당하여야 함은 물론 나아가 제316조 제2하ㅢ 규정에 따른 조건을 갖춘 때에 예외적으로 증거능력이 인정되어야 한다.[118]

X. 공범자진술의 여러 경우

1. 전형적인 예

갑, 을이 공범인 경우에, 갑은 범행을 부인하는 데 반하여 을은 갑과 함께 범행했다는 내용으로 자백한 경우가 있다. 이때 검사는 갑의 공소사실을 증명하는 데 있어서 을의 여러 형태의 진술을 증거로 사용하려고 할 것이다. 이때 검사가 제출할 증거로는 사법경찰관 작성이 을이 피의자신문조서, 검사 작성의 을의 피의자신문조서, 을의 증언, 을의 법정진술(피고인진술) 등이 있다.

받고 있고, 법정에서 모두 범행을 부인하고 있으며, 공소사실에 부합하는 증거로는 상간자로부터 범행을 자백하는 진술을 들은 제3자의 법정에서의 증언밖에 없는 경우, 간통자의 입장에서는 제316조 제2항에 따라 제3자의 증언이 증거능력이 없어 무죄이고, 상간자의 입장에서는 제316조 제1항에 따라 상간자의 자백진술에 특신상황을 인정할 수 있다면 제3자의 증언이 증거능력이 있으므로 유죄가 되어, 동일한 증거를 가지고 공범 간에 유,무죄가 달라지는 결론에 이르게 되는바, 이러한 점을 들어 제 316조 제2항의 '타인'에는 공범이 포함되지 않는다는 견해도 있다

116) 대법원 1984.5.9. 선고 84도297

117) 대법원 2000.3.10. 선고 2000도159

118) 대법원 2000.3.10. 선고 2000도159, 2001.7.27.선고 2001도2891. 2004.4.23. 선고 2004도805, 2004.6.25. 선고 2003도4934, 2006.4.14. 선고 2005도9561

2. 사법경찰관 작성의 공범자의 피의자신문조서

이 경우에 적용할 전문법칙 예외규정으로 제312조 4항설(을이 '피고인 아닌 자'임을 논거로 함)이 있으나, 제312조 3항설(이 조항의 입법취지를 중시하는 견해임)이 타당하다.

다음으로, 내용인정의 주체에 관하여, 원진술자(을) 내용인정설과 당해피고인(갑) 내용인정설이 대립하나 역시 이 조항의 입법취지에 비추어 후설이 타당하다. 그러므로 갑이 내용부인하면 증거능력이 없다.

3. 검사 작성의 공범자의 피의자신문조서

이 경우에 적용할 전문법칙 예외규정은 을이 당해피고인 갑에 대하여는 '피고인 아닌 자'에 해당하므로 제312조 4항이다. 전문법칙 적용에서는 참고인진술조서와 같이 취급되는 것이다. 그러므로 피고인이 부동의 하면 적법한 절차와 방식, 실질적 진정성립 인정 또는 증명, 반대신문 기회보장, 특신상태를 요건으로 증거능력이 인정된다.

4. 공동피고인의 증언(증인적격 문제)

공동피고인의 증인적격이 문제되는 이유는 증인신문 과정에서 '피고인으로서의 진술거부권'이 침해될 수 있기 때문이다(공동피고인이 증인이 되어 증인석에 앉더라도 증언을 마치고 나면 다시 피고인석으로 돌아가 재판을 받아야 하는 신분이다). 이에 대하여 견해 대립이 있다.

① 부정설은 공동피고인은 공범관계 여부를 불문하고 그 공판에서는 피고인이므로 증인적격이 없다고 한다. ② 긍정설은 공동피고인은 다른 피고인에 대한 관계에서는 제3자이므로 증인적격이 있다고 한다. ③ 절충설은 공범인('공범으로 기소된'이라는 뜻이다) 공동피고인은 증인적격이 없지만, 공범 아닌 공동피고인은 증인적격이 있다고 한다.

생각건대, 공범 아닌 공동피고인의 증언은 단순한 증언이지만, 공범인 공동피고인의 증언은 실질적으로 자기 자신의 피고사건에 대한 진술이기도 하다. 그런데 증인은 증언거부를 할 수 없어 결국 증인 자신의 피고사건에 대한 진술이 강제되므로 '피고인으로서의 진술거부권' 침해 문제가 발생한다. 이처럼 '피고인으로서의 진술거부권' 침해 문제는 공범인지 여부에 따라 실질적으로 판단해야 하므로 절충설이 타당하다(다수설).

부정설은 진술거부권 침해 문제가 발생하지 않는 경우(공범이 아닌 경우)에까지 증인적격을 부정하여 법정의 진실규명에 불필요한 지장을 초래하게 하는 견해이므로 타당하지 않다.

긍정설은 증언으로 인한 불이익이 예상되는 경우에는 증언거부권(제148조)을 행사하면 된다고 하나, 증언을 거부하는 자는 거부사유를 소명해야 하는데(제150조) 거부사유 소명 과정에서 불이익한 진술을 할 수밖에 없어 실질적으로 '피고인으로서의 진술거부권'을 침해 받게 되므로 이 견해는 타당하지 않다.

판례는 기본적으로 절충설의 입장을 취하면서도 공범인 경우에도 변론을 분리하면 증인적격이 있다고 한다(변론분리후허용설).[119] 그러나 변론분리라는 형식에 의하여 '피고인으로서의 진술거부권' 침해라는 문제의 본질이 해소되지 않으므로 타당하지 않다.

검사는 공범인 공동피고인은 증인적격이 없으므로 그의 법정진술로써 당해피고인의 공소사실을 입증하려고 하거나, 위 판례의 입장에 따라 「변론분리 후 증인신문」을 요청할 것이다. 만약 공범인 공동피고인에 대하여 「변론분리 후 증인신문」이 실시되면 변호인은 공범의 책임전가 진술의 경향 등을 들어 그 증언의 신빙성을 다투는 변론을 하여야 한다.

5. 공동피고인의 법정진술

공동피고인의 법정진술의 증거능력은 공동피고인의 증인적격과 밀접한 관련이 있다. 공동피고인의 증인적격에 관한 절충설의 결론에 따라 다음과 같이 이해하면 되겠다. 즉, i) 공동피고인이 공범이 아닌 경우에는 증인적격이 있으므로 반드시 선서하고 한 증언만 증거능력이 있다. 그러므로 증언이 아닌 공동피고인의 법정진술은 증거능력이 없다. 최우량증거법칙의 귀결이다. ii) 공동피고인이 공범인 경우에는 증인적격이 없어 증인신문을 할 수 없으므로 공동피고인의 법정진술을 증거로 쓸 수밖에 없는 상황이 된다. 판례는 당해피고인에게 반대신문권을 보장하는 것을 전제로 공동피고인의 법정진술의 증거능력을 인정하고 있다.[120]

---

119) 대법원 2008. 6. 26. 선고 2008도3300 [위증]
120) 대법원 1992. 7. 28. 선고 952도917 [강도상해 등]

제4장 위법수집증거배제법칙

Ⅰ. 서설

1. 의의

(1) 위법수집증거배제법칙이란 위법한 절차에 의하여 수집된 증거(위법수집증거)의 증거능력을 부정하는 법칙을 말한다.

(2) 증거에는 진술증거와 비진술증거가 있다. 진술증거, 특히 자백에 대하여는 헌법 제12조 제7항과 형사소송법 제309조(자백배제법칙)에서 증거능력을 제한하는 규정을 두고 있다. 그러나 비진술증거인 증거물에 대하여는 이러한 명문의 규정이 없었다. 따라서 헌법이 규정하고 있는 적법절차와 인권보장의 정신을 살리기 위해 위법수집증거의 증거능력을 부정하는 것이 타당하고, 임의성없는 자백의 증거능력을 부정하는 취지는 비진술증거인 증거물에 대해서도 타당하다는 측면에서 위법수집증거배제법칙을 형사소송법 제308조의2에 명문화하였다.

2. 연혁

(1) 미국 증거법에서의 배제법칙의 형성

1886년의 Boyd사건에서 최초로 증거배제를 인정하였고 별다른 지지를 받지 못하다가, 1914년의 Weeks사건에 의해 확립되었다. 1961년의 Mapp사건을 통하여 "수정 제4조의 privacy의 권리는 제14조의 due process 조항의 본질적 내용을 이루므로, 위법수집증거배제법칙은 주(州)에도 적용된다."고 판시함으로써 미국 증거법상 기본원칙으로 확립되었다.

(2) 독일 형사소송법의 증거금지

위법수집증거배제법칙은 독일 형사소송법에서는 증거금지의 문제로 다루어지고 있다.

Ⅱ. 위법수집증거배제법칙의 근거

위법수집증거배제법칙의 근거는 일반적으로 적정절차의 보장과 위법수사의 억지라는 두 가지 이유에 있다고 설명되고 있다.

1. 이론적 근거(적정절자의 보장)

위법수집증거배제법칙의 이론적 근거는 위법하게 수집된 증거는 적정절차의 보장이라는 관점에서 그 증거능력이 부정되어야 하고, 이에 의하여 사법의 염결성과 재판의 공정이 유지된다는 점에 있다. 즉 수사기관이 국민의 기본적 인권을 침해하고 위법하게 수집한 증거를 허용하는 것은 법원이 위법행위에 가담하는 것과 같은 결과가 되어 사법의 염결성을 해하게 된다는 것이다.

2. 정책적 근거(위법수사의 억지)

위법수사를 행한 자에 대한 형사상의 제재나 민사책임이 위법수사를 억제하기 위한 충분한 수단이 될 수 없는 이상, 위법수집증거의 배제는 위법수사를 방지·억제하기 위한 가장 유효한 방법이라는 점에 그 정책적 근거가 있다.

3. 실정법적 근거

(1) 형사소송법 제308조의 2에 '위법수집증거배제법칙'을 명문으로 규정하고 있다.

(2) 한편 통신비밀보호법 제4조는 동법 제3조의 규정에 위반하여 "불법검열에 의하여 취득한 우편물이나 그 내용 및 불법감청에 의하여 지득 또는 채록된 전기통신의 내용은 재판 또는 징계절차에서 증거로 사용할 수 없다."고 명문의 규정을 두고 있다.

(3) 다만, 통신비밀보호법 제9조의 규정에 의한 통신제한조치의 집행으로 인하여 취득된 전기통신의 내용은 동법 제12조 제1호 소정의 범죄나, 이와 관련되는 범죄를 수사·소추하기 위하여 사용할 수 있다(대법원 1996.12.23, 96도2354)

Ⅲ. 판례와 학설의 태도

우리나라에서 위법수집증거배제법칙을 채택할 것인가에 관하여는 판례와 학설의 태도가 대립되고 있다.

1. 학설(전면적 허용)

헌법이 규정하고 있는 적정절차와 인권보장을 위해 위법수집증거의 증거능력을 부정하는 것이 타당하며, 임의성 없는 자백의 증거능력을 부정하는 취지는 비진술증거인 증거물에 대하여도 유지되어야 한다는 점을 근거로, 위법수집증거의 증거능력을 부정하고 위법수집증거배제법칙을 채택한다.

2. 판례(부분적 허용)

(1) 위법수집증거배제법칙을 적용하는 경우

① 진술거부권위반과 증거능력 : 진술거부권을 고지하지 않은 경우의 피의자신문조서에 대하여 위법하게 수집된 증거라는 이유로 증거능력을 부정한다(대법원 1992.6.23, 92도682).

② 위법한 긴급체포시 작성한 피의자 신문조서의 증거능력 : 긴급체포가 요건을 갖추지 못하여 위법한 체포에 의한 유치 중에 작성한 피의자신문조서는 증거능력이 없다(대법원 2002.6.11, 2000도5701)

③ 변호인의 접견교통권 침해와 증거능력

㉠ 변호인과의 접견교통권을 침해하여 획득한 피의자신문조서 : 증거능력을 부정한다(대법원 1990.9.25, 90도1586).

㉡ 피의자들에 대한 접견신청일로부터 상당한 기간이 경과하도록 접견이 허용되지 않고 있는 것은 접견불허처분이 있는 것과 동일시된다(대법원 1990.2.13, 89모37).

㉢ 접견신청일이 경과하도록 접견이 이루어지지 아니한 것은 실질적으로 접견불허처분이 있는 것과 동일시된다(대법원 1991.3.28, 91모24).

④ 증인신문절차의 위반과 증거능력 : 헌법재판소에 의하여 위헌결정된 형사소송법 제221조의2 제2항 및 제5항 중 동조 제2항에 관한 부분에 의하여 시행된 제1회 공판기일전 증인신문절차에서(참고인에 대한 증인신문절차에서 참여자의 참여권을 보장하지 아니하고) 작성된 증인신문조서의 증거능력을 부인(대법원 1998.6.23, 98도869)하여 위법수집증거의 배제법칙을 부분적으로 도입하고 있다.

⑤ 영장없이 압수·수색·검증한 증거물의 증거능력 : 수사기관이 압수·수색영장

을 제시하고 집행에 착수하여 압수·수색을 실시하고 그 집행을 종료한 수 그 압수·수색영장의 유호기간 내에 동일한 장소 또는 목적물에 대하여, 다시 압수·수색할 필요가 있는 경우에 종전의 압수·수색영장을 제시하고 다시 압수·수색할 수 없다(大決 1999.12.1, 99모161).

⑥ 검증절차의 위법과 검증조서의 증거능력 : 수사기관의 검증이 영장주의를 위반한 경우에는 그 검증조서의 증거능력을 부정하여야 한다.

※ 관련판례 대법원 1984.3.13, 83도3006 ; 대법원 1989.3.14, 85도1399

⑦ 압수·수색절차의 위법과 압수물의 증거능력 : 영장주의에 위반하여 압수한 증거물의 증거능력에 관하여 위법수집증거배제법칙을 받아들이지 않고 있다. 그 근거는 물건자체의 성질·형상에 변경을 가져오지 않아 증거가치에 변함이 없다는 것이었다. 그러나 2007.11.15 선고2007도3061 전원합의체판결을 통하여 증거능력을 부정하는 판례를 확립하였다.

(2) 위법수집증거배제법칙을 적용하지 않는 경우

① 형사소송법 제244조 제2항 위반과 피의자신문조서의 증거능력 : 형사소송법 제244조의 규정에 비추어 수사기관이 피의자신문조서를 작성함에 있어서는 그것을 열람하게 하거나 읽어 들려주어야 하는 것이나, 그 절차가 비록 행해지지 않았다 하더라도 그것만으로 그 피의자신문조서가 증거능력이 없다고는 할 수 없고, 동법 제312조 소정의 요건을 갖추게 되면 그것을 증거로 할 수 있다(대법원 1988.5.10, 87도2716).

② 증인거부권 불고지와 증언의 효력 : 증인신문을 함에 증언거부권있음을 설명하지 아니한 경우라 할지라도 증인이 선서하고 증언한 이상, 그 증언의 효력에 관하여는 영향이 없고 유효하다(대법원 1957.3.8, 4290형상23).

Ⅳ. 위법수집증거배제법칙의 적용범위

1. 배제의 기준

위법수집증거배제법칙이라 하여 어떤 절차의 위법이라도 있으면 증거로서 배제된다는 것을 의미하는 것은 아니다. 따라서 위법수집증거배제법칙이 적용되는 범위는 침해된 이익과 위법의 정도를 고려하여 구체적 · 개별적으로 판단하여야 한다. 일반적으로는 단순한 훈시규정의 위반만으로는 족하지 않고 본질적 증거절차규정을 위반한 때, 즉 중대한 위법이 있는 때에 한하여 증거능력이 배제된다고 본다.

2. 위법수집증거의 유형

위법수집증거배제법칙의 적용이 문제되는 것으로는 다음과 같은 경우를 들 수 있다.

(1) 헌법정신에 반하여 수집한 증거

① 영장주의의 위반

㉠ 영장주의는 헌법에 의하여 보장된 것이므로 이에 위반하여 수집한 증거물의 증거능력은 부정된다.

〈예〉 영장없이 압수 · 수색 · 검증한 증거물, 영장자체에 하자가 있는 경우, 영장기재의 압 수물건에 포함되지 않은 다른 증거물의 압수 · 수색, 체포현장의 요건을 결한 압수 · 수색, 직무질문에 수반하여 한 동의없는 소지품검사 등에 의하여 수집한 증거, 도청과 비밀녹음의 결과, 영장이 발부된 경우에도 압수대상물이 특정되지 않은 경우(실질적으로 영장주의에 위반한 경우) 등

㉡ 그러나 영장의 방식 또는 집행방식의 단순한 위법은 증거능력에 영향이 없다.

② 적정절차의 위반

㉠ 야간압수 · 수색금지규정에 위반한 압수 · 수색, 당사자의 참여권을 보장하지 않은 검증과 감정, 의사나 성년의 여자를 참여시키지 않은 여자의 신체검사의 결과도 증거로 할 수 없다.

㉡ 당사자의 참여권과 신문권을 참해한 증인신문의 결과도 증거능력이 없으며, 함정수사의 결과로 수집한 증거도 증거로 할 수 없다.

(2) 형사소송법의 효력규정에 위반하여 수집한 증거

① 증거조사절차가 위법하여 무효인 경우에도 이로 인하여 수집한 증거는 증거능력이 없다.

〈예〉 거절권(§110내지 §112, §219)을 침해한 압수 · 수색, 선서없는 증인신문(§156) · 감정 · 통역 · 번역(§180, §183)의 결과

② 이에 반하여 그 절차위반의 하자가 사소하다고 볼 수 있는 경우에는 증거능력에 영향이 없다.

〈예〉 증인의 소환절차에 잘못이 있는 경우, 위증의 벌을 경고하지 않고 선서한 증인의 증언 등

③ 증언거부권을 설명하지 않고 신문하여 얻은 증언의 증거능력에 관하여, 다수설은 위법수집증거배제법칙에 의하여 그 증거능력을 부정하고 있다.

Ⅴ. 관련문제

1. 독수(毒樹)의 과실(果實)이론

가. 의의

독수의 과실이론이란 위법하게 수집된 증거(독수)에 의하여 발견된 제2차 증거(과실)능력을 배제하는 이론을 말한다. 이는 미연방대법원판례(Siverthrone 판결)를 통해 발전된 것이다.

〈예〉 강요에 의해 살인범행을 자백받고 그 자백에 따라 그가 살해한 시체를 발견했다 하더라도 시체의 발견사실은 증거능력이 없다.

① 학설 : 위법수집증거가 배제되더라도 과실(果實)의 증거능력이 인정되면, 그 배제법칙은 무의미하게 되므로 증거로 허용해서는 아니된다는 견해가 다수설이다.

② 판례 : 압수된 망치, 국방색작업복과 야전잠바 등은 피고인의 증거능력이 없는 자백(고문 등에 의한 자백)에 의하여 획득된 것이므로 증거능력이 없다(대법원 1977.4.26, 77도210 ; 정읍 일가족 살해사건).

나. 독수의 과실이론의 예외(제한이론)

제2차적·파생적 증거가 제1차적 위법수집증거와 인과관계를 가지고 있는 경우에도 독수의 과실이론이 적용되지 않는 경우가 있다. 다음의 경우 그 예외가 인정된다.

① 오염순화에 의한 예외(희석이론)

㉠ 오염순화에 의한 예외이론은 후에 피고인이 자의에 의한 행위는 위법수사로 인

한 제1차적 증거의 오염성 내지 위법성을 희석하여 더 이상 파생적 증거에 영향을 미치지 않게되는 것을 말한다.

㉡ 피고인의 자유의사에 의한 행위에 의하여 위법한 경찰행위와 오염된 증거 사이의 인과관계가 단절된다는 것을 그 이유로 한다.

〈예〉 경찰관이 위법하게 피의자의 집에 침입하여 자백을 받은 경우에도 피의자가 며칠 후에 경찰서에 출석하여 자백서에 서명한 때에는 자유의사에 의한 것임이 명백하므로, 위법성으로 인하여 오염된 증거는 순화된다는 것이다.

② 불가피한 발견의 예외

㉠ 위법한 행위와 관계없이 합법적인 수단에 의할지라도 증거를 불가피하게 발견하였을 것임을 증명할 수 있을 때에는 증거로 허용될 수 있다는 이론을 불가피한 발견의 예외이론이라고 한다.

㉡ 수집된 증거가 무기 또는 신체, 특히 시체인 경우에 적용되는 이론이다. 따라서 살인사건을 수사하던 경찰관이 피의자의 권리를 침해하고 신문한 결과, 시체의 소재를 알게 된 때에 경찰관이 다른 방법에 의하여도 시체를 발견했을 것이라는 점을 증명한 때에는 증거로 할 수 있다.

③ 독립된 오염원의 예외

㉠ 위법수사가 있었다고 하더라도 그것이 파생적 증거의 발견을 위한 특별한 계기나 촉진제가 되지 않았다면, 그 후의 수사에 의하여 발견된 파생적 증거는 독립된 증거원에 의하여 수집된 증거로서 증거능력이 인정된다는 이론을 독립된 오염원의 예외라고 한다.

㉡ 수색이 위법할 때에는 수색으로 인하여 수집된 모든 증거를 오염시키지만, 독립된 근원에 의하여 발생한 증거는 허용된다는 것이다.

〈예〉 의법한 수사에 의하여 피고인의 집에서 유괴된 소녀를 발견한 경우에 유괴된 소녀의 진술은 증거로 허용될 수 있게 된다.

2. 위법수집증거와 증거동의

위법하게 수집된 증거라 할지라도 당사자가 그 증거의 사용에 동의할 경우에 증거능력을 인정 할 수 있는가 하는 점이 문제된다.

가. 적극설

피고인의 적극적인 동의가 있는 경우에는 위법수집증거도 동의의 대상이 될 수 있다는 견해이다.

나. 소극설(다수설)

중대한 위법이 있을 경우에 한하여 위법수집증거배제법칙이 적용된다는 점을 고려할 때 당사자의 동의에 의하여 또 다른 예외를 만든다면, 위법수집증거배제법칙의 실효성을 위태롭게 할 염려가 있다는 이유로, 어느 경우에나 이를 부정하는 견해이다. 대법원의 확고한 입장이기도 하다.

다. 절충설

절차의 위법이 본질적 위법에 해당하는 경우(〈예〉 고문에 의한 자백강요, 증인선서의 결여, 영장주의의 위반)에는 동의에 의하여 증거능력이 인정될 수 없지만, 본질적 위법에 해당하지 아니하는 경우(〈예〉 진술거부권이나 증언거부권의 불고지, 증인신문 참여권의 침해)에는 동의에 의하여 증거능력이 인정된다는 견해이다.

3. 위법수집증거와 탄핵증거

증거능력이 부정되는 위법수집증거를 증거의 증명력을 다투기 위한 탄핵증거로 사용할 수 있는 가가 문제되는 바, 원래 증거능력없는 증거라도 탄핵증거로는 사용할 수 있으나, 임의성없는 자백의 경우와 마찬가지로 위법수집증거의 경우에도 이를 허용하게 되면, 결국 증거능력을 절대적으로 제한하는 취지가 무의미해질 수 있으므로, 증거능력없는 위법수집증거를 탄핵증거로 사용하는 것은 허용되지 않는다고 본다.

4. 사인에 의하여 수집된 증거

가. 수사기관이 아닌 사인(私人)에 의하여 발견·수집된 증거에 대하여도 위법수집증거배제법칙의 문제가 발생할 것인가 하는 점이 문제되는데, 우리나라에서는 이 문제에 대하여 아직 활발한 논의가 있는 것은 아니다.

나. 다만, 판례는 "피고인이 범행 후 피해자에게 전화를 걸어오자 피해자가 증거를 수집하려고 그 전화내용을 녹음한 경우에 그 녹음테이프가 피고인 모르게 녹음된 것이라 하여 이를 위법하게 수집된 증거라고 할 수 없다(대법원 1997.3.28, 97도240)."고 한 것과 "제3자가 공갈목적을 숨기고 피고인의 동의 하에 나체사진을 찍은 경우에 피고인에 대한 간통죄에 있어 위법수집증거로서 증거능력이 배제되지 않는다(대법원 1997.9.30, 97도1230)."고 판시한 것이 있다.

Ⅵ. 압수 수색과 영장주의

1. 압수 · 수색의 의의

가. 압수의 의의

압수란 물건의 점유를 취득하는 강제처분을 말하며, 압류와 영치 및 제출명령이 있다.

나. 종 류

① 압류 : 점유취득과정 자체에 강제력이 가하여지는 경우를 말한다. → 영장 요

② 영치 : 유류물과 임의제출물을 점유하는 경우를 말한다. → 영장 불요

③ 제출명령 : 일정한 물건의 제출을 명하는 법원의 처분으로 대물적 강제처분에 해당한다. → 영장 불요

다. 수색의 의의

압수할 물건 또는 체포할 사람을 발견할 목적으로 주거 · 물건 · 사람의 신체 또는 기타장소에 대하여 행하는 강제처분으로, 수색은 실제로 압수와 함께 행하여지는 것이 통례이고, 실무상으로도 압수 · 수색영장이라는 단일영장이 발부되고 있다.

2. 압수 · 수색의 목적물

가. 압수의 목적물

압수의 목적물은 증거물이나 몰수물이다(§106-①, §219).

① 증거물에 대한 압수와 몰수물에 대한 압수는 그 의미를 달리한다. 증거물의 압수

가 절차확보를 위한 것임에 대하여, 몰수물의 압수는 판결확보의 기능을 가진다고 할 수 있다.

② 압수의 목적물에 관하여는 공무상 업무상의 비밀보호라는 관점에서 어느 정도의 제한을 받고 있다.

㉠ 우체물의 압수

ⓐ 우체물 또는 전신에 관한 것은 피고인 · 피의자가 발신인이거나 수신인인 경우로서, 체신관서 기타의 자가 소지 · 보관하는 것은 증거물로 사료되는 것인가를 불문하고 압수할 수 있다.

ⓑ 이 외의 경우는 피고사건과 관계있다고 인정할 수 있는 것에 한하여 제출을 명하거나 압수할 수 있다.

ⓒ 이러한 처분을 할 때에는 발신인이나 수신인에게 그 취지를 통지하여야 한다. 단, 심리에 방해가 될 염려가 있는 경우에는 예외로 한다(§107, §219).

㉡ 군사상 비밀과 압수

ⓐ 군사상 비밀을 요하는 장소는 그 책임자의 승낙없이는 압수 또는 수색할 수 없다.

ⓑ 책임자는 국가의 중대한 이익을 해하는 경우를 제외하고는 승낙을 거부하지 못한다.

㉢ 공무상 비밀과 압수

ⓐ 공무원 또는 공무원이었던 자가 소지 또는 보관하는 물건에 관하여는 본인 또는 그 당해 공무소가 직무상의 비밀에 관한 것임을 신고한 때에는 그 소속공무소 또는 당해 감독관공서의 승낙없이는 압수하지 못한다.

ⓑ 소속공무소 또는 당해 감독관공서는 국가의 중대한 이익을 해하는 경우를 제외하고는 승낙을 거부하지 못한다.

㉣ 업무상 비밀과 압수

변호사 · 변리사 · 공증인 공인회계사 · 세무사 · 대서업자 · 의사 · 한의사 · 치과의사 · 약사 · 약종상 · 조산사 · 간호사 · 종교의 직에 있는자 또는 이러한 직에 있던 자가 그 업무상 위탁을 받아 소지 또는 보관하는 물건으로 타인의 비밀에 관한 것은 압수를 거부할 수 있다. 단, 그 타인의 승낙이 있거나 중대한 공익상 필요가 있는 때에는 예외로 한다(§112, §219).

나. 수색의 목적물

① 수색의 목적물은 사람의 신체, 물건 또는 주거, 기타 장소이다. 법원 또는 수사기관은 피고인 또는 피의자의 신체, 물건 또는 주거, 기타 장소를 수색할 수 있다(§109-①, §219).

② 피고인 또는 피의자에 대한 수색은 널리 허용된다. 피고인 또는 피의자 아닌자의 신체, 물건 또는 주거, 기타 장소에 관하여는 압수할 물건이 있음을 인정할 수 있는 경우에 한하여 수색 할 수 있다(§109-②, §219).

3. 압수와 수색의 절차

가. 압수 · 수색영장의 신청

① 압수·수색영장의 신청은 사전영장과 긴급영장으로 구분하여 사법경찰관 명의로 검사에게 하여야 한다. 압수·수색영장을 신청함에는 소속경찰관서장에게 보고하여 그 지휘를 받아야 한다.

② 다만, 급속을 요하여 지휘를 받을 수 없을 때에는 신청 후 그 취지를 보고하여야 한다.

③ 피의자의 신원, 죄명, 압수·수색을 필요로 하는 사유, 영장의 유효기간 등을 기재한 신청서를 소명자료와 같이 제출한다.

④ 영장을 신청하였을 때에는 압수·수색영장신청부에 신청의 절차, 발부 후의 상황 등을 명백히 기재해 두어야 한다.

⑤ 압수·수색영장을 신청함에 있어서는 수사에 필요한 충분한 범위를 정하여 수색할 장소·신체 또는 물건·압수한 물건 등을 명백히 하여야 한다.

나. 압수 · 수색영장의 발부

① 법원의 압수·수색

㉠ 법원이 행하는 압수·수색이라 할지라도 공판정 외에서 압수·수색을 할 때에는 영장을 발부하여야 한다(§113). 다만, 공판정에서의 압수·수색에는 영장을 요하지 않는다.

㉡ 법원의 압수·수색 영장발부에 대해서는 항고를 통해 불복할 수 있다.

② 수사기관의 압수·수색

㉠ 검사는 범죄수사에 필요한 때에는 지방법원판사에게 청구하여 발부받은 영장에 의하여 압수·수색 또는 검증을 할 수 있다(§215).

㉡ 압수영장의 발부재판에 대하여 항고나 준항고는 허용되지 않는다(97모66).

③ 압수·수색의 방식

㉠ 영장주의는 일반영장의 금지를 그 내용으로 한다. 따라서 압수·수색영장에는 피고인의 성명, 죄명, 압수할 물건, 수색할 장소·신체·물건, 발부년월일·유효기간과 그 기간을 경과하면 집행에 착수하지 못하며 영장을 반환하여야 한다는 취지, 압수·수색의 사유를 기재하고 재판장 또는 수명법관이 서명날인하여야 한다(§114-①, 규칙 §58).

㉡ 동일한 영장으로 수회 같은 장소에서 압수·수색·검증을 할 수는 없다. 따라서 수사기관이 압수·수색영장을 제시하고 집행에 착수하여 이를 종료한 때에는 영장의 유효기간이 경과하지 않은 때에도 새로운 압수·수색영장을 발부받지 않고 동일한 장소 또는 목적물에 대하여 다시 압수·수색할 수 없다(99모161). 다만, 범죄사실이 다른 때에는 동일한 물건에 대한 재압수가 가능하다. 압수해제된 물품의 재압수도 가능하다(96모34).

㉢ 별건압수나 별건수색도 허용되지 않는다. 동일한 장소 또는 물건을 대상으로 하는 처분일지라도 영장에 기재된 피의사실과 별개의 사실에 대하여 영장을 유용할 수도 없으며, 압수·수색의 대상을 예비적으로 기재하는 것도 허용되지 않는다.

다. 압수·수색영장의 집행

① 영장의 집행기관

㉠ 압수·수색영장은 검사의 지휘에 의하여 사법경찰관리가 집행한다. 단, 필요한 경우에는 재판장은 법원사무관 등에게 그 집행을 명할 수 있다(§115-①, §219).

㉡ 검사는 관할구역 외에서도 집행을 지휘할 수 있고, 사법경찰관리도 압수·수색영장을 집행할 수 있다(§115-②, §83). 법원사무관 등은 필요한 때에는 사법경찰

관리에게 보조를 청구할 수 있다(§117).

② 영장의 집행방법

㉠ 영장확인(압수장소 · 물건 · 유효기간 사전확인) → 신분고지 → 영장제시

㉡ 압수 · 수색영장은 처분을 받는 자에게 반드시 제시해야 한다(§119, §219). 부득이 한 경우로 당해 처분을 받는 자에게 영장을 제시할 수 없을 때에는 참여인에게 이를 제시하도록 하여야 한다. 반드시 사전에 제시할 것을 요하고, 구속에 있어서와 같은 긴급집행은 인정되지 않는다.

㉢ 압수 · 수색영장의 집행 중에는 타인의 출입을 금지할 수 있고, 이에 위배한 자에게는 퇴거하게 하거나 집행종료시까지 간수자를 붙일 수 있다(§119, §219).

㉣ 영장의 집행에 있어서는 건정(鍵錠)을 열거나 개봉 기타 필요한 처분을 할 수 있다. 압수물에 대하여도 같은 처분을 할 수 있다(§120, §219). 영장의 집행을 중지할 경우에 필요한 때에는 집행이 종료될 때까지 그 장소를 폐쇄하거나 간수자를 둘 수 있다(§127, §219).

㉤ 압수 · 수색영장의 집행에 있어서는 타인의 비밀을 보지(保持)하여야 하며, 처분받은 자의 명예를 해하지 아니하도록 하여야 한다(§116).

③ 당사자 · 책임자 등의 참여

㉠ 검사 · 피고인(피의자) 또는 변호인은 압수 · 수색영장의 집행에 참여할 수 있다(§121, §219). 압수 · 수색절차의 공정을 확보하고 집행을 받는 자의 이익을 보호하기 위한 것이다. 따라서 압수 · 수색영장을 집행함에는 미리 집행의 일시와 장소를 참여권자에게 통지하여야 한다. 단, 참여하지 아니한다는 의사를 표명한 때 또는 급속을 요하는 때에는 예외로 한다(§122, §219).

㉡ 공무소, 군사용의 항공기 또는 선차 내에서 압수 · 수색영장을 집행함에는 그 책임자에게 참여할 것을 통지하여야 한다. 이 이외의 타인의 주거, 간수자있는 가옥 · 건조물 · 항공기 또는 선차 내에서 압수 · 수색영장을 집행함에는 주거자 · 간수자 또는 이에 준하는 자를 참여하게 하여야 한다. 이상의 자를 참여하게 하지 못할 때에는 인거인 또는 지방공공단체의 직원을 참여하게 하여야 한다(§123, §219).

㉢ 여자의 신체에 대하여 수색할 때에는 성년의 여자를 참여하게 하여야 한다(§124, §219).

④ 야간집행의 제한

㉠ 원칙 : 일출 전, 일몰 후에는 압수 · 수색영장에 야간집행을 할 수 있는 기재가 없으면 그 영장을 집행하기 위하여 타인의 주거, 간수자있는 가옥 · 건조물 · 항공기 또는 선차 내에 들어가지 못한다(§125, §219).

㉡ 예외 : 다만, 도박 기타 풍속을 해하는 행위에 상용된다고 인정하는 장소, 여관 · 음식점 기타 야간에 공중이 출입할 수 있는 장소에 대하여는 이러한 제한을 받지 않는다(§126, §219).

㉢ 야간 압수 · 수색을 한 경우 압수 · 수색영장을 발부받는 것이 아니라 압수 · 수색영장에 야간집행기재가 있으면 족하다.

⑤ 수색증명서 · 압수목록의 교부 : 압수물이 있을 경우 압수목록을 기재한 증명서를 교부하고, 수색한 경우에 증거물 또는 몰수할 물건이 없는 때에는 그 취지의 수색증명서를 교부하여야 한다(§128, §219).

⑥ 압수조서와 압수목록작성

㉠ 증거물 또는 몰수한 물건을 압수하였을 때에는 압수조서와 압수목록을 작성하여야 한다. 압수한 경우에는 압수목록을 작성하여 소유자 · 소지자 · 보관자 기타 이에 준할 자에게 교부하여야 한다(§129, §219).

㉡ 압수조서에는 압수경위를, 압수목록에는 물건의 특징을 각각 구체적으로 기재하여야 한다. 이 경우에 있어서의 피의자신문조서 · 진술조서 · 검증조서 또는 실황조사서에 압수의 취지를 기재하여 압수조서에 갈음할 수 있다.

㉢ 소유권포기의 의사표시가 있을 경우 소유권포기서를 수령한다.

⑦ 영장재신청 : 압수 · 수색 · 검증영장의 유효기간이 경과된 경우 또는 영장을 신청하였으나 그 발부를 받지 못한 경우에 동일한 범죄사실에 관하여 다시 압수 · 수색 · 검증영장의 발부를 신청할 때에는 그 취지를 검사에게 보고하여야 한다.

4. 압수 · 수색에 있어서의 영장주의의 예외

대물적 강제수사에 있어서는 압수·수색의 긴급성을 고려하여 일정한 경우에 영장에 의하지 않는 압수·수색 및 검증을 허용하고 있다.

가. 체포 · 구속목적의 피의자수사(수색)

검사 또는 사법경찰관은 체포영장에 의한 체포, 긴급체포 또는 현행범인의 체포에 의하여 체포하거나 구속영장에 의하여 피의자를 구속하는 경우에 필요한 때에는 영장없이 타인의 주거나 타인이 간수하는 가옥·건조물·항공기·선차 내에서 피의자수사를 할 수 있다(§216-①-1호).

① 취지 : 체포 또는 구속하고자 하는 피의자가 타인의 주거 등에 잠복의 의심이 있는 경우를 위해 수색은 체포·구속전제조건이므로 영장주의의 예외가 인정된다.

② 적용범위

㉠ 이 규정은 피의자발견을 위한 경우에만 적용된다. 따라서 피의자의 발견을 필요로 하지 않은 경우, 즉 피의자의 추적이 계속되고 있을 때에는 피의자를 따라 주거·건조물 등에 들어간다 할지라도 그것은 체포 또는 구속 자체이며 이규정의 수색에는 해당하지 않는다.

㉡ 피의자 수색은 피의자를 구속·체포하기 위한 처분이므로 수색은 체포 전임을 요한다. 따라서 피의자 또는 현행범인을 체포한 후에는 이 규정에 의한 수색은 인정되지 않는다. 또한 수색과 체포 사이의 시간적 접착이나 체포의 성공여부는 문제되지 아니한다.

㉢ 수색의 범위도 피의자의 주거 등에 제한되지 아니하고, 제3자의 주거도 포함한다. 다만, 피의자 이외의 자의 주거 등에 대하여는 그 곳에 피의자가 소재한다는 개연성이 있어야 수색의 필요성을 인정할 수 있다고 본다. 또한 피고인을 구속하기 위한 수색은 형사소송법 제137조에 의하여 허용된다.

③ 수색의 주체 : 수색은 검사 또는 사법경찰관만이 할 수 있다. 현행범인은 누구나 체포할 수 있으나, 일반인은 현행범인의 체포를 위하여 타인의 주거를 수색할 수 없다.

나. 체포현장에서의 압수 · 수색 · 검증

검사 또는 사법경찰관이 피의자를 구속하는 경우 또는 체포영장에 의한 체포 · 긴급체포 및 현행범인을 체포하는 경우에 필요한 때에는 영장없이 현장에서 압수 · 수색 · 검증을 할 수 있다(§216-①-2호).

① 취지 : 체포현장에서 증거수집을 위하여 압수 · 수색 · 검증에 대하여 영장주의의 예외를 인정한 것이며, 증거가 파괴 · 은닉되는 것을 예방하기 위한 긴급행위로서 영장없이 가능하다고 본다.

② 체포현장 : 여기서의 체포는 적법한 체포 · 구속을 의미하며, 체포현장이란 체포행위가 행해진 장소 · 그 곳에 있는 물건과 신체를 의미한다.

③ 체포와의 시간적 접착성 : 체포현장에서의 압수 · 수색 · 검증은 체포와의 사이에 시간적 접착을 요한다.

④ 압수 · 수색의 대상과 장소적 범위 : 압수 · 수색의 대상은 체포자에게 위해를 줄 우려가 있는 무기 기타의 흉기, 도주의 수단이 되는 물건 및 체포의 원인이 되는 범죄사실에 대한 증거물에 한한다. 압수할 수 있는 것은 당해사건의 증거물이며, 별건의 증거를 발견한 때에는 임의의 제출을 구하거나 영장에 의하여 압수해야 한다.

다. 피고인 구속현장에서의 압수 · 수색 · 검증

검사 또는 사법경찰관이 피고인에 대한 구속영장을 집행하는 경우에 필요한 때에는 그 집행현장에서 영장없이 압수 · 수색 또는 검증을 할 수 있다(§216-②).

① 적용범위 : 피고인에 대한 구속영장을 집행하는 검사 또는 사법경찰관은 재판의 집행기관으로서 활동하는 것이지만, 집행현장에서의 압수 · 수색 또는 검증은 수사기관의 수사에 속하는 처분이다. 따라서 그 결과를 법관에게 보고하거나 압수물을 제출할 것을 요하는 것도 아니다.

② 피고인 구속현장 : 영장없이 압수 · 수색 · 검증할 수 있는 것은 피고인에 대한 구속영장을 집행하는 경우에 제한된다. 따라서 증인에 대한 구인장을 집행하는 경우에는 이 규정이 적용되지 않는다.

라. 범죄장소에서의 압수 · 수색 · 검증

범행 중 또는 범행 직후의 범죄장소에서 긴급을 요하여 법원판사의 영장을 받을 수 없는 때에는 영장없이 압수·수색 또는 검증을 할 수 있다. 이 경우에는 사후에 지체없이 영장을 받아야 한다(§216-③). 범행 중 또는 범행 직후의 범죄장소면 족하며, 피의자가 현장에 있거나 체포되었을 것을 요건으로 하지 않는다. 다만, 사후에 지체없이 영장을 받아야 한다.

마. 긴급체포시의 압수 · 수색 · 검증

검사 또는 사법경찰관은 긴급체포의 규정(§200의3)에 따라 체포된 자가 소유·소지 또는 보관하는 물건에 대하여 긴급히 압수할 필요가 있는 경우에는 체포한 때부터 24시간 이내에 한하여 영장없이 압수·수색 또는 검증을 할 수 있다(§217-③). 따라서 반드시 체포와 물건의 압수가 시간적·장소적 접착성이 있을 것을 요하지 아니한다.

① 압수·수색과 검증의 기간

㉠ 영장없이 압수·수색 또는 검증할 수 있는 기간은 24시간 이내에 제한되며 긴급체포 할 수 있는 자의 소유·소지 또는 보관하는 물건에 한한다. 따라서 구속영장이 발부된 후에는 영장없이 압수·수색 또는 검증을 할 수 없다.

㉡ 압수한 물건을 계속 압수할 필요가 있는 경우에는 지체없이 압수수색영장을 청구하여야 하며, 이 경우 압수수색영장의 청구는 체포한 때부터 48시간 이내에 하여야 한다(§217-②).

㉢ ㉡에 따라 청구한 압수수색영장을 발부받지 못한 때에는 인권침해소지를 최소화하기 위해 압수한 물건을 즉시 반환하여야 한다(§217-③).

㉣ 압수·수색과 검증의 대항 : 영장없이 압수·수색 또는 검증을 할 수 있는 것은 긴급체포할 수 있는 자의 소유·소지 또는 보관하는 물건에 한한다. 여기서 긴급체포할 수 있는 자란 형사소송법 제217조 제2항과의 관계에서 현실로 긴급체포된 자를 의미한다.

바. 임의제출한 물건의 압수

법원은 소유자·소지자 또는 보관자가 임의로 제출한 물건 또는 유류한 물건을 영장없이 압수할 수 있고(§108), 검사 또는 사법경찰관도 피의자 기타인의 유류한 물건이나 소유자·소지자 또는 보관자가 임의로 제출한 물건을 영장없이 압수할 수 있다(§218). 이를 영치라고 한다.

① 성질 및 효과 : 영치는 점유취득과정에는 강제력이 행사되지 않았으나, 일단 영치된 이상 제출자가 임의로 취거할 수 없다는 점에서 강제처분으로 인정되고 있다. 다만, 점유취득이 임의적이므로 영장없이 압수할 수 있도록 한 것이다. 그러나 영치한 후의 법률의 효과는 압수의 경우와 동일하다.

② 대상 : 영치의 대상은 증거물 또는 몰수물에 제한되지 아니하며, 소지자 또는 보관자도 반드시 권한에 기하여 소지 또는 보관한 자일 것을 요하지 않는다.

③ 범죄수사규칙상 임의제출

㉠ 임의제출물의 압수 등

ⓐ 소유자, 소지자 또는 보관자가 임의제출한 물건을 압수할 때에는 되도록 제출자로 하여금 임의제출서를 제출하게 하고 압수조서와 압수목록을 작성하여야 한다. 이 경우에는 형사소송법 제129조의 규정에 의하여 압수증명서를 교부하여야 한다(§109-①).

ⓑ 임의제출한 물건을 압수한 경우에 그 소유자가 그 물건의 소유권을 포기한다는 의사표시를 하였을 때에는 임의제출서에 그 취지를 기재하거나 소유권포기서를 제출하게 하여야 한다(§109-②).

ⓒ 소유자, 소지자 또는 보관자에게 임의제출을 요구할 필요가 있을 때에는 사법경찰관 명의로 물건제출요청서를 발부할 수 있다(§109-③).

㉡ 유류물의 압수

ⓐ 피의자 등의 유류한 물건을 압수할 때에는 거주자, 관리자 기타 관계자의 참여를 얻어서 행하여야 한다.

ⓑ 유류물의 압수에 관하여는 실황조사서 등에 의하여 그 물건의 발견된 상황 등을 명확히 기록하고 압수조서와 압수목록을 작성하여야 한다.

제5장 종국재판

피고사건에 대한 당해 소송을 그 심급에서 종결시키는 재판을 종국재판이라고 한다. 종국재판에는 실체재판과 형식재판이 있다. 유죄판결과 무죄판결이 실체재판이며 관할위반의 판결, 공소기각의 판결과 결정, 면소판결이 형식재판이다. 이러한 종국재판은 원칙적으로 공판기일에 심리와 변론을 거쳐 행하여진다. 다만, 공소기각의 결정은 결정이므로 구두변론에 의할 필요가 없다.

Ⅰ. 유죄판결

1. 유죄판결의 의의

법원이 유죄의 심증을 형성한 경우에는 형의 면제의 판결을 제외하고는 적정한 형벌을 과하는 것을 내용으로 하는 유죄판결을 선고한다. 유죄판결의 주문은 구체적인 선고형을 주된 내용으로 하면서 필요에 따라 미결구금일수의 본형 산입, 집행유예, 보호관찰, 가납부명령, 몰수 추징, 소송비용의 부담 등이 명시된다. 유죄판결과 형의 선고는 동시에 한다.

유죄판결에는 형의 선고판결, 형의 면제 및 선고유예의 판결이 있다(제321조, 제322조). 유죄판결은 "피고사건에 대하여 범죄의 증명이 있는 때"에 행하여진다.

2. 유죄판결에 명시할 이유

유죄판결은 피고인의 형사책임을 확정하는 판결이므로 충분한 이유설명을 필요로 한다. 형사소송법은 "형의 선고를 하는 때에는 판결이유에 범죄될 사실, 증거의 요지와 범령의 적용을 명시하여야 한다. 법률상 범죄의 성립을 조각하는 이유 또는 형의 가중·감면의 이유되는 사실의 진술이 있는 때에는 이에 대한 판단을 명시하여야 한다."고 규정하고 있다. 유죄판결에는 어떤 범죄사실에 대하여 어떤 법률을 적용하였는지 객관적으로 알 수 있도록 분명하게 기재할 것을 요구 하는 것이다[121]

121) 대법원 1974.7.26, 선고 74도1477 전원합의체

형사소송법 제323조 제1항의 유죄판결에 명시할 이유는 유죄판결을 기초짓는 이유이므로, 그 위반은 이유에 모순이 있는 때에 해당하여 절대적 항소이유가 된다. 이에 반하여 동법 제323조 제2항은 법문의 의사결정 과정에서 당사자의 주장을 고려하였음을 표시하는 것을 목적으로 하고 있으므로 이에 대한 위반은 그 판단사항이 이유 자체는 아니므로, 단순한 소송절차의 법령위반이 되는데 그친다. 따라서 상대적 항소이유로 본다.

가. 범죄될 사실

(1) 범죄될 사실의 의의 : 범죄될 사실이란 특정한 구성요건에 해당하는 위법하고 유책한 구체적 사실을 말한다.

(2) 범죄될 사실의 범위

① 구성요건해당사실

ⓐ 구성요건에 해당하는 구체적 사실은 범죄될 사실이므로 구성요건요소가 되는 행위의 주체와 객체 행위의 결과 및 인과관계, 고의와 과실도 범죄사실에 해당한다. 다만, 고의는 객관적 구성요건요소의 존재에 의하여 인정되는 것이므로, 특히 이를 명시할 것을 요하지 않는다.

ⓑ 공문서위조의 수단이나 방법, 증뢰죄에 있어서의 공무원의 직무범위, 상해죄에 있어서의 상해의 부위와 정도에 관한 기재가 없는 경우에는 범죄사실을 명시하였다고 볼 수 없다. 목적범에 있어서의 목적, 재산죄의 불법영득의사도 구성요건해당사실이므로 명시 할 것을 요한다.

ⓒ 범죄의 일시와 장소는 그것이 구성요건요소로 되어 있는 경우를 제외하고는 범죄사실을 특정하기 위하여 필요한 범위에서 명시할 것을 요한다

② 위법성과 책임 : 구성요건해당성은 위법성과 책임을 징표하므로, 위법성과 책임은 사실상 추정되어 특별한 판단을 요하지 않는다.

③ 처벌조건 : 처벌조건인 사실은 구성요건해당사실은 아니나 형벌권의 존부를 좌우하는 범죄될 사실이므로 판결이유에 명시하여야 한다.

④ 형의 가중·감면사유 : 누범의 전과와 같은 법률상 형의 가중사유나 법률상 형의 감면사유도 판결이유에 명시하여야 한다. 그러나 단순한 양형사유인 정상에 관한 사실은 명시할 필요가 없다[122)]

(3) 명시의 정도 : 범죄될 사실은 법적 구성요건과의 관계에서 구체적으로 명시할 것을 요한다.

① 범죄의 일시와 장소 : 범죄사실을 특정하기 위하여 필요한 정도로 기재하면 족하다. 대법원은 범죄의 일시는 형벌법규가 개정된 경우 그 적용법령을 결정하고 행위자의 책임능력을 명확히 하여 공소시효의 완성 여부를 명확히 할 수 있는 정도로 하면 된다고 본다[123]

② 공범인 교사범과 방조범의 범죄사실: 그 전제조건이 되는 정범의 범죄구성요건이 되는 사실도 적시하여야 한다[124]

③ 수죄의 명시방법

ⓐ 경합범(실체적 경합)은 각개의 범죄사실을 구체적으로 특정하여 명시하여야 한다.

ⓑ 상상적 경합도 사실상의 수죄이므로 각개의 범죄사실을 구체적으로 명시할 것을 요한다.

ⓒ 포괄일죄의 경우에는 그 전체범행의 시기와 종기, 범행방법, 범행횟수, 피해액의 합계 등을 명시하여 포괄적으로 명시하여도 좋다.[125] 그러나 1975년 9월부터 1980년 7월 사이에 피고인이 교도소에 복역한 기간에 공제한 나머지 기간동안 매달 평균 2~3회 폭행하였다고 기재하는 것으로는 범죄사실이 명시되었다고 할 수 없다.[126]

나. 증거의 요지

(1) 증거요지의 의의 : 증거의 요지란 범죄될 사실을 인정하는 자료가 된 증거의 요지를 말한다. 판결이유에 증거의 요지를 기재할 것을 요구하는 것은 증거재판주의의 요청이다.

(2) 증거적시를 요하는 범위

① 증거의 요지를 적시할 것을 요하는 것은 범죄사실의 내용을 이루는 사실에 제한

---

122) 대법원 1969.11.18 선고 69도1782
123) 대법원 1971.3.9 선고 70도2536
124) 대법원 1981.11.24 선고 81도2422
125) 대법원 1983.1.18 선고 82도2572 등
126) 대법원 1981.4.28 선고 81도809

된다. 따라서 유죄판결의 증거는 범죄사실을 증명할 적극적 증거를 적시하면 족하고, 범죄사실의 인정에 배치되는 소극적 증거까지 들어 판단할 필요는 없다[127]

② 증거적시를 요하지 않는 경우: 피고인이 알리바이(현장부재증명)를 내세우는 증거(대법원1982.9.28, 선고 82도1798), 범죄의 원인과 동기, 일시와 장소, 고의 등이다[128]

(3) 증거적시의 방법

① 증거의 요지를 적시함에 있어서는 어떤 증거로부터 어떤 사실을 인정하였는가를 알 수 이도록 당해 증거를 구체적 · 개별적으로 표시해야 한다.

② 증거적시는 반드시 범죄사실을 인정한 모든 증거를 나열할 필요는 없으며, 어떤 증거에 의하여 어떤 범죄사실을 인정하였는가를 알아볼 수 있을 정도로 증거의 중요부분을 표시하면 족하다[129]

③ 수개의 사실을 인정한 경우에 증거요지의 설시는 반드시 각 사실마다 나누어 쓸 것을 요하는 것이 아니다[130]

④ 적시한 증거는 적법한 증거조사를 거친 증거능력이 있는 증거에 한한다. 그러나 이러한 증거를 적시하면 족하며, 증거가 적법한 이유를 설명할 것은 요하지 않는다.

⑤ 증거에 의하여 사실을 인정한 이유[131]나 증거를 취사한 경우에도 그 이유를 설명해야 하는 것도 아니다[132]

다. 법령의 적용

(1) 의의 : 법령의 적용이란 인정된 범죄사실에 대하여 실체형벌법법규를 적용하는 것을 말하며, 법령의 적용을 명시할 것을 요구하는 것은 인정된 범죄사실에 실체법이 올바르게 적용되고 적당한 형벌이 과하여졌는가를 알 수 있는 명백한 근거를 제시하기 위한 것이다.

127) 대법원 1982.6.8, 선고 81도1517 등
128) 대법원 1961.9.28, 선고 4294형상431 등
129) 대법원 1971.2.23, 선고 70도25291 등
130) 대법원 1969.9.23, 선고 69도1219
131) 대법원 1970.12.29, 선고 70도2376
132) 대법원 1986.10.14, 선고 86도1606 외 다수

(2) 적시범위

① 형법각칙의 각 본조와 처벌에 관한 규정을 명시해야 한다. 다만, 각 본조의 항을 기재하지 않았다고 하여 그것만으로 위법하다고 할 수 없다.[133)]

② 중지미수·불능미수와 공범에 관한 규정도 원칙적으로 표시할 것을 요한다. 판례는 공동정범의 성립을 인정한 이상, 형법 제30조(공동정범)를 적시하지 않은 잘못만으로 위법이 아니라고 본다.[134)]

③ 몰수와 압수장물의 환부를 선고하면서 적용법률을 표시하지 않은 경우에도 위법이 아니다.[135)]

라. 소송관계인의 주장에 대한 판단

(1) 형사소송법 제323조 제2항의 의의

① 제도의 취지: 법률상 범죄의 성립을 조각하는 이유 또는 형의 가중·감면의 이유되는 사실의 진술이 있은 때에는 이에 대한 판단을 명시하여야 한다.

② 주장과 판단의 방법: 주장에 대한 판단은 명시적이어야 한다. 판단에 있어서 주장 채부의 결론만을 표시하면 족하며, 이유설명을 요하지 않는다는 것이 다수설·판례[136)]이다.

(2) 법률상 범죄성립을 조각하는 이유되는 사실의 주장 : 법률상 범죄의 성립을 조각하는 이유되는 사실이란 범죄구성요건 이외의 사실로서 법률상 범죄의 성립을 조각하는 이유되는 사실을 말하며, 위법성조각사유와 책임조각사유가 이에 해당한다.

① 위법성조각사유에 해당하는 사실의 진술 : 정당방위[137)]·긴급피난·정당행위 또는 자구행위[138)]에 해당하는 주장

② 책임조각사유에 해당하는 사실의 진술 : 심신상실[139)], 강요된행위[140)] 또는 기대

133) 대법원 1971.8.21, 선고 71도1334
134) 대법원 1972.2.22, 선고 71도2099
135) 대법원 1971.4.30, 선고 71도510
136) 대법원 1952.7.29, 선고 4285형상82
137) 대법원 1970.9.17, 선고 70도1431 외다수
138) 대법원 1961.4.21, 선고 4294형상41
139) 대법원 1900.2.13, 선고 89도2364외 다수
140) 대법원 1966.6.7, 선고 66도544

가능성이 없다는 주장[141)]

③ 법률의 착오는 범죄의 성립을 조각하는 것이 아니므로 이에 대한 판단을 요하지 않는다.[142)]

(3) 법률상 형의 가중·감면의 이유되는 사실의 진술

대법원은 판결이유에서 판단을 요하는 것은 필요적 가중·감면사유의 진술에 한한다는 입장[143)] 명백히 하여 임의적 감면사유인 자수[144)]나 정상[145)]의 주장에 대한 판단은 요하지만 임의적 가중감면사유(과잉피난, 자수, 작량감경)의 주장에 대한 판단은 요하지 않는다.

Ⅱ. 무죄판결

1. 무죄판결의 의의

피고사건이 범죄로 되지 아니하거나 범죄사실의 증명이 없는 때에는 판결로써 무죄를 선고하여야 한다(제325조). 무죄판결은 실체판결이자 종국판결로서 피고사건에 대해 구체적인 형벌권이 존재하지 않는 것을 확인하는 피고인에게는 가장 유리한 판결이다.

2. 무죄판결의 사유

가. 피고사건이 범죄로 되지 아니한 때

(1) 의의

공소사실로서 기재된 사실이 입증되었다고 하더라도 그 공소사실이 범죄의 구성요건에 해당하지 않거나 또는 해당하더라도 위법성조각사유 혹은 책임조각사유가 있는 경우이다. 그러나 혼인 전의 성행위를 기소한 경우와 같이 공소장에 기재된 사실이 진실하다 하더라도 공소사실 자체가 범죄를 구성하지 아니함이 명백하여 설사 동일성이

141) 대법원 1963.8.31, 선고 63도165
142) 대법원 1965.11.23, 선고 65도 876
143) 대법원 1971.9.28, 선고 71도1486 등
144) 대법원 1991.11.12 선고 91도 2241외 다수
145) 情狀: 대법원 1971.5.11, 선고 71도476

인정되는 범위 내에서 공소장변경을 하더라도 그 공소가 유지될 수 없는 경우, 즉 하등 범죄될 사실을 포함하고 있지 않은 때에는 결정으로 공소를 기각해야 할 것이다. (제328조 제1항 제4호)

(2) 공소사실과 적용법조 사이의 현저한 불일치

공소장에 기재된 공소사실과 적용법조 사이에 현저한 차이가 있어서 피고인의 방어에 실질적인 불이익을 일으킬 우려가 있는 경우의 처리방법에 관하여는 무죄설과 공소기각설이 대립한다. 기소 당시부터 공소장 기재사실과 적용법조가 불일치하고 검사가 적용법조 변경 명령에 불응한 경우에는 당사자주의 및 피고인의 인권보장을 중시하여 범죄로 되지 않는다고 보아 무죄판결을 선고하여야 할 것이다. 공소기각을 하게 되면 재소가 가능해져 피고인의 인권을 현저히 위태롭게 할 수도 있기 때문이다.

나. 범죄사실의 증명이 없는 때

실체심리를 한 결과, 피고사건의 존재에 대하여 법원이 확신을 얻지 못한 경우이다. 범죄사실의 증명은 합리적인 의심이 없는 정도로 고도의 개연성에 대한 심증 즉 확신을 요한다. 따라서 공소 사실의 부존재가 적극적으로 증명된 경우(예를 들면 알리바이의 입증) 뿐만 아니라 혐의의 개연성은 있어도 증거가 불충분한 경우에는 범죄사실의 증명이 없는 때에 포함된다. 피고인의 자백이 유일한 증거이고 보강증거가 없는 경우도 이에 해당한다. 법원은 공소사실에 구속되므로 법원이 공소장의 변경을 요구한 경우에 검사가 이에 응하지 않으면 공소사실에 대하여 무죄판결을 선고해야 한다.[146)] 그러나 법원이 실체심리의 결과, 무죄를 확신하고 있고 피고인이 무죄판결을 적극 요구하고 있는 경우라도 소송조건이 결여되어 있으면 무죄판결을 선고할 것이 아니라 형식재판으로 소송을 종결해야 한다.[147)]

3. 무죄판결의 판시방법

가. 무죄판결의 주문

무죄판결의 사유가 발생한 때에는 법원은 주문에서 "피고인은 무죄"라고 밝혀야 한

146) 강구진, 형사소송법원론, 학연사, 1982, 523면.
147) 대법원 1964. 4. 28. 선고 64도134, 1966. 7. 26. 선고 66도634

다. 무죄는 일죄마다 선고하여야 한다. 따라서 경합범의 경우 일부에 관하여 무죄를 선고하는 때에는 그 부분에 관하여 무죄를 선고하여야 한다.[148] 과형상 일죄의 경우도 마찬가지이다. 단, 수죄 전부가 무죄인 때에는 예외이다. 그러나 일죄의 일부에 관하여 범죄사실의 증명이 없는 경우에는 그 부분에 대하여 주문에서 무죄를 선고하지 않아도 위법이 아니다.[149]

나. 무죄판결의 이유

(1) 문제점

무죄판결에도 이유를 명시하여야 한다(제39조). 그러나 명문규정으로 유형화되어 있지 않은 무죄판결에 어느 정도 이유를 명시할 것인지가 문제이다. 실무에서는 무죄판결의 이유를 유죄판결의 경우보다 더 세밀하게 기재하고 있다. 이것은 일제와 군사독재의 억압체제에서 국가권력의 직접적 대변자로 간주되던 검찰의 기소를 자유롭게 배척할 수 없었던 당시 법원의 태도가 관행으로 고착된 결과이다. 이처럼 무죄판결 작성이 어려워지다 보니 법원이 무죄판결을 회피하게 되고 실질적인 유죄추정으로 재판을 하는 결과가 초래된다. 속히 개선하여야 할 점이다.[150]

(2) 범죄사실의 증명이 없는 때

증거조사를 거친 모든 증거에 의해서도 범죄의 증명이 없는 경우에는 이것을 알기 쉽게 간단히 설명하면 된다. 증거불충분의 경우에는 개개의 증거를 채용하지 아니한 이유를 개별적·구체적으로 설명하여야 한다는 견해도 있으나, 유죄판결에서조차 증거를 신용한 이유를 밝힐 필요는 없는 점으로 미루어 무죄인 경우에는 더더욱 구체적으로 설명할 필요가 없다고 하겠다.

(3) 범죄로 되지 아니한 때

범죄로 되지 않는 경우에는 피고사건이 법률상 범죄의 성립을 방해하는 이유의 어

---

148) 강구진, 523면.

149) 대법원 1969. 2. 18. 선고 68도1601

150) 강구진, 523면; 신동운, 1145면; 배종대·이상돈, 612면. 한편 신현주, 형사소송법(신정2판), 박영사, 2002, 694면은 실무상 관행을 보면 무죄판결의 경우에 유죄판결의 경우보다 더 상세한 이유설시를 하고 있다면서 영미법과는 다르게 무죄판결에 대한 검사의 상소를 인정하는 우리 법제에서는 적어도 유죄판결의 경우와 같은 정도의 이유명시를 법정하는 것이 입법론으로서는 바람직하다고 주장하고 있다.

느 것에 해당하는가를 명확히 해서 간단히 설명하면 된다. 이 경우에는 공소사실이 증거에 의해서 인정되는 것을 판단할 필요는 없고 공소사실대로의 사실이 존재한다고 하더라도 범죄가 성립하지 않음을 설명하면 된다. 따라서 단순히 "본건 공소사실은 죄로 되지 아니한다" 또는 "본건 공소사실은 범죄가 될 사실의 증명이 없다"는 식으로 추상적인 이유만을 설시한 경우는 위법이 될 것이나(제361조의 5 제11호)[151] 증거에 따라서 무죄이유를 표시하면 족할 것이다. 개개의 증거에 관하여 채증하지 않은 것에 대하여 믿지 아니하는 이유를 하나하나 정연하게 설명할 필요는 없다.

(4) 이유의 구분설시

무죄판결의 이유는 피고사건이 "범죄로 되지 아니하는 때"와 "범죄의 증명이 없는 때"의 어느 것에 의한 것인가를 명확히 구분해서 명시하여야 하나 구체적인 경우에 그 판단은 용이하지 않으므로, 전자의 경우를 후자의 경우로 또는 후자의 경우를 전자의 경우로 잘못 설시하는 것은 위법이라 하더라도 그 위법이 판결에 영향을 미치는 것은 아니므로 파기이유는 되지 않는다고 할 것이다.

4. 무죄판결의 효력

무죄판결은 실체판결이고 종국재판이므로 판결이 선고되면 구속력이 발생하고 소송은 당해 심급에서 종결된다. 또 선고와 더불어 구속영장은 그 효력을 상실한다(331조). 일사부재리의 효력이 발생하며, 원칙적으로 형사보상의 사유가 된다(형사보상법 제1조). 재심절차에서 무죄가 선고된 경우에는 그 판결을 관보와 법원소재지의 신문에 공고하여야 한다(제440조). 재심에서 무죄가 선고되면 형의 집행력은 발생하지 않는다. 무죄선고에 의하여 상소권이 발생한다. 그러나 무죄재판에 대한 피고인의 유죄 주장은 상소의 이익이 없으므로 인정되지 않는다. 심신상실을 이유로 한 무죄재판에 대해 피고인은 다른 이유(예컨대 증거불충분)에 의한 무죄를 주장하면서 상소할 수 없다. 상소의 이익이 부정되기 때문이다.

---

151) 대법원 1973. 3. 13. 선고 73도49

Ⅲ. 면소의 판결

1. 의의

면소의 판결은 확정판결이 있은 때, 사면이 있은 때, 공소의 시효가 완성되었을 때, 범죄 후의 법령개폐로 형이 폐지되었을 때 선고하는 판결이다(제326조). 실체재판이 확정되면 다시 실체심리를 할 수 없게 하는 일사부재리의 효력이 인정되는 반면 관할위반과 공소기각의 형식재판은 같은 조건에서 후소에 대한 불가변경적 효력은 인정되지만 조건의 결함이 보완되면 동일한 공소사실에 대하여 재소를 할 수 있어 일사부재리의 효력이 부인된다. 면소판결은 위의 재판들과는 다른 제3의 종국재판의 유형이어서 그 법적 성질과 관련하여 여러 가지 문제가 제기되고 있다.

2. 면소판결의 법적 성질

가. 쟁점

면소판결의 법적 성질에 관하여 첫째 면소판결을 할 때 범죄사실의 존부에 대하여 실체심리가 필요한가, 둘째 면소의 확정판결에 일사부재리의 효력을 인정할 것인가, 셋째 피고인에게 무죄판결청구권을 인정할 것인가 등의 문제에 관하여 의견을 달리하고 있다.

나. 학설

(1) 실체재판설

면소는 범죄에 의하여 발생한 형벌권이 사후에 일정한 사정으로 소멸된 경우에 선고되는 재판으로 형벌권의 부존재를 확인하는 의미에서 실체재판이라는 견해이다.

(2) 이분설

확정판결이 있음을 사유로 하는 면소판결은 형식재판이고, 사면·공소시효의 완성·형의 폐지를 사유로 하는 면소는 실체재판이라고 하는 견해이다.

(3) 실체관계적 형식재판설

공소기각 또는 관할위반의 재판은 형식적 소송조건이 결여된 경우에 선고되는 순수한 형식재판으로 기판력이 발생하지 않지만, 면소의 재판은 실체면에 관한 사유를 수

송조건으로 한 실체적 소송조건이 결여된 경우에 선고하는 종국재판이라고 보는 견해[152]이다. 실체적 소송조건에 대하여는 실체 자체에 대한 판단은 아니지만 어느 정도 실체에 대한 심리를 하여야 하고, 실체에 대하여 판단하는 이상 법적 안정의 요구는 실체판결의 경우와 다르지 않으므로 일사부재리의 효력이 생긴다고 한다.

(4) 형식재판설

형식재판설은 면소사유가 존재하는 경우에 실체심리를 행하지 않고 피고인을 조기에 절차로부터 해방하는 형식재판이라고 보는 견해[153]이다. 대법원도 이와 같은 태도이다.[154] 면소사유의 존재가 명백하지 않은 경우 이를 밝히기 위하여 필요한 한도에서만 실체 심리가 필요하나 공소사실 자체에서 면소사유가 명백한 경우에는 실체심리를 인정하지 않는다고 한다. 다만 검사는 면소사유에 해당하지 않는 공소사실로 공소장변경을 신청할 수 있다.[155] 한편 피고인은 면소판결에 대하여 무죄를 주장하여 상소할 수 없다.[156]

(5) 형사정책설

면소사유의 본질에서 일사부재리의 효력이 도출되는 것이 아니라 면소사유는 형사정책에 의하여 결정되고 입법적으로 면소판결에 일사부재리의 효력이 부여되었다는 견해[157]이다. 면소사유는 실체적 공소권의 소멸사유이므로 면소사유를 형식적 소송조건과 동일시하는 것은 타당하지 않다고 한다.

다. 검토

면소사유는 소인에 대하서 증거조사를 하여 그 존부를 확인하는 것이 부적당한 점에서 공통된다. 확정판결은 이중위험금지에 따라 실체심리가 금지되고, 사면은 범죄사실의 존부에 대한 심리 자체를 금지하며, 공소시효는 형벌권과 관계없이 시간의 경과

152) 신현주, 761면은 면소판결의 법적 성질에 관한 논의는 의미 없는 공론에 불과하지만 굳이 선택하라면 실체관계적 형식재판설이 면소판결의 양면성을 가장 근사하게 묘사하고 있다고 한다.
153) 강구진, 536면; 백형구, 강의, 764면; 신동운, 1154면; 신양균, 788면; 이재상, 607면; 정웅석, 형사소송법, 대명출판사, 2003, 1018면
154) 대법원 1964. 3. 31. 선고 64도64
155) 정웅석, 1018면.
156) 대법원 1984. 11. 27. 선고 84도2106
157) 임동규, 608~609면.

에 따라 불안정한 개인의 지위를 안정시키고 신속한 재판을 받을 권리를 실현하므로 어떤 사유이든 사실심리 자체가 필요 없다. 이처럼 공소사실에 내재하는 사유에 대하여 선고하는 형식재판이 면소의 판결이다. 면소의 사유들은 국가가 개인에게 형벌권을 발동할 필요도 없고 발동하여서도 안되는 그런 것들이다. 따라서 면소 판결은 뒤에 절차적 조건이 보완되더라도 공소사실의 동일성 범위 내에서는 다시 기소할 수 없게 하여 소송추행의 가능성을 확정적으로 상실시키는 제도이다.

3. 면소판결의 사유

(1) 확정판결이 있은 때

확정판결에는 유죄·무죄의 확정판결만이 아니고 면소라는 형식재판도 포함된다.[158] 약식명령[159], 즉결심판[160], 군사법원의 판결이 확정된 경우도 포함되지만, 행정벌에 지나지 않는 과태료의 부과처분은 그렇지 않다.[161] 대법원은 확정판결 받은 사실과 포괄일죄의 관계에 있는 경우에 판결되지 않은 부분에 대한 공소에도 면소판결을 함이 타당하다고 한다.[162] 상습범 사건에서의 공소의 효력과 판결의 확정력은 사실심리의 가능성이 있는 최후 시점인 판결선고시를 기준으로 판단한다.[163]

유죄의 선고가 기간의 경과라든가 사면 등에 의하여 그 효력을 상실한 때에도 확정판결을 겪은 사실은 있으므로 이에 해당된다. 이중기소의 경우에 뒤의 기소가 먼저 확정된 때에는 앞의 기소에 대해서 면소를 하게 된다. 소년법의 보호처분도 이에 해당된다. 명문의 규정이 없는 경우에도 면소와 같이 피고인에게 유익한 규정은 형식적·제한적으로 해석할 것이 아니고 유추적용이 가능하다고 해석할 것이다.

(2) 사면이 있은 때

여기에서의 사면은 대통령의 일반사면(헌법 제79조, 사면법 제2조)만을 가리킨

---

158) 강구진, 537면; 백형구, 강의, 765면; 신동운, 1156면; 이재상, 651면
159) 대법원 1968.5. 21, 68도1, 1983. 6.14. 선고 83도939
160) 대법원 1954. 11.9. 선고 53형상181
161) 대법원 1992. 2. 11. 선고 91도2536
162) 대법원 1971. 2. 23. 선고 70도2612 , 1978. 2. 14. 선고 77도3564, 1978. 2. 28. 선고 77도1280, 1978. 11. 14. 선고 78도2121, 1980. 5. 27. 선고 80도893, 1983. 3. 8. 선고 83도122, 1992. 10. 13. 선고 91도3170, 1993. 5. 14. 선고 92도2585
163) 대법원 1973. 8. 31. 선고 73도1366, 1979. 2. 27. 선고 79도82, 1982. 12. 28. 선고 82도2500

다.[164] 일반사면은 죄의 종류를 정하고, 기준일 이전에 행한 범죄자를 사면한다. 일반사면은 형의 선고의 효력이 상실되며 선고를 받지 않은 자에 대하여는 공소권을 소멸시킨다[165](사면법 제5조 제1항 제2호).

(3) 공소의 시효가 완성되었을 때

공소시효가 완성되면 공소를 제기할 수 없다. 공소가 제기되면, 설령 공소가 잘못되었다고 하더라도, 시효가 정지(제253조)되고 소송계속 중에는 시효가 완성되지 아니하므로 면소판결을 받게 된 사유는 기소 시점에 이미 공소시효가 완성된 경우일 것이다. 대법원은 공소장이 변경된 경우 공소시효의 완성 여부는 당초 공소제기시를 기준으로 판단할 것이지만 법정형에 차이가 있는 경우에는 변경된 공소사실에 대한 법정형을 기준으로 할 때 공소제기 당시 이미 공소시효가 완성된 경우에는 면소판결을 선고하여야 한다.고 판시하고 있다.[166]

(4) 범죄 후의 법령개폐로 형의 폐지가 있는 때

범죄 후의 법령개폐로 형의 폐지가 있는 때란 범죄 후에 그 행위에 적용될 벌조가 법령의 개폐에 의하여 폐지되거나 실효된 경우를 가리킨다. 형벌에 처하던 행위를 감치에 처하도록 개정된 경우도 여기에 해당된다.[167] 폐지 후에도 추급효를 인정하는 규정이 있는 경우에는 물론 면소되지 않는다. "범죄 후"란 결과발생 후로 보아야 할 것이다. 범죄행위의 결과발생 이전에 형의 폐지가 있는 때에는 계속범의 경우(이때에는 면소)를 제외하고는 무죄를 선고하여야 할 것이다.

4. 면소판결의 효력

면소사유가 발생한 경우에는 법원이 무죄의 심증을 얻을 수 있는 경우(실체적 심리를 통하여)에도 실체심리를 함이 없이 조속히 피고인을 형사절차에서 해방시켜야 한다. 이 경우에 무죄판결을 내리는 것은 위법이다.[168] 피고인이 면소사유가 있음에도

164) 대법원 2000. 2. 11. 선고 99도2983

165) 특별사면은 형의 선고를 받은 자에게 그 형의 집행만을 면제하기 때문에(사면법 제5호 제1항 제2호) 공소권 소멸을 이유로 하는 면소판결의 대상이 되지 않는다.

166) 대법원 2003. 3. 11. 선고 2003도585

167) 대법원 2002. 9. 24. 선고 2002도4300

168) 대법원 1964. 4. 28. 선고 64도 134, 1966. 7. 26. 선고 66도634, 1969. 2. 25. 선고 68도1578, 1969. 12.

불구하고 무죄판결을 구하는 경우에는 면소판결을 하여야 할 것이다. 면소판결이 있는 때에는 구속영장의 효력은 상실된다(제331조). 면소판결은 일정한 경우에 형사보상의 사유로 된다. 면소재판을 할 것이 명백한 경우에는 일정한 사건에 한하여 피고인의 출석이 필요 없는 경우도 있다(227조).

Ⅳ. 관할위반의 판결

1. 관할위반판결의 의의

피고사건이 법원의 관할에 속하지 아니한 때에는 관할위반판결을 선고하여야 한다(§319). 관할위반의 판결은 형식적 종국재판이다. 따라서 관할위반의 판결은 형식적 확정력과 내용적 구속력을 가지지만, 일사부재리의 효력을 가질 수는 없다.

2. 관할위반판결의 사유

가. 원칙

관할위반판결을 할 수 있는 사유는 피고사건이 법원의 관할에 속하지 않는 경우이다. 관할에는 토지관할과 사물관할을 포함한다. 다만, 사물관할은 공소제기시 뿐만 아니라 재판시에도 존재하여야 하나, 토지관할은 공소제기시에 존재하면 족하다. 관할권의 유무는 공소장에 기재된 공소사실을 표준으로 결정하여야 한다. 공소장변경의 경우에는 변경된 공소사실이 기준이 된다[169)]

나. 예외

피고사건이 법원의 관할에 속하지 아니한 때에 관할위반의 판결을 하여야 한다는 원칙에 대하여는 예외가 인정되고 있다.

(1) 토지관할의 위반

법원은 피고인의 신청이 없으면 토지관할에 관하여 관할위반의 선고를 하지 못한다(제320조제1항). 토지관할은 주로 피고인의 편의를 위하여 인정된 것이기 때문이다.

---

30. 선고 69도2018

169) 대법원 1987.12.22, 선고 87도2196

관할위반의 신청은 피고사건에 대한 진술 전에 하여야 한다(제320조제2항). 피고사건에 대한 진술이란 피고인의 모두진술을 말한다.

(2) 관할의 창설 : 고등법원의 재정결정에 의하여 지방법원의 심판에 부하여진 사건에 대하여는 관할위반의 선고를 할 수 없다(§319 단서).

3. 관할위반판결의 효력

가. 선고 및 확정의 효력

(1) 선고의 효력 : 구속력이 발생하며 종국재판이므로 당해 심급에서 소송이 종결된다. 그러나 구속영장은 실효되지 않는다(§331).

(2) 확정의 효력

관할위반판결이 확정되면 형식적 확정력과 내용적 구속력이 발생하나, 기판력은 발생하지 않으며 내용적 구속력에 의해서 동일법원은 동일사실에 대하여 다른 판단을 할 수 없다. 공소제기에 의해 정지된 공소시효가 관할위반의 재판이 확정된 때로부터 다시 진행한다(제253조제1항).

나. 소송행위의 효력 및 상소

(1) 소송행위의 효력 : 소송행위의 효력에는 영향이 없다(§2). 소송경제를 고려한 규정으로 관할위반의 판결을 선고한 법원에서 작성한 공판조서, 증인신문조서, 검증조서 등은 동일한 사건이 공소제기된 법원의 공판절차에서 증거로 사용할 수 있으며, 관할권있는 법원은 다시 공판 심리절차를 진행한다.

(2) 상소 : 검사는 관할위반의 판결에 대해서 상소를 할 수 있으나, 피고인은 무죄를 구하는 상소가 허용되지 않는다.

Ⅴ. 공소기각의 재판

1. 공소기각의 결정

가. 공소기각결정의 의의

공소가 취소되었을 때, 피고인이 사망하거나 피고인인 법인이 존속하지 아니하게 되었을 때, 제12조 또는 제13조의 규정에 의하여 재판할 수 없는 때, 공소장에 기재된 사실이 진실하다 하더라도 범죄가 될 만한 사실이 포함되지 않은 때 결정으로 공소를 기각하여야 한다(제328조 제1항 제1호 내지 제4호). 공소장만으로도 소송조건의 결여가 명백한 사유이므로 구두변론을 거치지 않고 결정으로 공소를 기각하게 하고 있다. 항소심과 상고심에서도 제328조 제1항 각호의 사유가 있는 때에는 결정으로 공소를 기각하여야 한다(제363조, 제382조).

나. 공소기각결정의 사유

(1) 공소가 취소되었을 때

제1심판결의 선고시까지는 검사가 공소를 취소할 수 있다. 이는 공소제기 후의 불기소처분이라고 할 만한 것으로서 기소편의주의의 표현이다. 공소취소 시기를 법정한 것을 판결선고 후에 검사의 재량으로 판결선고를 무효화하는 것은 사법권 독립에 비춰 타당하지 않기 때문이다. 약식명령에 대한 정식재판청구가 있는 때에도 약식명령 후의 공소취소는 불가능하다고 해석된다. 재정결정에 의하여 사건이 제1심 법원에 계속된 경우에는 제1심 판결 전이라도 공소취소는 허용되지 않는다.

(2) 피고인의 당사자능력의 상실

피고인이 사망하거나 피고인인 법인이 존속하지 아니하게 되었을 때, 즉 피고인의 당사자 능력이 상실되었을 때에는 결정으로 공소를 기각하여야 한다(제 328조 제1항 제2호). 공소제기 후에 피고인이 당사자능력을 상실한 경우에만 적용된다는 견해[170]와 공소제기 전후를 불문하고 적용된다는 견해[171]로 나뉘어져 있다. 공소제기시에 이미 피고인이 존재하지 않게 되었는데도 검사가 공소를 제기하는 것은 위법한 공소제기이므로 검사의 공소제기의 위법을 명백하게 비난한다는 점에서는 제327조 제2호에 의거해도 좋을 것이지만, 소송조건의 결여 때문에 내리는 공소기각 자체가 검사의 공소제기를 비난하는 것이므로 더 편리한 방법인 결정으로 공소기각하면 될 것이다. 약식명령은 검사와 피고인에 대한 재판서의 송달에 의하여 고지되므로 그 송달 전에 피

170) 강구진, 110면은 공소제기의 유효요건으로서의 당사자능력의 흠결의 경우에는 현행법상 명문이 없다고 한다.

171) 백형구, 178면.

고인의 당사자능력이 상실된 때에는 결정으로 공소기각하여야 할 것이다. 법인이 합병에 의하여 해산하는 경우는 청산절차 없이 즉시 소멸하기 때문에 문제가 없지만,[172] 청산절차를 겪게 되는 법인의 해산은 청산의 목적범위내에서 청산법인으로서 존속하므로 어느 때 법인이 존속하지 않게 된 것으로 보느냐를 놓고 해산시설, 청산시설 및 판결확정시설 등이 대립한다. 대법원은 소추를 받는 것 자체가 청산인의 업무에 포함되므로 사건의 종료시까지 청산법인으로 존속한다고 보아왔다.[173] 청산법인제도의 취지를 살려 실질적인 청산의 종료로 법인이 존속하지 않게 된다고 보면 될 것이다.

재심절차에서의 피고인의 사망에 대해서는 특별한 규정이 있다(제424조 제4호, 제438조 제2항).

(3) 제12조 또는 제13조의 규정에 의하여 재판할 수 없는 때

동일사건이 사물관할을 달리하는 수개의 법원에 계속된 때 법원합의부가, 또는 동일사건이 사물관할을 같이 하는 수개의 법원에 계속된 때에는 먼저 공소를 받은 법원이 심판하게 된다. 이때 재판할 수 없게 된 법원은 결정으로 공소를 기각하여야 한다. 이것은 주로 토지관할의 기준이 다양하므로 동일 사건이 여러 법원에 계속될 수 있는 경우가 생긴다는 데서 유래된 것이다.

(4) 공소장기재사실이 범죄될 사실이 아닌 때

공소장기재사실이 범죄사실이 아니란 것이 공소장만 보아도 범죄한 경우이다. 예컨대 근친상간, 중혼 또는 신성모독 같은 것이다. 공소장기재사실이 범죄를 구성하고 또 혐의가 있는 경우에는 심리에 들어가야 한다.

다. 공소기각 결정의 고지와 효력

(1) 결정의 고지

공소기각의 결정의 고지는 공판정에서는 선고에 의하지만 기타의 경우에는 재판서의 등본을 당사자에게 송달하여 고지한다. 공소기각의 결정에 대해서는 검사가 불복

172) 대법원 2007. 8. 23. 선고 2005도4471은 합병으로 인하여 소멸한 법인이 그 종업원 등의 위법행위에 대해 양벌규정에 따라 부담하던 형사책임은 그 성질상 이전을 허용하지 않는 것으로서 합병으로 인하여 존속하는 법인에 승계되지 않는다고 한다.

173) 대법원 1976. 4. 27. 선고 75도2551, 1982. 3. 23. 선고 81도1450

하여 즉시항고를 할 수 있다(제328조 제2항). 본조에 해당하는 사유에 대해서는 항소법원도 결정으로써 공소를 기각하여야 하며 여기에 대해서 즉시항고를 할 수 있는 것은 제1심에서나 다름이 없다(제363조).

(2) 결정의 효력

피고인의 당사자 능력의 소멸의 경우에는 재기소는 문제되지 않는다. 공소취소 후에 신증거가 발견된 경우(제329조)에는 재기소가 가능하다. 그리고 확정된 공소기각결정의 판단내용과 기본적으로 모순되는 주장(공소취소가 없었다든가, 피고인인 법인이 존속하고 있었다든가 등)은 허용되지 않는다.

2. 공소기각의 판결

가. 공소기각판결의 의의

제327조는 절차적(형식적) 소송조건의 결여를 이유로 실체심판을 하지 않고 판결로써 공소를 기각하여 소송을 종결시키는 경우를 규정하고 있다. 그러한 사유가 존재하는 경우에는 법원은 검사의 공소제기를 부적법·무효로 판단하여 실체심리의 문 앞에서 사건을 추방한다. 따라서 공소기각판결은 형식재판이면서 종국재판이다. 검사의 공소제기를 적법·유효하게 하고 나아가서 실체심리를 할 수 있게 하는 조건을 소송조건이라고 하므로 제327조 사유의 부존재가 바로 소송조건이 된다. 실체심리를 하기에 필요한 절차적 조건이 구비되지 않는 경우에는 검사는 공소를 제기하지 않아야 하지만 만약 어떤 이유로 제기된 경우에는 실체심리를 함이 없이 소송을 신속하게 종결시킴으로써 검사의 위법한 공소제기를 억제하고, 법원과 피고인의 절차적 부담을 덜어 소송경제 및 피고인의 이익을 기하고자 하는 취지이다.

나. 공소기각판결의 사유

(1) 재판권의 부존재

피고인에 대하여 재판권이 없는 때를 말한다(제327조 제1호). 형사재판권은 원칙적으로 영토주권에 따른 것이므로 우리나라 영역 내에 있는 모든 사람에게 미치므로 피고인의 국적 여하를 불문한다. 그러나 예외적으로 첫째, 치외법원을 갖는 외국원수, 사절 및 그 수행원과 가족, 둘째, 외국군함 내의 범죄, 셋째, 미합중국당국의 전속 재판권(한미행정협정 제22조 제2항)이 미치는 미합중국 군대의 구성원, 군속 및 그들의 가족, 넷째, 우리 형법의 적용을 배제하는 외국인의 국외범(형법 제4조 및 제 6조), 다섯째, 재직중 일정한 범죄로 형사소추된 대통령 등에 대해서는 형사재판권이 배제되므로 이들에 대하여 공소제기된 경우에는 공소기각의 판결을 한다.

재판권에 관한 법률문제가 아니고 사실문제, 예컨대 한미행정협정 제23조 제3항(가)의 (2)에서의 '공무집행 중'이었느냐 여부의 문제와 같은 것에 관해서는 범죄사실에 준하여 검사가 재판권 존재의 거증책임을 부담한다고 생각한다. 다만 소송법상의 재판권의 존부의 판단에 관한 사실이므로 그 증명의 정도는 자유로운 증명으로 족할 것이다.

(2) 위법하여 무효인 공소제기

공소제기의 절차가 법률의 규정에 위반하여 무효인 때를 의미한다(제327조 제2호). 공소제기절차의 하자 때문에 공소제기가 부적법·무효로 되는 경우로서 제327조의 다른 사유가 개별적인 데 대하여 제2호의 사유는 판결로써 공소를 기각하여야 할 사유에 관한 일반적·포괄적 규정이다. 이에 해당하는 전형적인 경우를 들면 다음과 같다.

① 무권한자에 의한 공소제기

검찰청법에서는 검사의 공소제기권과 일정한 자에게 검사의 직무를 대리하게 할 수 있는 경우를 규정하고 있다(검찰청법 제13조). 그러한 규정에 의하여 요구되는 자격이 없는 검찰서기관 또는 사무관의 공소제기는 무효이다. 검찰직무대리가 합의부관할사건을 기소한 경우도 같다(검찰청법 제13조 제3항).

② 공소제기조건의 결여

공소제기의 조건을 결한 때에는 다른 규정에 의하는 경우를 제외하고는 모두 제2호에 의하여 공소기각되어야 한다. 피고인이 계속적으로 심신상실상태에 있어서 회복가능성이 없는 경우, 국회에서 행한 연설·토론 등에 관련된 국회의원, 수사과정에서 있었던 현저한 하자,[174] 친고죄에서의 고소의 결여, 고발·청구사건 등에서 고발·청구 등이 결여된 때, 세법위반 등에서 통고처분이 이행된 때, 도로교통법의 범칙금이 납부

174) 공소기각하는 데 대하여 대법원은 반대하는 듯하다. 대법원 1963. 9. 12. 선고 63도190(함정수사), 1966. 11. 22. 선고 66도1288(불법구속).

된 때 등이 여기에 해당된다.

③ 공소장방식위반

공소장의 현저한 방식위반으로서 제2호에 해당되는 경우는 다음과 같은 것들이 있다.

a) 피고인 및 공소인의 불특정 · 검사의 서명 · 날인의 결여

이 경우에는 공소기각된다. 공소장에는 피고인의 특정과 공소인의 특성을 필요로 하고(제254조), 검사의 서명 · 날인도 필요적 기재사항이기 때문이다.

b) 적용법조의 기재의 유탈 또는 오기

공소장에 기재하여야 할 적용법조의 오류는 피고인의 방어에 실질적인 불이익을 초래할 위험이 없는 한 공소제기 효력에는 영향이 없다.

c) 공소장일본주의의 위배

공소장에는 일정한 서류 이외의 사건에 관하여 법원에 예단이 생기게 할 수 있는 서류 기타 물건을 첨부하여서는 아니된다(규칙 제118조 제2항). 서류 · 물건 등의 첨부를 금지하고 있으나 공소장에 피고인의 성격 · 경력 · 범죄사실 등을 불필요할 정도, 즉 공소사실특정에 필요한 정도를 일탈한 기재는 첨부와 같은 효과를 일으켜 공소를 무효로 하는 때가 있을 것이다.

d) 재기소

공소기각된 사건에 대한 재기소는 일사부재리의 효력과 구별되는 개념으로서의 기판력에 반하므로 제2호에 의하여 공소기각된다.

e) 당사자적격의 결여

공고제기된 피고인 이외의 자에 대하여 소송이 진행되었거나(피고인 이외의 자가 피고인 행세를 한 경우) 피고인이 타인의 이름을 모용하여 그 이름이 공소장에 기재되어 그 타인에 대하여 소송이 진행된 것이 판명된 경우에도 공소기각하여야 할 것이다. 법인은 당사자능력이 있지만 구체적 사건에 관하여 당사자적격성이 결여된 경우에도 공소기각을 하여야 할 것이다.

f) 공소제기의 결여

공소제기의 존재 자체도 소송조건이므로 공소제기가 없는데 소송계속이 생긴 경우에도 제2호에 따라 공소기각이 된다.

④ 함정수사에 기한 공소제기

대법원은 범의유발형 함정수사에 기한 공소제기는 그 절차가 법률의 규정에 위반하여 무효인 때에 해당한다고 보고 있다.[175]

(3) 이중기소

공소가 제기된 사건에 대하여 다시 공소가 제기되었을 때(제327조 제3호)에는 뒤의 공소를 기각하여야 한다. 별개 법원에 기소된 때에는 제328조 제1항 제2호에 의하여 심판할 수 없는 법원은 그 공소를 기각하여야 한다. 그 취지는 동일 사건에 대하여 두 개의 실체판결을 배제할 필요에도 있지만 그보다는 피고인에게 이중위험금지의 법리가 작용하기 때문이다. 여기의 사건은 공소장에 기재된 공소사실을 가리킨다. 그 객관적 범위는 심판대상이 아니라 이중위험금지의 법리에 따라 정하여진다. 이중기소인지 여부는 소인변경의 범위를 결정하는 공소사실의 동일성의 기준에 따라 판단한다.

(4) 제329조의 규정에 위반하여 공소가 제기되었을 때

공소취소에 의하여 공소기각의 결정이 확정된 때에는 공소취소 후 그 범죄사실에 대하여 다른 중요한 증거가 발견되지 않는 한 다시 공소제기할 수 없으므로(제329조), 그 규정에 위반하여 제기된 공소는 제327조 제4호에 의하여 기각된다.

(5) 친고죄의 고소취소

고소가 있어야 죄를 논할 사건에 대하여 고소의 취소가 있은 때를 말한다(제327조 제5호). 이는 공소제기 후에 고소를 취소한 경우를 가리킨다. 공소제기 전에 고소를 취소한 경우에는 공소제기절차의 위법·무효로 되어 제327조 제2호에 의하여 공소기각된다. 친고죄의 공범 가운데 1인에 대한 고소의 취소가 있는 경우에도 다른 공범자 전원에게 효력이 미치므로 이들에게도 판결로써 공소기각을 하여야 한다(제233조).

(6) 반의사불벌죄에서의 처벌불원 또는 처벌의사 철회

피해자의 명시한 의사에 반하여 죄를 논할 수 없는 사건에 대하여 처벌을 희망하지 아니하는 의사표시가 있거나 처벌을 희망하는 의사표시가 철회되었을 때를 말한다(제232조 제3항). 재판권이 당사자의 의사에 따라 좌우되는 것을 방지하기 위해서다.

175) 대법원 2005. 10. 28. 선고 2005도1247

반의사불벌죄에서 처벌불원의 의사표시의 부존재는 소극적 소송조건으로서 직권조사사항이므로 당사자가 주장하지 아니하였다고 하더라도 법원은 이를 직권으로 조사·판단하여야 한다.[176]

3. 공소기각의 재판의 절차와 그 효력

가. 형식재판사유의 경합

공소기각의 재판은 절차적 소송조건의 결여가 있을 때 관할위반의 판결이 행하여지는 경우를 제외하고 내리게 되는 종국적 형식재판이다. 추행적 소송조건 내지 실체적 소송조건을 결하는 경우에 내리게 되는 면소의 판결과는 다르다. 공소기각의 재판 가운데 구두변론을 겪지 않고 공소기각을 할 수 있을 만큼 소송조건의 결여가 명백한 경우에는 결정으로써 공소를 기각하고(제328조) 그렇지 않은 경우에 공소기각의 판결을 행한다(제327조). 그 어느 것이건 절차조건의 흠결을 이유로 공소를 부적법·무효로 취급하여 실체심판의 문전에서 사건을 추방한다. 동일 사건에서 판결로서의 공소기각과 결정으로서의 공소기각의 사유가 경합하는 경우에는 판단이 더 용이한 후자에 의하여 소송을 종결시키고, 공소기각의 사유와 면소의 사유가 경합하는 경우에 문전추방의 성격을 띠는 공소기각의 재판이 선행된다.

나. 절차

공소기각의 재판은 피고인에게 유리한 재판이므로 그 재판을 행할 것이 명백한 사건에서는 피고인의 공판기일에의 출석을 요하지 않으며(제277조), 공판절차정지의 예외로 된다(제306조). 공소기각의 사유의 부존재는 소송조건이므로 법원의 직권조사사항이다. 주문은 '본건 공소를 기각한다'라는 취지의 기재이다. 이유부분에서는 공소사실의 요지를 거시한 뒤에 여기에 대하여 인정되는 제327조 각호 사유를 간명하게 설시한다. 이것으로써 그 재판은 그 심급에서 이탈하고 부수적 효과로서 구속영장은 실효된다(제331조).

다. 효력

(1) 내용적 구속력

176) 대법원 2001. 4. 24. 선고 2000도3172

통설·판례에 따르면 공소기각의 재판에는 기판력이 생기지 않으므로 소송조건의 흠결을 보완하기만 하면 재기소가 허용된다. 그러나 종국재판인 공소기각에도 뒤에 사실의 변경이 없는 한 다른 재판을 할 수 없으므로 기판력은 발생하게 된다고 보아야 한다. 다만 실체재판의 확정에 따른 이중위험금지 법리에서 인정되는 일사부재리효는 발생시키지 못한다.

(2) 상소등에 관한 문제

공소기각판결의 확정시기는 다른 종국재판과 같다. 즉, 상소기간의 경과로 확정된다. 검사가 공소기각판결에 대하여 그 오류를 주장하여 상소할 수 있는 것은 당연하다. 피고인이 공소기각판결에 대하여 무죄를 주장하여 상소할 수 있느냐에 관해서는 견해의 대립이 있다. 무죄판결을 받음이 객관적이고, 사실상 피고인에게 이익이 되고 또 무죄판결에는 형사보상이라는 법률상의 이익이 따르므로 상소를 허용한다는 견해도 있다. 그러나 사건에 대하여 형식적 소송조건이 결여되었으므로 피고인의 인권·이익을 옹호하기 위하여 공판절차로부터 조기에 피고인을 해방시킨다는 정책적 고려가 작용하므로 피고인의 무죄판결청구권은 부인된다.

공소기각의 판결은 제1심에서 뿐만 아니라 항소심이나 상고심에서도 행하여진다(제370조, 제399조). 항소심이나 상고심에서 공소기각이 법률에 위반됨을 이유로 원심을 파기하는 때에는 판결로써 사건을 원심법원이나 제1심 법원에 환송하여야 한다(제366조, 제393조).

연습문제

제1문 강도상해

제2문 특정경제범죄가중처벌등에관한법률위반(배임) 등

제3문 폭력행위등 처벌에 관한 법률위반

제4문 성폭력범죄의처벌등에관한특례법위반(특수강간) 등

제5문 강도살인 등

제6문 특수강도교사 등

제7문 특정경제범죄가중처벌등에관한법률위반(사기) 등

제8문 특정경제범죄가중처벌등에관한법률위반(횡령) 등

제 1 문

[사건명 : 강도상해 등]

이 문제는 사법연수원 교수 및 로스쿨실무교수들의 모임인 '법실무연구회'에서 실무교육을 위하여 만든 문제이다.

문 제

1. 김갑식은 강도상해 및 부정수표단속법위반으로 지명수배되어 체포영장이 발부되어 있던 중 체포되어 구속되었고, 별도로 경찰에서 김철수로부터 모욕죄 등으로 고소를 당해 검찰에 송치되었다. 김명석 검사는 위 사건 중 강도상해, 부정수표단속법위반, 모욕죄를 병합하여 구속 구공판하였다.
2. 귀하는 서울 서초구 서초동 1500-2에 사무실을 두고 있는 피고인의 변호인 변호사 명변호이다.
3. 귀하는 본건 기록과 같이 공판을 진행하였고, 공판이 종결될 당시 일단 구두로 피고인을 위하여 최후변론을 하였다. 귀하는 기록을 다시 자세히 검토한 후 변론요지서를 작성, 제출하고자 한다.
4. **귀하가 법원에 제출할 <u>변론요지서 중 Ⅱ. 변론내용 및 Ⅲ. 정상관계</u>를 아래 변론요지서 양식을 참고하여 2013. 11. 8. 기준으로 작성하시오.**

주의사항

1. 다음 기록은 소송기록 1책, 증거서류등(검사) 1책 등 모두 2책으로 분리된 것임.
2. **증거서류등(검사) 기록은 피고인의 변호인이 제1회 공판기일 전에 형사소송법 제266조의3에 따라 미리 기록을 열람하고 등사한 것임**에 유의할 것.
3. 피고인의 신병과 관련된 체포, 구금, 수사과정에 대한 권리고지, 통지 절차와 각종 서류의 접수, 송달, 결재절차 등은 적법하게 이루어진 것으로 볼 것.
4. 증거목록 중 '기재생략'된 부분에는 법에 따른 절차가 진행되어 그에 따라 적절한 기재가 있는 것으로 볼 것.
5. 소서 기타 서류에는 필요한 서명, 날인 또는 무인, 간인, 정정인이 있는 것으로 볼 것[기록에서 '㊞ 또는 (인)'은 날인을, '(무인)'은 무인을 한 곳을 의미함].
6. 소송기록에 첨부하여야 할 일부 서류와 수사기관의 조서 말미에 첨부하여야 할 '수사과정확인서'는 편의상 생략하였으나 적법하게 존재하는 것으로 볼 것(가독성을 위하여 생략된 서류에도 불구하고 쪽번호는 연속되도록 하였음. 생략한 서류에 대해서는 해당부분에 [출제자 주]로 하여 설명하였음).
7. 송달이나 접수절차, 결재인이 필요한 서류는 모두 적법한 절차를 거친 것으로 보고, 통지가 필요한 절차에는 적법한 통지가 행해진 것으로 볼 것.
8. 견해의 대립이 있는 경우 대법원 판례가 있으면 그 취지에 따라 변론을 할 것. 다만, 대법원 판례와 다른 견해를 취하여 변론을 하고자 하는 경우 자신의 입장에 따른 변론을 하되 대법원 판례의 취지를 적시할 것.

변론요지서

사 건 2013고합5678 강도상해 등
피고인 김갑식

위 사건에 관하여 피고인의 변호인은 다음과 같이 변론합니다.

다 음

Ⅰ. 공소사실의 요지(기재하지 말 것)

Ⅱ. 변론내용

1. 강도상해의 점
2. 부정수표단속법위반의 점
3. 모욕의 점

Ⅲ. 정상관계

2013. 11. 8.

피고인의 변호인
변호사 명 변 호 (인)

서울중앙지방법원 제26 형사부 귀중

서 울 중 앙 지 방 법 원

구공판 **형 사 제 1 심 소 송 기 록**

구속만료	기 재 생 략 (이하 같음)	미결 구금
최종만료		
대행갱신 만 료		

기일
1회기일
10/18 A10
10/25 P2
11/15A9:30

사건번호	**2013고합5678**	**담임**	**제26형사부**	**주심**	**다**
사 건 명	가. 강도상해 나. 부정수표단속법위반 다. 모욕				
검 사	**김명석**	**2013형제12345, 12360,12570호**			
피 고 인	구속 **김갑식**				
변 호 인	변호사 명 변 호 (사선)				

확 정	
보존종기	
종결구분	
보 존	

완결 공람	담 임	과 장	국 장	주심 판사	재판장	원장

접 수 공 람	과 장	국 장	원 장
	㊞	㊞	㊞

공 판 준 비 절 차

회 부 수명법관 지정 일자	수명법관 이름	재 판 장	비 고

법정외에서지정하는기일

기일의 종류	일 시				재 판 장	비 고
1회 공판기일	2013.	10	18.	10:00	㊞	

서울중앙지방법원

목 록		
문 서 명 칭	장 수	비 고
증거목록	1	검사
공소장	5	
변호인 선임신고서	(생략)	피고인
영수증(공소장부본 등)	(생략)	변호사 명변호
영수증(공판기일통지서)	(생략)	변호사 명변호
의견서	(생략)	피고인
공판조서(제1회)	8	
공판조서(제2회)	10	
증인신문조서	13	증인 나보석
증인신문조서	16	증인 김철수
증인신문조서	19	증인 이강도
증인신문조서	22	증인 서무심

서울중앙지방법원

목　　　록(구속관계)		
문 서 명 칭	장　수	비　고
체포영장	(생략)	피고인
구속영장	(생략)	피고인
피의자 수용증명	(생략)	피고인

증 거 목 록(증거서류 등)

2013고합5678

2013형제12345,12360,12570호 　　　　　　　　　　　　　　　　　　　　신청인 : 검사

순번	증거방법					참조사항등	신청기일	증거의견		증거결정		증거조사기일	비고
	작성	쪽수(수)	쪽수(증)	증거명칭	성명			기일	내용	기일	내용		
1	검사	44		피의자신문조서	김갑식			1	○				
2		45		피의자신문조서 (2회)	김갑식			1	○				
					나보석			1					
					김철수			1	○				
3		55		진술서	서무심			1	○				
4		56		진술조서	송승준			1	○				
5		58		피의자신문조서 사본	이강도			1	×	기재생략			
6		61		공판조서 사본	이강도			1	×				
7		62		판결문 사본	이강도			1	×				
8	사경	1		고소장	김철수			1	×				
9		3		진술서	김순분			1	○				
10		4		진술조서	김철수			1	×				

※ 증거의견 표시 - 피의자신문조서 : 인정 ○, 부인 ×
(여러 개의 부호가 있는 경우, 성립/임의성/내용의 순서임)
- 기타 증거서류 : 동의 ○, 부동의 ×

※ 증거결정 표시 : 채 ○, 부 ×

※ 증거조사 내용은 제시, 내용고지

증 거 목 록(증거서류 등)

2013고합5678

2013형제12345,12360,12570호 신청인 : 검사

<table>
<tr><th rowspan="2">순번</th><th colspan="5">증 거 방 법</th><th rowspan="2">참조사항등</th><th rowspan="2">신청기일</th><th colspan="2">증거의견</th><th colspan="2">증거결정</th><th rowspan="2">증거조사기일</th><th rowspan="2">비고</th></tr>
<tr><th>작성</th><th>쪽수(수)</th><th>쪽수(증)</th><th>증 거 명 칭</th><th>성 명</th><th>기일</th><th>내용</th><th>기일</th><th>내용</th></tr>
<tr><td>11</td><td></td><td>8</td><td></td><td>진술조서 사본</td><td>나보석</td><td></td><td></td><td>1</td><td>×</td><td colspan="3" rowspan="9">기재생략</td><td></td></tr>
<tr><td>12</td><td></td><td>12</td><td></td><td>상해진단서 사본</td><td>나보석</td><td></td><td></td><td>1</td><td>○</td><td></td></tr>
<tr><td>13</td><td></td><td>13</td><td></td><td>압수조서 사본</td><td>이강도</td><td></td><td></td><td>1</td><td>○</td><td></td></tr>
<tr><td>14</td><td></td><td>15</td><td></td><td>피의자신문조서 사본</td><td>이강도</td><td></td><td></td><td>1</td><td>×</td><td></td></tr>
<tr><td>15</td><td></td><td>21</td><td></td><td>진술서 사본</td><td>한경희</td><td></td><td></td><td>1</td><td>○</td><td></td></tr>
<tr><td>16</td><td></td><td>23</td><td></td><td>피의자신문조서</td><td>김갑식</td><td></td><td></td><td>1</td><td>○
○
×</td><td></td></tr>
<tr><td>17</td><td></td><td>29</td><td></td><td>각 고발장</td><td></td><td></td><td></td><td>1</td><td>○</td><td></td></tr>
<tr><td>18</td><td></td><td>38</td><td></td><td>피의자신문조서 (2회)</td><td>김갑식</td><td></td><td></td><td>1</td><td>○</td><td></td></tr>
<tr><td>19</td><td></td><td>43</td><td></td><td>피의자신문조서 사본</td><td>송승준</td><td></td><td></td><td>1</td><td>○</td><td></td></tr>
</table>

※ 증거의견 표시 - 피의자신문조서 : 인정 ○, 부인 ×
(여러 개의 부호가 있는 경우, 성립/임의성/내용의 순서임)
- 기타 증거서류 : 동의 ○, 부동의 ×

※ 증거결정 표시 : 채 ○, 부 ×

※ 증거조사 내용은 제시, 내용고지

증 거 목 록(증인 등)

2013고합5678

2013형제12345,12360,12570호　　　　신청인 : 검사

증 거 방 법	쪽수 (공)	입증취지 등	신청 기일	증거결정		증거조사기일	비고
				기일	내용		
증인 나보석		공소사실 제1항		2		2013. 10. 25. 14:00 (실시)	
증인 김철수		공소사실 제2,3항		2		2013. 10. 25. 14:00 (실시)	
증인 이강도		공소사실 제1항		2		2013. 10. 25. 14:00 (실시)	

※ 증거결정 표시 : 채 ○, 부 ×

증 거 목 록(증인 등)

2013고합5678

2013형제12345,12360,12570호 신청인 : 변호사

증 거 방 법	쪽수 (공)	입증취지 등	신청 기일	증거결정		증거조사기일	비고
				기일	내용		
증인 서무심		공소사실 제1항		2		2013. 10. 25. 14:00 (실시)	

※ 증거결정 표시 : 채 ○, 부 ×

서울중앙지방검찰청

2013. 9. 27.

사건번호 2013년 형제12345,12360,12370호
수 신 자 서울중앙지방법원
제 목 공소장
검사 김명석은 아래와 같이 공소를 제기합니다.

Ⅰ. 피고인 관련사항

피 고 인 김갑식 (70****-1*****), 41세
직업 무직, 010-****-****
주거 서울특별시 서초구 양재2동 10-1 양재빌라 201호
등록기준지 서울특별시 성북구 월곡동 60
죄 명 강도상해, 부정수표단속법위반, 모욕
적용법조 형법 제337조, 부정수표단속법 제2조 제2항, 제1항, 형법 제311조, 제30조, 제37조, 제38조
구속여부 2013. 9. 16. 구속(2013. 9. 12. 체포)
변 호 인 변호사 명변호(사선)

5678

Ⅱ. 공소사실

범죄사실

1. 강도상해

피고인은 이강도와 공모하여,

2013. 6. 12. 16:00경 서울 서초구 반포1동 333-3 소재 나보석상에서, 이강도는 피해자 나보석(여, 58세)에게 "선물을 하여야 하는데 행운의 열쇠와 돌반지를 보여 달라"고 말한 다음, 피해자가 전시되어 있는 행운의 열쇠와 돌 반지를 꺼내 보여주자 이를 보는 척하다가 피해자의 눈을 피하여 호주머니에 넣고 밖으로 뛰어 나오는 방법으로 행운의 열쇠 5돈짜리 3개 시가 4,260,000원 상당, 돌 반지 1돈짜리 5개 시가 1,375,000원 상당 등을 절취하였다.

같은 일시경 반지가 없어진 것을 발견한 피해자가 "도둑이야"라고 소리치며 뛰어나오자, 이강도는 상가 뒤편 주차장을 통과한 후 인근 래미안 아파트 단지 샛길로 약 500미터 가량 뛰어 도망하다가 래미안 아파트 303동 앞에 이르러 피고인을 만나 절취한 위 행운의 열쇠와 돌 반

지를 피고인에게 건네주고, 피고인과 이강도는 따라오는 피해자를 때리고 도망하기로 하였다.

이어 피고인과 이강도는 '도둑이야'라고 소리치며 다가오는 피해자에게 다가가 피고인은 주먹으로 피해자의 얼굴을 2, 3회, 이강도는 주먹으로 피해자의 허리부분을 2, 3회 가량 때려 넘어뜨리고, 계속하여 피고인은 자신을 붙잡는 피해자를 발로 걷어찼다.

이로써 피고인는 이강도와 공모하여 피해자의 재물을 절취하려다가 체포를 면탈할 목적으로 피해자를 폭행하여 피해자에게 약 3주간의 치료를 요하는 안면부 타박상 등을 가하였다.

2. 부정수표단속법위반

피고인은 송승준과 공모하여, 2010. 8. 19.부터 주식회사 국민은행 양재동 지점과 송승준 명의로 가계수표계약을 체결하고 수표거래를 하여 왔다.

피고인은 2011. 2. 25.경 서울 서초구 양재동 111 소재 피고인 운영의 "금철물"에서, 수표번호 사가07649610, 액면 5,000,000원, 발행일 2013. 2. 24.로 된 가계수표 1장, 2011. 8. 25.경 수표번호 사가07640613, 사가07640615, 액면 각 5,000,000원, 발행일 각 2012. 8. 24.로 된 가계수표 2장, 2012. 8. 25.경 수표번호 사가 07643616, 액면 5,000,000원, 발행일 2013. 2. 25.로 된 가계수표 1장 등 송승준 명의의 위 은행 가계수표 총 4장을 발행하였다.

위 수표 소지인이 수표번호 사가07640613, 사가07640615의 가계수표에 대하여는 지급제시기간 내인 2012. 8. 25.에, 수표번호 사가07649610, 사가07643616의 가계수표에 대하여는 지급제시기간 내인 2013. 2. 25.에 위 은행 양재동 지점에 위 수표들을 지급제시하였다. 그러나 피고인은 예금부족으로 각각 지급되지 아니하게 하였다.

3. 모욕

피고인은 2013. 3. 1. 11:30경 위 철물점에서 물품대금을 받으러 온 피해자 김철수(61세)로부터 채무변제를 독촉받던 중 위 김철수와 동인의 처 김순분이 있는 자리에서 "돈만 아는 싸가지 없는 노인네, 나 같은 서민 피 빨아먹고 잘 살 줄 아느냐, 나이 처먹었으면 나잇값을 해야지, 차라리 나를 죽여라"고 큰 소리로 말하여 공연히 피해자를 모욕하였다.

Ⅲ. 첨부서류

1. 체포영장 1통(생략)
2. 구속영장(체포된 피의자용) 1통(생략)
3. 피의자수용증명 1통(생략)
4. 변호인선임신고서 1통(생략)

검사 김 명 석 ㊞

서울중앙지방법원

공 판 조 서

제 1 회

사 건	2013고합5678 강도상해 등		
재판장 판사	박수진	기 일 :	2013. 10. 18. 10:00
판사	김 영	장 소 :	제326호 법정
판사	문미연	공개여부 :	공개
법원 사무관	사필귀	고 지 된	
		다음기일 :	2013. 10. 25. 14:00
피 고 인	김갑식		출석
검 사	유 진		출석
변 호 인	변호사 명변호		출석

재판장

피고인은 진술을 하지 아니하거나 각개의 물음에 대하여 진술을 거부할 수 있고, 이익 되는 사실을 진술할 수 있음을 고지

재판장의 인정신문

성 명 : 김갑식

주민등록번호 : 공소장 기재와 같음.

직 업 : 〃

주 거 : 〃

등록기준지 : 〃

재판장

피고인에 대하여 주소의 변동이 있을 때에는 이를 법원에 보고할 것을 명하고, 소재가 확인되지 않을 때에는 그 진술 없이 재판할 경우가 있음을 경고

검 사

공소장에 의하여 공소사실, 죄명, 적용법조 낭독

피고인

공소사실 제1항은 폭행사실만 인정하고 나머지는 사실과 다르며, 제2항은 인정하고, 제3항은 화가 난 상태에서 우발적으로 말한 것으로서 가게 내부였고 당시 피고인의 처 외에는 다른 사람도 전혀 없었기 때문에 문제될지는 몰랐다고 진술

변호인

공소사실 제2항에 대하여 발행명의인인 송승준이 이미 재판을 받았는데 그 과정에서 일부 회수한 수표가 있어서 검찰청에 제출하였다고 진술

재판장

증거조사를 하겠다고 고지

증거관계 별지와 같음(검사, 변호인)

재판장

각 증거조사결과에 대하여 의견을 묻고 권리를 보호함에 필요한 증거조사를 신청할 수 있음을 고지

소송관계인

별 의견 없다고 진술

재판장

변론속행(증인 나보석, 김철수, 이강도, 서무심을 신문하기 위하여)

2013. 10. 18.

법 원 사 무 관 사필귀 ㊞

재 판 장 판 사 박수진 ㊞

서울중앙지방법원

공 판 조 서

제 2 회

사 건	2013고합5678 강도상해 등		
재판장 판사	박수진	기 일 :	2013. 10. 25. 14:00
판사	김 영	장 소 :	제326호 법정
판사	문미연	공개여부 :	공개
법원 사무관	사필귀	고 지 된	
		다음기일 :	2013. 11. 15. 09:30
피 고 인	김갑식		출석
검 사	유 진		출석
변 호 인	변호사 명변호		출석
증 인	나보석, 김철수, 이강도, 서무심		각 출석

재판장

전회 공판심리에 관한 주요사항의 요지를 공판조서에 의하여 고지

소송관계인

변경할 점이나 이의할 점이 없다고 진술

재판장

검사에게

문 이 사건 부정수표단속법위반 공소사실 중 수표번호 사가07649610은 2011. 2. 25.경 발행 당시 발행일 부분은 백지로 발행하였다가 2013. 2. 24.경 소지인이 발행일 부분을 2013. 2. 24.로 보충한 것이라는 취지인가요.

답 예, 그렇습니다.

문 수표번호 사가07643616은 2012. 8. 25.경 발행 당시 금액 부분을 백지로 발행하였다가 2013. 2. 25.경 소지인이 금액 부분을 500만원으로 보충하였다는 취지인가요.

답 예, 그렇습니다.

재판장

출석한 증인들 별지 조서와 같이 신문

증거관계 별지와 같음(검사, 변호인)

재판장

각 증거조사결과에 대한 의견을 묻고 권리를 보호함에 필요한 증거조사를 신청할 수 있음을 고지

소송관계인

별 의견 없으며, 달리 신청할 증거도 없다고 각 진술

재판장

증거조사를 마치고, 피고인신문을 실시하겠다고 고지

[출제자 주 : 이하 검사와 변호인의 피고인신문 내용은 검찰 및 경찰 피의자신문조서 기재내용의 취지와 같으므로 생략]

재판장

피고인에게

문 송승준이 회수한 수표 1장은 피고인의 자금으로 회수한 것인가요, 아니면 송승준이 자신의 돈으로 회수한 것인가요.

답 송승준이 자기 돈으로 회수한 것입니다. 저는 송승준이 재판받은 것도 모르고 있었습니다.

문 피고인은 본건 범행 이후 왜 수사기관의 소환에 응하지 아니하고 소재불명이 되었나요.

답 제가 당시 사업은 점점 어려워져 수표가 부도나게 생긴 상황에서 우연히 이강도의 일에까지 휘말리게 되어 겁이 나서 집에 들어가지 못하고 지방을 돌아다녔습니다. 그렇지만 너무나 괴로워 조만간 자수를 해야겠다고 생각하고, 버스를 타고 서울 강남 고속터미널에 와서 택시를 타고 집에 가던 중 택시기사와 말다툼이 벌어져 경찰관이 출동하여 체포되게 된 것입니다.

재판장

피고인신문을 마쳤음을 고지

검 사

피고인은 이강도와 공모하여 피해자 나보석의 금품을 훔치고 쫓아오는 나보석을 때려서 상해를 입히기까지 하였음에도 그 범행을 부인하는 등 죄질이 중합니다.

또한 2,000만 원 상당의 부도가 났고 그 피해가 변제되지도 아니하였습니다. 일부 회수된 수표가 있지만 이는 피고인이 자신의 자금으로 회수한 것이 아니라 공범 송승준이 동인의 재판에서 그것도 제1심 판결 이후 회수한 것일 뿐입니다. 이러한 제반 정상에 비추어 피고인을 징역 5년에 처함이 상당합니다.

재판장

피고인 및 변호인에게 최종의견 진술기회 부여

변호인

피고인은 절도의 점에 대하여 이강도와 공모하지 않았고, 이에 대한 아무런 증거가 없습니다. 설령 견해를 달리하시더라도 제반사정을 참작하시어 선처를 바랍니다.

[출제자 주 : 이하 기타 변론 내용은 생략]

피고인

제가 우연히 친구인 이강도를 만났으면 바른 길로 이끌어야 하는데 순간적으로 판단을 잘못하여 어른을 폭행한 점 깊이 뉘우치고 있습니다. 또한 김철수씨에게 물질적으로, 정신적으로 손해를 가한 점 역시 매우 잘못하였습니다. 제 처가 현재 자궁적출 수술을 하여 초등학생 쌍둥이 남매를 혼자 키우는데 많은 어려움이 있습니다. 불쌍한 저의 처지를 살피셔서 선처를 해주시기를 간곡히 부탁드립니다.

재판장

변론종결

2013. 10. 25.

법 원 사 무 관 사필귀 ㉑

재 판 장 판 사 박수진 ㉑

서울중앙지방법원

증인신문조서(제2회 공판조서의 일부)

사 건 2013고합5678 강도상해 등

증 인 이 름 나보석

생년월일 1953. 5. 3.

주 거 서울 금천구 가산동 1번지 301호

재판장

증인에게 형사소송법 제148조 또는 제149조에 해당하는가의 여부를 물어 이에 해당하지 아니함을 인정하고, 위증의 벌을 경고한 후 별지 선서서와 같이 선서를 하게 하였다.

다음에 신문할 증인 김철수, 이강도, 서무심은 재정하지 아니하였다.

검 사

증인에게

문 증인은 수사기관에서 사실대로 진술하고 그 내용을 확인한 후 서명·날인하였지요.

(이때 검사는 증인에게 수사기록 제8쪽 내지 제11쪽, 제47쪽 내지 제48쪽을 제시하고 읽게 하였다.)

답 예.

문 증인은 사고를 당하기 며칠 전에 피고인으로 보이는 사람이 증인의 보석상에 왔었다고 진술하였는데, 사실인가요.

답 예, 제가 처음에는 당황하여 잘 기억이 나지 않았는데, 검사님 앞에서 조사를 받다가 보니 문득 6월 초인가에 피고인과 비슷하게 생긴 사람이 행운의 열쇠를 구경하고 갔던 기억이 나서 그와 같이 말씀드렸습니다.

문 그 사람이 피고인이었는지 알 수 있겠는가요.

답 기억만 나는 것이기 때문에 확실한 증거는 가지고 있지 않습니다. 돌아가서 CCTV도 살펴보았는데 찾을 수가 없어서 그만 두었습니다.

문 그런데 어떻게 피고인과 비슷하게 생긴 사람이라고 기억하는 것인가요.

답 그냥 인상과 옷차림이 비슷하다는 느낌이 드는 것입니다.

문 증인이 이강도를 쫓아가고 있었는데 피고인은 어디에서 나타났나요.

답 오솔길 막다른 곳 거의 다 갔을 무렵 이강도와 함께 서 있었고, 서로 뭐라고 말을 하는 것 같았습니다.

문 증인이 피고인으로부터 맞을 때 먼저 피고인을 잡거나 한 일이 있나요.

답 아닙니다. 저는 그냥 쫓아가다가 소리를 질렀는데 갑자기 피고인과 이강도가 뒤를 돌아 저에게 다가오기에 무서워서 그냥 소리만 계속 질렀습니다. 그랬더니 피고인이 먼저 제 얼굴을 주먹으로 때렸고, 이강도가 옆구리를 때렸습니다. 그리고 제가 쓰러지면서 피고인이 도망가려는 것 같아서 바짓가랑이를 잡았더니 발로 차낸 것입니다.

문 증인의 가게에 들어와서 물건을 훔쳤던 이강도를 알지요.

답 예, 이강도가 먼저 잡혀서 경찰에서 조사받을 당시 얼굴을 보아 알고 있습니다.

문 당시 증인도 경찰 및 검찰에서 조사를 받은 일이 있나요.

답 예, 조사를 받은 사실이 있습니다.

문 증인이 조사를 받을 당시 이강도가 '피고인과 절도하기로 공모하고 물건을 훔쳐 달아나다가 피해자가 쫓아오기에 겁을 주기 위해 폭행한 것이다'라는 취지로 진술하는 것을 들었나요.

답 예, 이강도가 옆에서 그와 같이 이야기하는 것을 들은 적이 있습니다.

변호인

증인에게

문 증인은 6. 초순경 증인의 보석상에서 피고인을 본 적이 있나요.

답 피고인을 본 것이 아니고…… 피고인과 비슷한 사람을 본 것 같다는 겁니다.

문 증인은 경찰에서 조사받을 때까지만 해도 피고인과 비슷한 사람 이야기조차 한 번도 하지 않았는데, 어떻게 시간이 흐른 다음에 예전 기억이 더 자세히 난다는 것인가요.

답 저도 설명은 못하겠는데 그냥 머릿속에 떠올랐습니다.

문 피고인과 비슷한 사람이 보석상에 들어와서 증인에게 무슨 말을 했고, 어떠한 행동을 했는지 구체적으로 진술할 수 있나요

답 사실 잘 기억나지 않습니다. 왔었는지 확실한 것도 아닌데요, 뭐.

문 증인은 이강도가 '피고인과 절도하기로 공모하고'라고 말하는 것을 들었다고 하였는데, 경찰에서 조사받을 당시 들었다는 것인가요, 검찰에서 조사받을 당시 들었다는 것인가요.

답 검찰에서는 만난 적이 없으므로 아마도 경찰조사를 받을 때 옆에 앉아 있으면서 이강도가 경찰관의 질문에 그렇게 이야기하는 것을 들은 것 같습니다.

문 증인은 피고인에 대한 처벌을 원하는가요.

답 조사받으면서 보니까 그렇게 나쁜 젊은이 같지는 않던데, 그 일이 있고 난 이후 아직도 날씨가 궂으면 허리가 아프고 또 가게에 있기가 무서워 제대로 영업을 할 수 없는

처지입니다. 따라서 피고인에 대한 처벌도 뭐라 할 수가 없습니다.

재판장

증인에게

문 CCTV를 확인해보았는데 범죄일시 전에 피고인과 비슷한 사람이 왔었는지 여부를 확인하지 못했다는 것인가요.

답 예, 비슷한 사람도 찾지는 못했습니다. 그리고 사실 얼굴이 자세히 나오는 것은 아니므로 확인하기가 어렵습니다.

문 범죄 당일에는 피고인이 증인의 보석상에 들어오지는 않았지요.

답 그렇습니다. 오솔길에서 폭행당할 때 처음 보았습니다.

2013. 10. 25.

법 원 사 무 관 사필귀 ㊞

재 판 장 판 사 박수진 ㊞

서울중앙지방법원

증인신문조서(제2회 공판조서의 일부)

사 건 2013고합5678 강도상해 등

증 인 이 름 김철수

생년월일 1950. 1. 25.

주 거 서울 성북구 종암동 종암빌라 301호

재판장

증인에게 형사소송법 제148조 또는 제149조에 해당하는가의 여부를 물어 이에 해당하지 아니함을 인정하고, 위증의 벌을 경고한 후 별지 선서서와 같이 선서를 하게 하였다.

다음에 신문할 증인 이강도, 서무심은 재정하지 아니하였다.

검 사

증인에게

문 증인은 고소장을 작성하고, 서명 · 날인하였지요.(수사기록 제1쪽 내지 제2쪽을 제시하고)

답 예.

문 증인은 수사기관에서 사실대로 진술하고 그 내용을 확인한 후 서명 · 날인하였지요. (이때 검사는 증인에게 수사기록 제4쪽 내지 제7쪽, 제49쪽 내지 제52쪽을 제시하고 읽게 하였다.)

답 예.

변호인

증인에게

문 증인은 수표 발행인인 송승준으로부터 사가07640613의 수표금을 변제받고 회수해 주었지요.

답 예. 지난 8월경인가 송승준이 찾아와서 회수해 갔습니다.

문 (이 때 수사기록 제31쪽 수표번호 사가07640613 사본을 보여주고) 이 수표가 회수된 수표가 맞나요.

답 예. 맞습니다.

문 그러면 위 수표에 대해서는 피고인에 대한 처벌을 원하지 않는 것이지요.

답 송승준에 대한 처벌은 원하지 않지만, 피고인이 회수해간 것은 아니므로 피고인에 대해서는 처벌을 원합니다.

재판장

증인에게

문 부도수표 중 발행일이 백지로 된 수표의 발행일은 언제 기재하였나요.

답 2013. 2. 25. 다른 수표들과 같이 제시하려고 2013. 2. 24.경 기재하였습니다.

문 발행일을 기재하는 것에 대한 허락을 분명히 피고인으로부터 받은 것이지요.

답 예. 6개월이 지나면 언제든지 제시해도 된다고 했습니다.

문 그것이 수표번호 사가07649610이지요.

답 예.

문 부도수표 중 금액란이 백지로 된 수표의 금액은 언제 기재하였나요.

답 2013. 2. 25. 제시할 무렵 기재했습니다.

문 그것이 수표번호 사가07643616이지요.

답 예.

문 500만 원을 기재하는 것에 대한 허락을 피고인으로부터 받았나요.

답 그것은 기억이 가물가물합니다. 처음 피고인이 발행할 때는 300만 원으로 이야기가 된 것 같은데 피고인이 그 후 물품을 추가로 공급하게 되면 금액을 더 추가해도 된다고 했던 것 같습니다.

문 일단 2012. 8. 25.에 금액란 백지로 된 수표 1장을 발행할 당시에는 300만 원에 대한 물품대금 명목으로 수표를 받은 것은 분명하지요.

답 예. 그렇습니다.

문 그런데 그 후 물품을 추가로 공급한 것이 있나요.

답 제가 장부를 찾아보기는 했지만 잘 찾지는 못했습니다.

문 500만 원으로 기재할 당시에 피고인에게 다시 금액 부분에 대해서 정확히 문의하거나 승낙을 받은 것이 있나요

답 그렇게 하지는 않았습니다. 그냥 예전의 기억으로 했고, 실은 조금 화가 나서 정확한 확인 없이 최대한의 금액을 적기로 했습니다.

2013. 10. 25.

법 원 사 무 관 사필귀 ㊞

재 판 장 판 사 박수진 ㊞

서울중앙지방법원

증인신문조서(제2회 공판조서의 일부)

사　　건 2013고합5678 강도상해 등

증　　인 **이　　름** 이강도

생년월일 1971. 1. 24.

주　　거 대전 서구 만년동 338-2 3호 (서울구치소 재감중)

재판장

증인에게 형사소송법 제148조 또는 제149조에 해당하는가의 여부를 물어 이에 해당하지 아니함을 인정하고, 위증의 벌을 경고한 후 별지 선서서와 같이 선서를 하게 하였다.

다음에 신문할 증인 서무심은 재정하지 아니하였다.

검 사

증인에게

문 증인은 현재 강도상해죄로 복역 중이지요

답 예. 피해자 나보석의 물건을 훔치고 따라오는 나보석을 폭행하였다는 이유로 2013. 9. 2. 서울중앙지방법원에서 징역 3년 6월을 선고받고 항소를 포기하여 현재 서울구치소에서 복역 중에 있습니다.

문 증인은 수사기관에서 사실대로 진술하고 그 내용을 확인한 후 서명·날인하였지요. (이때 검사는 증인에게 수사기록 제15쪽 내지 제20쪽, 제58쪽 내지 제60쪽을 제시하고 읽게 하였다.)

답 예, 그렇습니다.

문 증인은 경찰관에게 '김갑식과 절도하기로 공모하고 물건을 훔쳐 달아나다가 피해자가 쫓아오기에 겁을 주기 위해 폭행한 것이다'고 진술하였는데, 피고인과 어떻게 나보석상의 물건을 훔치기로 공모했는지 구체적으로 진술하시오

답 제가 김갑식과 나보석상의 보석을 훔치기로 공모한 것은 아닙니다. 그와 같이 진술되어 있다면 그것은 사실과 다른 것입니다.

문 증인은 피고인과 공모하여 보석을 훔쳐 달아난 것이 아닌가요.

답 아닙니다. 제가 보석을 훔치기 전에 김갑식과 절도를 공모하지는 않았고, 저 혼자 나보석으로부터 행운의 열쇠 등을 훔쳐서 달아나던 중 우연히 아파트 단지에 있는 김갑식을 만나 훔친 물건들을 맡기면서 도와달라고 했을 뿐입니다.

문 피고인과 절도를 공모하지 않았다면, 도망가던 중 피고인에게 물건을 맡기고 도와달라고 한 이유는 무엇인가요.

답 피해자가 계속 쫓아오지는 않을 줄 알고 도망치는데 의외로 계속하여 쫓아오면서 소리를 고래고래 지르기에 급한 마음이 들었고, 그 때 우연히 피고인이 서 있어 도움을 청했던 것입니다.

문 그런데 왜 경찰에서는 '김갑식과 절도하기로 공모하였다'고 진술했나요.

답 막상 폭행을 피고인과 같이 했는데 피고인이 혼자 도망가 버리고 저만 붙잡혀서 화가 나 그렇게 진술했습니다.

문 화가 났다고 허위로 진술을 하였다는 말인가요.

답 화가 났을 뿐 아니라 어차피 김갑식도 제가 물건을 훔친 것을 알고 있었고, 그런 저를 도와주기 위해서 할머니에게 겁을 주고 도망가자고 먼저 제의하였기 때문에 공범이나 다름없는 것 아닌가 하는 생각에 별다른 생각 없이 그렇게 진술하였습니다.

문 피고인도 증인이 물건을 훔쳤다는 사실은 알고 있었지요.

답 예, 제가 직접적으로 그렇게 말을 한 적은 없지만, 당연히 알고 있었을 겁니다.

문 증인은 피고인과 중학교 동창생이라고 하였는데, 중학교 때 피고인과 함께 오토바이를 훔치다가 걸려서 소년부송치 처분을 받은 사실이 있지요.

답 예, 그런 것 같습니다.

변호인

증인에게

문 증인은 이 사건 강도상해로 현장에서 체포되었지요.

답 예. 그렇습니다.

문 증인은 이 사건 강도상해로 현장에서 체포된 이후 지금까지 피고인을 만나본 사실이 있나요.

답 없습니다. 오늘 처음 보았습니다.

문 증인은 2013. 6. 12. 16:00경 서울 서초구 반포1동 소재 래미안 아파트 단지 내 오솔길에서 피고인을 만나기 전에 피고인을 따로 만나거나 나보석상에서 보석을 훔치기로 공모한 사실이 없지요

답 없습니다.

문 증인은 경찰 조사를 받을 당시 도망간 피고인이 야속하여 절도를 공모한 것처럼 진술한 사실이 있지만, 이는 사실과 다르지요.

답 예. 사실과 다릅니다.

문 그런데 지금은 사실대로 진술하는 이유가 무엇인가요.

답 제가 붙잡혀서 조사받을 당시에는 피고인이 원망스럽기도 하고 또 별다른 생각 없이 그와 같이 진술하였지만, 지금은 구체적인 사실에 대해 물어보셨기 때문에 있었던 그대로 이야기 드리는 것입니다. 지금 피고인을 보니 그 때 저를 만나지만 않았어도 이런 일이 없었을 텐데 하는 미안한 마음도 듭니다.

재판장

증인에게

문 증인은 검찰 및 법원에서도 피고인과 공모하였다는 취지의 진술을 번복하지 않았는데, 그 이유는 무엇인가요.

답 그 이후에는 특별히 피고인에 대해서 물어보는 사람도 없었고, 또 어차피 피고인도 제가 훔친 사실을 알고 저를 도와주는 차원에서 피해자를 함께 폭행했으므로 그 말이 그 말이겠거니 하고 생각해서 제가 적극적으로 뭐라 말하지는 않았습니다.

문 달리 할 말이 있나요.

답 없습니다.

2013. 10. 25.

법 원 사 무 관 사필귀 ㊞
재 판 장 판 사 박수진 ㊞

서울중앙지방법원

증인신문조서(제2회 공판조서의 일부)

사 건 2013고합5678 강도상해 등
증 인 이 름 서무심
생년월일 1951. 2. 10.
주 거 서울 서초구 반포1동 래미안아파트 303동 505호

재판장

증인에게 형사소송법 제148조 또는 제149조에 해당하는가의 여부를 물어 이에 해당하지 아니함을 인정하고, 위증의 벌을 경고한 후 별지 선서서와 같이 선서를 하게 하였다.

변호인

증인에게

문 증인은 수사기관에 이와 같은 진술서를 제출한 사실이 있지요. (이때 변호인은 증인에게 수사기록 제55쪽을 제시하였다.)

답 예.

문 위 진술서의 내용은 모두 사실이며, 증인은 그 내용을 확인하고 서명·날인하였지요.

답 예. 그렇습니다.

문 증인은 피고인으로부터 인테리어용 철물제품을 구입해 온 사실이 있지요.

답 예. 그렇습니다.

문 증인은 피고인과 언제부터 거래해왔으며 어느 정도 금액의 거래를 해왔나요

답 약 3년 전부터 거래를 해 왔는데 대략 연 5,000만 원 상당 물품을 공급받아 왔습니다.

답 증인은 현재 피고인과 채권채무관계가 있나요.

답 제가 받을 것은 없고, 얼마 전 구입한 물품대금 2,000만 원을 10월 말경까지 갚아주기로 한 것이 있습니다.

문 증인은 2013. 6. 12. 16:00경 증인이 살고 있는 래미안아파트 단지 내 커피숍에서 피고인을 만나기로 한 사실이 있지요.

답 예. 그렇습니다. 제가 진술서에 쓴 그대로, 피고인이 갑자기 물품대금 중 일부를 미리 당겨서 달라고 하도 사정을 하기에 한 번 만나서 이야기나 들어볼까 하고 위 일시경 위 장소에서 피고인을 만날 약속을 했습니다.

문 증인은 위 일시, 장소에서 피고인을 만났나요.

답 아니요. 만나지 못했습니다. 제가 갑자기 집에 급한 일이 생겨서 약속 장소에 나가지 못했고, 저녁 7시쯤 정신을 차려 피고인에게 전화를 했지만 전화를 받지 않았습니다.

문 증인을 만나기 위해 위 장소에 간 피고인이 피해자를 폭행한 사실을 알고 있었나요.

답 전혀 몰랐으며, 최근에 피고인의 처가 진술서를 부탁하면서 사정을 말해주어 대략 알고 있습니다.

문 증인은 왜 검찰 수사관의 출석 요구에 응하지 아니하였나요.

답 제가 잘 아는 사람도 아닌데 괜히 검찰청이나 법원 같은 곳에 불려 다니는 것이 기분 나쁘기도 하고 혹시 무슨 불이익을 받을 것 같기도 해서 안 나간다고 했습니다. 그런데 이번에 법원에서 출석요구서를 받고 주위에 법을 좀 아는 분에게 물어보니 증인으로 나가지 않으면 나중에 벌금을 물 수도 있다고 하여 할 수 없이 나오게 된 것입니다.

문 증인은 더 할 말이 있나요

답 없습니다.

검 사

증인에게

문 증인은 그 전에도 피고인과 증인의 아파트 단지에서 만난 사실이 있나요

답 아파트 단지에서 만난 사실은 없고, 몇 번 만나지도 않았지만 만날 때는 주로 그 부근 구반포에 있는 저의 가게에서 만났습니다.

2013. 10. 25.

법 원 사 무 관 사필귀 ㊞

재 판 장 판 사 박수진 ㊞

제	1	책
제	1	권

서울중앙지방법원

증거서류등(검사)

사 건 번 호	2013고합5678	담임	제26형사부	주심	다
사 건 명	가. 강도상해 나. 부정수표단속법위반 다. 모욕				
검 사	김 명 석		2013년 형제 12345,12360,12570호		
피 고 인	김갑식				
공 소 제 기 일	2013. 9. 27.				
1 심 선 고	20 . . .	항소	20 . . .		
2 심 선 고	20 . . .	상고	20 . . .		
확 정	20 . . .	보존			

제 1 책
제 1 권

<table>
<tr><td colspan="6">구공판 서울중앙지방검찰청
증 거 기 록</td></tr>
<tr><td rowspan="2">검 찰</td><td>사건번호</td><td>2013년 형제 12345, 12360, 12370호</td><td rowspan="2">법원</td><td>사건번호</td><td>2013년 고합 호</td></tr>
<tr><td>검 사</td><td>김명석</td><td>판 사</td><td></td></tr>
<tr><td>피 고 인</td><td colspan="5">구 속 가. 나. 다. 김 갑 식</td></tr>
<tr><td>죄 명</td><td colspan="5">가. 강도상해
나. 부정수표단속법위반
다. 모욕</td></tr>
<tr><td>공소제기일</td><td colspan="5">2013. 9. 27.</td></tr>
<tr><td>구 속</td><td colspan="2">2013. 9. 16. 구속(2013. 9. 12. 체포)</td><td>석 방</td><td colspan="2"></td></tr>
<tr><td>변 호 인</td><td colspan="5">변호사 명변호(사선)</td></tr>
<tr><td>증 거 물</td><td colspan="5">있 음</td></tr>
<tr><td>비 고</td><td colspan="5"></td></tr>
</table>

증 거 목 록(증거서류 등)

2013고합5678

2013형제12345,12360,12570호　　　　　　　　　　　　신청인 : 검사

순번	증거방법					참조사항등	신청기일	증거의견		증거결정		증거조사기일	비고
	작성	쪽수(수)	쪽수(증)	증거명칭	성명			기일	내용	기일	내용		
1	검사	44		피의자신문조서	김갑석								
2		45		피의자신문조서(2회)	김갑석								
					나보석								
					김철수								
3		55		진술서	서무심								
4		56		진술조서	송승준								
5		58		피의자신문조서 사본	이강도								
6		61		공판조서 사본	이강도								
7		62		판결문 사본	이강도								
8	사경	1		고소장	김철수								
9		3		진술서	김순분								
10		4		진술조서	김철수								

※ 증거의견 표시 - 피의자신문조서 : 인정 ○, 부인 ×
(여러 개의 부호가 있는 경우, 성립/임의성/내용의 순서임)
- 기타 증거서류 : 동의 ○, 부동의 ×

※ 증거결정 표시 : 채 ○, 부 ×

※ 증거조사 내용은 제시, 내용고지

증 거 목 록(증거서류 등)

2013고합5678

2013형제12345,12360,12570호 신청인 : 검사

순번	증거방법					참조사항등	신청기일	증거의견		증거결정		증거조사기일	비고
	작성	쪽수(수)	쪽수(증)	증거명칭	성명			기일	내용	기일	내용		
11		8		진술조서 사본	나보석								
12		12		상해진단서 사본	나보석								
13		13		압수조서 사본	이강도								
14		15		피의자신문조서 사본	이강도								
15		21		진술서 사본	한경희								
16		23		피의자신문조서	김갑식								
17		29		각 고발장									
18		38		피의자신문조서 (2회)	김갑식								
19		43		피의자신문조서 사본	송승준								

※ 증거의견 표시 - 피의자신문조서 : 인정 ○, 부인 ×
(여러 개의 부호가 있는 경우, 성립/임의성/내용의 순서임)
- 기타 증거서류 : 동의 ○, 부동의 ×

※ 증거결정 표시 : 채 ○, 부 ×

※ 증거조사 내용은 제시, 내용고지

고 소 장

고 소 인　김철수
서울 성북구 종암동 종암빌라 301호

피고소인　김갑식
서울 서초구 양재2동 10-1 양재빌라 201호

죄　　명　모욕 등

고소인은 피고소인의 상기 죄명에 해당하는 다음 범죄행위에 대하여 이를 고소하오니 수사하시어 범법사실이 확인되면 엄중히 처벌하여 주시기 바랍니다.

고 소 사 실

고소인은 위 거주지에 거주하면서 현관문 손잡이 등 인테리어 철물제품을 철물점에 납품하는 일을 하고 있습니다.

고소인과 2002년경부터 피고소인이 운영하는 서초구 양재동 111 소재 "금철물"에 주로 건축 인테리어 관련 철물제품을 납품해오고 있으며, 서로 아무런 친척 관계도 없습니다.

그런데 2012년경부터 피고소인이 물품대금조로 발행해준 수표들이 부도나기 시작하고 피고소인이 이를 변제하지도 않고 있던 중 올해 2월에는 급기야 가지고 있던 모든 수표들이 부도가 나 납품대금 2,000만 원 상당을 받지 못하게 되었습니다. 고소인은 하도 화가 나서 지난 2013. 3. 1. 쉬는 공휴일 11:30경 피고소인에게 연락을 하여 가게로 피고소인을 찾아가 납품대금을 달라고 독촉을 하였는데 그날따라 피고소인이 갑자기 버럭 화를 내면서 "돈만 아는 싸가지 없는 노인네, 나 같은 서민 피 빨아먹고 잘 살 줄 아느냐, 나이 처먹었으면 나잇값을 해야지, 차라리 나를 죽여라"하고 고래고래 소리를 지르면서 난동을 피웠습니다. 저는 환갑이 넘는 사람으로서 젊은 사람에게 돈을 떼인 것도 모자라 그와 같은 황당한 욕을 들으니 도저히 참을 수가 없습니다. 피고소인을 모욕죄로 엄히 처벌해주시기 바랍니다.

뿐만 아니라, 지금까지 참고 또 참았는데, 피고소인이 물품대금조로 발행한 수표 4장 부도난 것은, 사실은 피고소인은 진작부터 물품대금을 변제할 능력이 아예 없었음에도 저를 속이고 외상으로 물품만 납품받아 다른 채무변제에 사용하고, 그 대금으로 발행한 수표는 고의로 부도를 낸 것이니, 그 2,000만 원 상당에 대해 사기죄로 엄히 다스려주시기 바랍니다.

첨 부 서 류

1. 부도수표 사본(첨부 생략)
1. 고소인의 처 김순분의 진술서

2013. 9. 15.

고소인　김철수 (인)

서초경찰서장 귀하

진 술 서

진 술 인 김순분 (510202-2######)
서울 성북구 종암동 종암빌라 301호

저는 김철수씨의 부인되는 사람입니다. 예전부터 알고 지내던 김갑식이 저희 집 양반으로부터 철물자재를 수천만원씩 가져가고도 몇 년째 돈을 갚지 않고 있어서 저희 집 형편이 매우 어렵게 되었습니다. 최근 가지고 있던 마지막 수표까지 부도가 나버리게 되자 도저히 참을 수가 없어서 2013. 3. 1. 11:30경 김철수의 가게를 저와 남편이 함께 찾아가서 제발 돈을 달라고 이야기 하였습니다. 그런데 갑자기 피고소인이 술을 먹었는지 얼굴이 빨개져서 흥분해가지고 "돈만 아는 싸가지 없는 노인네, 나같은 서민 피 빨아먹고 잘 살 줄 아느냐, 나이 처먹었으면 나잇값을 해야지, 차라리 나를 죽여라"하고 고래고래 소리를 지르면서 바닥에 드러눕고 막 난동을 피웠습니다. 저희 아저씨가 돈을 떼먹힌 것만 해도 억울한데, 젊은 사람에게 대로변에 있는 가게에서 그와 같은 욕을 들어먹으니 너무나 화가 납니다.

2013. 9.

진 술 인 김 순 분 (인)

진 술 조 서(고소보충)		
성　　명	: 김철수	
주민등록번호	: 500125-1######　만 61세	
직　　업	: 자영업	
주　　거	: 서울 성북구 종암동 종암빌라 301호	
등록기준지	: 상 동	
직 장 주 소	: 기재 생략	
연 락 처	: (자택전화) 기재 생략	(휴대전화) 기재 생략
	(직장전화) 기재 생략	(전자우편) 기재 생략

위의 사람은 피의자 김갑식에 대한 모욕 등 피의사건에 관하여 2013. 9. 16. 서초경찰서 형사과 사무실에 임의 출석하여 다음과 같이 진술하다.

1. **피의자와의 관계**

저는 피의자 김갑식과 아무런 관계가 없습니다.

2. **피의사실과의 관계**

저는 피의사실과 관련하여 피해자 자격으로 출석하였습니다.

이 때 사법경찰리는 진술인 김철수를 상대로 다음과 같이 문답을 하다.

문　진술인이 서초경찰서에 고소장을 제출한 사실이 있는가요

답　예, 그러한 사실이 있습니다.

문　이것이 진술인이 제출한 고소장이 맞나요(이 때 2013. 9. 15. 접수된 진술인 명의의 고소장을 보여주다)

답　예, 맞습니다.

문　위와 같은 고소장을 다른 수사기관에 제출한 사실은 없나요.

답　없습니다. 지금 처음 제출하는 것입니다.

문　고소 내용에 관하여 상세히 진술해 보세요.

답　저는 위 거주지에 거주하면서 현관문 손잡이 등 인테리어 철물제품을 철물점에 납품하는 일을 하고 있습니다.

피고소인과는 2002년경부터 주로 제가 피고소인에게 현관문 손잡이, 화장실 인테리

어용 철물제품 등을 납품하면서 알게 된 사이로 서로 아무런 친척 관계도 없습니다. 피고소인과는 2002년경부터 물품거래 및 그 대금 결제를 위한 수표거래를 계속 해왔는데, 지난 2010년경부터 어떤 이유에서인지 수표결제를 깔끔히 해주지 못하고 몇 번씩 지체되는 것이 반복되다가 급기야 2012년 8월 24과 2013년 2월 25일에 수표 합계 2,000만 원이 부도나게 되었습니다.

저는 2013년 2월 25일 제가 가지고 있던 마지막 수표들을 지급제시 하였는데 그 마저 부도가 나게 되자 화가 나 2013. 3. 1. 11:30경 부인과 함께 피고소인이 운영하는 서초구 양재동 111 소재 "금철물"에 찾아갔었습니다. 그리고 그곳에서 피고소인과 함께 채무변제 이야기를 하고 있었는데, 갑자기 피고소인이 버럭 화를 내면서 "돈만 아는 싸가지 없는 노인네, 나 같은 서민 피 빨아먹고 잘 살 줄 아느냐, 나이 처먹었으면 나잇값을 해야지 차라리 나를 죽여라"고 소리를 고래고래 지르고, 책상 위에 있던 종이들을 막 집어 던지는 것이었습니다.

저는 환갑이 넘은 사람으로서 한참 아래인 피고소인으로부터 몹쓸 말을 듣고 지금 너무나 정신적인 충격을 받았습니다. 돈을 떼인 것만 해도 억울한데 그와 같이 욕까지 듣게 되니 지금까지 바깥 활동하기조차 어려울 정도로 충격이 큽니다. 참아보려고 하였는데 피고소인은 채무변제는커녕 사과 한마디 없었습니다. 그래서 피고인이 이번에 경찰서에 구속이 되었다는 이야기를 듣고 도저히 안 되겠어서 고소를 하게 되었습니다.

문 사기죄 고소의 내용은 무엇인가요.

답 제가 고소장에 첨부한 것과 같이 현재 피고소인이 발행한 수표 중 부도난 것이 4장 합계 2,000만 원 상당 있습니다. 피고소인은 저로부터 물품을 납품받으면서 항상 6개월 내지 1년 정도의 여유를 두고 수표를 발행해왔었는데 왜 그런지 2010년 정도부터는 자금 사정이 굉장히 어려워져서 자꾸만 변제기를 연장해달라고 하는 일이 발생해오고 있었습니다. 아마도 저뿐만 아니라 다른 납품업체들에 대해서도 갚지 못하는 채무가 늘어가고 있던 중이었나 봅니다. 그러다가 결국 2,000만 원 부도를 맞게 되었는데, 그렇다면 피고소인은 2011. 2. 25.경과 2011. 8. 25.경, 그리고 2012. 8. 25.경 위 수표들을 저에게 발행해 줄 때는 이미 그 수표금을 변제할 능력이 전혀 없었음에도 저에게 마치 능력이 있는 것처럼 속이고 물품을 받아간 것입니다. 현재 피고소인이 다른 죄로 구속되었다고 하므로, 이 기회에 일부라도 변제받을 수 있을까하여 사기죄로 고소하였습니다.

문 피고소인으로부터 모욕을 당하였다고 고소한 일시, 장소에 고소인 말고 또 다른 사람은 누가 있었나요.

답 그날이 공휴일이라 가게 문을 열기는 하였지만 피고소인이 난동을 부릴 당시 다른 손님들은 없었고, 제가 데리고 간 제 처 김순분과 저, 그리고 피고소인만 있었습니다.

문 피고소인이 2010년경부터 자금사정이 안 좋아졌다고 하였는데, 그럴만한 이유가 있었나요.

답 정확한 이유는 잘 모릅니다. 그냥 제 추측에 그 당시 건설경기가 안 좋아지면서 피고소인이 주로 하던 아파트 인테리어 일감이 줄어들고, 그로 인해서 납품대금 변제가 어려워진 것이 아닌가 합니다. 그렇지만 구체적인 사정은 잘 모릅니다.

문 2002년부터 피고소인과 거래를 해 왔는데, 본건 부도 이전에도 피고소인 발행의 수표가 부도난 적이 있나요

답 부도가 난 일은 한 번도 없었고, 다만 변제기를 늦춰 달라고 사정하여 몇 번 연장해 준 일은 있습니다. 이번 일이 터지기 전에는 연장해주면 그 때는 잘 맞춰서 변제해 주곤 하였습니다.

문 피고소인에 대한 처벌을 원하나요.

답 당연히 원합니다. 뭐한 놈이 성낸다고 동방예의지국에서 어른에게 그와 같은 난동을 피워 동네창피하게 한 것 생각하면 지금도 가슴이 떨리고 또 그 동네에 가면 얼굴을 들고 다닐 수가 없습니다. 뿐만 아니라 10년간 거래한 사람을 속이고 돈을 떼어먹은 것도 용서할 수 없습니다.

문 더 할 말이 있는가요.

답 없습니다.

문 이상의 진술이 사실인가요.

답 예. 모두 사실대로 진술하였습니다.

위의 조서를 진술자에게 열람하게 하였던바, 진술한 대로 오기나 증감 · 변경할 것이 전혀 없다고 말하므로 간인한 후 서명 무인하게 하다.

진 술 자 김철수 (무인)

2013. 9. 16.

서 초 경 찰 서

사법경찰리 경 장 홍수천 (인)

<table>
<tr><td colspan="3" align="center">진 술 조 서</td></tr>
<tr><td>성 명</td><td>: 나보석</td><td rowspan="6">위 사본임 (인)</td></tr>
<tr><td>주민등록번호</td><td>: 530503-2###### 만 58세</td></tr>
<tr><td>직 업</td><td>: 자영업</td></tr>
<tr><td>주 거</td><td>: 서울 금천구 가산동 1번지 301호</td></tr>
<tr><td>등 록 기 준 지</td><td>: 천안시 신부동 10</td></tr>
<tr><td>직 장 주 소</td><td>: 서울 서초구 반포1동 333-3 나보석상</td></tr>
<tr><td>연 락 처</td><td colspan="2">: (자택전화) 기재 생략 (휴대전화) 기재 생략
(직장전화) 기재 생략 (전자우편) 기재 생략</td></tr>
</table>

위의 사람은 피의자 이강도에 대한 강도상해 등 피의사건에 관하여 2013. 6. 13. 서초경찰서 형사과 사무실에 임의 출석하여 다음과 같이 진술하다.

1. 피의자와의 관계

저는 피의자 이강도와 아무런 관계가 없습니다.

2. 피의사실과의 관계

저는 피의사실과 관련하여 피해자 자격으로 출석하였습니다.

이 때 사법경찰리는 진술인 나보석을 상대로 다음과 같이 문답을 하다.

문 진술인은 2013. 6. 12. 16:00경 피의자 이강도 등으로부터 물건을 빼앗기고 폭행을 당하여 피해를 입은 사실이 있지요.

답 예, 그렇습니다.

문 진술인이 피해를 당한 경위를 진술하시오.

답 저는 반포동 아파트 내 상가에서 "나보석상"이라는 상호로 금은방을 운영하고 있습니다. 2013. 6. 12. 15:30경 제가 운영하는 금은방에 40대 초반으로 보이는 젊은 남자가 들어오더니 "회사에서 기념품과 선물용 행운의 열쇠와 돌 반지를 주문하려고 한다. 5돈 정도 행운의 열쇠는 얼마 하느냐, 종류별로 모양을 볼 수 있느냐"고 하는 것이었습니다. 저는 열쇠를 이용하여 진열장을 열고 진열되어 있던 5돈짜리 행운의 열쇠를 3개 정도 꺼내고, 돌 반지도 5개 정도를 꺼내어 보여주었습니다. 그 젊은 남자는 행운의 열쇠를 보면서 가격을 묻더니 수첩을 꺼내어 적고, 어디론가 핸드폰을 하여 행운의 열쇠 이야기를 하면서 1, 2분 정도 계속 대화를 하였습니다. 그 때 계산대 옆에 놓아두었던 저의 핸드폰도 울리기에 제가 잠시 계산대 옆으로 몸을 돌려 핸드폰을 받았는데 저의 손녀딸이 전화를 했기에 일단 대답을 해 주고 손님에게 양해를 구하기 위해 몸을 돌리는데 손님이 보이지 않는 것이었습니다. 그래서 순간적으로 이상한 기분이 들어 진열대 위를 보니 제가 꺼내놓았던 행운의 열쇠 3개와 돌 반지 5개가 없었고, 문밖을 보니 그 젊은 남자는 벌써 저만큼 주차장 쪽으로 뛰어가고 있었습니다.

문 그 때 행운의 열쇠 등을 훔쳐간 손님이 피의자 이강도인가요.

답 예, 맞습니다.

문 계속하여 당시 상황을 진술하시오.

답 제가 도망가는 그 남자를 발견하고 얼른 무인경비버튼을 눌러 상황을 설명한 후 도망친 주차장 쪽으로 쫓아갔습니다. 주차장은 래미안 아파트 단지로 연결되어 있었기 때문에 아마도 아파트 단지 내로 도망가고 있겠지 하는 생각에 주차장과 연결된 아파트 단지의 산책로를 따라 있는 힘을 다해 뛰어 갔습니다. 저는 퇴근할 때마다 산책로를 한 바퀴 돌고 가기 때문에 그곳 지리에 익숙해져 있는데, 산책로 끝은 아파트 303동과 연결되어 있고, 그곳에서 다시 아파트 통행로로 가려면 303동 옆 화단을 통하여 앞으로 돌아가야 하는 막다른 곳이라 그곳에서 있지 않을까 생각하고 죽을 힘을 다해 뛰어갔더니 멀리서 아까 그 손님과 또 한 명의 비슷한 또래의 남자가 서 있는 것이었습니다. 그래서 "도둑이야"라고 소리를 치며 남자들에게 다가갔는데, 도망을 갈 것으로 생각했던 남자들이 갑자기 멈추어 뭐라고 서로 말을 하다가 제가 있는 곳을 향하여 성큼성큼 걸어오는 것이었습니다. 사실 제가 계속 쫓아가고 있기는 했지만 아직 경비원이나 경찰관, 아파트 주민들이 없는 상태였기 때문에 막상 도둑놈들이 반대로 저를 향하여 다가오니 겁이 났습니다. 그래도 티를 내지 않고 "도둑놈들아" 하는 순간 그곳에 있던 처음 보는 젊은 남자가 저의 얼굴을 주먹으로 수차례 때렸고, 먼저 가게에 왔던 손님이 제 옆구리를 잡아 주먹으로 때리는 것이었습니다. 순간 앞이 보이지 않고 숨이 막혀 길에 주저앉았는데, 그래도 저놈들을 놓치면 안 되겠다는 생각에 누군가의 바짓가랑이를 잡았습니다. 그랬더니 그 사람들이 다시 발로 저를 수회 걷어차는 것이었습니다.

문 그러면 그 때 진술인을 발로 찬 처음 본 남자가 이 사람인가요.

이 때 사법경찰리는 피의자 이강도로부터 당시 공범으로 지목된 김갑식의 주민등록표상 사진을 나보석에게 보여준 바,

답 예, 맞습니다.

문 그러면 피해자는 피의자 김갑식을 래미안 아파트 303동 앞에서 처음 본 것인가요.

답 예, 먼저 들어온 손님인 이강도를 쫓아가다가 아파트 막다른 길에서 처음 본 사람입니다.

문 피해자를 폭행할 당시 피의자 김갑식이 무엇이라고 하던가요.

답 무엇이라고 하였는지는 기억나지 않지만 다짜고짜 저를 잡고 얼굴을 주먹으로 쳤습니다. 제 생각에는 둘이서 짜고 김갑식은 밖에서 망을 보고 있다가 제가 쫓아오니까 저를 때린 게 아닌가 생각됩니다.

문 피해를 당한 이후 어떻게 되었나요.

답 제가 그 사람들로부터 발로 맞고 있는데 어디선가 웅성웅성 소리가 들리더니 호루라기 소리와 함께 아파트 경비와 씨콤 경비원들이 나타났습니다. 그리고 이강도는 경비원들에게 둘러싸여 붙잡히게 되었고 곧이어 나타난 경찰관이 이강도를 체포하였습니다.

문 김갑식은 어떻게 되었나요.

답 그 놈은 처음에는 분명히 이강도와 같이 있고 저의 허리를 치기도 하였는데, 제가 넘어지고 발로 다시 차이고 하는 동안 어디로 갔는지 나중에 보니까 보이지 않았습니다.

문 절취당한 행운의 열쇠는 어떻게 되었나요.

답 행운의 열쇠와 돌 반지 일부는 저를 때리는 과정에서 땅에 떨어졌는지 나중에 경비원이 저에게 주워 주었고, 나머지는 이강도가 체포되면서 저에게 주었습니다. 범죄의 증거가 된다고 생각하여 오늘 가지고 왔는데 제출하도록 하겠습니다.

이 때 사법경찰관리는 피해자가 임의제출하는 피해자 소유의 행위의 열쇠 5돈짜리 3개, 돌 반지 1돈짜리 5개를 영장 없이 압수하다.

문 위와 같은 폭행으로 인하여 어떠한 피해를 입었나요.

답 말로 하면 무엇 하겠습니까. 얼굴은 온통 쑤시고 멍이 들었고, 허리와 등을 손과 발로 마구 맞아서 지금 거동하기도 힘든 상황입니다. 동네 병원에서 3주 진단서를 발부받아왔으므로 이것도 제출하겠습니다.

문 피의자 이강도나 도망간 김갑식에 대한 처벌을 원하는가요.

답 물론입니다. 차라리 도둑맞고 말 것을 이 나이에 겁도 없이 젊은이들을 쫓아갔다가 이 난리를 당하고 지금 육체적으로나 정신적으로 얼마나 힘이든지 모르겠습니다. 엄히 처벌해 주시기 바랍니다.

문 더 할 말이 있나요.

답 없습니다.

문 이상의 진술이 사실인가요.

답 예, 모두 사실대로 진술하였습니다.

위의 조서를 진술자에게 열람하게 하였던바, 진술한 대로 오기나 증감 · 변경할 것이 전혀 없다고 말하므로 간인한 후 서명 무인하게 하다.

진 술 자 나보석 (무인)

2013. 6. 13.

서 초 경 찰 서

사법경찰리 경 장 홍 수 천 (인)

병록번호 1060110

상 해 진 단 서

<table>
<tr><td colspan="2">환 자 의 주 소</td><td colspan="8">서울 금천구 가산동 1번지 301호</td></tr>
<tr><td colspan="2">환 자 의 성 명</td><td>나보석</td><td>성별</td><td>남 · (여)</td><td>생년월일</td><td>53년 5월 3일</td><td>연령</td><td colspan="2">만 58세</td></tr>
<tr><td rowspan="2">병 명</td><td>□ 임 상 적</td><td colspan="5" rowspan="2">안면부 타박상, 요추부 염좌,
우측슬관절부 타박상</td><td colspan="3" rowspan="2">국제질병분류번호</td></tr>
<tr><td>□ 최 종 진 단 명</td></tr>
<tr><td colspan="2">상 해 년 월 일</td><td colspan="3">2013년 6월 12일</td><td colspan="2">초진년월일</td><td colspan="3">2013년 6월 13일</td></tr>
<tr><td colspan="2">상 해 의 원 인</td><td colspan="8">타인에게 구타당하였다고 함(환자진술)</td></tr>
<tr><td rowspan="2">증 상</td><td>상 해 부 위</td><td colspan="8">안면부, 요추부, 우측슬관절부</td></tr>
<tr><td>상 해 정 도</td><td colspan="8">중등도</td></tr>
<tr><td rowspan="5">상해에 대한 의견</td><td>진 료 경 과 의 견</td><td colspan="8"></td></tr>
<tr><td>외 과 적 수 술 여 부</td><td colspan="8"></td></tr>
<tr><td>입 원 여 부</td><td colspan="8"></td></tr>
<tr><td>통 상 활 동 가 능 여 부</td><td colspan="8">보행에 지장이 있고 안면부 타박상으로 통상활동에 치료기간 동안 상당한 장애가 초래될 것으로 보임</td></tr>
<tr><td>식 사 가 능 여 부</td><td colspan="8">식사에 약간의 장애가 있음</td></tr>
<tr><td rowspan="3">향 후 치료에 대한 의견</td><td>치 료 를 요 하 는 기 간</td><td colspan="8">2013년 6월 13일부터 년 월 일까지(약 3주간)</td></tr>
<tr><td>향 후 치 료 기 간</td><td colspan="8"></td></tr>
<tr><td>병발증발생가능여부</td><td colspan="8"></td></tr>
<tr><td colspan="2">기 타</td><td colspan="8"></td></tr>
<tr><td colspan="10">위와 같이 진단함.

발 행 일 2013년 6월 13일
병 · 의원주소 서울특별시 금천구 가산동 150-25
병 · 의원명 금 천 의 원
면 허 번 호 13380 의 사 성 명 김똘똘 (인)</td></tr>
</table>

연번호 2013-9-10

주민등록번호 530503-2###### 동반자

<table>
<tr><td colspan="5" align="center">압 수 조 서</td></tr>
<tr><td colspan="5">피의사건에 관하여 피의사건에 관하여 2013. 6. 13. 서초경찰서에서 사법경찰관 경위 박식해는 사법경찰리 경사 홍수천을 참여하게 하고 별지 목록의 물건을 다음과 같이 압수하다.</td></tr>
<tr><td colspan="5" align="center">압 수 경 위</td></tr>
<tr><td colspan="5">2013. 6. 12. 피의자 이강도가 김갑식과 함께 피해자 나보석의 보석상에서 훔친 행운의 열쇠 3개와 돌 반지 5개를 피해자 나보석이 피해 현장에서 회수하여 가지고 있다고 하므로, 피해자가 임의로 제출하는 행운의 열쇠 3개와 돌 반지 5개를 증거물로 사용하기 위하여 영장 없이 압수하다.</td></tr>
<tr><td rowspan="2">참여인</td><td>성 명</td><td>주민등록번호</td><td>주 소</td><td>서명 또는 날인</td></tr>
<tr><td colspan="4" align="center">(기재 생략)</td></tr>
<tr><td colspan="5" align="center">2013. 6. 13.
서 초 경 찰 서
사법경찰관 경위 박식해 (인)
사법경찰리 경사 천수홍 (인)

위 사 본 임 (인)</td></tr>
</table>

압 수 목 록								
번호	품 종	수량	피압수자 주거 성명				소 유 자 주거성명	비 고
			1	2	3	(4)		
			유류자	보관자	소지자	소유자		
1	행운의 열쇠 (5돈)	3개	서울 금천구 가산동 1번지 301호 나보석				좌동	
2	돌 반지 (3돈)	5개	상동				좌동	

피의자신문조서

피 의 자 : 이강도

위의 사람에 대한 강도상해 피의사건에 관하여 2013. 6. 13. 서울서초경찰서 형사과 형사팀 사무실에서 사법경찰관 경위 박식해는 사법경찰리 경장 홍수천을 참여하게 하고, 아래와 같이 피의자임에 틀림없음을 확인하다.

위 사 본 임 (인)

문 피의자의 성명, 주민등록번호, 직업, 주거, 등록기준지 등을 말하십시오.

답 성명은 이강도(李康度)

주민등록번호는 710124-1###### 직업은 무직

주거는 대전 서구 만년동 338-2 3호

등록기준지는 서울특별시 강북구 미아동 70

직장 주소는 없 음

연락처는 자택전화 없음 휴대전화 010-####-####

직장전화 전자우편(e-mail) 입니다.

사법경찰관은 피의사건의 요지를 설명하고 사법경찰관의 신문에 대하여 「형사소송법」 제244조의3에 따라 진술을 거부할 수 있는 권리 및 변호인의 참여 등 조력을 받을 권리가 있음을 피의자에게 알려주고 이를 행사할 것인지 그 의사를 확인하다.

진술거부권 및 변호인 조력권 고지 등 확인

1. 귀하는 일체의 진술을 하지 아니하거나 개개의 질문에 대하여 진술을 하지 아니할 수 있습니다.
2. 귀하가 진술을 하지 아니하더라도 불이익을 받지 아니합니다.
3. 귀하가 진술을 거부할 권리를 포기하고 행한 진술은 법정에서 유죄의 증거로 사용될 수 있습니다.
4. 귀하가 신문을 받을 때에는 변호인을 참여하게 하는 등 변호인의 조력을 받을 수 있습니다.

문 피의자는 위와 같은 권리들이 있음을 고지받았는가요.

답 예, 고지받았습니다.

문 피의자는 진술거부권을 행사할 것인가요.

답 아닙니다.

문 피의자는 변호인의 조력을 받을 권리를 행사할 것인가요.

답 아닙니다. 혼자서 조사를 받겠습니다.

이에 사법경찰관은 피의사실에 관하여 다음과 같이 피의자를 신문하다.

문 피의자는 범죄전력은 있나요.

답 중학교 시절 오토바이를 훔쳐서 경찰에서 조사받은 일이 있고, 도로교통법위반으로 벌금을, 슈퍼에서 물건을 훔친 일로 벌금을 선고받은 사실이 있습니다.

문 군대는 갔다 왔나요.

답 면제입니다.

문 학력은 어떠한가요.

답 서울 ##중학교를 졸업하였습니다.

문 사회경력은 어떠한가요.

답 중학교 졸업 이후 시장에서 만두가게를 하시는 어머니를 도와 장사를 하고 있고, 별다른 경력은 없습니다.

문 가족관계는 어떠한가요.

답 미혼이고, 주거지에서 70세 되신 어머니와 함께 살고 있습니다.

문 재산이나 월수입은 어떠한가요.

답 어머니와 함께 살고 있는 위 주거지 외에 다른 재산은 없습니다.

문 정당이나 사회단체에 가입한 사실이 있나요.

답 없습니다.

문 건강상태는 어떠한가요.

답 대체로 양호하고, 주량은 소주 한 병 정도이며 담배는 하루 한 갑 정도를 피웁니다.

문 피의자는 나보석의 보석을 훔치고 뒤쫓아오는 피해자를 때려서 상해를 입힌 일이 있나요.

답 예, 그런 사실이 있습니다.

문 언제, 어디에서인가요.

답 2013. 6. 12. 16:30경 서초구 반포동 소재 래미안 아파트 단지 내에서입니다.

문 왜 나보석의 보석을 훔치고 동인을 때리게 되었나요.

답 저는 대전에서 70세 되신 어머니와 단둘이 살면서 어머니의 만두가게일을 거들고 있습니다. 아직 40이 넘도록 결혼도 하지 못하고 변변한 직장도 갖지 못한 채 만두가게 일을 거들고 어머니로부터 용돈을 받아쓰는 처지가 한심하여, 사건 당일 서울에 무슨 일자리는 없을까 하고 버스를 타고 올라왔습니다. 강남 고속버스터미널에서 내려 보니 길 건너편에 새로 지은 큰 아파트 단지가 있고 상가가 세워져있기에 그곳에 무슨 인력 사무실이나 아니면 일할 거리가 있을까 하여 길을 건너 상가 부근으로 걸어 갔습니다. 가다가 보니 "나보석상"이라는 보석가게에 피해자가 혼자서 졸고 있는지 앉아 있는데, 어머니 생각도 나고, 그 동안 어머니에게 변변한 금붙이 하나 사주지 못하였다는 생각이 들었습니다. 그래서 무작정 가게에 들어갔는데 사실 저에게는 금붙이를 살 돈도 없고 하였지만 자존심도 있고 하여 물건을 살 것처럼 주인에게 행운의 열쇠 등 이것저것을 보여 달라고 하였습니다.

문 피해자의 진술에 의하면 피의자는 회사의 기념품을 살 것처럼 피해자에게 말하고 행운의 열쇠를 보여 달라고 하고, 또 선물용으로 필요하다고 하면서 돌 반지를 보여 달라고 하였다는데, 맞나요.

답 예. 맞습니다. 그냥 순간적으로 입에서 나오는 대로 그와 같이 둘러대고 물건을 보여 달라고 했습니다.

문 피의자는 처음부터 물건을 훔칠 계획을 세우고 보석상에 들어가서 피해자에게 마치 기념품을 사는 것처럼 물건을 보여 달라고 한 것 같은데 어떤가요.

답 아닙니다. 처음에는 정말로 그냥 보기만 하려고 했습니다.

문 그런데 왜 이것을 피해자 몰래 가지고 나와 도망갔나요.

답 저도 모르겠습니다. 피해자가 어디서 온 휴대폰을 받느라 잠시 눈을 돌리자 순간적으로 나와 있는 물건들을 가지고 도망치게 되었습니다. 제가 왜 그렇게 했는지 지금 생각해 보아도 이유를 알 수가 없고 후회가 됩니다.

문 피의자는 물건을 훔쳐 나와 어떻게 하였나요.

답 피해자가 나이도 많고 하여 못 쫓아올 것 같아서 무조건 보이는 대로 길로 달렸습니다. 그런데 뒤쪽에서 피해자가 소리를 지르면서 "도둑놈 잡아라."라고 하면서 쫓아오는 것 같아 사실 겁이 났고, 그렇게 가던 길로 가다 보니 아파트 단지 내 오솔길이었는데, 거기에서 중학교 동창인 김갑식을 만났습니다.

문 중학교 동창인 김갑식도 피의자와 보석을 훔치기로 공모하고 그곳에서 기다리고 있었던 것이 아닌가요.

답 아닙니다.

문 피의자는 중학교 때 오토바이를 훔친 일이 있다고 하였는데 혹시 그 때 이강도와 함께 훔친 것 아닌가요.

답 (잠시 생각하다가) 사실은 중학교 때 이강도와 다른 친구들과 함께 오토바이를 훔치다가 걸려서 소년부 재판을 받은 사실이 있습니다.

문 피의자는 본건 이전에 김갑식을 만난 사실이 있나요.

답 중학교 졸업 이후 한 번도 본 일이 없습니다.

문 20년 넘게 한 번도 만나지 않았던 김갑식을 우연히 아파트 단지에서 만났다는 것을 믿기 어려운데 어떤가요.

답 (묵묵부답하다)

문 피의자는 중학교 동창인 김갑식과 공모하여 물건을 훔쳐 달아나다가 피해자가 쫓아 오기에 폭행한 것 아닌가요.

답 (잠시 생각하다가) 맞습니다.

문 김갑식은 밖에서 망을 본 것인가요.

답 뭐 그런 셈이지요.

문 그런데 어떻게 폭행까지 하게 되었나요.

답 처음에는 김갑식이 그냥 겁만 주고 도망가자고 하여 때리려고 한 것은 아니었는데, 노인네가 갑자기 저의 허리띠를 붙잡고 "도둑이야."라고 큰 소리를 치기에 무서워서 저도 모르게 김갑식과 함께 주먹과 발로 폭행을 가한 것입니다.

문 폭행을 가한 후 어떻게 되었나요.

답 노인네는 잠시 바닥에 넘어져 있었는데, 김갑식은 옆에서 "경찰이다."라고 하면서 도망을 갔고, 저도 도망을 가려는데 피해자가 다시 제 바지밑단을 잡고 늘어져 발로 차면서 떼어내려고 하는 도중 경찰관과 순찰 중이던 경비가 와서 붙잡히게 되었습니다.

문 훔친 물건은 어떻게 하였나요.

답 제가 그 자리에서 김갑식에게 건네주려고 하다가 경황이 없어 바닥에 떨어뜨리기도 하고 일부는 제가 가지고 있다가 경찰관에게 붙잡히면서 바로 피해자에게 돌려주었습니다.

문 김갑식이 현재 어디 있는지 아나요.

답 저도 현장에서 바로 체포되어 어디에 있는지 모릅니다.

답 피해자 나보석과 합의는 하였는가요.

답 제가 합의할 능력이 되지 못합니다.

문 이상 진술은 모두 사실인가요.

답 예, 모두 사실대로 진술하였습니다.

문 이상의 진술내용에 대하여 이의나 의견이 있는가요.

답 없습니다. (무인)

위의 조서를 진술자에게 열람하게 하였던바, 진술한 대로 오기나 증감·변경할 것이 전혀 없다고 하므로 간인한 후 서명 무인하게 하다.

진 술 자 이강도 (무인)

2013. 6. 13.

서울서초경찰서

사법경찰관 경 위 박 식 해 (인)

사법경찰리 경 사 홍 수 천 (인)

진 술 서

위사본임 (인)

성 명 : 한경희 (800118-1######), 010-9912-6060
주 소 : 서울특별시 중구 신당동 3가 209호

1. 저는 무인경비업체인 씨콤 직원으로서 반포1동 래미안아파트 단지 내에서 근무하고 있습니다.
1. 제가 2013. 6. 12. 16:00경 래미안 아파트 중앙초소에서 근무를 서던 중 누군가가 303동 앞에서 싸움이 났다는 신고를 하여 곧바로 동료 이무식과 함께 303동 앞으로 뛰어갔습니다.
1. 제가 가니 어떤 남자가 아파트 서문쪽으로 막 달려나가고, 어떤 남자는 60세쯤 되어 보이는 여자분과 바짓가랑이를 잡고 실랑이를 하고 있었으며, 땅바닥에는 행운의 열쇠가 떨어져 있었습니다.
1. 제가 그 사람들에게 다가갈 무렵에는 경찰관과 다른 경비, 주민들도 모여들고 있었는데, 그 과정에서 실랑이하던 남자는 도망갈 생각을 못하고 그 자리에서 머뭇거리더니 갑자기 주머니에서 돌 반지와 행운의 열쇠를 꺼내서 여자분에게 주었습니다.
1. 저는 땅바닥에 떨어진 행운의 열쇠 1개를 집어 여자분에게 누구 것이냐 했더니 자기 것이라고 하여 마저 건네주었습니다.
1. 여자분은 당시에 '도둑놈들이 내 금붙이를 훔쳐갔고 나를 죽이려고 했다'고 흥분해서 말했던 것으로 기억되는데 정확한 상황은 제가 잘 알지 못합니다.
1. 제가 도착했을 때 그 여자분은 얼굴이 벌겋게 많이 부어 있었고, 머리카락도 헝클어져 있었으며 땅바닥에 주저앉아 일어나지 못하고 있었습니다.
1. 그 후 출동한 경찰관이 남자 한 명에게 미란다원칙 고지를 한 후 현행범체포를 하여 파출소로 데리고 가는 것 같았고, 현장이 정리된 것 같아 저는 초소로 돌아왔습니다.
1. 이상의 진술은 목격한 그대로 진술한 것으로 사실과 다름없습니다.

2013. 6. 14.

진 술 자 한 경 희 (인)

피의자신문조서

피 의 자 : 김갑식

위의 사람에 대한 강도상해 등 피의사건에 관하여 22013. 9. 13. 서울서초경찰서 형사과 형사팀 사무실에서 사법경찰관 경위 박식해는 사법경찰리 경장 홍수천을 참여하게 하고, 아래와 같이 피의자임에 틀림없음을 확인하다.

문 피의자의 성명, 주민등록번호, 직업, 주거, 등록기준지 등을 말하십시오.

답 성명은 김갑식(金甲植)

주민등록번호는 70####-1###### 직업은 철물점 운영

주거는 서울특별시 서초구 양재2동 10-1 양재빌라 201호

등록기준지는 서울특별시 성북구 월곡동 60

직장 주소는 서울특별시 서초구 양재동 111

연락처는 자택전화 없음 휴대전화 010-####-####

직장전화 전자우편 (e-mail) 입니다.

사법경찰관은 피의사건의 요지를 설명하고 사법경찰관의 신문에 대하여 「형사소송법」 제244조의3에 따라 진술을 거부할 수 있는 권리 및 변호인의 참여 등 조력을 받을 권리가 있음을 피의자에게 알려주고 이를 행사할 것인지 그 의사를 확인하다.

진술거부권 및 변호인 조력권 고지 등 확인

1. 귀하는 일체의 진술을 하지 아니하거나 개개의 질문에 대하여 진술을 하지 아니할 수 있습니다.
2. 귀하가 진술을 하지 아니하더라도 불이익을 받지 아니합니다.
3. 귀하가 진술을 거부할 권리를 포기하고 행한 진술은 법정에서 유죄의 증거로 사용될 수 있습니다.
4. 귀하가 신문을 받을 때에는 변호인을 참여하게 하는 등 변호인의 조력을 받을 수 있습니다.

문 피의자는 위와 같은 권리들이 있음을 고지받았는가요.

답 예, 고지받았습니다.

문 피의자는 진술거부권을 행사할 것인가요.

답 아닙니다.

문 피의자는 변호인의 조력을 받을 권리를 행사할 것인가요.

답 아닙니다. 혼자서 조사를 받겠습니다.

이에 사법경찰관은 피의사실에 관하여 다음과 같이 피의자를 신문하다.

문 피의자는 범죄전력은 있나요.

답 중학교 시절 오토바이를 훔쳐서 경찰에서 조사받은 일이 있는 외에는 없습니다.

문 군대는 갔다 왔나요.

답 예, 육군 병장으로 제대하였습니다.

문 학력은 어떠한가요.

답 서울 ##고등학교를 졸업하였습니다.

문 사회경력은 어떠한가요.

답 2002년경부터 철물점을 운영해 오고 있습니다.

문 가족관계는 어떠한가요.

답 처 이순심과 사이에 1남 1녀가 있고 위 거주지에 함께 살고 있습니다.

문 재산이나 월수입은 어떠한가요.

답 현재 살고 있는 집이 처 명의로 되어 있는데 철물점을 운영하면서 대출을 받느라 빚이 좀 있어서 은행에 담보로 제공되어 있는 외에 별다른 재산은 없고, 월수입은 철물점을 운영하면서 약 300만 원 상당 됩니다.

문 정당이나 사회단체에 가입한 사실이 있나요.

답 없습니다.

문 건강상태는 어떠한가요.

답 대체로 양호하고, 주량은 소주 한 병 정도이며 담배는 하루 한 갑 정도를 피웁니다.

문 피의자는 나보석의 보석을 훔치고 뒤쫓아 오는 피해자를 때려서 상해를 입힌 일이 있나요.

답 예, 그런 사실이 있습니다.

문 언제, 어디에서인가요.

답 2013. 6. 12. 16:30경 서초구 반포동 소재 래미안 아파트 단지 내에서입니다.

문 왜 나보석을 때리게 되었나요.

답 그 날 거래처 사장님께 받을 돈이 있어서 연락을 드렸더니 사장님이 자신이 살고 있는 래미안 아파트 단지 내 커피숍으로 오라고 하여 가고 있었는데, 갑자기 제 중학교 동창생인 이강도가 멀리서 뛰어오는 것이었습니다. 제가 "어디를 그렇게 급하게 가느냐."고 하였더니 갑자기 호주머니에서 행운의 열쇠와 돌 반지를 꺼내면서 저에게 건네주더니 자기가 방금 보석상에서 이것들을 샀는데 그 주인이 쫓아와서 도망치고 있다고 하면서 이를 맡아달라고 하였습니다. 저는 이강도가 물건들을 훔친 것을 직감하고 친구에게 "그러지 말고 이것들을 돌려줘라."고 했더니 "안 된다. 지금 사정이 있어서 꼭 이것들을 가지고 가야 한다."고 하면서 어쩔 줄을 몰라 하는 것이었습니다. 저는 친구가 너무나 지쳐있는 것 같고 사정이 딱하여 주위를 둘러보니 마침 한적한 오솔길 같이 지나가는 사람들도 없기에 그러면 차라리 그 주인을 조금 겁만 주고 도망을 가자고 하였습니다.

문 어떻게 이강도가 물건을 훔친 것을 알았나요.

답 이강도의 말대로 산 물건이라면 주인이 쫓아올 이유도, 저에게 그것을 맡길 이유도 없기 때문에 그냥 직감적으로 생각했던 겁니다.

문 처음부터 이강도와 함께 물건을 훔친 것 아닌가요.

답 그것은 아닙니다.

문 중학교 때 오토바이를 훔친 일이 있다고 하였는데 혹시 그 때 이강도와 함께 훔친 것 아닌가요.

답 (잠시 생각하다가) 사실은 중학교 때 이강도와 다른 친구들과 함께 오토바이를 훔치다가 걸려서 소년부 재판을 받은 사실이 있습니다. 그렇지만 저는 그 이후 한 번도 경찰서에서 조사받을 만한 일을 하지는 않았습니다.

문 이강도의 범죄전력을 보면, 그 이후에도 절도 전과가 있는데 피고인도 그와 같은 사실을 아나요.

답 저도 가끔 친구들을 통해 이강도가 절도죄로 경찰서를 들락날락 하고 있다는 사실을 들어서 알고는 있었습니다.

문 피의자는 본건 이전에 이강도를 만난 사실이 있나요.

답 중학교 졸업 이후 한 번도 본 일이 없습니다.

문 20년 넘게 한 번도 만나지 않았던 이강도를 우연히 아파트 단지에서 만났다는 것을 믿기 어려운데 어떤가요.

답 (묵묵부답하다.)

문 피의자는 이강도를 만나 겁만 주고 도망을 가자고 했는데, 왜 폭행을 가하였나요.

답 처음에는 나이 든 여자분이 쫓아오기에 때리는 시늉만 하면 물러설 줄 알고 도망가려고 하였는데 갑자기 이강도의 허리띠를 붙잡고 "도둑이야"라고 큰 소리를 치는 것이었습니다. 이강도가 그 노인네를 떼어놓으려고 허리 부분을 2, 3차례 때렸는데도 계속 붙잡고 늘어지면서 소리를 지르기에 제가 사람들이 올까 봐 겁이 나서 저도 모르게 "조용히 하라"고 하면서 얼굴을 주먹으로 2, 3회 때리게 된 것입니다.

문 폭행을 가한 후 어떻게 되었나요.

답 노인네는 잠시 바닥에 넘어져 있었는데 경비들이 오는 것 같아 저는 순간 겁이 나서 무조건 단지 입구 큰길이 보이는 곳으로 도망을 갔고, 그 후에는 어떻게 됐는지 모릅니다.

문 훔친 물건은 어떻게 하였나요.

답 모르겠습니다. 이강도가 저에게 막 건네주려고 하는데 경황이 없어서 땅에 떨어지기도 하고 그랬던 것 같습니다. 저는 하나도 가지고 간 것이 없습니다.

문 피의자는 그 동안 왜 경찰의 소환에 불응하고 잠적했나요.

답 제가 엄청난 일을 저지른 것 같아서 잠시 집에 들어갔다가 처에게 지방에 좀 간다고 하고 3개월 동안 지방 여기저기 찜질방을 전전하며 살았습니다. 그렇지만 도저히 양심에 찔려 가만히 있지 못하여 서울에 올라와 처와 함께 경찰서에 가려고 하다가 그만 택시기사와 말다툼을 벌이고 출동한 경찰관에게 붙잡히게 되었습니다.

답 피해자 나보석과 합의는 하였는가요.

답 저의 처가 매일 찾아가서 빌고 있는데, 아직 합의하지 못했습니다.

문 이상 진술은 모두 사실인가요.

답 예, 모두 사실대로 진술하였습니다.

문 이상의 진술내용에 대하여 이의나 의견이 있는가요.

답 없습니다. (무인)

위의 조서를 진술자에게 열람하게 하였던바, 진술한 대로 오기나 증감·변경할 것이 전혀 없다고 하므로 간인한 후 서명 무인하게 하다.

진 술 자 김강식 (무인)

2013. 9. 13.

서울서초경찰서

사법경찰관 경 위 박 식 해 (인)

사법경찰리 경 사 홍 수 천 (인)

고 발 장

접수일자	2012. 9. 25.
접수번호	제2157호
접수관서	서초경찰서

2012. 9. 25.

주소 : 서울 서초구 양재동 2
주식회사 국민은행 양재동지점
지점장 서종수 (인)

검 사 장 귀하
서초 경찰서장 귀하
부정수표단속법 제7조에 의하여 아래와 같이 고발합니다.

---

1. 피고발인
   1) 주소 : 서울 서초구 양재2동 10-1 양재빌라 201호
   2) 직업 또는 상호 : 금철물 • 직장 전화번호 :
   3) 성명 : 송승준 • 자택 전화번호 : 02) 577-2358
   4) 주민등록번호 : 770423-1######

2. 고발(부도)사유
   • 예금부족 (○) • 인감서명상이 ( ) • 위・변조 ( )
   • 무거래 : 법 제2조①1호 ( ), 법 제2조①2호 ( ), 법 제2조② ( )
   ※ 법 제2조①1호 : 가설인 명의로 발행한 수표
   법 제2조①2호 : 계약 없이 발행한 수표 및 거래정지처분 후 발행한 수표
   법 제2조② : 수표발행 후 당좌계약 해지

3. 수표의 표시
   1) 수표번호 : 사가07640613 사가07640615
   2) 금 액 : 각 오백만 원정(₩5,000,000)
   3) 발행일자 : 2012. 8. 24.
   4) 발 행 인 : 각 송승준
   5) 지 급 지 : 각 서울특별시
   6) 지급은행 : 각 (주) 국민은행 양재동지점

4. 수표의 제시

1) 수표번호 : 사가07640613 사가07640615

2) 제시일자 : 각 2012. 8. 25.

3) 지급지참인 또는 지급요청인

주소 : 서울 성북구 종암동 종암빌라 301호

직업 : • 직장 전화번호 :

성명 : 김철수 • 자택 전화번호 : 02) 966-0606

연령 :

4) 제시방법

• 창구제시 (○)

• 어음교환소 경유 (은행 지점)

5. 예금잔액 : 없음

6. 수표취급자 직위 대리 성명 이성연 (인)

저희은행과 가계수표계약을 2010. 8. 19. 체결하고 거래 중이던 피고 발인이 2012. 8. 25. 예금부족의 부도사유로 수표소지인(성명 : 김철수)에게 수표금을 지급하지 않아 부도처리되었음을 진술합니다.

7. 기 타

1) 당좌개설 계약일 : 년 월 일

2) 1차 부도 연월일 : 년 월 일

3) 거래정지 또는 계약해지일

4) 은행 문의 연락처

8. 첨부 : 수표사본 2부. 끝

9. 비 고

가 계 수 표

지 급 지 서울특별시 사가07640613

주식회사 **국민은행** 앞 **오백만 원 이하**

금 오백만원 ₩ 5,000,000원

위 수표금액을 **김철수** 에게 지급하여 주십시오.

2012년 8월 24일

위 수표는 **예금부족** (으)로 지급에 응할 수 없음
2012. 8. 25.
(주)국민은행 양재동지점장 명기정 (인)

발 행 지 서울특별시

주민등록번호 000000-0000000 발 행 인 송승준 (인)

가 계 수 표

지 급 지 서울특별시 사가07640615

주식회사 **국민은행** 앞 **오백만 원 이하**

금 오백만원 ₩ 5,000,000원

위 수표금액을 **김철수** 에게 지급하여 주십시오.

2012년 8월 24일

위 수표는 **예금부족** (으)로 지급에 응할 수 없음
2012. 8. 25.
(주)국민은행 양재동지점장 명기정 (인)

발 행 지 서울특별시

주민등록번호 000000-0000000 발 행 인 송승준 (인)

고 발 장

접수일자	2013. 3. 1.
접수번호	제2000호
접수관서	서초경찰서

2013. 3. 1.

주소 : 서울 서초구 양재동 2
주식회사 국민은행 양재동지점
지점장 김종수 (인)

검 사 장 귀하
서초 경찰서장 귀하
부정수표단속법 제7조에 의하여 아래와 같이 고발합니다.

---

1. 피고발인
   1) 주소 : 서울 서초구 양재2동 10-1 양재빌라 201호
   2) 직업 또는 상호 : 금철물 • 직장 전화번호 :
   3) 성명 : 송승준 • 자택 전화번호 : 02) 577-2358
   4) 주민등록번호 : 770423-1######

2. 고발(부도)사유
   - 예금부족 (O) • 인감서명상이 ( ) • 위 · 변조 ( )
   - 무거래 : 법 제2조①1호 ( ), 법 제2조①2호 ( ), 법 제2조② ( )

   ※ 법 제2조①1호 : 가설인 명이로 발행한 수표
   법 제2조①2호 : 계약 없이 발행한 수표 및 거래정지처분 후 발행한 수표
   법 제2조② : 수표발행 후 당좌계약 해지

3. 수표의 표시
   1) 수표번호 : 사가07649610
   2) 금 액 : 오백만 원정(₩5,000,000)
   3) 발행일자 : 2013. 2. 24.
   4) 발 행 인 : 송승준
   5) 지 급 지 : 서울특별시
   6) 지급은행 : (주) 국민은행 양재동지점

4. 수표의 제시

1) 수표번호 : 사가07649610

2) 제시일자 : 2013. 2. 25.

3) 지급지참인 또는 지급요청인

주소 : 서울 성북구 종암동 종암빌라 301호

직업 : • 직장 전화번호 :

성명 : 김철수 • 자택 전화번호 : 02) 966-0606

연령 :

4) 제시방법

• 창구제시 (O)

• 어음교환소 경유 (은행 지점)

5. 예금잔액 : 없음

6. 수표취급자 직위 대리 성명 금나나 (인)

저희은행과 가계수표계약을 2010. 8. 19. 체결하고 거래 중이던 피고발인이 2013. 2. 25. 예금부족의 부도사유로 수표소지인(성명 : 김철수)에게 수표금을 지급하지 않아 부도처리되었음을 진술합니다.

7. 기 타

1) 당좌개설 계약일 : 년 월 일

2) 1차 부도 연월일 : 년 월 일

3) 거래정지 또는 계약해지일

4) 은행 문의 연락처

8. 첨부 : 수표사본 1부. 끝

9. 비 고

가 계 수 표

지 급 지 서울특별시 사가07640610

주식회사 **국민은행** **앞** **오백만 원 이하**

금 **오백만원 ₩ 5,000,000원**

위 수표금액을 **김철수** 에게 지급하여 주십시오.

2012년 2월 24일

위 수표는 **예금부족** (으)로 지급에 응할 수 없음 2012. 2. 25. **(주)국민은행 양재동지점장 김종수 (인)**

발 행 지 서울특별시

주민등록번호 000000-0000000 발 행 인 송승준 (인)

피의자신문조서(2회)

피 의 자 : 김갑식

위의 사람에 대한 강도상해 등 피의사건에 관하여 2013. 9. 15. 서초경찰서 형사과 사무실에서 사법경찰관 경위 박식해는 사법경찰리 경장 홍수천을 참여하게 하고, 피의자에 대하여 다시 아래의 권리들이 있음을 알려주고 이를 행사할 것인지 그 의사를 확인하다.

1. 귀하는 일체의 진술을 하지 아니하거나 개개의 질문에 대하여 진술을 하지 아니할 수 있습니다.
2. 귀하가 진술을 하지 아니하더라도 불이익을 받지 아니합니다.
3. 귀하가 진술을 거부할 권리를 포기하고 행한 진술은 법정에서 유죄의 증거로 사용될 수 있습니다.
4. 귀하가 신문을 받을 때에는 변호인을 참여하게 하는 등 변호인의 조력을 받을 수 있습니다.

문 피의자는 위와 같은 권리들이 있음을 고지받았는가요.

답 예, 고지받았습니다.

문 피의자는 진술거부권을 행사할 것인가요.

답 아닙니다. 사실대로 진술하겠습니다.

문 피의자는 변호인의 조력을 받을 권리를 행사할 것인가요.

답 아닙니다. 변호인 없이 조사를 받겠습니다.

이에 사법경찰리는 피의사실에 관하여 다음과 같이 피의자를 신문하다.

문 피의자는 수표를 발행하였다가 부도나게 한 사실이 있나요.

답 예. 있습니다.

문 수표거래는 언제부터 하였나요.

답 2010. 8. 19.부터 주식회사 국민은행 양재동지점과 가계수표를 거래하기 시작하였습니다.

이 때 각 고발장에 첨부된 부도수표 사본을 보여주고,

문 이와 같이 부도나게 한 수표가 총 4장 액면금 합계 2,000만 원 상당이 맞나요.

답 예, 맞습니다.

문 위 수표들의 실제 발행 일시와 장소를 진술하시오.

답 기억이 잘 나지 않으므로 수표들을 보고 진술하겠습니다. 우선 수표번호 사가07649610, 액면금 500만 원권 수표는 2011. 2. 25.경 제가 운영하는 철물점에서 발행한 것이고, 사가07640613, 사가07640615, 각 액면금 500만 원권 수표는 2011. 8. 25.경 역시 제가 운영하는 철물점에서 발행한 것이며, 사가07643616, 액면금 500만 원권 수표는 2012. 8. 25.경 제가 운영하는 철물점에서 발행한 것입니다.

문 어떠한 용도로 발행하였나요.

답 제가 거래하던 김철수라는 사람으로부터 인테리어용 철물제품을 납품받으면서 대금 명목으로 교부한 것입니다.

문 발행일자가 6개월 이상 차이 나게 기재된 이유는 무엇인가요.

답 외상으로 거래하면서 수시로 외상대금을 변제해 왔었기 때문에 김철수의 양해 하에 그와 같이 기재한 것으로 기억이 납니다.

문 왜 지급되지 못하고 부도가 났나요.

답 2010년경부터 금융위기의 여파로 부동산 경기가 침체되면서 제가 하던 아파트 인테리어 관련 철물제품 거래가 뚝 끊겼습니다. 특히 아파트 단지 공사가 시작되어 제품 공사를 하던 일부 단지의 경우 미분양사태로 미수금이 누적되었고, 그 여파로 제가 납품을 받던 거래처에 그 대금을 지불하지 못하게 된 것이 쌓이다 보니 결국 김철수에게 대금을 지급하지 못하게 된 것입니다.

문 수표의 발행인 명의가 송승준으로 되어 있는데 피의자와 어떤 관계인가요.

답 송승준은 저의 고등학교 후배인데 제가 사업을 하면서 제 명의로 하는 것보다는 다른 사람 명의로 은행거래를 하는 게 나을 것 같아서 송승준에게 양해를 구하고 동인 명의로 수표거래를 해 왔습니다.

문 송승준과 동업을 한 것인가요.

답 뭐 어떻게 보면 동업이라고 할 수 있겠지요.

문 송승준은 이미 본건 부정수표단속법위반죄로 고발되어 재판받고 있는데, 송승준에 대한 수사 중 실제 발행인인 피의자 역시 입건되어 기소중지되어 있었던 사실을 알고 있나요.

답 전혀 몰랐습니다. 제가 계속해서 가게에서 영업을 하고 있었는데, 왜 연락을 못 받았는지 모르겠네요.

문 피의자는 김철수에게 대금을 변제할 능력이 없었음에도 이를 속이고 다른 사람 명의로 수표를 발행하고 고의로 부도낸 것 아닌가요.

답 아닙니다.

문 피의자가 본건 수표를 발행한 2011년과 2012년에는 이미 2010년부터 시작된 불황으로 미수금은 누적되고 피의자의 채무도 증가하여 사실 수표를 발행하더라도 이를 변제할 수 있을지 불확실한 상태였지 않는가요.

답 확실하지 않았던 건 사실입니다.

문 이들 수표 외에 달리 부도가 난 수표나 또 앞으로 돌아올 수표가 있나요.

답 부도난 것은 없고, 다른 거래처에 발행한 것으로 약 5천만 원 상당 돌아올 수표가 있긴 합니다.

문 부도수표 중 회수한 것이 있나요.

답 없습니다만, 노력하고 있습니다.

문 피의자는 김철수에게 욕을 한 일이 있나요.

답 예, 잘 기억이 나지는 않지만 아마도 그런 일이 있을 겁니다.

문 언제, 어디에서 욕을 했나요.

답 2013. 3. 1. 11:30경 제가 운영하는 철물점에서 그랬습니다.

문 그 경위를 자세히 진술하시오.

답 김철수는 저와 근 10년간 거래를 해오던 납품업자였습니다. 저의 사정을 너무나도 잘 아는 사람인데, 그 며칠 전 김철수에게 발행한 수표 중 마지막 몇 장이 부도가 나자 계속해서 저에게 전화를 하여 빨리 갚지 않으면 고발을 하겠다고 하는 겁니다. 그래서 그동안의 정이 있는데 너무한다고 생각하던 중 3월 1일에 가게에 있는데 갑자기 부인을 대동하여 들어와서 저에게 큰 소리로 빨리 돈을 갚으라고 독촉을 하였습니다. 저는 가뜩이나 장사도 안 되고 수표도 부도가 나서 걱정을 하면서 가게에서 소주 한 병을 먹고 있었는데, 김철수가 들어와서 다짜고짜 돈을 갚으라고 하니 갑자기 욱하는 마음이 들어서 김철수에게 욕을 한 것은 사실입니다. 솔직히 당시 소주 1병을 혼자 먹고 있었기 때문에 뭐라고 했는지 구체적으로 생각은 나지 않습니다만, 김철수가 말한 대로 욕을 한 것은 맞을 겁니다.

문 김철수의 진술에 의하면 "돈만 아는 싸가지 없는 노인네, 나 같은 서민 피 빨아먹고 잘 살 줄 아느냐, 나이 처먹었으면 나잇값을 해야지, 차라리 나를 죽여라."라고 큰 소리로 말했다는데 맞나요.

답 김철수가 그렇게 말했다면 맞을 겁니다.

문 김철수에게 그와 같이 말할 때 김철수와 그의 처 김순분 외에 또 누가 있었나요.

답 잘 기억은 안 나는데, 김철수가 오기 전에 손님 한 분이 들어왔다가 나가셨고 다른 사람은 없었던 걸로 기억됩니다.

문 피의자의 철물점은 길가에 소재하고 있나요.

답 예. 큰 길은 아니지만 2차로 정도 되는 노상에 소재하고 있으며 마을버스 정거장이 바로 앞에 있습니다.

문 더 할 말이 있나요.

답　김철수에게는 죄송하게 생각합니다. 그런데 제가 오래 전에 수표를 발행한 것이어서 잘 기억나지는 않지만, 마지막 시점에 이르러서는 500만원 상당 물품을 다 공급받지 않고 200만원 내지 300만원 상당의 물품을 공급받고 백지로 발행한 수표도 있었던 것 같습니다.

문　이상의 진술에 이의나 의견이 있는가요.

답　없습니다.

위의 조서를 진술자에게 열람하게 하였던바, 진술한 대로 오기나 증감·변경할 것이 전혀 없다고 말하므로 간인한 후 서명 무인하게 하다.

진 술 자　김갑식 (무인)

2013. 9. 15.

서울서초경찰서

사법경찰관 경 위　박 식 해 (인)

사법경찰리 경 사　홍 수 천 (인)

[출제자 주 : 편의상 다음 증거서류의 내용은 생략하였으나, 존재하는 것으로 볼 것]

○ **송승준에 대한 사법경찰관 작성의 피의자신문조서 사본(별도로 공소제기되었던 송승준에 대한 부정수표단속법위반 등 사건에서 작성되었던 것)**

- 부도난 수표가 자신의 발행 명의로 된 것은 사실이나 자신은 김갑식의 부탁으로 명의를 빌려준 사람으로서 자세한 발행 경위는 모른다는 취지의 진술임

[출제자 주 : 편의상 다음 증거서류의 내용은 생략하였으나, 존재하는 것으로 볼 것]

○ **피의자 김갑석에 대한 검사 작성의 제1회 피의자신문조서**

- 사법경찰관 작성의 제1, 2회 피의자신문조서와 동일한 취지이며, 다만 강도상해죄에 있어서 절취의 점은 계속하여 부인하였고, 부정수표단속법위반죄에 있어서 발행 경위에 대해서 차회 고소인과 대질할 기회를 주면 보다 더 기억을 더듬어 구체적으로 진술하겠다는 취지만 추가된 것임

피의자신문조서

성　　　명 : 김갑식
주민등록번호 : 70####-1######

위의 사람에 대한 강도상해 등 피의사건에 관하여 2013. 9. 22. 서울중앙지방검찰청 제806호 검사실에서 검사 김명석은 검찰주사 박정호를 참여하게 한 후, 아래와 같이 피의자임에 틀림없음을 확인하다.

문　피의자의 성명, 주민등록번호, 직업, 주거, 주민등록지 등을 말하시오.
답　성명은　　　김갑식
　　주민등록번호는　70####-1###### (41세)　　직업은　자영업
　　주거는　　　서울 서초구 양재2동 10-1 양재빌라 201호
　　등록기준지는 서울 성북구 월곡동 60
　　직장 주소는 서울 서초구 양재동 111
　　연락처는　　자택 전화 : (생략)　　　휴대 전화 : (생략)
　　　　　　　　직장 전화 : (생략)　　　전자우편(E-mail) : (생략)　　입니다.

검사는 피의사실의 요지를 설명하고 검사의 신문에 대하여 「형사소송법」 제244조의3에 따라 진술을 거부할 수 있는 권리 및 변호인의 참여 등 조력을 받을 권리가 있음을 피의자에게 알려주고 이를 행사할 것인지 그 의사를 확인하다.

1. 귀하는 일체의 진술을 하지 아니하거나 개개의 질문에 대하여 진술을 하지 아니할 수 있습니다.
2. 귀하가 진술을 하지 아니하더라도 불이익을 받지 아니합니다.
3. 귀하가 진술을 거부할 권리를 포기하고 행한 진술은 법정에서 유죄의 증거로 사용될 수 있습니다.
4. 귀하가 신문을 받을 때에는 변호인을 참여하게 하는 등 변호인의 조력을 받을 수 있습니다.

문　피의자는 위와 같은 권리들이 있음을 고지받았는가요.
답　예, 고지받았습니다.
문　피의자는 진술거부권을 행사할 것인가요.
답　아닙니다.
문　피의자는 변호인의 조력을 받을 권리를 행사할 것인가요.

답 아닙니다. 혼자서 조사를 받겠습니다.

이에 검사는 피의사실에 관하여 다음과 같이 피의자를 신문하다.

문 피의자가 김갑식인가요.

답 예, 그렇습니다.

문 전회에 진술한 내용은 모두 사실인가요.

답 예, 모두 사실입니다.

문 피의자는 이강도와 공모하여 피해자 나보석의 행운의 열쇠 등을 절취하고, 그 체포를 면탈하기 위해서 나보석에게 폭행을 가한 사실이 있나요 .

답 나보석에게 폭행을 가한 사실은 있지만, 이강도와 공모하여 절취한 사실은 없습니다.

문 피고인이 어떻게 범행장소에서 이강도를 만나게 되었나요.

답 그날 제가 아는 거래처 사장님이 저에게 줄 돈 중 일부를 줄 테니 자신이 살고 있는 아파트 단지 내 커피숍으로 오라고 하였고 그곳으로 가던 중이었습니다. 당시 만나기로 했던 거래처 사장님께 그 사실을 증명해달라고 제 부인이 부탁을 하고 있는데, 이런 일에 휘말리기 싫다고 하면서 진술을 거절하고 계십니다. 그렇지만 그것은 사실이고, 커피숍을 찾아 산책로를 따라 걷던 중 헐레벌떡 뛰어오는 이강도를 만나게 된 것입니다.

문 만나기로 한 거래처 사장의 인적사항을 아는가요.

답 이름은 서무심, 나이는 60세가량 되셨고, 서울 서초구 반포동 구반포상가에서 “무심인테리어”라는 상호로 아파트 인테리어공사를 하고 있습니다. 연락처는 02-3477-3###입니다.

문 이강도와 처음부터 공모한 것이 아니라면 피의자는 왜 이강도에게 피해자를 폭행하고 도망치자는 제의를 하였으며, 실제로 폭행을 하였나요.

답 저도 이강도를 처음 만났을 때 얼떨떨하였습니다. 그런데 이강도가 갑자기 행운의 열쇠 등을 꺼내어 저에게 막 주려고 하면서 자기가 쫓기고 있다고 하여 제가 직감적으로 이강도가 또 무슨 일을 저질렀다고 생각하고 즉석에서 도와주고자 하고 싶은 마음이 생긴 것이었습니다. 저도 왜 그랬는지 지금 생각해 보면 이해가 되지 않습니다. 처음에는 진짜로 겁만 주자고 하였습니다.

문 겁만 주기로 했는데 폭행까지 한 이유는 무엇인가요.

답 생각보다 피해자가 완강하게 나와 의도한대로 겁만 주어서는 피해자를 쫓아 보내지 못할 것 같았습니다. 게다가 지나가는 사람들에게 들킬 것이 염려되었기 때문에 순간적으로 폭행을 가하게 되었습니다. 이 점은 피해자에게 정말 죄송하게 생각합니다.

이 때 검사는 대기 중이던 피해자 나보석을 입실시키고 동녀에게

문 진술인이 나보석인가요.

답 예, 저는 강도상해 사건의 피해자인 나보석입니다. (인적사항 진술 생략)

문 진술인은 여기 있는 피의자를 알지요.

답 예, 저의 얼굴을 주먹으로 때리고 또 발로 쓰러진 저를 걷어 찬 사람입니다.

문 진술인은 경찰에서 사실대로 진술하였나요.

답 예, 사실대로 진술하였습니다.

문 진술인의 금은방인 "나보석상"에 피의자는 함께 오지 않았나요.

답 금은방에는 이강도라고 하는 사람만 온 것은 사실입니다. 그렇지만 피의자가 이강도와 합세하여 쫓아가는 저를 때렸으므로 제 물건을 훔치는 것도 다 알고 있는 공범이라 생각합니다. 이강도와 피의자가 서로 짜고 한 사람은 물건을 훔치고 한 사람은 밖에서 기다리고 있다가 물건을 처분하기로 한 것일 수도 있겠지요.

문 피의자가 체포될 때 행운의 열쇠 등을 진술인에게 돌려주었나요.

답 예, 경비들이 오고 막 사람들이 모여들고 하면서 이강도가 도망을 못 가게 되었는데 갑자기 저에게 주머니에서 금붙이들을 던지듯이 돌려주었습니다.

문 진술인의 피해는 어떠한가요.

답 보시다시피 오른쪽 눈 주위가 시커멓게 멍이 들었고, 허리와 다리도 현재는 절룩거리며 다닐 수 있는 정도입니다. 이강도는 붙잡혔지만 피의자는 도망갔다고 하여 지난 세 달 동안 가게에도 잘 나가지 못하고 제대로 영업을 하지고 못한 것까지 생각하면 너무나 억울합니다. 피의자를 엄벌에 처해주시기 바랍니다.

문 더 할 말이 있나요.

답 시간이 지나서 생각해보니 사고가 나기 며칠 전에 피의자와 비슷하게 생긴 사람이 우리 가게에 온 것 같기도 합니다.

이 때 검사는 피의자에게

문 피의자는 김철수로부터 물건을 납품받고 그 대금 명목으로 가계수표를 발행해주었는데 부도나게 한 사실이 있지요.

답 예, 그런 사실이 있습니다. 그런데 지금 생각해 보니 수표 금액 등이 조금 이상한 것 같아서 제가 구속되어 있는 동안 곰곰이 생각해 보았습니다. 그래서 김철수씨와 대질해 주시면 좋겠습니다.

문 구체적으로 어떤 부분이 이상하다는 것인가요.

답 제가 거래 마지막 부분에 이르러서는 금액을 백지로 발행하면서 300만 원 상당의 물

품만을 공급받았었는데, 전부 다 500만 원으로 기재되어 있어서 그것이 이상하다는 것입니다.

문 그러면 김철수가 금액을 위조했다는 것인가요.

답 설마 위조한 것은 아니겠죠. 그리고 제가 부도난 것에 대한 책임을 회피하려는 것은 아닙니다. 다만 수표가 여러 장이고 제 기억이 확실치 않으니 찬찬히 확인하고 싶어서 그럽니다.

이 때 검사는 대기 중이던 김철수를 입실케 하고 김철수에게

문 진술인이 김철수인가요.

답 예, 그렇습니다. (인적사항 기재 생략)

문 진술인은 경찰에서 사실대로 진술하였나요.

답 예, 사실대로 진술하였습니다.

문 우선 수표번호 순서대로 그 발행 경위를 구체적으로 진술해 보세요.

답 수표를 직접 보면서 진술하겠습니다. 제 기억에 의하면, 수표번호 사가07649610, 액면 500만 원, 발행일 2013. 2. 24.로 된 수표는 2011. 2.경 물품을 납품해주면서 받은 것입니다.

문 2011. 2.경 받은 것인데 발행일은 2년 후로 되었나요.

답 (잠시 생각하다가) 지금 기억을 더듬어 보니, 그 때 피의자가 저에게 급하게 물품을 부탁하면서 1년 선일자 수표를 끊어주겠다고 하였었는데, 저 역시 당시에 자금 사정이 넉넉하지 않아서 안 된다고 했더니 피의자가 다시 그럼 6개월만이라도 좋으니 물품을 달라고 사정을 했습니다. 그러면서 피의자가 발행일은 공란으로 주면서 "6개월 후에는 꼭 지불해드리겠습니다, 김사장님을 믿으니까 제가 발행일은 기재 안할게요, 6개월 후에는 언제라도 김사장님 마음대로 써서 돌리면 결제해드리겠습니다. 그러니 조금이라도 말미를 부탁합니다."라고 하였습니다. 저는 젊은 사람이 하도 사정을 하기에 할 수 없이 "그럼 6개월만 말미를 주겠다, 더 이상은 안 된다." 하고 발행일 백지 수표를 받았습니다.

문 6개월 후에 돌리기로 했는데 왜 2년 후인 2013. 2. 24. 기재하여 제시했나요.

답 제가 그 후 자금 사정이 그렇게 급박하지 않고 또 계속 물품거래를 하고 있어서 생각하지 않고 있다가 마지막에 부도난 수표를 지급제시할 때 한꺼번에 같이 발행일을 기재하여 지급제시한 것입니다.

이 때 피의자에게

문 피의자는 김철수의 진술을 들었지요.

답 예, 들었습니다.

문 위 수표에 대한 김철수의 진술은 사실인가요.

답 예, 사실입니다. 제가 6개월 말미를 부탁하면서 김철수씨를 믿기도 했지만 그 때 워낙 물건이 급박하여 정신없기도 하고 해서 발행일은 기재하지 않고 그냥 드렸습니다. 지금 보니까 약간 글씨체가 다른 것이 제가 당시에 발행일을 기재하지 않은 것이 사실입니다.

문 6개월 후에는 변제할 능력이 있었나요.

답 예. 분명히 있었습니다. 그런데 김철수씨가 돌리지 않아서 이상하다 생각하기도 한 것 같습니다.

이 때 검사는 다시 김철수에게

문 진술인은 나머지 수표에 대해서도 계속 진술하시오.

답 사가07640613, 사가07640615, 액면 각 500만 원권 수표들은 2011. 8. 25. 역시 철물을 납품하면서 그 대금 조로 1년 선일자로 하여 발행해 준 것입니다.

그리고 사가07643616, 액면 500만 원권 수표는 2012. 8. 25.경 같은 이유로 6개월 선일자로 하여 발행해 준 것입니다.

문 수표번호 사가07643616은 나머지 수표들과 글씨체가 약간 다른데, 혹시 진술인이 보충한 것인가요.

답 (수표를 잠시 살펴보더니) 아, 지금 생각해 보니, 위 수표는 2012. 8. 25.경 피의자가 다른 수표들이 막 돌아오고 또 미수채권은 쌓이고 하면서 여유가 없고 급한 마음에 저에게 "금액을 일단 백지로 해서 드릴 테니 300만 원 상당 물품을 우선 납품해 달라, 혹시 몇 개월 후에 물품이 더 필요하면 더 말씀드릴 테니 그 때까지만 좀 기다리다가 정산해서 금액은 더 보충하는 것으로 해 달라."고 했습니다.

문 그러면 그 후 추가로 물품을 더 받아서 500만 원 상당 채권을 보유하게 되었나요.

답 제가 그 부분은 잘 기억이 나지 않습니다. 장부를 보아야 할 것 같습니다.

이 때 검사는 피의자에게

문 위 수표를 백지로 발행한 것이 맞나요.

답 예. 맞습니다. 지금 들어 보니 당시에 제가 자금 사정이 어렵게 되어 그러한 사정을 잘 아는 김철수씨에게 나중에 정산하여 금액을 보충해 달라고 부탁하고 백지로 발행해 준 것이 맞습니다.

문 2012. 8. 25. 발행시에는 물품을 얼마 공급받은 것인가요.

답 300만 원 상당 물품을 공급받은 것이 맞습니다.

문 그 후에 더 추가해서 공급받은 것이 있나요.

답 아닙니다. 2012년 8월 이후에는 제가 도저히 변제 능력이 안 될 것 같아서 더 이상 공급받지 않았습니다.

문 피의자가 2012. 8. 25. 발행할 때에는 얼마를 기재하도록 하고 김철수에게 발행한 것인가요.

답 그야 300만 원 상당 공급받았으므로 300만 원을 기재하도록 한 것이지요. 다만 그 후에 조금 더 받을 수도 있었기 때문에 별도로 수표발행을 하지 않고 만약 더 공급받는 경우에는 백지 금액란에 조금 더 추가하여 보충하는 방법으로 물품을 공급받을 생각으로 김철수씨에게 양해를 구하고 백지로 발행한 것입니다. 그렇지만 그 이후에는 거래관계가 없었으므로 300만 원만 기재해야 하는 게 맞네요.

이 때 검사는 김철수에게

문 위 사가07643616 수표는 300만 원만 기재하는 게 맞는 것인가요.

답 제가 기억이 정확하지 않아서 장부를 보아야 합니다.

문 진술인은 사기, 모욕으로 피의자를 고소하였는데, 경찰에서 진술한 것이 모두 사실인가요.

답 예, 사실입니다.

문 피의자가 진술인에게 욕을 하였을 당시 진술인 외에 진술인의 처가 함께 있었다고 했지요.

답 예, 그 외에 다른 사람들은 없었습니다.

문 가게가 도로변에 있다고 했는데, 크기나 기타 환경은 어떠한지 진술하시오

답 2차로 도로변에 있으며 마을버스 정류장이 바로 앞에 있어서 목이 좋은 장소입니다. 평수는 약 10평정도 되는데 휴일이고 밤이고 문을 열어놓는 편입니다.

문 하루 손님은 몇 명 정도 오나요.

답 대중없는데 10명 이상은 오는 것 같습니다.

문 피의자를 사기죄로 고소하였는데, 2002년경부터 잘 거래해 오다가 2011년 초반부터 진술인에게 갑자기 사기를 칠만한 특별한 이유가 있을까요.

답 뭐 고의적으로야 그랬겠습니까. 다만 2010년부터 자금사정이 어려워진 것은 분명합니다. 그래서 저에게 급하니까 백지발행도 하고, 선일자도 더 자주 부탁하고 했던 것입니다.

문 달리 할 말이 있나요.

답 얼마 전에 수표발행명의인인 피의자의 동업자 송승준이 저에게 와서 부도난 수표들 중 1장을 회수해 간 일이 있습니다.

문 무슨 수표인가요.

답 집에 돌아가서 확인해 보겠습니다.

문 피의자에 대한 처벌을 원하나요.

답 구속되어 있는 것을 보니 한 편으로 안됐기도 했지만, 나이 든 저에게 막무가내로 욕을 하고 돈도 갚지 않고 한 것은 괘씸합니다. 처벌을 원합니다.

검사는 피의자에게

문 송승준이 수표를 회수한 사실을 알고 있나요.

답 저도 지금 처음 들었습니다.

문 더 이상 할 말이 있나요.

답 제가 김철수씨에게 욕을 한 것은 그때 하도 괴로워 소주 1병을 다 마시고 술에 취한 상태에서 제 정신이 아닌 것으로 그렇게 했습니다. 정말 깊이 반성하고 있으며, 현재 제 처가 피해자들과 원만히 합의하려고 노력 중입니다.

제 잘못을 깊이 반성하고 있으므로 선처해주시기 바랍니다.

문 이상의 진술내용에 대하여 이의나 의견이 있는가요.

답 없습니다. (무인)

위의 조서를 진술자에게 열람하게 하였던바, 진술한 대로 오기나 증감·변경할 것이 전혀 없다고 하므로 간인한 후 서명 무인하게 하다.

진 술 자 김갑식 (무인)

진 술 자 나보석 (무인)

진 술 자 김철수 (무인)

2013. 9. 22 .

서울중앙지방검찰청

검 사 김 명 석 (인)

검찰주사 박 정 호 (인)

서울중앙지방검찰청

수 신 검 사 김 명 석
제 목 서무심 진술서 제출 및 전화 확인 보고

1. 피의자 김갑식은 2013. 6. 12. 16:00경 서울 서초구 반포1동 래미안 아파트에 거주하는 거래처 사장 서무심을 단지 내 커피숍에서 만나기로 하고 아파트 단지를 가고 있었다고 진술한 바 있습니다.

2. 금일 피의자의 처 이순심(730202-2######)이 서무심의 자필 진술서와 운전면허증 사본을 첨부와 같이 당 검사실에 제출하였습니다.

3. 수사관은 서무심의 진술서에 기재된 전화번호로 전화를 하여 출석을 요구했으나 서무심은 '내가 진술서를 써준 것은 맞다, 하도 김갑식의 처가 사정사정을 하기에 그와 같은 내용을 써주긴 했으나 내가 왜 검찰청에 가야 되느냐, 생업에 바쁘고 그런 일에 휘말리는 게 싫고 혹시나 불이익이 생길까 두려워서 그러느니 앞으로도 연락을 하지 말았으면 좋겠다'는 취지로 이야기를 하므로 이에 보고합니다.

2013. 9. 23.

검 찰 주 사 박 정 호 (인)

첨부: 진술서 1부. 끝.

진 술 서

진술자 서무심 (510210-1######)
서울 서초구 반포1동 래미안 아파트 303동 505호
02-3477-3###

진술인은 구반포에서 "무심인테리어"를 경영하고 있으며, 철물점을 경영하는 김갑식과는 약 3년 전부터 거래를 해오고 있습니다. 저는 아파트 인테리어공사를 하기 때문에 인테리어용 철물제품을 주로 구입해왔습니다.

그런데 약 1년 전부터 경기불황으로 인테리어 공사가 다 죽게 되면서 자금사정이 좋지 않아 어려움을 겪고 있습니다.

김갑식과는 매년 5,000만 원 상당 물품 거래를 해왔는데, 지난달에 김갑식이 갑자기 연락을 하여 '11월까지 변제하기로 한 물품대금 2,000만 원 중 일부를 미리 줄 수 없느냐, 당장 급하기 때문에 그렇다'라고 하였습니다. 저는 처음에는 저도 어려운 상황이기 때문에 거절했는데, 몇 번 계속 연락을 하기에 젊은 사람이 열심히 살려고 하는데 안되 보여서 그러면 이야기나 들어보자 하고 저희 집 부근으로 불렀습니다.

그것이 2013. 6. 12. 16:00경이었고, 약속장소는 제가 살고 있는 반포1동 래미안 아파트 단지 내 커피숍이었습니다. 그런데 갑자기 집에 급한 일이 생겨서 제가 약속시간에 커피숍에 나가지는 못하게 되었고, 김갑식에게 연락을 했는데 전화를 받지 아니하여 그냥 두고 잊어버리고 있었습니다.

이상의 진술은 사실입니다.

2013. 9.

서 무 심 (인)

[출제자 주: 이하 운전면허증 사본 첨부 생략]

진술조서

성　　　명 : 송승준
주민등록번호 : 770423-1######
(이하 인적사항 기재 생략)

위의 사람은 피의자 김갑식에 대한 강도상해 등 피의사건에 관하여 2013. 9. 25. 서울중앙지방검찰청 제806호 검사실에서 검사 김명석은 검찰주사 박정호를 참여하게 한 후, 아래와 같이 진술하다.

1. 저는 위 주거지에서 거주하며 현재는 특별히 하는 일 없이 지내고 있습니다.
1. 저의 고교 선배인 김갑식이 철물점을 운영하면서 저에게 이름을 좀 빌려주면 가끔 용돈도 주고 또 시간이 되면 가게에 나와서 일도 좀 도와달라고 하여 수표계약을 하는데 저의 명의를 사용하도록 해 준 일이 있습니다.
1. 그렇지만 실제 영업에 대해서는 모르기 때문에 한 번도 실제로 수표를 발행해본 적은 없고, 모두 김갑식이 했습니다.
1. 2010년도부터 수표를 발행하면서 한 번도 부도나는 일 없이 잘 지내왔는데, 지난 2012. 8.과 2013. 2.에 2,000만원 상당 부도가 났다고 하면서 은행에서 경찰에 고발하여 경찰 및 검찰에서 조사를 받고 재판까지 받았습니다.
1. 경찰에서 조사받을 당시 실제 발행인으로 김갑식을 말씀드렸는데 제대로 찾지를 못했는지 함께 재판받지는 못했습니다.
1. 저의 경우 현재 김갑식에 대하여 고발된 수표들에 대한 부정수표단속법위반 등으로 2013. 6. 10. 서울중앙지방법원에서 징역6월에 집행유예1년을 선고받았고, 항소하여 2013. 9. 5. 서울중앙지방법원에서 항소기각 판결을 선고받았습니다.
1. 제1심판결 선고 후에도 억울함이 풀리지 아니하여 항소했는데, 누가 수표를 회수하지 않으면 아무 소용이 없다고 하여 지난 2013. 8. 25. 없는 돈을 마련하여 김철수를 찾아가 수표번호 사가07640613 액면 500만 원권 수표 1장을 회수했으나, 소용이 없었습니다.
1. 회수한 수표 사본은 오늘 다시 제출하도록 하겠습니다.

이 때 검사는 진술인 송승준이 제출하는 수표번호 사가07640613 액면금 500만 원권의 사본을 조서 말미에 편철하다

1. 그런데 이번에 김갑식이 다른 사건으로 구속되었다고 하여 김갑식을 면회도 가고 그

부인도 만나보았으나 제가 회수한 돈을 주지 못하겠다고 합니다.

1. 저는 비록 수표를 회수하기는 하였으나 김갑식은 자기 돈으로 회수한 것도 아니므로 김갑식은 저에게 돈을 주지 않은 이상 꼭 처벌했으면 좋겠습니다.
1. 이상의 진술은 사실입니다.

위의 조서를 진술자에게 열람하게 하였던바, 진술한 대로 오기나 증감·변경할 것이 전혀 없다고 하므로 간인한 후 서명 무인하게 하다.

진 술 자 **송 승 준** (무인)

2013. 9. 25 .

서울중앙지방검찰청

검 사 김 명 석 (인)

검찰주사 박 정 호 (인)

[출제자 주: 회수한 수표 사본(사가07640613) 첨부 생략]

피의자신문조서

성 명 : 이강도
주민등록번호 : 710124-1######

위의 사람에 대한 강도상해 등 피의사건에 관하여 2013. 6. 22. 서울중앙지방검찰청 제806호 검사실에서 검사 김명석은 검찰주사 박정호를 참여하게 한 후, 아래와 같이 피의자임에 틀림없음을 확인하다.

문 피의자의 성명, 주민등록번호, 직업, 주거, 주민등록지 등을 말하시오.
답 성명은 이강도(李康度)
주민등록번호는 710124-1###### 직업은 무직
주거는 대전광역시 서구 만년동 338-2 3호
등록기준지는 서울특별시 강북구 미아동 70
직장 주소는 없 음
연락처는 자택전화 없음 휴대전화 010-####-####
직장전화 전자우편(e-mail) 입니다.

위 사 본 임 (인)

검사는 피의사실의 요지를 설명하고 검사의 신문에 대하여 「형사소송법」 제244조의3에 따라 진술을 거부할 수 있는 권리 및 변호인의 참여 등 조력을 받을 권리가 있음을 피의자에게 알려주고 이를 행사할 것인지 그 의사를 확인하다.

1. 귀하는 일체의 진술을 하지 아니하거나 개개의 질문에 대하여 진술을 하지 아니할 수 있습니다.
2. 귀하가 진술을 하지 아니하더라도 불이익을 받지 아니합니다.
3. 귀하가 진술을 거부할 권리를 포기하고 행한 진술은 법정에서 유죄의 증거로 사용될 수 있습니다.
4. 귀하가 신문을 받을 때에는 변호인을 참여하게 하는 등 변호인의 조력을 받을 수 있습니다.

문 피의자는 위와 같은 권리들이 있음을 고지받았는가요.
답 예, 고지받았습니다.
문 피의자는 진술거부권을 행사할 것인가요.
답 아닙니다.
문 피의자는 변호인의 조력을 받을 권리를 행사할 것인가요.
답 아닙니다. 혼자서 조사를 받겠습니다.
이에 검사는 피의사실에 관하여 다음과 같이 피의자를 신문하다.

문 피의자가 이강도인가요.
답 예, 그렇습니다.
문 전회에 진술한 내용은 모두 사실인가요.
답 예, 모두 사실입니다.
문 피의자는 도망간 김갑식과 함께 나보석의 보석을 훔치고 뒤쫓아오는 피해자를 때려서 상해를 입힌 일이 있다고 진술하였는데, 사실인가요.
답 예, 그렇습니다.
문 언제, 어디에서인가요.
답 2013. 6. 12. 16:30경 서초구 반포동 소재 래미안 아파트 단지 내에서입니다.
문 피의자는 김갑식과 함께 나보석의 얼굴과 허리 부분을 주먹과 발로 걷어차고, 피의자는 바지 끝 부분을 붙잡는 나보석을 발로 찬 것이 사실이지요.
답 예, 사실입니다.
문 피의자의 폭행행위로 인하여 피해자가 3주간의 치료를 요하는 안면부 타박상 등을 입었는데 사실인가요.
답 예, 맞습니다. 모두 인정합니다.
문 훔친 물건은 어떻게 하였나요.
답 제가 그 자리에서 김갑식에게 건네주려고 하다가 경황이 없어 바닥에 떨어뜨리기도 하고 일부는 제가 가지고 있다가 경찰관에게 붙잡히면서 바로 피해자에게 돌려주었습니다.
문 피의자는 피해자와 합의하였나요.
답 아닙니다. 제가 현재로서는 피해자의 치료비를 대줄 능력이 없습니다. 하지만 처벌받고 나가면 반드시 사죄하고 변상해 드리겠습니다.
문 이상 진술은 모두 사실인가요.
답 예, 모두 사실대로 진술하였습니다. 죽을 죄를 졌습니다.
문 이상의 진술내용에 대하여 이의나 의견이 있는가요.
답 없습니다. (무인)

위의 조서를 진술자에게 열람하게 하였던바, 진술한 대로 오기나 증감·변경할 것이 전혀 없다고 하므로 간인한 후 서명 무인하게 하다.

진 술 자 이 강 도 (무인)
2013. 6. 22.
서울중앙지방검찰청
검 사 김 명 석 (인)
검찰주사 박 정 호 (인)

[출제자 주 : 편의상 다음 증거서류의 내용은 생략하였으나, 존재하는 것으로 볼 것]

○ **이강도에 대한 강도상해 등 사건에서 작성된 공판조서 사본**

- 이강도가 공소사실 일체를 자백하고 정상에 관한 변론만 이루어졌으며, 간이공판절차에 의하여 진행된 내용임

○ **이강도에 대한 강도상해 등 사건의 1심 판결문**

- 피의자에 대한 공소사실 중 강도상해 부분과 같은 내용의 범죄사실에 대하여 유죄를 선고받은 것임

제1문에 대한 해설

변 론 요 지 서

사 건 2011고합5678 강도상해 등
피고인 김갑식

위 사건에 관하여 피고인의 변호인은 다음과 같이 변론합니다.

다 음

Ⅰ. 공소사실의 요지 (생략)

Ⅱ. 변론내용

1. 강도상해의 점

가. 공소사실의 불특정

우선, 검사는 피고인이 이강도와 "공모하여" 공소사실 기재 나보석상에서 행운의 열쇠와 돌 반지 등을 "절취하였다"고 주장하지만, 공소사실 어디에도 피고인이 과연 어떻게 이강도와 절도를 공모하고 행위를 분담하였는지 기재되어 있지 않습니다. 단지 이강도가 도망한 후 래미안 아파트 303동 앞에 이르렀을 때 비로소 피고인을 만나서 피해자를 때리고 도망하기로 하였다고 기재되어 있을 뿐입니다. 위와 같은 정도의 공소사실 기재만으로는 검사가 결론을 내리는 바와 같이 피고인이 이강도와 공모하여 "재물을 절취하려다가" 체포를 면탈할 목적으로 피해자에게 폭행을 가하였다는 점을 인정하기에 충분히 특정되었다고 볼 수 없습니다. 단순히 이강도가 절취 후 도망가던 중 피고인을 만났다는 사실만으로는 피고인이 이강도의 절도 범행에 어떻게 가담하였다는 것인지 전혀 알 수 없기 때문입니다. 따라서 본건 공소사실은 피고인에게 강도상해의 공범으로서의 죄책을 물을 수 있을 정도로 특정되지 아니한 것으로서 공소기각의 판단이 내려져야 할 것입니다.

나. 피고인은 강도상해의 공범이 아니므로, 강도상해 부분에 대해서는 무죄로 판단해 주시기 바랍니다.

가사 공소사실이 특정되었다고 볼 수 있다 하더라도, 피고인은 2013. 6. 12. 16:00경 서울 서초구 반포동 소재 래미안아파트 303도 앞 오솔길에서 이강도를 처음 만나 피해자 나보석에게 몇 회 폭행을 가한 사실만 있을 뿐 이강도의 절도 범행에 대하여 공모한 사실이 없습니다. 그럼에도 불구하고 피고인을 준강도로 보고, 강도상해의 공범으로 의율한 본건 공소사실은 아래에서 상술하는 바와 같이 범죄의 증명이 없거나 승계적 공동정범의 법리를 오해한 것으로서 무죄의 판단을 받아야 할 것입니다.

1) 절도의 공범의 점에 대한 증거 없음

본건 공소사실은 절도가 체포를 면탈하기 위하여 피해자를 폭행하였고(준강도), 그로 인하여 피해자에게 상해의 결과를 야기하였다는 이유로 강도상해로 기소된 사안이므로, 우선 피고인에게 절도의 점이 인정되어야 할 것인데, 피고인이 이강도와 본건 절도 범행을 공모하였다는 점을 인정할 아무런 증거가 없습니다.

가) 나보석 진술의 신빙성

나보석 진술의 요지는 이강도가 나보석의 가게에 들어와 물건을 훔친 후 달아나는 것을 쫓아가던 중 피고인과 이강도로부터 폭행을 당하였고, 피고인은 본건 범행 당일 나보석의 가게에는 들어오지 아니하고 아파트 오솔길에서 처음 보았다는 것입니다. 그 자체로 피고인이 이강도와 본건 절도 범행을 공모하였다거나, 피고인이 본건 절도 범행에 가담하였다는 것을 인정할 만한 증거가 되지 못한다는 점을 잘 알 수 있습니다.

나보석은 '(이강도와 피고인) 둘이서 짜고 피고인이 밖에서 망을 보고 있던 것으로 생각된다'는 취지의 진술을 하고 있으나, 이는 나보석의 추측에 불과한 것이므로, 피고인에 대한 절도의 점을 유죄로 인정하기 위한 증거로서의 증명력을 가지지 못합니다.

한편, 나보석은 이강도로부터 공범으로 지목된 피고인의 주민등록표상 사진을 보고 피고인이 이강도와 함께 폭행을 가한 범인이라고 진술하였는데, 이는 대법원 판례에 의해 확립된 범인식별 절차의 적법성 인정 요건에도 위반됩니다. 대법원은 범인식별 수사가 적법하기 위해서는 범인의 인상착의 등에 관한 목격자의 진술 내지 묘사를 사전에 상세히 기록화한 다음, 용의자를 포함하여 그와 인상착의가 비슷한 여러 사람을 동시에 목격자와 대면시켜 범인을 지목하도록 하여야 하고, 용의자와 목격자 및 비교대상자들이 상호 사전에 접촉하지 못하도록 하여야 하며, 사후에 증거가치를 평가할 수 있도록 대질 과정과 결과를 문자와 사진 등으로 서면화하는 등의 조치를 취하여야 한다고 판시하고 있습니다(대법원 2001. 2. 9. 선고 2000도4946 판결 등). 그렇지만 본건에서 수사기관은 위와 같은 절차를 거치지 아니하였으므로, 나보석의 진술 중 피고인을 본건 공소사실의 범인으로 지목한 부분의 증명력도 인정될 수 없습니다.

또한, 나보석은 사건 발생 직후의 조사과정에서는 아무런 언급을 하지 않고 있다가 사건 발생 후 3개월이 지난 시점에 비로소 '피고인과 비슷한 사람이 범행 며칠 전 자신의 가게에 온 것 같다'는 취지의 진술을 하고 있는데, 나보석 스스로도 이 사건 법정에서 피고인과 비슷한 사람을 본 적이 있는 것 같다는 기억 자체가 분명한 것은 아니며, 폐쇄회로 티브이를 확인해 보았지만 자신의 진술을 뒷받침할 증거는 찾지 못하였다고 이야기하고 있고, 사건 발생 직후에 기억하지 아니한 것을 3개월이 지난 시점에 더 자세히 기억한다는 것은 경험칙에도 부합하지 않다는 점 등에 비추어 보면 이 부분에 대한 나보석의 진술 역시 신빙성을 인정하기 어렵다 할 것입니다.

나) 이강도 진술의 신빙성

이강도가 자신에 대한 수사과정에서 사법경찰관 혹은 검사에 대하여 '피고인과 공모하였다'는 진술을 한 것 역시 이강도 스스로 이 사건 법정에서 피고인과 공모한 것은 폭행이지 절도가 아니라는 점을 명백히 확인해 주었으므로 피고인에 대한 유죄의 증거로 삼을 수 없음은 너무나도 명백하다 할 것입니다. 피고인의 내용부인으로 증거능력이 없게 된 사법경찰관 작성의 이강도에 대한 피의자신문조서 외에 검사 작성의 이강도에 대한 피의자신문조서 및 이강도에 대한 공판조서, 제1심 판결문도 증거로 제출되었으나, 그 어디에도 피고인이 이강도와 본건 절도 범행을 공모하였다는 점에 대한 구체적인 진술은 없고, 이강도가 이 사건 법정에서 위와 같이 진술하고 있으므로 이를 피고인에 대한 유죄의 증거로 삼을 수 없습니다.

다) 기타 관련 증거의 검토

그밖에 피해자의 상해진단서나 피해품에 대한 압수조서, 현장 목격자인 경비업체 직원 한경희의 진술 등은 모두 피고인의 본건 절도범행에 대한 증거로서 아무런 내용도 포함하지 않고 있으므로 유죄의 증거로 삼을 수 없습니다. 상해진단서의 경우 피해자의 상해부위와 정도에 관한 증거가 될 뿐 피고인의 절도 범행에 대한 증거가 될 수 없음은 명백하고, 압수조서는 피해자에 대한 폭행 당시 이강도가 피해품을 소지하고 있었다는 점을 인정할 증거가 될 뿐이며, 한경희의 진술 역시 폭행 직후의 현장 상황에 대한 증거가 될 수 있을 뿐 피고인의 절도 범행을 유죄로 인정할 증거가 될 수 없습니다.

라) 서무심의 증언

오히려, 이 사건 법정의 증인으로 출석한 서무심의 증언에 의하면 피고인은 공소사실 기재 일시, 장소에서 채무관계로 인하여 서무심을 만나기로 사전에 약속되어 있었다는 사실을 인정할 수 있습니다. 서무심은 피고인과 수 년 간 거래관계에 있는 사람일 뿐 피고인과 어떠한 친분관계도 없는 사람이며, 수사기관에서의 출석 요구에도 귀찮다는 이유로 응하지 않을 만큼 객관적인 위치에 있는 증인이라고 볼 수 있습니다. 이와 같은 서무심의 증언에 의하면 피고인이 이강도와 절도 범행을 사전에 공모한 것이 아니라, 채권채무관계에 있는 서무심을 만나기 위해 위 장소에 가게 되었다는 피고인의 변소내용이 사실임을 알 수 있습니다.

2) 승계적 공동정범도 성립되지 아니함

위에서 살펴본 바와 같이 피고인이 절도의 공범임을 인정할 아무런 증거가 없는 이상 피고인이 준강도에 해당되지 않는다고 할 것이나, 강도상해죄에 있어서 절도의 실행행위 종료 후 가담한 피고인이라고 하더라도 이미 절도를 범한 이강도가 체포를 면탈하려고 하는 정을 알면서 함께 폭행에 가담하였다면, 승계적 공동정범의 법리에 따라 전체 범행, 즉 강도상해죄의 죄책을 부담하는 것이 아닌가 하는 의문이 제기될 수 있습니다.

승계적 공동정범이 성립 가능하다는 점에 대해서는 현재 이견이 없으나, 그 성립범위에 대해서는, 후행자가 선행자의 행위를 이해하고 이미 이루어진 사정을 이용하면서 실행에 참가한 때에는 의사의 연락이 전체 행위의 어느 시점에 있었는가에 관계없이 전체 범죄에 대하여 공동정범의 책임을 져야 한다는 적극설과, 후행자의 행위는 선행자에 의하여 이미 행하여진 결과에 대한 원인이 된다고 할 수 없고, 형법상 추인 또는 사후 고의를 인정할 수 없을 뿐만 아니라 후행자에게 행위 지배를 인정할 수도 없으므로, 후행자에게는 그 가담 이후의 행위에 대하여만 공동정범의 성립을 인정할 수 있다는 소극설이 대립하고 있습니다. 대법원은 소극설의 입장(대법원 1982. 6. 8. 82도884 판결 등)이며, 승계적 공동정범 역시 공동정범으로서 공동의 지배 또는 기능적 행위지배가 인정되어야 한다는 점, 적극설은 자기책임의 원칙에 반한다는 점 등에서 개입 이전의 결과에 대하여 후행자에게 공동정범의 성립을 인정할 수는 없다는 소극설의 견해가 타당하다고 할 것입니다.

결국 본건과 같이 이강도의 절도 범행이 종료된 이후 폭행에 가담한 피고인으로서는 비록 폭행 당시 이강도의 절도 사실을 알았다고 하더라도 그와 같은 사실만으로 전체 강도상해 범죄에 대한 공동정범으로서의 죄책을 부담할 수는 없다고 하는 것이 자기책임의 원칙에 충실한 해석론이 될 것입니다.

다. 가사, 상해의 점에 대하여 유죄로 인정된다고 하더라도 아래와 같은 사정을 살피어 최대한 선처를 해주시기 바랍니다.

위에서 본 바와 같이 피고인에 대한 강도상해의 점은 그 범죄의 증명이 없는 것으로서 형사소송법 제325조 후단의 무죄가 선고되어야 할 것이고, 만에 하나 피고인에 대한 상해의 점이 인정되어 폭력행위등처벌에관한법률위반으로 유죄의 선고를 내리시게 된다면, 피고인은 그 동안 동종 전과가 없고, 본건 일시, 장소에서 중학교 동창생인 이강도를 우연하게 만나 이강도의 부탁을 받고 어쩔 수 없이 본건 폭행에 이르게 된 점, 현재 이를 깊이 뉘우치고 있다는 점 등을 참작하여 법이 허용하는 최대한의 관용을 베풀어 주시기 바랍니다.

2. 부정수표단속법위반의 점

가. 수표번호 사가07649610 수표 부도의 점에 대하여

피고인 및 소지인 김철수의 각 진술 및 증언을 종합하면, 수표번호 사가07649610 수표는 2011. 2. 25. 발행 당시 피고인이 김철수에게 백지보충권을 위임하고 발행일을 백지로 한 채 발행한 사실을 인정할 수 있습니다. 이와 같이 발행일 백지로 발행된 수표의 경우 발행일이 적법하게 보충되어 지급제시 되어야만 적법한 지급제시가 된다 할 것이고, 이 때 백지보충권의 소멸시효기간은 백지보충권을 행사할 수 있는 때로부터 6

개월이라는 것이 대법원 판례의 태도입니다(대법원 2002. 1. 11. 선고 2001도206 판결).

그런데 역시 피고인 및 김철수에 따르면, 피고인은 김철수에게 발행일이 백지로 된 수표를 발행하면서 6개월이 지나면 언제든지 제시해도 된다고 한 사실이 인정됩니다. 즉, 김철수가 백지보충권을 행사할 수 있는 최초의 시점은 발행일은 2011. 2. 25.로부터 6개월이 지난 2011. 8. 25.인데, 김철수는 그로부터 1년 6개월가량이 경과된 2013. 2. 24.에야 비로소 발행일을 보충하여 은행에 지급제시 하였습니다. 이는 백지보충권의 소멸시효 기간인 6개월이 훨씬 지난 이후 지급제시된 것이 역수상 명백하므로, 결국 본건 수표의 경우 적법한 지급제시가 없는 것이 되어 형사소송법 제325조 전단의 무죄가 선고되어야 할 것입니다.

나. 수표번호 사가07640613 수표 부도의 점에 대하여

피고인 및 소지인 김철수, 수표 발행 명의인인 송승준의 각 진술 및 증언을 종합하면, 수표번호 사가07640613 수표는 송승준이 2013. 8. 25.경 회수하였으므로, 본건 수표에 대하여는 형사소송법 제327조 제2호에 의하여 공소기각의 판결이 선고되어 합니다. 비록 피고인이 아니라 공범이 본건 수표를 회수하였지만, 소추조건으로서의 효력은 소지인의 의사와 관계없이 다른 공범에게도 당연히 미치고 실제로 회수한 송승준이 피고인에 대한 처벌을 원한다고 하더라도 이를 달리 볼 수는 없을 것입니다. 또한, 송승준이 자신의 재판에서 제1심 판결 이후 회수한 사정 역시, 피고인에 대한 관계에 있어서는 어디까지나 공범 중 1인이 피고인의 제1심 판결 선고 이전에 수표를 회수한 것으로서 그 효력이 피고인에게도 미친다고 할 것이므로, 공소기각의 판결이 선고되어야 한다는 결론에는 어떠한 영향도 미칠 수 없다 할 것입니다.

다. 수표번호 사가07640615 수표 부도의 점에 대하여

피고인은 본건 수표가 지급되지 아니하게 한 점에 대해서 깊이 반성하고 있고, 회수하기 위해 백방으로 노력 중에 있습니다. 다만, 김철수도 인정하고 있듯이 피고인은 수표소지인인 김철수와 10년이라는 오랜 기간 동안 인테리어 관련 철물 납품 거래를 계속해 오고 있었습니다. 몇 년 전부터 건설경기 침체의 여파로 피고인 역시 다른 거래처로부터 받아야 하는 납품대금을 받지 못하고, 어려운 자금사정이 누적되다가 이쩔 수 없이 김철수에 대한 본건 수표금도 지급하지 못하게 된 것이지 피고인이 고의적 내지 악의적으로 수표를 부도낸 것은 결코 아닙니다. 이와 같은 사정, 현재 남아있는 부도 금액은 1,000만 원 미만인 점 등을 참작하여 최대한 선처해주시기 바랍니다.

라. 수표번호 사가07643616 수표 부도의 점에 대하여

피고인 및 김철수의 각 진술 및 증언을 종합하면 피고인은 발행 당시 수표소지인인 김철수로부터 300만 원 상당의 물품을 공급받으면서 혹시 미래에 추가로 물품을 공급받는 경우를 대비하여 금액란을 백지로 발행한 사실, 그 후 김철수는 피고인에게 추가로 물품을 공급하지 않았음에도 불구하고 횟김에 피고인의 승낙을 받지 아니하고 금액란을 500만 원으로 보충하여 지급제시 한 사실이 인정됩니다.

그렇다면 본건 수표 중 300만 원을 초과하는 부분은 적법한 보충권 범위를 초과하는 것으로서 무죄로 판단되어야 할 것입니다. 나머지 300만 원 부도의 점에 대해서는, 위에서 변론한 바와 같이 현재 회수를 하기 위해 백방으로 노력 중이며 피고인과 소지인 간에 계속적 거래관계에서 발생한 것으로서 피고인에게 지급거절의 범의를 인정하기 어렵거나 매우 미약하다는 점을 참작하여 최대한의 관용을 베풀어 주시기 바랍니다.

3. 모욕의 점

형법 제311조의 모욕죄는 피해자의 고소를 필요로 하는 친고죄이고, 친고죄의 경우 그 피해자는 범인을 알게 된 날로부터 6월이 경과하면 고소하지 못합니다(형사소송법 제230조 제1항).

본건의 경우 피해자인 김철수는 2013. 3. 1. 범인을 알게 되었다고 볼 수 있는바, 피해자로서 고소할 수 없는 어떠한 불가항력의 사유도 존재하지 않음에도 불구하고 6개월이 경과한 2013. 9. 15.에야 비로소 고소를 하였으므로, 결국 고소기간이 도과된 부적법한 고소라고 할 것입니다.

따라서 모욕죄에 대해서는 형사소송법 제327조 제2호에 의하여 공소기각의 판결을 선고해 주시기 바랍니다.

Ⅲ. 정상관계

이상에서 본 바와 같이 피고인에 대한 공소사실 기재 강도상해의 점은 무죄, 부정수표단속법위반의 점은 일부 공소기각, 모욕의 점은 공소기각의 판단을 받아야 합니다.

또한, 피고인에게 인정되는 일부 범죄들, 즉 피해자 나보석에 대한 상해의 점이나 총 액면금 800만원 상당 수표부도의 점은 공소장에 기재된 범죄사실에 비추어 볼 때 매우 경감된 것으로서 과연 계속하여 구속 상태로 재판받아야 할 정도의 중한 범죄인지 강한 의문이 듭니다.

피고인은 그 동안 동종 전과 없이 인테리어 관련 납품업에 종사하면서 처와 1남 1녀와 함께 행복한 가정을 이루고 성실히 살아왔습니다. 건설경기의 침체로 자금사정이 악화되어 10년에 걸쳐 거래하던 김철수에 대한 수표가 부도나게 되고, 부도 수표를 해결하기 위해 거래처 사장인 서무심을 만나러 가던 중 엎친 데 덮친 격으로 절도 범행을 하고 달아나던 중학교 동창생 이강도를 우연히 만나 순간적인 판단의 잘못으로 폭행에 이르게 되었으나, 피고인이 그 동안 살아온 과정이나 본건 범행에 이르게 된 경위에 비추어 보면, 본건은 모두 지극히 우발적인 것들임을 누가 보아도 잘 알 수 있습니다.

피고인은 순간적인 판단의 잘못으로 나이 많은 여성분에게 피해를 가하게 된 점을 깊이 뉘우치고, 피해자들에 대한 피해회복, 부도수표의 회수를 위해 백방으로 노력 중에 있습니다. 피고인의 처는 현재 자궁적출수술을 받고 회복이 필요한 상태인데 피고인이 구속되면서 어린 자녀들 및 피고인을 뒷바라지 하느라 건강이 매우 악화되었습니다.

이상의 사정들을 충분히 참작하여 피고인으로 하여금 빨리 자유의 몸이 되어 다시 한 번 사회에 기여할 수 있는 기회를 주시기를 간청드립니다.

2013. 11. 8.

피고인의 변호인

변호사 명 변 호 (인)

서울중앙지방법원 제26 형사부 귀중

제 2 문

[사건명 :
특정경제범죄가중처벌등에관한법률위반(배임) 등]

이 문제는 사법연수원 교수 및 로스쿨실무교수들의 모임인 '법실무연구회'에서 실무교육을 위하여 만든 문제이다.

문 제

다음 기록을 읽고, 피고인 김경남의 변호인으로서 아래 양식에 따른 최종 변론요지서를 작성하시오.

주의사항

1. 다음 기록은 소송기록 1책, 증거서류등(검사) 1책 등 모두 2책으로 분리된 것임.
2. 증거목록 중 '기재 생략'된 부분에는 법에 따른 절차가 진행되어 그에 따라 적절한 기재가 있는 것으로 볼 것.
3. 송달이나 접수절차, 결재인이 필요한 서류는 모두 소정의 절차를 적법하게 밟았고, 통지가 필요한 소송절차에는 적법한 통지가 있는 것으로 볼 것.
4. 조서 기타 서류에는 필요한 서명, 날인 또는 무인, 간인, 정정인이 있는 것으로 볼 것[기록에서 '㊞ 또는 (인)'은 날인을, '(무인)'은 무인을 한 것을 의미함].
5. 수사기관의 인지절차 또한 모두 적법하게 거친 것으로 볼 것.
6. 공판기록에 첨부하여야 할 일부 서류와 수사기관의 조서 말미에 첨부하여야 할 '수사과정확인서'는 편의상 생략하였으나 적법하게 존재하는 것으로 볼 것(가독성을 위하여 생략된 서류임에도 불구하고 쪽번호는 연속되도록 하였음).
7. 증거서류등(검사) 기록은 증거분리제출제도의 시행으로 수사기록 중 일부가 증거로 제출된 것이고, 그 기록의 쪽 번호는 원래의 수사기록 쪽 번호를 의미함.
8. 죄명이나 법률명 중 '형사소송법'은 '형소법'으로, '특정경제범죄가중처벌등에관한법률'은 '특경법'으로 줄여서 기재하여도 무방함.
9. 견해의 대립이 있는 경우 대법원 판례가 있으면 그 취지에 따라 변론을 할 것. 다만, 대법원 판례와 다른 견해를 취하여 변론을 하고자 하는 경우 자신의 입장에 따른 변론을 하되 대법원 판례의 취지를 적시할 것.

변론요지서

사 건 2013고합258 특정경제범죄가중처벌등에관한법률위반(배임) 등
피고인 김경남

위 사건에 관하여 피고인의 변호인은 다음과 같이 변론합니다.

다 음

I. 공소사실의 요지
II. 피고인의 주장
III. 쟁점 및 변론
1.

IV. 정상관계
V. 결론

2013. . .

피고인의 변호인
변호사 조 원 만

서울중앙지방법원 제26 형사부 귀중

구속만료	2013. 12. 20.	미결구금
최종만료	2014. 4. 20.	
대행갱신 만료		

대 전 지 방 법 원

구공판 **형 사 제 1 심 소 송 기 록**

기일	사건번호	2013고합258	담임	제12형사부	주심	나
1회기일						
	사 건 명	가. 특정경제범죄가중처벌등에관한법률위반(배임) 나. 강간미수 다. 특수절도 라. 절도 마. 감금				
	검 사	강정의	2013형제89331호			
	피 고 인	구속 1. 가.나.다.라.마. 김 경 남 2. 다. 이 경 기				
	변 호 인	사선 변호사 조원만 (피고인 김경남) 사선 변호사 최대한 (피고인 이경기)				

확 정	
보존종기	
종결구분	
보 존	

완결 공람	담 임	과 장	국 장	주심 판사	재판장	원장

접 수 공 람	과 장	국 장	원 장
	㊞	㊞	㊞

공판준비절차

회 부 수명법관 지정 일자	수명법관 이름	재 판 장	비 고

법정외에서지정하는기일

기일의 종류	일 시				재 판 장	비 고
1회 공판기일	2013.	11.	4.	10:00	㊞	

대전지방법원

목 록		
문 서 명 칭	장 수	비 고
증거목록	1	검사
증거목록	5	피고인 및 변호인
공소장	6	
변호인 선임신고서	(생략)	피고인
변호인선임신고서	(생략)	피고인 이경기
영수증(공소장부본 등)	(생략)	
영수증(공판기일통지서)	(생략)	변호사 조원만
영수증(공판기일통지서)	(생략)	변호사 최대한
공판조서(제1회)	9	
공소장변경신청서	13	
영수증(공소장변경신청서)	(생략)	변호사 조원만
영수증(공소장변경신청서)	(생략)	변호사 최대한
공판조서(제2회)	14	
증인신문조서	18	증인 최정숙
증인신문조서	21	증인 이진철

대전지방법원

목　　　록(구속관계)		
문 서 명 칭	장　수	비　고
현행범인체포서	(생략)	피고인 김경남
구속영장	(생략)	피고인 김경남
피의자수용증명	(생략)	피고인 김경남

증 거 목 록(증거서류 등)

2013고합258

① 김경남
② 이경기

2013형 제89331호 신청인 : 검사

순번	증거방법					참조사항등	신청기일	증거의견		증거결정		증거조사기일	비고
	작성	쪽수(수)	쪽수(증)	증거명칭	성명			기일	내용	기일	내용		
1		64		피의자신문조서(제1회)	김경남			1	① ○				
2		68		피의자신문조서	이경기			1	① × ② ○				
3	사경	6		진술조서	최정숙			1	절도부분 ① ○ 강간미수부분 ① ×				
4		11		고소장	최정숙			1	절도부분 ① ○ 강간미수부분 ① ×				
5		12		진술조서	임형석			1	① ○				
6		14		피의자신문조서(제1회)	김경남			1	① ○				
7		21		고소장	천일성			1	① ○				
8		23		부동산매매계약서 사본	천일성			1	① ○				
9		24		등기부등본				1	① ○				
10		25		진술조서	천일성			1	① ○				

※ 증거의견 표시 - 피의자신문조서 : 인정 ○, 부인 ×
(여러 개의 부호가 있는 경우, 성립/임의성/내용의 순서임)
- 기타 증거서류 : 동의 ○, 부동의 ×

※ 증거결정 표시 : 채 ○, 부 ×

※ 증거조사 내용은 제시, 내용고지

증 거 목 록(증거서류 등)

2013고합258

① 김경남
② 이경기

2013형 제89331호

신청인 : 검사

순번	증거방법					참조사항등	신청기일	증거의견		증거결정		증거조사기일	비고
	작성	쪽수(수)	쪽수(증)	증거명칭	성명			기일	내용	기일	내용		
11	사경	29		진술조서	박용팔			1	① ○				
12		32		압수조서				1	① ○				
13		34		수사보고				1	① ○				
14		35		진술조서	윤재범			1	① ○				
15		38		진술조서	성금자			1	① ×				
16		41		진술조서	김진서			1	① ② ○				
17		44		피의자신문조서(2회)	김경남			1	① ○				
18		50		피의자신문조서	이경기			1	② ○ ① ×				
19		55		피의자신문조서(2회)	김경남			1	② ○ ① 김경남 진술부분 ○ 이경기 진술부분 ×				
20		60		조회회보서	김경남			1	① ○				

※ 증거의견 표시 - 피의자신문조서 : 인정 ○, 부인 ×
(여러 개의 부호가 있는 경우, 성립/임의성/내용의 순서임)
- 기타 증거서류 : 동의 ○, 부동의 ×

※ 증거결정 표시 : 채 ○, 부 ×

※ 증거조사 내용은 제시, 내용고지

증 거 목 록(증거서류 등)

2013고합258

① 김경남
② 이경기

2013형 제89331호 신청인 : 검사

순번	증거방법					참조사항등	신청기일	증거의견		증거결정		증거조사기일	비고
	작성	쪽수(수)	쪽수(증)	증거명칭	성명			기일	내용	기일	내용		
21	사경	62		조회회보서	이경기			1	② ○				

※ 증거의견 표시 - 피의자신문조서 : 인정 ○, 부인 ×
(여러 개의 부호가 있는 경우, 성립/임의성/내용의 순서임)
- 기타 증거서류 : 동의 ○, 부동의 ×
※ 증거결정 표시 : 채 ○, 부 ×
※ 증거조사 내용은 제시, 내용고지

증 거 목 록(증인 등)

증 거 방 법	쪽수(공)	입증취지 등	신청기일	증거결정 기일	증거결정 내용	증거조사기일	비고
100만 원권 자기앞수표 1장 (증 제1호)		기재생략		1	기재생략		
금반지 1개 (증 제2호)		기재생략		1			
디지털카메라 1개 (증 제3호)		기재생략		1			
증인 최정숙		기재생략		1		2013. 11. 18. 14:00 (실시)	
증인 성금자		기재생략		1		2회 기일 철회. 취소	

※ 증거결정 표시 : 채 ○, 부 ×

증 거 목 록(증인 등)

2013고합258

① 김경남
② 이경기

2013형 제89331, 89352호 신청인 : 피고인 및 그 변호인

증 거 방 법	쪽수 (공)	입증취지 등	신청 기일	증거결정		증거조사기일	비고
				기일	내용		
증인 이진철		기재생략	1	1	기재생략	2013. 11. 18. 14:00 (실시)	① 신청

대전지방검찰청

2013. 10. 21.

사건번호 2013년 형제89331호
수 신 자 대전지방법원
제 목 공소장
검사 강정의는 아래와 같이 공소를 제기합니다.

접 수
No. 29887
2013. 10. 21.
대전지방법원
형사접수실

258

Ⅰ. 피고인 관련사항

1. 피 고 인 김경남 (601003-1693224), 51세
직업 무직, 010-3059-1122
주거 대전광역시 서구 내동 21 명성아파트 103동 201호
042-876-1622
등록기준지 충남 금산군 양수면 이원리 412

죄 명 특정경제범죄가중처벌등에관한법률위반(배임), 강간미수, 특수절도, 절도, 감금

적용법조 특정경제범죄 가중처벌 등에 관한 법률 제3조 제1항 제2호, 형법 제355조 제2항, 제300조, 제297조, 제331조 제2항 제1항, 제329조, 제276조 제1항, 제37조, 제38조, 제40조

구속여부 2013. 10. 8. 구속(2013. 10. 6. 체포)

변 호 인 변호사 조원만

2. 피 고 인 이경기 (651112-1007322), 45세
직업 무직, 010-6583-3745
주거 대전 서구 만년동 35 대림아파트 101동 105호,
042-538-3285
등록기준지 충남 청양군 안이면 원흥리 321

죄 명 특수절도

적용법조 형법 제331조 제2항 제1항

구속여부 불구속

변 호 인 변호사 최대한

Ⅱ. 공소사실

1. 피고인들의 특수절도

피고인들은 2013. 9. 5. 01:00경 대전 서구 둔산동 25 개나리아파트 105동 앞에서 빈집으로 보이는 같은 동 202호 피해자 김진서의 집에 들어가 재물을 절취하기로 결의한 다음, 피고인 김경남은 그 아파트 출입문 앞에서 망을 보고, 피고인 이경기는 열려진 현관문을 통하여 위 202호에 들어가 그 집 작은 방 서랍 안에 있던 피해자 소유인 시가 30만 원 상당의 디지털카메라 1개를 가지고 나왔다.

이로써 피고인들은 합동하여 재물을 절취하였다.

2. 피고인 김경남의 특정경제가중처벌등에관한법률위반(배임)

피고인은 2010. 4. 20. 피고인 소유인 충남 연기군 조치원읍 당동리 195 대 1,180㎡를 피해자 천일성에게 대금 6억 원으로 정하여 매도하면서 계약금 6,000만 원은 계약 당일, 중도금 1억 4,000만 원은 2010. 5. 20. 지급받고 잔대금은 2010. 6. 21. 지급받기로 하되 위 토지에 설정되어 있는 채권자 신한은행에 대한 근저당채무를 피해자가 인수하는 조건으로 매매대금 중 나머지 4억 원에서 위 근저당채무액을 공제한 잔액을 지급받음과 상환으로 소유권이전등기를 경료하기로 약정하였다. 피고인은 약정에 따라 계약금 6,000만 원을 그 자리에서 교부받고, 2010. 5. 20. 중도금 1억 4,000만 원을 지급받았으므로 2010. 6. 21. 잔금을 지급받음과 상환으로 피해자에게 소유권이전등기절차를 이행하여 줄 임무가 발생하였다. 피고인은 위와 같은 임무에 위배하여 2010. 6. 23. 박용팔에게 위 토지를 대금 7억 원에 매도한 뒤 2010. 7. 7. 박용팔에게 위 토지에 관하여 소유권이전등기를 마쳐주었다. 이로써 피고인은 위 토지 시가인 7억 원 상당의 재산상이익을 취득하고 피해자에게 같은 금액 상당의 손해를 가하였다.

3. 피고인 김경남의 절도

가. 피고인은 2013. 8. 10. 22:00경 대전 동구 신월동에 있는 본가 주점에서 술을 마시다가 피해자인 성명불상의 여성 업주가 잠시 자리를 비운 사이에 카운터로 가 카운터 위 금고에 들어있던 현금 25만 원을 집어 가지고 가 이를 절취하였다.

나. 피고인은 2013. 8. 16. 23:00경 대전 유성구 궁동 258에 있는 모던 단란주점에서 술을 마시다가 옆자리에서 술을 마시던 피해자 윤재벌이 잠시 자리를 비운 틈을 타 피해자의 상의 주머니 속 지갑에서 우리은행 둔산동지점이 발행한 자기앞수표 100만 원 권 1장(수표번호 마가 1235670)을 꺼내어 가 이를 절취하였다.

다. 피고인은 2013. 8. 25. 22:30경 대전 서구 내동에 있는 칸 카페에서 술을 마시다가 업주인 피해자 성금자가 잠시 한눈을 파는 사이에 피해자의 핸드백 안에 들어있던 현금 100만 원과 시가 50만 원 상당의 금반지 1개를 꺼내어 가 이를 절취하였다.

라. 피고인은 2013. 8. 31. 18:00경 대전 중구 모충동 234에 있는 피해자 최정숙이 운영하는 맛나감자탕 식당에서 피해자가 주방으로 들어간 틈을 타 출입문 옆 카운터 위 금고 안에 들어있던 현금 50만 원을 가지고 가 이를 절취하였다.

4. 피고인 김경남의 강간미수 및 감금

피고인은 2013. 10. 6. 00:00경 대전 중구 모충동 356에 있는 대전백화점 앞길에서 피해자 최정숙(여, 36세)을 만나 이야기를 나누던 중 피해자를 강간하기로 마음먹었다. 피고인은 자신이 운전하여 온 10머2546호 쏘나타 승용차의 조수석에 피해자를 억지로 밀어 넣어 강제로 태운 다음, 피해자가 차에서 내리게 해 달라고 애원함에도 불구하고 자동차 문을 잠근 채 시속 약 100㎞ 이상으로 달려 대전 서구 역촌동 대전천 고수부지까지 운전해 가 같은 날 00:20경 인적이 드문 고수부지 주차장에 도착하여 주차하고 이야기하던 중, 갑자기 조수석 쪽으로 몸을 돌려 피해자의 목을 조르고 어깨를 잡아 흔들어 피해자가 반항하지 못하게 한 다음 강간하려고 하였으나, 마침 주변을 순찰 중이던 경찰관 임형석에게 발각되는 바람에 그 뜻을 이루지 못하였다.

이로써 피고인은 피해자를 감금함과 동시에 피해자를 강간하려다 미수에 그쳤다.

Ⅲ. 첨부서류

1. 현행범인 체포서 1통(생략)
2. 구속영장(체포된 피의자용) 1통(생략)
3. 피의자수용증명 1통(생략)
4. 변호인 선임신고서 2통(생략)

검사 강 정 의 ㊞

대전지방법원

공 판 조 서

제 1 회

사 건	2013고합258 특정경제범죄가중처벌등에관한법률위반(배임) 등		
재판장 판사	백두산	기 일 :	2013. 11. 4. 10:00
판사	한라산	장 소 :	제403호 법정
판사	설악산	공개여부 :	공개
법 원 주 사	윤대곡	고 지 된	
		다음기일 :	2013. 11. 18. 14:00
피 고 인	1. 김경남 2. 이경기		각 출석
검 사	박대의		출석
변 호 인	변호사 조원만 (피고인 1을 위하여)		출석
증 인	변호사 최대한 (피고인 2를 위하여)		출석

재판장

피고인들은 진술을 하지 아니하거나 각개의 물음에 대하여 진술을 거부할 수 있고 이익 되는 사실을 진술할 수 있음을 고지

재판장의 인정신문

성 명 : 1. 김경남 2. 이경기

주민등록번호 : 각 공소장 기재와 같음

지 업 : 〃

주 거 : 〃

등록 기준지 : 〃

재판장

피고인들에 대하여

주소의 변동이 있을 때에는 이를 법원에 보고할 것을 명하고, 소재가 확인되지 않을 때에는 그 진술 없이 재판할 경우가 있음을 경고

검 사

공소장에 의하여 공소사실, 죄명, 적용법조 낭독

피고인 김경남

공소사실 제1항에 관하여, 제가 이경기에게 30만 원을 주고 디지털 카메라를 산 일이

있을 뿐 이경기와 함께 그 카메라를 훔치지는 않았습니다. 공소사실 제2항은 인정합니다. 제3의 가항, 라항 절도 범행은 인정합니다만, 나항과 다항은 모두 부인합니다. 제가 하지 않았고 알지도 못하는 일입니다. 제4항에 관하여, 제가 최정숙에게 돈을 빌려주었는데 제가 공무원을 그만두고 생활이 쪼들려 그 돈을 받기 위하여 만나 독촉을 하던 중 화가 나 차에 억지로 태우고 고수부지에 가서 말다툼을 하다가 몸싸움을 한 사실은 있지만, 강간하려는 생각은 전혀 없었습니다. 최정숙이 오해한 것 같습니다. 억울합니다.

피고인 이경기

제가 디지털 카메라 1개를 훔친 것은 맞는데 김경남과 함께 훔쳤다는 것은 잘못된 것입니다. 제가 혼자 그 카메라를 훔쳐서 김경남에게 30만 원에 팔아먹은 것이 맞습니다.

피고인 김경남의 변호인 변호사 조원만

(피고인 김경남을 위하여 유리한 변론을 하다)

피고인 이경기의 변호인 변호사 최대한

(피고인 이경기를 위하여 유리한 변론을 하다)

재판장

증거조사를 하겠다고 고지

증거관계 별지와 같음(검사, 변호인)

재판장

각 증거조사결과에 대한 의견을 묻고 권리를 보호함에 필요한 증거조사를 신청할 수 있음을 고지

소송관계인

별 의견 없다고 진술

재판장

피고인들에 대한 특수절도 공소사실에 관하여, 검사가 제출한 증거에 기재된 피고인 이경기의 진술과 피고인 이경기의 법정진술이 달라 쟁점정리를 위하여 피고인 이경기를 신문하겠다고 고지

재판장

피고인 이경기에게

문 피고인은 수사기관에서 피고인 김경남과 합동하여 디지털카메라를 절취하였다고 진술한 바 있는데 이 법정에서는 그 진술을 번복하여 피고인 혼자서 디지털카메라를

절취한 다음 이를 피고인 김경남에게 팔았다고 진술하였지요. 어느 것이 진실인가요.
답 존경하는 재판장님 제가 잘못하였습니다. 제가 혼자 훔친 것이 맞는데 마침 김경남 집에서 그 카메라가 압수되었고 또 김경남과 함께 하였다고 하면 제가 좀더 가볍게 처벌받을 것 같아서 제가 거짓말을 했습니다. 법정에서는 양심의 가책을 받아서 더 이상 거짓말을 못하겠습니다. 죄송합니다.
검 사
피고인 이경기에게
문 피고인은 피고인 김경남의 죄책을 줄여주기 위해서 거짓말을 하는 것이 아닌가요.
답 아닙니다. 제 양심을 더 이상 속일 수 없어서 진실을 고백하는 것입니다.
문 그러면 피고인이 김경남에게 디지털카메라를 팔 때 그것이 훔친 물건이라는 사실을 김경남도 알고 있었나요.
답 예 제가 곧이곧대로 말하지는 않았지만 김경남도 그것이 훔친 물건이라는 것을 알고 있는 눈치였습니다.
문 그것이 언제인가요.
답 2013. 9. 7. 14:00경 대전 서구 둔산동 법원 앞에 있는 정다방 안에서 팔았습니다.
검 사
피고인 김경남의 특수절도 부분에 대하여 공소장변경을 검토하겠다고 진술
재판장
변론속행

2013. 11. 4.

법원 주사 윤 대 곡 ㊞
재판장 판사 백 두 산 ㊞

대전지방검찰청

(909-4000)

2013. 11. 8.

수　　신 : 대전지방법원(제12형사부)　　　　발　　신 : 대전지방검찰청

검　　사 : 박 대 의 ㊞박 대 의

제　　목 : **공소장변경허가신청**

귀원 2013고합258호 피고인들에 대한 특정경제범죄가중처벌등에관한법률위반 (배임)등 피고사건의 공소장을 다음과 같이 변경하고자 합니다.

접 수
No. 3942
2013. 11. 8.
대전부지방법원원
형사과

다　　음

피고인들에 대하여

1. 피고인 김경남에 대한 죄명 중 특수절도를 장물취득으로, 피고인 이경기에 대한 죄명을 야간주거침입절도로
2. 공소사실 제1항을

"가. 피고인 이경기는 2013. 9. 5. 01:00경 대전 서구 둔산동 25 개나리아파트 105동 202호 피해자 김진서의 집에 열려진 현관문을 통하여 들어가 그 집 작은 방 서랍 안에 있던 피해자 소유인 시가 30만 원 상당의 디지털카메라 1개를 가지고 나왔다.

이로써 피고인은 야간에 타인의 주거에 침입하여 재물을 절취하였다.

나. 피고인 김경남 2013. 9. 7. 14:00경 대전 서구 둔산동 345 정다방 안에서 이경기로부터 이경기가 위와 같이 절취한 디지털카메라 1개를 그것이 장물인 정을 알면서도 대금 30만 원에 매수하였다.

이로써 피고인은 장물을 취득하였다." 로,

3. 피고인 김경남에 대한 적용법조 중 형법 제331조 제2항 제1항을 형법 제362조 제1항으로, 피고인 이경기에 대한 적용법조를 형법 제330조로 변경합니다. 끝.

대 전 지 방 법 원

공 판 조 서

제 2 회

사 건	2013고합258 특정경제범죄가중처벌등에관한법률위반(배임) 등		
재판장 판사	백두산	기 일 :	2013. 11. 18. 14:00
판사	한라산	장 소 :	제403호 법정
판사	설악산	공개여부 :	공개
법 원 주 사	윤대곡	고 지 된	
		다음기일 :	2013. 12. 2. 10:00
피 고 인	1. 김경남 2. 이경기		각 출석
검 사	박대의		출석
변 호 인	변호사 조원만 (피고인 1을 위하여)		출석
	변호사 최대한 (피고인 2를 위하여)		출석
증 인	최정숙, 이진철		각 출석
	성금자		불 출석

재판장

전회 공판심리에 관한 주요사항의 요지를 공판조서에 의하여 고지

소송관계인

변경할 점이나 이의할 점이 없다고 진술

재판장

피고인들에 대한 2013. 11. 8.자 공소장변경허가신청서 기재의 공소장 변경을 허가한다는 결정 고지

검 사

위 서면에 의하여 변경된 공소사실, 죄명, 적용법조 낭독

피고인 김경남 및 변호인 변호사 조원만

변경된 공소사실을 인정할 수 없다고 진술

피고인 이경기 및 변호인 변호사 최대한

변경된 공소사실을 모두 인정한다고 진술

재판장

출석한 증인들 별지 조서와 같이 신문

검 사

검사가 증인으로 신청한 성금자는 2013. 11. 5. 교통사고로 사망한 것으로 확인되었다고 진술하고, 성금자의 사망 사실이 기재된 주민등록등본을 제출하므로 공판기록에 첨부함(첨부 생략)

증거관계 별지와 같음(검사, 변호인)

재판장

각 증거조사결과에 대한 의견을 묻고 권리를 보호함에 필요한 증거조사를 신청할 수 있음을 고지

피고인 김경남, 이경기와 그들의 변호인 변호사 조원만, 최대한

별 의견 없으며, 달리 신청할 증거도 없다고 진술

재판장

증거조사를 마치고, 피고인신문을 실시하겠다고 고지

검 사

피고인 김경남에게

문 피고인은 2013. 9. 7. 14:00경 대전 서구 둔산동 345 정다방 안에서 이경기로부터 디지털카메라 1대를 대금 30만 원에 매수한 일이 있지요.

답 예 있습니다.

답 피고인은 위 카메라가 이경기가 이틀 전 훔친 물건이라는 사실을 알고 있었지요.

답 아닙니다. 이경기가 자기가 자기 아들에게 사주었던 것인데 새것을 사는 바람에 쓸모가 없어져서 저에게 파는 것이라고 하였습니다. 제가 그것이 장물이라는 것을 알았다면 제값인 30만 원을 모두 주고 사지는 않았을 것입니다.

문 피고인은 피해자 천일성에 대한 배임 공소사실은 모두 인정하고 있지요.

답 그렇습니다. 죄송합니다.

문 피고인은 2013. 8. 10. 22:00경 대전 동구 신월동에 있는 본가라는 상호의 술집에서 술을 마시다가 피해자인 성명불상의 여성 업주가 잠시 자리를 비운 사이에 카운터로 가 카운터 위 금고에 들어있던 현금 25만 원을 집어 가지고 가 이를 절취한 사실이 있지요.

답 그건 인정합니다.

문 피고인은 2013. 8. 16. 23:00경 대전 유성구 궁동 258에 있는 모던 단란주점에서 술을 마시다가 옆자리에서 술을 마시던 피해자 윤재벌이 잠시 자리를 비운 틈을 타 피해자의 상의 주머니 속 지갑에서 우리은행 둔산동지점이 발행한 자기앞수표 100만 원

권 1장(수표번호 마가 1235670)을 꺼내어 가 이를 절취한 사실이 있지요.

답 그건 절대로 인정할 수 없습니다. 아까 처남도 증언하였지만 위 수표는 처남이 제게 준 것입니다.

문 피고인은 2013. 8. 25. 22:30경 대전 서구 내동에 있는 칸 카페에서 술을 마시다가 업주인 피해자 성금자가 잠시 한눈을 파는 사이에 피해자의 핸드백 안에 들어있던 현금 100만 원과 시가 50만 원 상당의 금반지 1개를 꺼내어 가 이를 절취한 사실이 있지요.

답 제가 그날 그 술집에 간 것은 사실이지만 제가 무슨 일을 하였는지 기억나지 않습니다. 그런데 성금자가 사망하여 말을 할 수 없다고 하니 답답합니다.

문 피고인은 2013. 8. 31. 18:00경 피해자 최정숙이 운영하는 맛나감자탕 식당에서 현금 50만 원을 훔친 일이 있지요.

답 예 좀 억울한 사정은 있지만 지금 생각해보니 제가 훔친 것이 맞는 것 같습니다.

피고인 이경기에게

문 피고인은 2013. 9. 5. 01:00경 대전 서구 둔산동 25 개나리아파트 105동 202호에서 피해자 김진서 소유의 디지털카메라 1개를 훔친 일이 있지요.

답 예 그렇습니다.

문 피고인은 그 다음다음날 14:00경 대전 서구 둔산동 345 정다방 안에서 김경남에게 위 카메라를 대금 30만 원에 판 일이 있지요.

답 예 그렇습니다.

문 그때 김경남은 그 카메라가 장물인 사실을 알고 있었나요.

답 예 제가 정면으로 말을 하지는 않았지만 김경남도 그것이 장물이라는 사실을 잘 알고 있었습니다. 그때 씩 웃으면서 좋은 일 있으면 자기도 함께 하자고 말하기까지 하였습니다.

피고인 김경남의 변호인 변호사 조원만

피고인 김경기에게

문 피고인은 본인이 한 것은 모두 자백하면서 재판장님께 선처를 바라고 있지만 정말로 하지 않은 일은 하지 않았다고 솔직하게 말씀드리는 것이지요.

답 예 그렇습니다. 저는 진실만을 말하였습니다.

피고인 이경기의 변호인 변호사 최대한

피고인 이경기에게

문 피고인은 공소사실을 모두 자백하고 반성하면서 재판장님이 선처해 주시기를 기원하고 있지요.

답　그렇습니다.

재판장

　　피고인신문을 마쳤음을 고지

피고인들의 변호인 변호사 조원만, 최대한

　　피고인들을 위하여 다음 기일에 최종의견을 진술하게 해달라고 진술

검사

　　기일 속행에 이의가 없다고 진술

재판장

　　변론속행

2013. 11. 18.

법원　주사　윤대곡 ㊞

재판장 판사　백두산 ㊞

대 전 지 방 법 원

증인신문조서(제2회 공판조서의 일부)

사 건 2013고합258 특정경제범죄가중처벌등에관한법률위반(배임) 등
증 인 이 름 최정숙
생년월일 1975. 4. 10.
주 거 대선 중구 대신동 32

재판장

증인에게 형사소송법 제148조 또는 같은 법 제149조에 해당하는가의 여부를 물어 이에 해당하지 아니함을 인정하고 위증의 벌을 경고한 후 별지 선서서와 같이 선서하게 하였다. 다음에 신문할 증인은 재정하지 아니하였다.

검 사

증인에게

문 증인은 2013. 10. 6. 00:00경부터 피고인 김경남의 승용차 안에 감금당하였다가 같은 날 00:30경 대전 서구 역촌동 대전천 고수부지에 세워진 피고인의 차안에서 피고인으로부터 강간당할 뻔한 일이 있지요.

답 그날 감금당한 것은 맞지만, 지금 생각해 보니 피고인이 저를 강간하려고 한 것은 아닌 것 같습니다.

문 증인은 경찰에서 피고인이 '돈으로 못 갚으면 몸으로라도 갚아라'라고 말하면서 증인의 목을 조르고 양손으로 어깨를 흔든 다음 증인을 강간하기 위해 증인의 옷을 벗기려 하였다고 진술하지 않았나요.

답 그렇게 진술한 것은 맞지만, 이제 와서 찬찬히 생각해 보니 피고인이 돈을 달라고 하면서 화를 내며 저를 폭행한 것은 맞는 것 같은데, 저를 강간하려 하였다는 것은 제가 과장되게 말한 것 같습니다. 그리고 피고인이 당시 '돈이 안 되면 몸이라도 팔아서 갚으라'고 말한 것이 맞는데, 제가 경황이 없어서 '돈으로 못 갚으면 몸으로라도 갚아라'라고 말했다고 잘못 진술한 것 같습니다.

문 증인은 피고인과 합의한 다음 거짓으로 진술하는 것이 아닌가요.

답 합의하지 않았습니다.

문 그러면 피고인에게 빌린 300만 원을 갚지 않기 위해 피고인의 편을 들어주는 것이 아닌가요.

답 아닙니다. 그 돈은 진즉에 피고인의 처에게 갚았습니다.

이때 검사는 수사기록 6~9쪽의 사법경찰리가 작성한 증인에 대한 진술조서와 10쪽의 고소장을 보여주고 열람하게 한 후,

문 증인이 경찰에서 조사받으면서 진술한 내용을 기재한 조서와 증인이 제출한 고소장인데, 증인은 그 당시 위 조서의 내용이 증인이 진술한 대로 기재되어 있는 것을 확인한 뒤 서명 날인하였고, 고소장도 증인이 작성한 것이 맞지요.

답 예. 맞습니다. 하지만 지금 생각해 보면 조서에는 과장된 내용이 있습니다.

피고인 김경남의 변호인 변호사 조원만

문 증인은 아직도 피고인에 대한 처벌을 원하나요.

답 아닙니다. 피고인을 선처해 주시길 바랍니다.

문 그렇다면 피고인에 대한 고소를 취소할 의사가 있나요.

답 그렇습니다. 제가 정신이 없어서 잘못 고소한 것이므로 피고인에 대한 고소를 취소하겠습니다.

재판장

문 증인이 피고인에 대한 고소를 취소하면 다시 고소할 수 없는데, 신중하게 생각하고 판단한 것인가요.

답 그렇습니다. 신중하게 생각하고 고소를 취소하는 것입니다.

2013. 11. 18.

법원 주사 윤대곡 ㉢

재판장 판사 백두산 ㉢

선 서

양심에 따라 숨김과 보탬이 없이

사실 그대로 말하고,

만일 거짓말이 있으면 위증의

벌을 받기로 맹세합니다.

증 인 : 최 정 숙 ㊞

대 전 지 방 법 원

증인신문조서(제2회 공판조서의 일부)

사 건	2013고합258 특정경제범죄가중처벌등에관한법률위반(배임) 등
증 인	이 름 이진철
	생년월일 1963. 6. 21.
	주 거 대전 서구 둔산동 225

재판장

증인에게 형사소송법 제148조 또는 같은 법 제149조에 해당하는가의 여부를 물은즉, 제149조에 해당하는 사유는 없지만 피고인 김경남의 처남이라고 대답하여 증언거부권이 있음을 고지하였으나 사실대로 증언하겠다고 하므로 위증의 벌을 경고한 후 별지 선서서와 같이 선서하게 하였다.

피고인 김경남의 변호인 변호사 조원만

증인에게

문 증인은 2013. 10. 5.경 피고인 김경남에게 100만 원 권 자기앞수표 1장을 준 일이 있나요.

답 예. 그렇습니다.

이때 100만 원 권 자기앞수표 1장(증 제3호)을 제시하고,

문 이것이 그때 피고인 김경남에게 준 수표가 맞나요.

답 수표번호는 잘 모르겠지만, 우리은행 둔산동지점이 발행한 100만 원짜리 자기앞수표를 준 적은 있습니다. 예, 여기 뒷면에 배서자를 보니 제가 주류를 공급하는 김갑석 사장의 배서가 되어 있는 것을 봐서 제가 김갑석에게 받아서 매제에게 준 수표가 맞습니다.

문 위 수표는 어디서 난 것인가요.

답 제가 주류도매상을 하면서 술집을 운영하는 김갑석에게도 술을 공급하였는데, 김갑석이 10월 초경 자기가 손님에게 받은 자기앞수표라고 하면서 배서하여 저에게 주류공급대금으로 갚은 것입니다.

검 사

문 증인은 매제인 피고인 김경남을 위해 일부러 유리한 진술을 하고 있는 것 아닌가요.

답 아닙니다. 사실 그대로 진술한 것입니다.

2013. 11. 18.

법원 주사 윤대곡 ㊞

재판장 판사 백두산 ㊞

선 서

양심에 따라 숨김과 보탬이 없이

사실 그대로 말하고,

만일 거짓말이 있으면 위증의

벌을 받기로 맹세합니다.

증 인 : 이 진 철 ㉐

사건 · 기일별 송달현황 (2013. . .)

재판부 : 제12형사부 출력일 : 2013.11.17. 13:30

구 분	송달현황	송달결과

▶[2013고합258] (전 기일) 2013. 11. 4.)

송 달 물	**증인소환장**			**송달:2013.11.10.**
생성일·방법	생성:2013.11.7.	우편송달		
송달받을 자 주 소	증인 최정숙	대전 중구 대신동 32		
수령인·장소	본인	상동		[대신/정배달]
송 달 물	**증인소환장**			**송달:2013.11.10.**
생성일·방법	생성:2013.11.7.	우편송달		
송달받을 자 주 소	증인 이진철	대전 서구 둔산동 225		
수령인·장소	본인	상동		[둔산/최배달]
송 달 물	**증인소환장**			**송달불능:수취인불명**
생성일·방법	생성:2013.11.7.	우편송달		
송달받을 자 주 소	증인 성금자	대전 서구 내동 121		
수령인·장소				[내동/송배달]

제	1	책
제	1	권

대 전 지 방 법 원

증거서류등(검사)

사 건 번 호	2013고합258	담임	단독 12부	주심	나
	20 노		부		
	20 도		부		

사 건 명	가. 특정경제범죄가중처벌등에관한법률위반(배임) 나. 강간미수 다. 특수절도 라. 절도 마. 감금
검 사	강 정 의 / 2013년 형제89331호
피 고 인	1. 가.나.다.라.마. **김 경 남** 2. 다. **이 경 기**
공 소 제 기 일	2013. 10. 21.

1 심 선 고	20 . . .	항 소	20 . . .
2 심 선 고	20 . . .	상 고	20 . . .
확 정	20 . . .	보 존	

제 1 책
제 1 권

구공판

대전지방검찰청

증 거 기 록

검 찰	사건번호	2013년 형제89331호	법원	사건번호	2013년 고합 호
	검 사	강정의		판 사	

피 고 인	구 속	1. 가.나.다.라.마. 김 경 남 2. 다. 이 경 기

죄 명	가. 특정경제범죄가중처벌등에관한법률위반(배임) 나. 강간미수 다. 특수절도 라. 절도 마. 감금
공소제기일	2013. 10. 21.

구 속	1. 2013. 10. 8. 구속(2013. 10. 6. 체포) 2. 불구속	석 방	
변 호 인	1. 변호사 조원만(사선) 2. 변호사 최대한(사선)		
증 거 물	있 음		
비 고			

증 거 목 록(증거서류 등)

2013고합258

2013형 제89331호 신청인 : 검사

순번	증거방법					참조사항 등	신청기일	증거의견		증거결정		증거조사기일	비고
	작성	쪽수(수)	쪽수(증)	증거명칭	성명			기일	내용	기일	내용		
1		64		피의자신문조서(제1회)	김경남								
2		68		피의자신문조서	이경기								
3	사경	6		진술조서	최정숙								
4		11		고소장	최정숙								
5		12		진술조서	임형석								
6		14		피의자신문조서(제1회)	김경남								
7		21		고소장	천일성								
8		23		부동산매매계약서 사본	천일성								
9		24		등기부등본									
10		25		진술조서	천일성								

※ 증거의견 표시 - 피의자신문조서 : 인정 ○, 부인 ×
(여러 개의 부호가 있는 경우, 성립/임의성/내용의 순서임)
- 기타 증거서류 : 동의 ○, 부동의 ×

※ 증거결정 표시 : 채 ○, 부 ×

※ 증거조사 내용은 제시, 내용고지

증 거 목 록(증거서류 등)

2013고합258

2013형 제89331호 　　　　　　　　　　　　　　　　　　　　신청인 : 검사

순번	증거방법					참조사항등	신청기일	증거의견		증거결정		증거조사기일	비고
	작성	쪽수(수)	쪽수(증)	증거명칭	성명			기일	내용	기일	내용		
11	사경	29		진술조서	박용팔								
12		32		압수조서									
13		34		수사보고									
14		35		진술조서	윤재벌								
15		38		진술조서	성금자								
16		41		진술조서	김진서								
17		44		피의자신문조서(2회)	김경남								
18		50		피의자신문조서	이경기								
19		55		피의자신문조서(2회)	김경남								
20		60		조회회보서	김경남								

※ 증거의견 표시 - 피의자신문조서 : 인정 ○, 부인 ×
(여러 개의 부호가 있는 경우, 성립/임의성/내용의 순서임)
- 기타 증거서류 : 동의 ○, 부동의 ×
※ 증거결정 표시 : 채 ○, 부 ×
※ 증거조사 내용은 제시, 내용고지

증 거 목 록(증거서류 등)

2013고합258

2013형 제89331호 신청인 : 검사

순번	증거방법					참조사항 등	신청기일	증거의견		증거결정		증거조사기일	비고
	작성	쪽수(수)	쪽수(증)	증거명칭	성명			기일	내용	기일	내용		
21	사경	62		조회회보서	이경기								

※ 증거의견 표시 - 피의자신문조서 : 인정 ○, 부인 ×
(여러 개의 부호가 있는 경우, 성립/임의성/내용의 순서임)
- 기타 증거서류 : 동의 ○, 부동의 ×

※ 증거결정 표시 : 채 ○, 부 ×

※ 증거조사 내용은 제시, 내용고지

진 술 조 서(목격자)		
성 명	: 임형석	
주민등록번호	: 740824-1275011 37세	
직 업	: 경찰공무원	
주 거	: 대전 서구 둔산동 32-23 청솔아파트 102동 303호	
등 록 기 준 지	: 충청북도 영동군 영동읍 부용리 2	
직 장 주 소	: 생략	
연 락 처	: 자택전화 생략	휴대전화 생략
	직장전화	전자우편(e-mail)

위의 사람은 피의자 김경남에 대한 **강간미수 등** 피의사건에 관하여 2013. 10. 6. 대전 중부경찰서 형사과 사무실에 임의출석하여 다음과 같이 진술하다.

1. **피의자와의 관계**

   저는 피의자 김경남과 아무런 관계도 없는 사람입니다..

2. **피의사실과의 관계**

   저는 피의사실에 관하여 목격자 겸 체포 경찰관 자격으로 출석하였습니다.

이때 사법경찰리는 진술인 임형석을 상대로 다음과 같이 문답을 하다.

문 진술인의 직업은 무엇인가요.

답 저는 대전중부경찰서 역촌파출소 소속 경찰관이고 계급은 경장입니다.

문 진술인은 피의자 김경남이 피해자 최정숙을 강간하려는 것을 발견하고 피의자를 체포한 사실이 있지요.

답 예. 맞습니다.

문 당시의 상황을 상세하게 진술하세요.

답 당시 같은 파출소 소속 이동수 순경과 함께 순찰차량을 운전하고 우범지역인 고수부지 주차장을 순찰하고 있었는데, 라이트가 켜져 있다가 꺼지는 차량을 발견하고 접근하였습니다. 그곳은 평소에도 성인남녀가 차량 안에서 민망한 짓을 많이 하는 곳이라서 그냥 주의만 주고 가려고 하였는데, 여자가 살려달라고 소리를 지르는 것 같아서 차문을 두드렸습니다. 그때는 어두워서 차안을 잘 볼 수는 없었지만 두 사람이 운전석과 조수석에 타고 있는 것 같았습니다. 잠시 후 차문이 열렸는데, 조수석에 타고 있던 여자분이 '이 남자가 저를 강간하려고 하였으니 살려 주세요'라고 말하며 차에서 내렸습니다. 그래서 피의자를 차에서 내리게 한 뒤 피해자를 강간하려고 한 것이 맞느냐고 물었더니, 그게 아니고 잠시 말다툼만 하였다고 하였습니다. 그러나 피해자가 분명히 강간당할 뻔하였다고 말하였고 피해자의 얼굴빛이 상기되어 있었으며 피해자가 입고 있던 잠바가 좀 구겨져 있는 등 옷매무새가 흐트러져 있는 것을 보고 강간의 현행범으로 판단하고 즉시 체포하였습니다.

문 피해자가 분명히 강간당할 뻔하였다고 말하였나요.

답 예. 피의자가 자신의 목을 조르고 어깨를 흔들며 '몸으로 때우라'라는 말을 하면서 옷을 벗기려 하였다고 말하였습니다.

문 이 사건에 대해 더 할 말이 있나요.

답 없습니다.

문 이상의 진술은 모두 사실인가요.

답 예. 모두 사실입니다.

위의 조서를 진술자에게 열람하게 하였던바, 진술한 대로 오기나 증감 · 변경할 것이 전혀 없다고 말하므로 간인한 후 서명 날인하게 하다.

진 술 자 임형석 ㉑

2013. 10. 6.

대 전 중 부 경 찰 서

사법경찰리 경 장 신 안 국 ㉑

피의자신문조서

피 의 자 : 김경남

위의 사람에 대한 강간미수 등 피의사건에 관하여 2013. 10. 6. 대전중부경찰서 형사과 사무실에서 사법경찰리 경장 신안국은 사법경찰리 순경 한경일을 참여하게 하고, 아래와 같이 피의자임에 틀림없음을 확인하다.

문 **피의자의 성명, 주민등록번호, 직업, 주거, 등록기준지 등을 말하십시오.**

답 **성명**은 김경남 (金慶南)

주민등록번호는 601003-1693224

직업은 무직

주거는 대전 서구 내동 21 명성아파트 103동 201호

등록기준지는 충남 금산군 양수면 이원리 412

직장주소는 없음

연락처는 **자택전화** 생략 **휴대전화** 생략

직장전화 생략 **전자우편**(e-mail) 입니다.

사법경찰리는 피의사건의 요지를 설명하고 사법경찰리의 신문에 대하여 형사소송법 제244조의3의 규정에 의하여 진술을 거부할 수 있는 권리 및 변호인의 참여 등 조력을 받을 권리가 있음을 피의자에게 알려주고 이를 행사할 것인지 그 의사를 확인하다.

진술거부권 및 변호인 조력권 고지 등 확인

1. 귀하는 일체의 진술을 하지 아니하거나 개개의 질문에 대하여 진술을 하지 아니할 수 있습니다.
2. 귀하가 진술을 하지 아니하더라도 불이익을 받지 아니합니다.
3. 귀하가 진술을 거부할 권리를 포기하고 행한 진술은 법정에서 유죄의 증거로 사용될 수 있습니다.
4. 귀하가 신문을 받을 때에는 변호인을 참여하게 하는 등 변호인의 조력을 받을 수 있습니다.

문 피의자는 위와 같은 권리들이 있음을 고지받았는가요.

답 예. 고지받았습니다.

문 피의자는 진술거부권을 행사할 것인가요.

답 아닙니다.

문 피의자는 변호인의 조력을 받을 권리를 행사할 것인가요.
답 아닙니다. 혼자서 조사를 받겠습니다.
이에 사법경찰리는 피의사실에 관하여 다음과 같이 피의자를 신문하다.
문 범죄전력은 있나요.
답 없습니다.
문 군대는 갔다 왔나요.
답 1984년 육군병장으로 만기제대 하였습니다.
문 학력은 어떠한가요.
답 대전 강촌고등학교를 졸업했습니다.
문 사회경력은 어떠한가요.
답 고등학교를 졸업하고 군대를 다녀와서 부동산중개업소 직원으로 일하다가 몇 달 전에 그만두었습니다.
문 가족관계는 어떠한가요.
답 처 이진숙(48세, 주부)과 아들 김장남(24세, 학생)이 있습니다.
문 재산이나 월수입은 어떠한가요.
답 요즘 일이 없기 때문에 별다른 수입이나 재산이 없습니다.
문 정당이나 사회단체에 가입한 사실이 있나요.
답 없습니다.
문 건강상태는 어떠한가요.
답 건강한 편입니다.
문 피의자는 피해자 최정숙을 강제로 차에 태워 감금하고 강간하려 한 사실이 있지요.
답 강제로 차에 태워 감금하였다는 것은 인정하겠는데, 강간하려 하였다는 것은 인정할 수 없습니다.
문 피해자를 감금한 경위를 구체적으로 진술하시오.
답 제가 몇 달 전에 최정숙에게 돈 1,000만 원을 빌려준 일이 있었는데 최정숙이 아직도 그 돈을 갚지 않았습니다. 요즘 제가 생활이 어려워서 그 돈을 돌려달라는 말을 하려고 만났습니다. 제가 어제 그러니까 2013. 10. 5. 밤 10시 경에 최정숙이 대전 중구 모충동에서 운영하는 맛나 감자탕 식당으로 찾아가 돈을 달라는 말을 하려고 하였더니 최정숙이 지금은 일을 해야 되니 이따가 일 끝나고 12시경에 근처에 있는 대전백화점 앞에서 보자고 하였습니다. 그래서 밤 12시경에 제가 대전백화점 앞 큰길에 제 소유인 10머2546호 은색 쏘나타 승용차를 세우고 기다리니까 최정숙이 왔습니다. 지는 워낙 돈이 급하여 빨리 갚으라고 했는데 최정숙은 느긋하게 한두 달 더 기다려 달라고 했습니다. 제가 좀 겁을 주면서 강력하게 말을 해야 될 것 같아서 최정숙을 제 차에 태우고 대전천 고수부지로 갔습니다.

문 피해자의 진술에 의하면 피의자는 그때 피해자에게 '말로 하면 안 되겠구먼'이라고 말하면서 손목을 강하게 잡고 억지로 차에 태웠다고 하던데 사실인가요.

답 예. 그건 사실입니다. 제가 '말로 하면 안 되겠구먼'이라고 하면서 최정숙의 손목을 꽉 잡고 제 차에 억지로 태운 것은 맞습니다.

문 피해자가 차에서 내리게 해 달라고 했지요.

답 예. 최정숙이 좀 겁을 먹었는지 얼굴이 하얘지면서 차에서 내리게 해 달라고 말했지만, 저는 무시하고 차문을 잠근 다음에 대전천 고수부지로 차를 몰았습니다.

문 어느 정도 속도로 운전하였나요.

답 그때 길에 차도 별로 없고 제가 화도 좀 난 상태라서 좀 빨리 운전하였습니다. 한 시속 100㎞ 정도는 될 것입니다.

문 그러면 피해자가 차에서 내릴 수 없었겠네요.

답 그건 맞습니다.

문 대전백화점 앞에서 대전천 고수부지까지 가는데 시간이 얼마나 걸렸나요.

답 워낙 빨리 갔으니까 한 10분 쯤 걸렸을 것입니다.

문 대전천 고수부지에는 왜 갔나요.

답 사람이 없는 곳에서 말하면 좀 겁을 먹고 돈을 빨리 줄 거라고 생각했습니다.

문 대전천 고수부지 주차장에 차를 세운 다음에는 어떻게 하였나요.

답 처음에는 한 10분 정도 똑같은 말을 하였습니다. 저는 빨리 달라고 하고 최정숙은 사정을 좀 봐 달라고 하고…. 그렇게 시간만 가서 제가 좀 흥분을 했습니다. 그래서 제가 조수석에 타고 있는 최정숙의 목을 좀 조르는 시늉을 하였고 양손으로 어깨를 잡아 흔들면서 돈을 빨리 갚으라고 하였습니다.

문 피해자의 진술에 의하면 피의자는 그때 '돈이 안 되면 몸으로라도 갚아라'라고 말하면서 피해자의 옷을 벗겨 강간하려고 하였다는데, 사실이 아닌가요.

답 아닙니다. 제가 최정숙의 목을 양손으로 잡았다가 놓고 어깨를 세게 흔들면서 돈을 갚으라고 한 적은 있어도 강간하려고 한 적은 없습니다. 그리고 제가 돈이 안 되면 몸이라도 팔아서 갚으라는 취지로 말을 하였지 몸으로 갚으라는 말을 하지는 않았습니다.

문 그렇게 실랑이를 한 시간은 얼마나 되나요.

답 제가 최정숙의 목을 조르고 양어깨를 흔들면서 돈을 갚으라고 말을 하는 데는 아마

1분도 안 걸렸을 겁니다. 제가 그렇게 하니까 최정숙이 저를 밀쳐내면서 사람 살리라고 고래고래 소리를 질렀고, 어디서 듣고 나타났는지 곧바로 경찰관들이 와서 제가 체포되었습니다.

문 피의자는 지금이라도 피해자를 강간하려 하였다는 사실을 자백하고 피해자에게 용서를 구할 생각은 없는가요.

답 제가 하지 않은 일을 하였다고 인정할 수는 없습니다.

문 피의자는 2013. 8. 31. 18:00경 대전 중구 모충동 234에 있는 맛나 감자탕 식당의 출입구 옆 카운터 금고에서 피해자 최정숙 소유인 현금 50만 원을 훔친 일이 있나요.

답 그날 그 장소에서 최정숙의 돈 50만 원을 가져간 일은 있지만 제가 훔친 것이라고는 생각하지 않습니다.

문 2013. 8. 31. 18:00경 위 맛나 감자탕 식당 카운터에서 돈 50만 원을 가져간 것은 맞다는 말이지요.

답 예 그렇습니다.

문 그때 최정숙이 그 돈을 가져가도 좋다고 허락한 일이 있나요.

답 그건 아닙니다.

문 그러면 피의자는 왜 훔친 것이 아니라고 말하는 것인가요.

답 그날도 돈을 독촉하려고 맛나 감자탕에 갔는데 최정숙이 잠깐 얼굴만 보이더니 주방에서 뭘 해야 한다고 말하고는 주방으로 들어가 버렸습니다. 그래서 제가 홧김에 뭐라도 집어가려고 카운터 위 금고를 보니 열려진 금고 속에 현금이 많이 들어 있었습니다. 그래서 그냥 집어들고 나왔습니다. 나중에 집에 가서 세보니 50만 원이었습니다.

문 그 다음에는 어떻게 되었나요.

답 그날 밤에 최정숙에게 전화가 와서 혹시 금고에 있던 돈을 가져갔냐고 묻길래 저는 아니라고 잡아뗐습니다. 그렇지만 최정숙도 제가 가져간 것으로 짐작은 할 것입니다.

문 그게 훔친 것이 아니고 무엇이란 말인가요.

답 그렇지만 최정숙이 먼저 제 돈 1,000만 원을 빌려가서 갚지 않았고, 제가 가져간 것을 알면서도 가만히 있는 것을 보면 빌린 돈을 갚는 것으로 생각한 것이겠지요.

문 그 뒤로 최정숙과 사이에 50만 원에 대한 이야기를 나눈 일이 있나요.

답 제가 모른다고 잡아뗀 후로는 그에 대하여 말을 나눈 적이 없습니다.

문 그 돈은 어떻게 하였나요.

답 며칠 후 그 돈 중 30만 원으로 이경기에게서 디지털 카메라 1대를 샀고 나머지는 생활비로 사용하였습니다.

문 피의자는 2013. 8. 10.경 대전 동구 신월동 사거리에 있는 본가 또는 봉명가라는 술집에서 업주가 잠시 자리를 비운 틈을 타서 카운터 금고 안에 있던 현금을 훔친 일이 있나요.

답 그건 어떻게 아셨나요. 그건 사실입니다. 제가 한때는 부동산 사무소에서 일하면서 땅도 사고 돈도 좀 있었는데 땅 판 돈을 기획부동산에 사기당하고 또 부동산 경기도 안 좋아서 부동산 사무소를 그만 둔 뒤로 먹고 살 길이 없고 낙담하여 술을 자주 마셨는데, 2013. 8. 10. 22:00경 대전 동구 신월동 사거리에 있는 본가 주점에서 술을 마시다가 카운터에서 현금 25만 원을 훔친 일이 있습니다.

문 훔친 25만 원은 어떻게 하였나요.

답 모두 술값이나 생활비로 썼습니다.

문 피의자는 남의 물건을 훔친 것이 더 있나요.

답 요즘 하도 술을 먹고 다녀서 잘 기억나지 않지만 더 있을 겁니다. 제 집 안방에 있는 제 등산용 가방 안에 훔친 물건이 있을 겁니다.

문 최정숙의 돈으로 샀다는 디지털 카메라는 어디에 있나요.

답 제것이 아닌 것은 모두 아까 그 등산가방 속에 넣어두었습니다.

문 이상의 진술내용에 대하여 이의나 의견이 있는가요.

답 없습니다.

위의 조서를 진술자에게 열람하게 하였던바, 진술한 대로 오기나 증감·변경할 것이 전혀 없다고 말하므로 간인한 후 서명 무인하게 하다.

진술자 김갑동 (무인)

2013. 10. 6.

대 전 중 부 경 찰 서

사법경찰리 경 장 신 안 국 ㊞

사법경찰리 순 경 한 경 일 ㊞

<table>
<tr><td rowspan="2">대전중부
경찰서</td><td>담 당</td><td>수사지원팀장</td><td>수사과장</td><td>서 장</td></tr>
<tr><td>신안국</td><td>박중환</td><td>전결</td><td>손대경</td></tr>
</table>

고 소 장

접수일자	2013. 10.8.
접수번호	제 4460 호
사건번호	제 9360 호
압수번호	

고 소 인 : 천 일 성 (560123-1298428)
서울 서초구 방배동 542 푸른아파트 2동 710호
피고소인 : 김 경 남 (601003-1693224)
대전 서구 내동 21 명성아파트 103동 201호
죄 명 : 특정경제범죄가중처벌등에관한법률위반(배임)

피고소인은 고소인을 상대로 아래와 같은 범행을 저지른 자이니, 철저하게 수사하시어 피고소인을 엄벌에 처해주시기 바랍니다.

고 소 사 실

1. 고소인은 2010. 4. 20. 피고소인으로부터 충남 연기군 조치원읍 당동리 195 대지 1,180 평방미터를 6억 원에 매수하기로 하여 계약금과 중도금까지 지급하고 잔대금 지급에 갈음하여 위 대지에 설정된 근저당채무를 인수할 모든 준비를 갖추고 있었는데도 피고소인은 이전등기를 미루다가 결국 2010. 6. 23. 다른 데 처분하여 버렸습니다.
2. 고소인은 그 땅을 매입하여 사업을 하려고 하였는데 피고소인이 그 땅을 다른 데 처분해 버리는 바람에 많은 손해를 보았습니다. 그렇지만 그동안 피고소인이 계속해서 손해를 전보해 준다고 말하였고 제가 지급했던 계약금과 중도금은 받았기 때문에 피고소인을 믿고 기다렸는데 피고소인이 강간미수죄로 대전중부경찰서에 구속되었다는 것을 알게 되었습니다. 이 상황에서 피고소인이 임의로 저의 돈을 갚아줄 것 같지 않아서 피고소인을 고소하오니, 철저히 조사하시어 피고소인을 엄벌하여 주시기 바랍니다.

*** 첨부서류 : 부동산매매계약서 사본 1통
부동산등기부등본 1통

2013. 10. 8.

고소인 천일성 (인)

대전중부경찰서장 귀하

부동산매매계약서

사본임
천일성 (인)

1. 부동산의 표시
   충남 연기군 조치원읍 당동리 195
   대지 1,180평방미터
2. 계약내용

제 1 조 위 부동산을 매도인과 매수인 쌍방 합의하에 아래와 같이 매매계약을 채결한다.

제 2 조 위 부동산 매매에 있어 매수인은 매매대금을 아래와 같이 지급키로 한다.

매매대금	금 육억 원 정 〈평당 원 〉	
계 약 금	금 육천만 원 정 은	2010 년 4 월 20일 지급
중 도 금	금 일억사천만 원 정 은	2010 년 5 월 20일 지급
잔 대 금	금 사억 원 정 은	2010 년 6 월 21일 지급

제 3 조 위 부동산의 명도는 2010 년 6월 21일로 한다.

제 4 조 매도인은 잔금 지급일 현재 위 부동산에 관련된 채무 및 제세공과금을 변제키로 한다.

제 5 조 매도인은 잔금 수령시 소유권이전(등기)에 필요한 모든 서류를 매수인에게 교부하고 등기절차에 협력한다.

제 6 조 본 계약을 매도인이 위약시는 계약금의 배액을 배상하고, 매수인이 위약시는 계약금을 포기하고 반환청구 하지 않기로 한다.

특약사항 : ① 위 부동산에 설정된 신한은행에 대한 근저당채무는 매수인이 인수하고, 잔대금은 2010. 6. 21. 현재의 근저당채무액을 4억 원에서 공제하고 남는 잔액으로 한다.

2010 년 4 월 20 일

구분	항목	내용				
매도인	주 소	대전 서구 내동 21 명성아파트 103동 201호				
	주민등록번호	601003-1693224	전화	042)712-2580	성명	김경남 (김경남)
매수인	주 소	서울 서초구 방배동 542 푸른아파트 2동 710호				
	주민등록번호	560123-1298428	전화	02)540-0693	성명	천일성 (千星日印)
입회인	주 소	충남 연기군 조치원읍 당동리 5 호수부동산중개소				
	주민등록번호	540827-1325753	전화	041)721-9086	성명	유상순 (유상순)

등기부 등본

충남 연기군 조치원읍 당동리 195　　　　고유번호 1357-8642-7234789

【 표 제 부 】	(토지의 표시)				
표시번호	접 수	소 재 지 번	지목	면적	등기원인 및 기타사항
1 (전2)	1992년 2월 9일	충남 연기군 조치원읍 당동리 195	대	1,180㎡	부동산등기법시행규칙부칙 제3조 제1항의 규정에 의하여 2003년 7월 1일 전산이기

【 갑 구 】	(소유권에 관한 사항)			
순위번호	등기목적	접 수	등 기 원 인	권 리 자 및 기 타 사 항
1 (전4)	소유권이전	2000년 4월 10일 제1975호	2000년 3월 15일 매매	소유자 김경남 대전 서구 내동 21 명성아파트 103동 201호
2	소유권이전	2010년 7월 7일 제3468호	2010년 6월 23일 매매	소유자 박용팔440331 - 1****** 서울 관악구 신림2동 920 신동빌라 505호

【 을 구 】	(소유권 이외의 권리에 관한 사항)			
순위번호	등기목적	접 수	등 기 원 인	권 리 자 및 기 타 사 항
1 (전3)	근저당권설정	2000년 4월 10일 제1976호	2000년 4월 10일 설정계약	채권최고액 금 380,000,000원 채무자 김경남 대전 서구 내동 21 명성아파트 103동 201호 근저당권자 주식회사 신한은행 서울 중구 태평로 2가 120
1-1	근저당권변경	2010년 7월 7일 제3469호	2010년 7월 7일 면책적 채무인수	채무자 박용팔 서울 관악구 신림2동 920 신동빌라 505호

수수료 금 1,200원 영수함　　　　관할등기소 대전지방법원 조치원등기소

이 등본은 부동산 등기부의 내용과 틀림없음을 증명합니다.

서기 2013년 10월 8일

의정부지방법원 고양지원 파주등기소　　　　등기관 정창일

대전지방법원조치원등기소장인

*실선으로 그어진 부분은 말소사항을 표시함.　　* 등기부에 기록된 사항이 없는 갑구 또는 을구는 생략함.

발행번호 10760030102245772012б125SLBO114951WOG295021311121　　발행일 2011/06/30

진 술 조 서(고소보충)

성 명	: 천일성
주민등록번호	: 560123-1298428 55세
직 업	: 가구판매업
주 거	: 서울 서초구 방배동 542 푸른아파트 2동 710호
등 록 기 준 지	: 충남 청양군 안이면 원흥리 321
직 장 주 소	: 생략
연 락 처	: 자택전화 생략 휴대전화 생략
	직장전화 전자우편(e-mail)

위의 사람은 피의자 김경남에 대한 **특정경제범죄가중처벌등에관한법률위반(배임)** 등 피의사건에 관하여 2013. 10. 8. 대전중부경찰서 형사과 사무실에서 임의출석하여 다음과 같이 진술하다.

1. **피의자와의 관계**

저는 피의자 김경남과 아무런 친인척 관계가 없습니다.

2. **피의사실과의 관계**

저는 고소인으로서 출석하였습니다.

이때 사법경찰리는 진술인 천일성을 상대로 다음과 같이 문답을 하다.

문 진술인은 대전중부경찰서에 고소장을 제출한 사실이 있는가요.

답 예. 그러한 사실이 있습니다.

문 이것이 진술인이 제출한 고소장이 맞나요.

이 때 2013. 10. 8. 접수된 진술인 명의의 고소장을 보여주다.

답 예. 맞습니다.

문 위와 같은 고소장을 다른 수사기관에 제출한 사실은 없나요.

답 없습니다.

문 고소 내용에 관하여 상세히 진술해 보세요.

답 김경남이 저에게 충남 연기군 조치원읍 당동리 195 대지 1,180m^2를 매도하기로 계약을 체결하고도 이를 다른 사람에게 처분하여 저에게 손해를 가하였다는 것입니다.

문 진술인이 김경남으로부터 충남 연기군 조치원읍 당동리 195 대지를 매수한 경위를 자세히 진술하시오.

답 저는 2010. 당시 조치원읍이 많이 개발된다고 하여 여기에다 투자를 하여두면 좋을 것 같아 매수할 만한 땅을 물색하고 있던 중 충남 연기군 조치원읍 당동리 195 대지 1,180㎡가 시가보다 싸게 매물로 나와 있기에 2010. 4. 20. 김경남으로부터 그 대지를 6억 원에 매수하기로 매매계약을 체결하였습니다.

문 당시 당동리 195 대지의 시가는 어느 정도였는가요.

답 제가 매매계약을 체결하기 전에 그 부근의 부동산중개소에 시가를 알아보았더니 여러 곳에서 모두 7억 원 정도 나간다고 이야기하였습니다. 그래서 저는 6억 원이면 많이 싸게 사는 것이라는 생각이 들어 매매계약을 체결하였던 것입니다.

문 매매대금은 어떤 방식으로 지급하기로 약정하였는가요.

답 계약 당일 계약금으로 6,000만 원을 지급하고, 2010. 5. 20. 중도금 1억 4,000만 원을 지급하며, 잔금은 2010. 6. 21. 지급하기로 하되 그 대지에 신한은행의 근저당권이 설정되어 있으므로 제가 근저당채무를 인수하고 잔금 4억 원에서 근저당채무액을 공제한 나머지를 지급하기로 약정하였습니다.

이 때 진술인이 고소장에 첨부하여 제출한 부동산매매계약서 사본을 제시하면서

문 이것이 진술인과 김경남 사이에 체결하였던 매매계약서인가요.

답 예. 제가 아직까지 보관하고 있는 매매계약서를 복사하여 고소장에 첨부한 것입니다.

문 진술인은 김경남에게 매매대금을 모두 지급하였는가요.

답 계약금과 중도금은 계약대로 지급하였고, 잔금은 잔금지급기일 며칠 전에 신한은행에 채무 잔액을 확인해 보니, 갚아야 할 근저당채무가 원금 3억 원에 이자 2,000만 원을 합하여 3억 2,000만 원이라고 하므로 제가 실제로 김경남에게 건네주어야 할 8,000만 원을 마련해 놓고 기다리고 있었습니다.

문 진술인은 김경남이 당동리 195 대지를 다른 사람에게 처분하였다는 사실을 언제 알게 되었는가요.

답 김경남이 잔금지급기일이 다 됐을 무렵에 갑자기 매매대금을 조금 올려달라고 요구하기에 제가 거절하였더니, 몸이 아프다면서 며칠만 잔금 수수를 미루자고 한 뒤 차일피일 미루기에 조금 의아한 생각이 들어 약 3주일쯤 지났을 때 등기부등본을 떼어보니 2010. 7. 7.자로 박용팔이라는 사람에게 이전등기가 경료되어 있는 것을 보고 다른 사람에게 처분했다는 것을 알았습니다.

문 진술인은 김경남을 찾아가서 따진 사실이 있는가요.

답 김경남이 처음에는 저를 만나지 않겠다면서 제가 건넨 2억 원만 돌려주면 되지 않느냐고 억지를 부렸지만, 제가 지금 당장 만나주지 않으면 가만두지 않겠다고 윽박질러 2010. 7. 10. 김경남과 만날 수 있었습니다. 그 자리에서 김경남의 이야기가 저보다 높은 값을 쳐주겠다는 사람이 있어서 처분하였는데, 저로부터 받은 돈에다가 제가 입은 손해의 배상금조로 5,000만 원을 더 지급하겠다면서 용서를 구하였고, 저도 더 이상 야박하게 굴 수가 없어서 그렇게 하기로 하였습니다. 그런데 아직도 그 돈을 갚지 않고 있습니다.

문 그 뒤로는 어떻게 되었나요.

답 2010년 말경에 원금 2억 원은 돌려받았지만 김경남이 추가로 지급하기로 한 5,000만 원은 아직 받지 못하고 있습니다. 김경남은 사업이 망했다면서 차일피일 미루었고 저도 김경남때문에 많은 손해를 입기는 하였지만 그 5,000만 원이 당장 급한 돈은 아니기 때문에 계속 기다려 주었는데 최근에 김경남이 강간미수로 구속되었다는 소식을 듣고 더 이상은 기다려 줄 수 없을 것 같아 고소한 것입니다.

문 진술인은 피의자의 처벌을 원하는가요.

답 피의자를 엄벌하여 주시기 바랍니다.

문 이 사건에 대해 더 할 말이 있나요.

답 없습니다.

문 이상의 진술은 모두 사실인가요.

답 예. 모두 사실입니다.

위의 조서를 진술자에게 열람하게 하였던바, 진술한 대로 오기나 증감·변경할 것이 전혀 없다고 말하므로 간인한 후 서명 날인하게 하다.

진 술 자 천일성 ㊞

2013. 10. 8.

대 전 중 부 경 찰 서

사법경찰리 경장 신 안 국 ㊞

진 술 조 서(참고인)

성 명	: 박용팔
주민등록번호	: 440331-1624085 67세
직 업	: 예식장경영
주 거	: 서울 관악구 신림2동 920 신동빌라 505호
등 록 기 준 지	: 충남 연기군 조치원읍 당동리 256
직 장 주 소	: 생략
연 락 처	: 자택전화 생략 휴대전화 생략
	직장전화 전자우편(e-mail)

위의 사람은 피의자 김경남에 대한 **특정경제범죄가중처벌등에관한법률위반(배임) 등** 피의사건에 관하여 2013. 10. 10. 대전중부경찰서 형사과 사무실에서 임의출석하여 다음과 같이 진술하다.

1. **피의자와의 관계**

저는 피의자 김경남과 아무런 친인척 관계가 없습니다.

2. **피의사실과의 관계**

저는 피의사실과 관련하여 참고인의 자격으로 출석하였습니다.

이 때 사법경찰리는 진술인 박용팔을 상대로 다음과 같이 문답을 하다

문 진술인은 현재 충남 연기군 조치원읍 당동리 195 대 1,180m²를 소유하고 있는가요.

답 예. 당동리 195 대지는 제가 2010. 6. 23. 종전 소유자인 김경남으로부터 매수한 뒤 2010. 7. 7. 이전등기를 경료받아 소유하고 있는 땅입니다.

문 진술인이 김경남으로부터 당동리 195 대지를 매수한 경위를 자세히 진술하시오.

답 제가 그 무렵 고향으로 돌아가 노후를 보내고 싶어서 집을 짓기 좋은 부지를 찾고 있었는데 2010. 6.경 당동리 195 대지가 매물로 나왔다는 말을 듣고 그 대지를 둘러보니 제 마음에 쏙 들었습니다. 그래서 2010. 6. 23. 제가 매물을 찾아달라고 의뢰하였던 충남 연기군 조치원읍 당동리 5에 있는 호수부동산중개사무소를 통해서 김경남에게 연락해서 7억 원에 매매계약을 체결하고 2010. 7. 7. 잔금을 마저 치른 뒤 이전등기를 경료받았던 것입니다.

문 매매대금은 어떠한 방법으로 지급하였는가요.

답 계약 당일 계약금으로 1억 원을 지급하였고, 중도금 없이 2주일 뒤에 잔금 6억 원을 지급하기로 하되 그 대지에는 신한은행에 근저당권이 설정되어 있었기 때문에 근저당채무를 제가 인수하기로 하고 6억 원에서 그 채무 잔액을 공제한 나머지를 수수하기로 하였는데 잔금지급기일에 신한은행에 가서 채무잔액 확인서를 받아보니 채무원금이 3억 원이고 이자가 2,000만 원 밀린 것으로 되어 있어서 실제로 김경남에게는 6억 원에서 그 채무원리금 합계액을 공제한 나머지인 2억 8,000만 원을 잔금으로 지급하였습니다.

문 진술인은 김경남으로부터 대지를 매수할 당시 이현상이 이미 그 대지를 다른 사람에게 매도한 상태라는 것을 알지 못하는가요.

답 예. 저는 전혀 알지 못하였습니다. 김경남이 매매계약을 체결할 당시 잔금지급기일을 빨리 잡자고 서두르는 것이 이상하다는 생각은 했지만, 돈이 급해서 그런 것으로 생각하고 더 이상의 의심을 품지는 않았습니다.

문 진술인이 당동리 대지를 매수할 당시 그 대지의 시가는 어느 정도였는가요.

답 당시 제가 그 대지가 너무 마음에 들어 김경남에게 매수하겠다고 제의하면서 인근 부동산중개소 여러 곳에 시가를 알아보았더니 한결같이 시가 7억 원 정도의 땅이라고 대답하였습니다. 그 때 김경남이 돈이 급해서 매물로 내놓은 것이라는 사실은 귀뜸받은 적이 있지만, 제가 그 땅이 마음에 들어서 시가보다 싸게 달라는 이야기는 하지 않고 그 땅의 시가대로 매매계약을 체결하였던 것입니다.

문 이 사건에 대해 더 할 말이 있나요.

답 없습니다.

문 이상의 진술은 모두 사실인가요.

답 예. 모두 사실입니다.

위의 조서를 진술자에게 열람하게 하였던바, 진술한 대로 오기나 증감·변경할 것이 전혀 없다고 말하므로 간인한 후 서명 날인하게 하다.

진술자 박용팔 ㉤

2013. 10. 10.

대 전 중 부 경 찰 서

사법경찰리 경 장 신 안 국 ㉤

압 수 조 서(영장에 의한 압수)

피의자 김경남에 대한 절도 등 사건에 관하여 2013. 10. 11. 10:00경 대전중부경찰서에서 사법경찰리 경장 신안국은 사법경찰리 순경 한경일을 참여하게 하고, 별지 목록의 물건을 다음과 같이 압수하다.

압 수 경 위

2013. 10. 8. 피의자 김경남이 조사를 받던 도중, 절취한 물건과 절취한 돈으로 산 물품이 자신의 집 안방에 있는 등산용 가방 안에 있다고 하여 대전지방법원 판사 서현자로부터 압수수색영장을 발부받아 대전 서구 내동 21 명성아파트 103동 201호 피의자의 집 안방을 수색한 결과 피의자의 등산용 가방을 발견하여 그 안에 있던 100만 원 권 자기앞수표 1장과 디지털 카메라 1개, 금반지 1개를 압수함

	성 명	주민등록번호	주 소	서명 또는 날인
참여인	이진숙	630508-2053412	대전 서구 내동 21 명성아파트 103동 201호	인

2013. 10. 11.

대전중부경찰서

사법경찰리 경장 신안국 ㊞

사법경찰리 순경 한경일 ㊞

<table>
<tr><th colspan="9">압 수 목 록</th></tr>
<tr><th>번호</th><th>품 명</th><th>수량</th><th colspan="2">소지자 또는 제출자</th><th colspan="2">소 유 자</th><th>경찰 의견</th><th>비고</th></tr>
<tr><td rowspan="4">1</td><td rowspan="4">100만 원 권 자기앞수표</td><td rowspan="4">1장</td><td>성 명</td><td>김경남</td><td>성 명</td><td>좌동</td><td rowspan="4">압수</td><td rowspan="4">이진숙 (인)</td></tr>
<tr><td>주 소</td><td>대전 서구 내동 21 명성아파트 103동 201호</td><td>주 소</td><td>좌동</td></tr>
<tr><td>주민등록번호</td><td>601003-1693224</td><td>주민등록번호</td><td>좌동</td></tr>
<tr><td>전화번호</td><td>생략</td><td>전화번호</td><td>생략</td></tr>
<tr><td rowspan="4">2</td><td rowspan="4">디지털 카메라</td><td rowspan="4">1개</td><td>성 명</td><td>상동</td><td>성 명</td><td>상동</td><td rowspan="4">압수</td><td rowspan="4">이진숙 (인)</td></tr>
<tr><td>주 소</td><td>생략</td><td>주 소</td><td>생략</td></tr>
<tr><td>주민등록번호</td><td>생략</td><td>주민등록번호</td><td>생략</td></tr>
<tr><td>전화번호</td><td>생략</td><td>전화번호</td><td>생략</td></tr>
<tr><td rowspan="4">3</td><td rowspan="4">금반지</td><td rowspan="4">1개</td><td>성 명</td><td>상동</td><td>성 명</td><td>상동</td><td rowspan="4">압수</td><td rowspan="4">이진숙 (인)</td></tr>
<tr><td>주 소</td><td>생략</td><td>주 소</td><td>생략</td></tr>
<tr><td>주민등록번호</td><td>생략</td><td>주민등록번호</td><td>생략</td></tr>
<tr><td>전화번호</td><td>생략</td><td>전화번호</td><td>생략</td></tr>
</table>

<table>
<tr><th colspan="2">대 전 지 방 검 찰 청</th></tr>
<tr><td>압 수</td><td rowspan="2">2013. 10. 14.
2013 압 제 7538</td></tr>
<tr><td>㊞</td></tr>
</table>

대전중부경찰서

수 신　대전중부경찰서 수사과장
제 목　수사보고(압수물 분석 및 피해자 탐문 결과)

1. 피의자 김경남의 집에서 압수한 100만 원 권 자기앞수표 1장(우리은행 둔산동지점 발행 수표번호, 마가1235670)은 2013. 8. 16. 대전 유성구 궁동에 있는 모던 단란주점에서 술을 마시던 윤재벌이 같은 장소에서 도난당한 수표로 밝혀졌기에 이에 보고합니다.
2. 피의자 김경남의 집에서 압수한 디지털 카메라 1개는 2013. 9. 5. 01:00경 대전 서구 둔산동 개나리 아파트 105동 202호에 거주하는 김진서가 도난당한 물품으로 확인되었기에 보고합니다.
3. 피의자 김경남의 집에서 압수한 금반지 1개는 2013. 8. 25. 22:30경 대전 서구 내동 325 칸 카페에서 업주인 성금자가 도난당한 것으로 확인되었기에 보고합니다.
4. 피의자 김경남이 2013. 8. 10. 22:00경 대전 동구 신월동 사거리에 있는 본가 또는 봉명가 술집에서 현금 25만 원을 절취하였다고 자백하므로 그 피해자를 탐문한바, 대전 동구 신월동 사거리 주변에 본가 또는 봉명가라는 술집 또는 음식점을 발견할 수 없어 피해자 조사를 하지 못하였으나, 피의자 김경남이 자백하고 있고 이를 뒷받침하는 이성기의 진술도 있으므로 기소하기에 충분하다고 사료되므로 보고합니다.

2013. 10. 12.
대전중부경찰서
사법경찰리 신 안 국 인

진 술 조 서(피해자)		
성 명	: 윤재벌	
주민등록번호	: 741030-1015332 36세	
직 업	: 사업	
주 거	: 대전 유성구 궁동 25 부자빌라 105호	
등록기준지	: 생략	
직 장 주 소	: 생략	
연 락 처	: 자택전화 생략	휴대전화 생략
	직장전화	전자우편(e-mail)

위의 사람은 피의자 **김경남**에 대한 **절도 등** 피의사건에 관하여 2013. 10. 12. 대전중부경찰서 형사과 사무실에 임의 출석하여 다음과 같이 진술하다.

1. **피의자와의 관계**
   저는 피의자 김경남과 아무런 관계도 없는 사람입니다.

2. **피의사실과의 관계**
   저는 피해자로서 출석하였습니다.

이때 사법경찰리는 진술인 윤재벌을 상대로 다음과 같이 문답을 하다.

문 진술인은 2013. 8. 16. 23:00경 진술인 소유인 100만 원 권 자기앞수표 1장을 도난당한 일이 있나요.

답 예. 있습니다.

문 그 경위를 상세하게 진술하시오.

답 예. 2013. 8. 16. 23:00경 집 근처에 있는 대전 유성구 궁동 285에 있는 모던 단란주점에서 친구들과 술을 마시다가 잠시 화장실을 다녀와서 벗어놓았던 제 상의 저고리 속에 있던 지갑을 열어보니 제가 가지고 다니던 100만 원짜리 자기앞수표 1장이 없어진 것을 발견하였습니다.

이때 진술인에게 압수된 100만 원 권 자기앞수표 1장을 보여주고

문 이 수표가 진술인이 도난당한 것이 맞나요.

답 그렇습니다. 제가 우리은행 둔산동지점에서 그날 인출한 수표번호 마가1235670 100

만 원 권 자기앞수표가 맞습니다.

이때 진술인에게 옆방에서 대기 중인 피의자 김경남을 확인하게 하고

문 저 옆방에 있는 김경남이 위 수표를 훔쳐간 사람이 맞나요.

답 글쎄요. 잘 모르겠습니다. 저 사람은 그날 그 술집에서 본 일이 없습니다. 그날은 제가 주식으로 돈을 많이 번 날이라 기분이 좋아서 제 친구들을 불러 한턱내려고 모던 단란주점 주인에게 다른 손님을 받지 말라고 한 뒤 우리끼리만 술을 먹고 있었기 때문에 다른 사람은 그 술집에 들어오지 못했습니다. 그런데 저 사람이 이 수표를 가지고 있었다니 이상합니다. 제가 그때 제 친구 5명이랑 술을 마셨는데 다른 친구들도 그날 그 술집에서 다른 손님은 보지 못했다고 했습니다.

문 진술인이 2013. 8. 16. 23:00경 위 모던 단란주점에서 위 수표를 도난당한 것이 분명한가요.

답 그건 분명합니다. 제가 그날 술값을 내려고 그 수표를 인출하였고 친구들이 보는 앞에서 그 수표를 보여주면서 술값 걱정은 하지 말라고 호탕하게 자랑한 기억이 나고 화장실 다녀온 뒤에 다시 지갑을 확인했을 때 비로소 없어진 것이 분명합니다.

문 그날 그 술집에는 어떤 사람들이 있었나요.

답 제 친구 5명과 그 술집의 마담, 그리고 여종업원 세 사람이 있었습니다.

문 다른 사람들이 훔친 것 같지는 않나요.

답 제 친구들이 그랬을 리는 없고 술집 주인이나 여종업원들은 자기들이 아니라고 극구 부인하였기 때문에 별도로 의심해 보지는 않았습니다. 그래서 그냥 도난신고만 한 것입니다.

문 이 사건에 대해 더 할 말이 있나요.

답 없습니다.

문 이상의 진술은 모두 사실인가요.

답 예. 모두 사실입니다.

위의 조서를 진술자에게 열람하게 하였던바, 진술한 대로 오기나 증감·변경할 것이 전혀 없다고 말하므로 간인한 후 서명 날인하게 하다.

진 술 자 윤재벌 ㊞

2013. 10. 12.

대 전 중 부 경 찰 서

사법경찰리 경 장 신 안 국 ㊞

진 술 조 서(피해자)

성　　명	: 성금자
주민등록번호	: 790215 - 2068332　32세
직　　업	: 카페 운영
주　　거	: 대전 서구 내동 121
등록기준지	: 생략
직장주소	: 생략
연 락 처	: 자택전화　생략　　휴대전화　생략
	직장전화　　전자우편(e-mail)

위의 사람은 피의자 김경남에 대한 **절도 등** 피의사건에 관하여 2013. 10. 12. 대전중부경찰서 형사과 사무실에 임의 출석하여 다음과 같이 진술하다.

1. 피의자와의 관계

저는 피의자 김경남과 아무런 관계도 없습니다.

2. 피의사실과의 관계

저는 피해자로서 출석하였습니다.

이때 사법경찰리는 진술인 성금자를 상대로 다음과 같이 문답을 하다.

문　진술인은 2013. 8. 25. 22:30경 대전 서구 내동에 있는 칸 카페에서 금반지 1개를 도난당한 일이 있나요.

답　예. 그렇습니다.

이때 진술인에게 압수된 금반지 1개를 보여주고

문　이 금반지가 당시에 도난당한 금반지가 맞나요.

답　그렇습니다. 여기 반지 뒷면에 보면 제 남자친구가 제게 선물하면서 제 이름을 써서 준 것이 보입니다. 반지 뒷면에 금자라 써 있고 하트표시 한 것이 보이네요.

문　도난당한 경위를 말해 보세요.

답　그날은 목요일 밤이라 손님이 거의 없었는데, 밤 10시가 넘어서 평소 자주 오시던 김사장님이라는 분이 혼자 오셨습니다. 그분이 맥주와 마른안주를 시켜서 제가 그 분 앞자리에 앉아서 함께 술을 마시다가 제가 화장실에 다녀왔는데, 제 핸드백 안에 있던 현금 100만 원과 이 금반지가 없어졌고 그 손님도 사라졌습니다. 그래서 신고를 한 것입니다.

이때 진술인에게 옆방에서 대기 중인 피의자 김경남을 확인하게 하고

문 저 사람이 당시에 왔던 손님이 맞습니까.

답 예. 맞습니다. 저 분은 우리 동네에 사시는지 가끔 혼자서 오시는 분이라서 제가 분명하게 기억하고 있습니다.

문 그 날 다른 손님은 없었나요.

답 그렇습니다. 제가 혼자서 장사를 하기 때문에 불안해서 출입구에 CCTV 카메라를 설치해 놓았는데, 돈과 금반지가 없어지고 나서 CCTV를 확인해보니 저 손님 외에는 들어온 손님이 없었습니다. 당시에 저 손님이 검은색 잠바에 흰 면바지를 입고 계셨는데, 화면에 검은 잠바와 흰 면바지를 입은 남자 손님의 뒷모습만 잡혀 있었고 다른 손님의 모습은 없었습니다.

문 당시 피의자가 술을 많이 마신 상태였나요.

답 아닙니다. 들어오실 때 취기가 조금 있기는 했지만 말과 행동이 멀쩡했고, 저와 함께 맥주 몇 잔을 더 마셨을 뿐이라 술에 취하지는 않은 상태였습니다.

문 이 사건에 대해 더 할 말이 있나요.

답 엄히 처벌해 주시기 바랍니다. 이상입니다.

문 이상의 진술은 모두 사실인가요.

답 예. 모두 사실입니다.

위의 조서를 진술자에게 열람하게 하였던바, 진술한 대로 오기나 증감·변경할 것이 전혀 없다고 말하므로 간인한 후 서명 날인하게 하다.

진 술 자 성금자 ㊞

2013. 10. 12.

대 전 중 부 경 찰 서

사법경찰리 경 장 신 안 국 ㊞

진 술 조 서(피해자)

성 명	: 김진서
주민등록번호	: 801215-1350332 30세
직 업	: 공무원
주 거	: 대전 서구 둔산동 25 개나리 아파트 105동 202호
등록기준지	: 생략
직 장 주 소	: 생략
연 락 처	: 자택전화 생략 휴대전화 생략
	직장전화 전자우편(e-mail)

위의 사람은 피의자 김경남에 대한 **절도 등** 피의사건에 관하여 2013. 10. 12. 대전중부경찰서 형사과 사무실에 임의 출석하여 다음과 같이 진술하다.

---

1. **피의자와의 관계**

저는 피의자 김경남과 아무런 관계도 없습니다.

2. **피의사실과의 관계**

저는 피해자로서 출석하였습니다.

이때 사법경찰리는 진술인 김진서를 상대로 다음과 같이 문답을 하다.

문 진술인은 2013. 9. 5. 01:00경 대전 서구 둔산동 25 개나리아파트 105동 202호에서 디지털카메라 1개를 도난당한 일이 있나요.

답 예. 그렇습니다.

이때 진술인에게 압수된 디지털카메라 1개를 보여주고

문 이 카메라가 당시에 도난당한 카메라가 맞나요.

답 그렇습니다. 제 소유인 올림푸스 디지털 카메라가 맞습니다.

문 도난당한 경위를 말해 보세요.

답 그날은 일요일 밤이었는데 제가 혼자 살기 때문에 적적하여 근처에 있는 근린공원에 가서 밤 산책을 하고 돌아와 보니 위 아파트 현관문이 열려있었습니다. 그때 아차하고 생각나는 것이 제가 현관문을 잠그지 않고 그냥 나갔던 것 같았습니다. 제가 이상하게 생각하고 집안을 살펴보니 제 컴퓨터방 서랍 안에 넣어두었던 디지털 카메라가 없어졌습니다. 제가 혼자 살면서 집에 돈 될 만한 것을 놓고 다니지 않는데 그 카메라는 제가 취미생활을 하기 위해서 그 몇 달 전에 사서 집에 두었던 것입니다.

문 진술인이 도난당한 물건이 또 있나요.

답 아니요. 없습니다. 제 집에 돈 될 만한 것이라고는 티브이와 냉장고 외에는 카메라밖에 없었습니다.

문 진술인은 절도 범인을 보았나요.

답 아닙니다. 보지 못하였습니다.

문 범인으로 생각되는 사람이 있나요.

답 아닙니다. 전혀 모르겠습니다.

문 이 사건에 대해 더 할 말이 있나요.

답 도둑을 잡아 엄히 처벌해 주시기 바랍니다. 이상입니다.

문 이상의 진술은 모두 사실인가요.

답 예. 모두 사실입니다.

위의 조서를 진술자에게 열람하게 하였던바, 진술한 대로 오기나 증감·변경할 것이 전혀 없다고 말하므로 간인한 후 서명 날인하게 하다.

진 술 자 김진서 ㉣

2013. 10. 12.

대 전 중 부 경 찰 서

사법경찰리 경 장 신 안 국 ㉣

피의자신문조서(제2회)

피 의 자 : 김경남

위의 사람에 대한 강간미수 등 피의사건에 관하여 2013. 10. 12. 대전중부경찰서 형사과 사무실에서 사법경찰리 경장 신안국은 사법경찰리 순경 한경일을 참여하게 하고 피의자에 대하여 다시 아래의 권리들이 있음을 알려주고 이를 행사할 것인지 그 의사를 확인하다.

1. 귀하는 일체의 진술을 하지 아니하거나 개개의 질문에 대하여 진술을 하지 아니할 수 있습니다.
2. 귀하가 진술을 하지 아니하더라도 불이익을 받지 아니합니다.
3. 귀하가 진술을 거부할 권리를 포기하고 행한 진술은 법정에서 유죄의 증거로 사용될 수 있습니다.
4. 귀하가 신문을 받을 때에는 변호인을 참여하게 하는 등 변호인의 조력을 받을 수 있습니다.

문 피의자는 위와 같은 권리들이 있음을 고지받았는가요.

답 예, 고지받았습니다.

문 피의자는 진술거부권을 행사할 것인가요.

답 아닙니다. 사실대로 진술하겠습니다.

문 피의자는 변호인의 조력을 받을 권리를 행사할 것인가요.

답 아닙니다. 변호인 없이 조사를 받겠습니다.

이에 사법경찰리는 피의사실에 관하여 다음과 같이 피의자를 신문하다.

문 피의자가 김경남인가요.

답 예. 그렇습니다.

문 전회에 진술한 내용은 모두 사실대로인가요.

이때 조서내용을 열람하게 하다.

답 예. 모두 사실대로입니다.

문 피의자는 천일성에게 피의자 소유인 충남 연기군 조치원읍 당동리 195 대지 1,180㎡를 매도한 뒤 천일성에게 그 대지를 이전하지 않고 다른 사람에게 처분하고 이전등기를 경료하여 준 사실이 있는가요.

답 예. 그런 사실이 있습니다.

문 피의자가 천일성에게 당동리 195 대지를 매도한 경위를 자세히 진술하시오.

답 2010. 4. 20. 충남 연기군 조치원읍 동당리 5에 있는 호수부동산중개소에서 천일성에게 대금 6억 원에 매도하기로 계약을 체결하였습니다.

이때 피의자에게 천일성이 고소장에 첨부한 부동산매매계약서 사본을 제시하고

문 이 매매계약서가 피의자와 천일성 사이에 체결된 것이 맞는가요.

답 맞습니다.

문 피의자는 천일성으로부터 매매대금을 지급받았는가요.

답 계약금 6,000만 원은 계약 당일 지급받았고, 중도금 1억 4,000만 원도 계약 내용대로 2010. 5. 20. 지급받았습니다. 그렇지만 잔대금은 이를 지급받지 않은 상태에서 박용팔에게 그 대지를 처분하고 이전등기를 경료해 주었기 때문에 천일성으로부터 잔대금은 지급받은 적이 없습니다.

문 잔대금은 어떤 방법으로 수수하기로 약정하였던가요.

답 그 대지에는 제가 2000년에 매수할 때에 매매대금으로 사용하기 위하여 신한은행에서 3억 원을 빌리면서 근저당권을 설정해 두었던 것이 있어서 천일성이 잔금지급 대신 그 근저당채무를 인수하고 잔금 4억 원에서 그 채무액만큼 공제한 잔액만 수수하고 이전등기를 경료하기로 약정하였습니다.

문 피의자가 그 대지를 천일성에게 이전하지 않고 박용팔에게 처분한 이유는 무엇인가요.

답 그 대지는 제가 2000년에 땅값이 오를 것을 예상하고 사 두었던 것인데 예상과 달리 값이 크게 오르지는 않았지만, 제가 경제사정이 다급하게 되어 급하게 그 대지를 처분하려고 하다 보니 시가보다 싸게 팔 수밖에 없는 것을 매우 억울하게 생각하고 있었는데, 천일성과 약정한 잔대금 지급기일이 가까워졌을 때인 2010. 6.경 그 대지를 시가대로 7억 원에 매수하겠다는 제의가 들어왔습니다. 그래서 우선 천일성에게 조금이라도 매매대금을 올려줄 수 없는지 사정해 보았지만 일언지하에 거절하기에 2010. 6. 23. 아까 그 부동산사무소 소개로 박용팔을 만나서 7억 원에 매매계약을 체결하였습니다.

문 피의자가 박용팔로부터 매매대금을 지급받고 이전등기를 경료한 경위를 자세히 진술하시오.

답 계약 당일 계약금 1억 원을 지급받았고, 잔대금 6억 원은 신한은행에 설정된 근저당채무 잔액을 확인한 뒤 그 채무액을 공제한 잔액을 수수하기로 약정하였기 때문에 잔대금 지급기일인 2010. 7. 7. 박용팔과 함께 신한은행에 가서 그 날 현재 채무잔액이 3억 2,000만 원인 것을 확인하고 잔금 6억 원 중에서 신한은행에 대한 채무를 공제한 나머지 2억 8,000만 원을 지급받고 박용팔에게 이전등기를 경료하였고 같은 날 박용팔이 그 근저당채무를 인수한다는 내용의 근저당권 변경등기를 함께 경료하였

습니다.

문 그 대지의 시가가 7억 원이었는가요.

답 예. 제가 천일성과 매매계약을 체결할 때나 박용팔에게 그 대지에 관하여 이전등기를 경료하여 줄 무렵의 시가는 7억 원 정도였습니다.

문 당시 박용팔은 피의자가 이미 그 대지를 천일성에게 매도한 사실을 모르고 있었나요.

답 예. 박용팔은 저와 천일성 사이에 매매계약이 체결된 사실을 알지 못한 상태에서 저에게 7억 원에 매도하라고 제의하였던 것입니다.

문 피의자는 그 후 천일성으로부터 받은 계약금과 중도금은 모두 반환하였는가요.

답 예. 제가 박용팔에게 이전등기를 경료하고 나서 며칠이 지난 뒤 천일성이 등기부등본을 발급받아 보고 알았다면서 저를 찾아와서는 욕설을 하면서 항의를 했습니다. 저도 천일성로부터 받은 돈을 떼어먹으려고 계획했던 것은 아니기 때문에 천일성에게 받았던 계약금과 중도금 합계 2억 원을 곧바로 반환하고, 제가 박용팔에게 매도하면서 더 받은 돈 1억 원 중 절반에 해당하는 5천만 원을 손해배상으로 천일성에게 지급하겠다고 제의하였고 천일성도 그 조건에 응하기로 합의가 되었습니다. 그런데 또 제게 급한 사정이 생겨서 그 돈을 지급하지 못하고 있다가 2010. 말경에 2억 원은 반환하였지만 나머지 5,000만 원은 아직 지급하지 못하고 있습니다.

문 피의자는 2013. 8. 16. 23:00경 대전 유성구 궁동에 있는 모던 단란주점에서 피해자 윤재별의 100만 원 권 자기앞수표 1장을 절취한 사실이 있지요.

답 아닙니다. 저는 그런 사실이 없습니다. 제가 돈이 급해서 도둑질을 몇 번 한 일은 있지만 수표를 훔친 일은 없습니다. 저도 배운 사람인데 수표를 훔치면 반드시 발각된다는 사실을 모를 것 같습니까. 저는 수표를 훔치지 않았습니다.

이때 피의자에게 압수된 100만 원권 자기앞수표 1장을 보여주고

문 그럼 이 수표는 무엇인가요. 피의자는 전에 피의자가 훔친 물건을 안방 에 있는 등산용 가방에 넣어두었다고 진술하였고 그 등산용 가방에서 이 수표가 발견되었는데요.

답 이 수표는 제가 생활이 궁하여 처남인 이진철에게 받은 수표입니다. 제가 구속되기 전날 생활이 궁하여 주류도매상을 하는 처남 이진철에게 돈을 좀 부탁했는데, 이진철이 마침 가진 돈이라고는 그날 술집에서 수금한 위 수표 밖에 없다고 해서 그 수표를 받은 것입니다. 처남에게 확인해 보시면 될 것입니다.

문 피의자는 2013. 8. 25. 22:30경 대전 서구 내동에 있는 칸 카페에서 주인인 성금자가 자리를 비운 틈을 타서 피해자의 핸드백 안에 있던 현금 100만 원과 금반지 1개를 훔친 일이 있지요.

답 제가 그 무렵 그 술집에 자주 간 사실은 있지만 돈이나 반지를 훔친 것은 기억나지 않습니다. 제가 8월 말쯤에 그 집에 가기는 갔었는데, 워낙 술에 취한 상태에서 갔기 때문에 그날 제가 무슨 일을 했는지 기억나지 않습니다.

문 피의자가 그날 검은색 잠바에 흰 면바지를 입고 있었던 것은 사실인가요.

답 제가 검은색 잠바와 흰 면바지를 즐겨 입는 것은 사실이지만 그날 어떤 옷을 입었는지는 생각나지 않습니다.

이때 피의자에게 압수된 금반지 1개를 보여주고

문 그러면 피의자의 등산용 가방에서 발견된 이 반지는 무엇인가요.

답 (이때 피의자는 주저주저하면서)

글쎄요. 제가 워낙 술에 만취해서 그 집에 갔기 때문에 잘 생각나지 않습니다. 믿어 주십시오.

문 피의자는 2013. 9. 5. 01:00경 대전 서구 둔산동 25 개나리아파트 105동 202호에서 올림푸스 디지털카메라 1개를 훔친 사실이 있지요.

답 아닙니다. 저는 디지털카메라를 훔치지 않았습니다. 혹시 제가 최정숙으로부터 훔친 돈으로 산 디지털카메라를 말씀하시는 거라면 그건 제가 훔친 것이 아니고 2013. 9. 7.경 평소 알고 지내던 이경기로부터 30만 원에 산 것입니다.

문 위 디지털카메라를 도난당한 피해자가 직접 그 카메라를 확인하고 도난당한 것이라고 진술을 하였는데도 피의자는 부인을 하는 것인가요.

답 형사님, 죄송하지만 제가 하지 않은 것을 안했다고 말씀드리는 것뿐입니다.

문 피의자는 위 카메라를 훔치고도 그것을 숨기기 위해 이경기라는 사람 핑계를 대고 있는 것 아닌가요.

답 아닙니다. 이경기와 대질을 시켜주십시오.

문 피의자는 이경기라는 사람과 함께 위 카메라를 훔친 것이 아닌가요.

답 그렇지 않습니다. 이경기라는 사람은 대전 서구 만년동에 사는 사람으로 제가 부동산중개 사무소에 일할 때부터 알던 사람인데 제가 전에 한번 지나가는 소리로 카메라를 들고 다니면서 교통신호를 위반하거나 불법유턴을 하는 차들을 찍어 신고하면 제법 돈벌이가 된다는 말을 한 적이 있었는데 그걸 기억하고는 2013. 9. 7.경에 제게 전화를 해서 아직도 카메라가 필요하냐고 물었습니다. 그러면서 제게 석 달 전에 50만 원에 사서 아들에게 주었던 것인데 더 좋은 카메라를 구입하는 바람에 팔게 되었다면서 석달 사용한 값으로 20만 원을 빼고 30만 원에 거의 새 카메라를 사게 되면 잘 사는 것이라고 하였습니다. 마침 제게 돈이 있이시 가파라치라도 하려고 그걸 산 것입니다.

문 더 할 말이 있는가요.

답 없습니다.

문 이상의 진술내용에 대하여 이의나 의견이 있는가요.

답 없습니다.

위의 조서를 진술자에게 열람하게 하였던바, 진술한 대로 오기나 증감·변경할 것이 전혀 없다고 말하므로 간인한 후 서명 무인하게 하다.

진술자 김갑동 (무인)

2013. 10. 12.

대 전 중 부 경 찰 서

사법경찰리 경 장 신 안 국 ㊞

사법경찰리 순 경 한 경 일 ㊞

피의자신문조서

피 의 자 : 이경기
위의 사람에 대한 특수절도 피의사건에 관하여 2013. 10. 12. 대전중부경찰서 형사과 사무실에서 사법경찰리 경장 신안국은 사법경찰리 순경 한경일을 참여하게 하고, 아래와 같이 피의자임에 틀림없음을 확인하다.

문 **피의자의 성명, 주민등록번호, 직업, 주거, 등록기준지 등을 말하십시오.**
답 **성명**은 이경기 (李京畿)
주민등록번호는 651112-1007322
직업은 무직
주거는 대전 서구 만년동 35 대림아파트 101동 105호
등록기준지는 충남 청양군 안이면 원흥리 321
직장주소는 없음
연락처는 **자택전화** 생략 **휴대전화** 생략
직장전화 생략 **전자우편**(e-mail) 입니다.

사법경찰리는 피의사건의 요지를 설명하고 사법경찰리의 신문에 대하여 형사소송법 제244조의3의 규정에 의하여 진술을 거부할 수 있는 권리 및 변호인의 참여 등 조력을 받을 권리가 있음을 피의자에게 알려주고 이를 행사할 것인지 그 의사를 확인하다.

진술거부권 및 변호인 조력권 고지 등 확인

1. 귀하는 일체의 진술을 하지 아니하거나 개개의 질문에 대하여 진술을 하지 아니할 수 있습니다.
2. 귀하가 진술을 하지 아니하더라도 불이익을 받지 아니합니다.
3. 귀하가 진술을 거부할 권리를 포기하고 행한 진술은 법정에서 유죄의 증거로 사용될 수 있습니다.
4. 귀하가 신문을 받을 때에는 변호인을 참여하게 하는 등 변호인의 조력을 받을 수 있습니다.

문 피의자는 위와 같은 권리들이 있음을 고지받았는가요.
답 예, 고지받았습니다.
문 피의자는 진술거부권을 행사할 것인가요.
답 아닙니다.

문 피의자는 변호인의 조력을 받을 권리를 행사할 것인가요.
답 아닙니다. 혼자서 조사를 받겠습니다.
이에 사법경찰리는 피의사실에 관하여 다음과 같이 피의자를 신문하다.
문 범죄전력은 있나요.
답 음주측정거부로 벌금 1회 낸 적이 있습니다.
문 군대는 갔다 왔나요.
답 1988년 방위병으로 다녀왔습니다.
문 학력은 어떠한가요.
답 청양중학교를 졸업했습니다.
문 사회경력은 어떠한가요.
답 중학교를 졸업한 뒤로 계속해서 공사판에서 노동일을 하였고 몇 년 전부터 제가 독립해서 인부들을 데리고 다니며 공사장 일을 했었는데 요즘은 일거리가 없어서 집에서 놀고 있습니다.
문 가족관계는 어떠한가요.
답 처 김정숙(44세, 주부)과 딸 이미녀(18세, 학생)가 있습니다.
문 재산이나 월수입은 어떠한가요.
답 처 명의로 된 아파트 한 채 있습니다.
문 정당이나 사회단체에 가입한 사실이 있나요.
답 없습니다.
문 건강상태는 어떠한가요.
답 건강한 편입니다.
문 피의자는 2013. 9. 5. 01:00경 대전 서구 둔산동 25 개나리아파트 105동 202호에서 올림푸스 디지털카메라 1개를 훔친 사실이 있지요.
답 예. 그렇습니다.
이때 압수된 디지털카메라 1개를 보여주고
문 이것이 피의자가 훔친 카메라가 맞는가요.
답 예 맞는 것 같습니다.
문 피의자는 혼자서 위 카메라를 훔쳤나요.
답 아닙니다. 전부터 알고 있던 김경남과 함께 훔쳤습니다.
문 그 경위를 상세하게 진술하시오.
답 그 날 둔산동 법원 앞 거리에서 김경남을 만나 함께 술을 마시고 귀가하기 위해 택시를 잡으러 큰길을 건너 개나리아파트 쪽으로 갔는데 마침 길 가에 있는 그 아파트의 2층 어느 집에서 불이 꺼지더니 잠시 후 그 라인에서 어떤 사람이 나오는 것이었습니다. 직감적으로 그 사람이 불을 끄고 나온 사람처럼 생각되어 202호로 올라가 현관 문을 열어보니 열려있었습니다. 그래서 그 집으로 들어가 라이터 불을 켜보니 거실에는 돈될만한 것이 없고 작은 방으로 들어가니 컴퓨터가 한대 있었는데 그건 너무 커서 가져오기 어려웠고 그 아래 책상 서랍을 열어보니 카메라 한 개가 있어서 얼른 그것을 집어서 곧바로 밖으로 나왔습니다. 제가 도둑질은 한 번도 해본 적이 없어서 많이 떨었는데 막상 해보니 크게 어려운 일도 아니라는 생각이 들었습니다.

문 그때 김경남과 함께 그 집으로 들어갔나요.

답 아닙니다. 김경남은 아파트 밖에서 망을 보고 있었습니다.

문 김경남도 피의자가 남의 집에 들어가서 물건을 훔칠 것이라고 알고 있었나요.

답 당연하지요. 제 집은 만년동에 있고 그 사실을 김경남도 알고 있기 때문에 둔산동에 있는 아파트에 왜 들어가는지 김경남도 알고 있었고 기꺼이 망을 봐주었습니다.

문 그 아파트에서 나온 뒤 어떻게 하였나요.

답 제가 그 카메라를 제 주머니에 넣고는 시치미를 떼고 김경남에게는 막상 들어가 보니 돈 될 것이 없어서 그냥 나왔다고 하였습니다. 그랬더니 김경남이 참 싱거운 사람다 보겠다고 하였습니다.

문 김경남은 그 카메라를 훔친 것이 아니라 피의자로부터 30만 원에 산 것이라고 하던데요.

답 아닙니다. 김경남이 카메라를 필요로 하는 것 같아서 제가 그 카메라를 김경남에게 주고 30만 원을 받은 것은 맞지만 그건 함께 훔친 물건을 김경남이 갖는 대가로 제게 제 몫을 나누어 준 것입니다.

문 피의자가 남의 물건을 훔친 것이 또 있나요.

답 아닙니다. 그게 전부입니다. 진실입니다.

문 피의자의 진술에 관하여 김경남과 대질신문을 하여도 좋은가요.

답 예 물론입니다.

문 이상의 진술내용에 대하여 이의나 의견이 있는가요.

답 없습니다.

위의 조서를 진술자에게 열람하게 하였던바, 진술한 대로 오기나 증감·변경할 것이 전혀 없다고 말하므로 간인한 후 서명 날인하게 하다.

진 술 자 이경기 ㉿

2013. 10. 12.

대 전 중 부 경 찰 서

사법경찰리 경 장 신 안 국 ㉿

사법경찰리 순 경 한 경 일 ㉿

피의자신문조서(제3회)

피 의 자 : 김경남

위의 사람에 대한 특수절도 등 피의사건에 관하여 2013. 10. 13. 대전중부경찰서 형사과 사무실에서 사법경찰리 경장 신안국은 사법경찰리 순경 한경일을 참여하게 하고 피의자에 대하여 다시 아래의 권리들이 있음을 알려주고 이를 행사할 것인지 그 의사를 확인하다.

1. 귀하는 일체의 진술을 하지 아니하거나 개개의 질문에 대하여 진술을 하지 아니할 수 있습니다.
2. 귀하가 진술을 하지 아니하더라도 불이익을 받지 아니합니다.
3. 귀하가 진술을 거부할 권리를 포기하고 행한 진술은 법정에서 유죄의 증거로 사용될 수 있습니다.
4. 귀하가 신문을 받을 때에는 변호인을 참여하게 하는 등 변호인의 조력을 받을 수 있습니다.

문 피의자는 위와 같은 권리들이 있음을 고지받았는가요.

답 예, 고지받았습니다.

문 피의자는 진술거부권을 행사할 것인가요.

답 아닙니다. 사실대로 진술하겠습니다.

문 피의자는 변호인의 조력을 받을 권리를 행사할 것인가요.

답 아닙니다. 변호인 없이 조사를 받겠습니다.

이에 사법경찰리는 피의사실에 관하여 다음과 같이 피의자를 신문하다.

문 피의자가 김경남인가요.

답 예. 그렇습니다.

문 전회에 진술한 내용은 모두 사실대로인가요.

이때 제1,2회 피의자신문조서의 내용을 열람하게 하다.

답 예. 모두 사실대로입니다.

문 피의자는 이경기를 알지요.

답 예. 제가 부동산중개 사무소에서 일할 때부터 알던 사람입니다.

문 피의자는 2013. 9. 5. 01:00경 이경기와 함께 대전 서구 둔산동 25 개나리아파트 105동 202호에서 디지털카메라 1개를 훔친 사실이 있지요.

답 아닙니다. 전에도 말씀드렸지만 그건 제가 이경기로부터 돈을 주고 산 것입니다. 절대로 훔친 것이 아닙니다.

문 이경기는 피의자와 함께 술을 마시고 택시를 잡기 위해 큰길로 가다가 길 가에 있는 아파트 2층에 갑자기 불이 꺼진 뒤 그 집 주인으로 보이는 사람이 아파트 현관문을 나서는 것을 보고는 바로 그 집으로 들어가 카메라 1개를 훔쳤고 그때 피의자는 아파트 밖에서 망을 보았다고 하는데요.

답 아닙니다. 억울합니다. 이경기가 왜 그런 말을 하는지 모르겠습니다.

문 그 날 이경기와 함께 둔산동 법원 앞길에 있는 주점에서 술을 마신 일이 있나요.

답 지금 생각해보니 이경기로부터 카메라를 사기 이틀 전 쯤 이경기와 함께 둔산동에서 술을 마신 것은 맞는 것 같습니다. 그때 제가 카메라라도 한개 있으면 카파라치라도 해서 돈을 벌 수 있다는 말을 한 것 같습니다.

문 그날 주점에서 나와 택시를 잡기 위해서 큰 길을 함께 건너 개나리아파트 쪽으로 간 일이 있나요.

답 무슨 말인지 모르겠네요. 제 집은 내동이라서 법원 앞길에서 그대로 택시를 잡으면 되고, 이경기네 집은 만년동이라서 큰 길을 건너가서 택시를 잡아야 됩니다. 그날 술집 앞에서 헤어진 것이 맞습니다. 제가 뭐 하러 큰 길을 건너가겠습니까. 이경기가 애도 아닌데...

이때 사법경찰리는 대기 중이던 피의자 이경기를 동석케 한 다음 진술거부권이 있음과 변호인의 조력을 받을 권리가 있음을 고지하고,

피의자 이경기에게

문 피의자는 전에 조사받은 일이 있는데 모두 사실대로 이야기 했지요.

답 예. 그렇습니다.

문 피의자는 2013. 9. 5. 01:00경 대전 서구 둔산동 25 개나리아파트 105동 202호에 들어가 디지털 카메라 1개를 훔친 일이 있고 그때 김경남은 아파트 밖에서 망을 본 일이 있지요.

답 예, 그렇습니다.

문 김경남은 그때 함께 카메라를 훔친 것이 아니고 뒤에 피의자에게 돈을 주고 산 것이라고 하는데 어떤가요.

답 아닙니다. 그때 둔산동 법원 앞에서 함께 술을 마시고 택시를 잡기 위해서 큰 길을 건너간 뒤 그 아파트에 불이 꺼지는 것을 본 뒤 직감적으로 사람이 없는 집으로 생각하고 제가 그 집으로 들어가면서 김경남에게 망을 좀 봐달라고 하였습니다. 그랬더니 김경남이 아무 말 없이 고개를 끄덕였습니다.

피의자 김경남에게

문 피의자는 피의자 이경기의 말을 잘 들었나요.

답 예. 그런데 제 집이 내동인데 택시를 잡기 위해서 큰 길을 건너갔다는 것이 상식에 맞지 않습니다. 이경기가 애도 아니고 나이도 제가 더 많은데 이경기를 바래다주기 위해서 갈 일도 없고 제가 큰 길을 건넜다는 것이 말이 안 됩니다.

피의자 이경기에게

문 피의자 집이 만년동이고, 김경남의 집이 내동인 것은 맞나요.

답 그건 맞습니다.

문 그런데 지리적으로 둔산동 법원 앞거리에서 내동으로 가려면 곧바로 그 자리에서 택시를 잡는 것이 맞고 만년동은 큰 길을 건너가서 택시를 잡는 것이 맞을 것 같은데 어떤가요.

답 (한참을 생각하더니) 그 말이 맞는 것은 같은데... 그날은 하여간 함께 큰 길을 건너간 것이 맞습니다. 함께 훔친 것이 아니면 그 카메라를 왜 김경남이 가지고 있겠습니까.

이때 피의자 김경남이 피의자 이경기에게 '이씨! 똑바로 말해 당신이 나에게 카파라치 하려면 카메라가 필요하지 않느냐고 하면서 30만 원에 카메라를 판 것이 맞잖아?'라고 말하고 이에 피의자 이경기는 '지금 똑바로 말하고 있습니다'라고 대답하다.

계속하여 피의자 이경기에게

문 피의자가 2013. 9. 7.경 피의자 김경남을 만나 30만 원을 받고 그 카메라를 김경남에게 준 것은 맞나요.

답 그건 맞습니다. 카파라치 하려면 카메라가 필요할 것 같아서 제가 30만 원 받고 그 카메라를 김경남에게 준 것이 맞습니다.

문 함께 훔친 물건이라면 왜 김경남으로부터 돈을 받았나요.

답 그건 제 배당금입니다.

이때 본직은 올림푸스 카메라 대전 대리점에 전화를 걸어 같은 종류의 중고 디지털카메라 가격이 어느 정도인지 물은 즉 신품은 50만 원인데 조금이라도 사용한 것은 30만 원 정도가 정가라는 대답을 듣다.

피의자 이경기에게

문 당시 중고 올림푸스 디지털카메라의 가격이 30만 원 정도라는 것으로 보아 그 30만 원은 함께 절도행위를 한 것에 대한 배당금으로는 너무 많은 것 아닌가요.

답 그건 잘 모르겠습니다. 하여간 제가 배당금으로 30만 원을 받은 것이 맞습니다.

이때 피의자 김경남과 이경기 모두에게

문 더 할 말이 있는가요.

답 (두 사람 모두) 없습니다.

문　이상의 진술내용에 대하여 이의나 의견이 있는가요.
답　없습니다. 없습니다.

위의 조서를 진술자에게 열람하게 하였던바, 진술한 대로 오기나 증감·변경할 것이 전혀 없다고 말하므로 간인한 후 서명 무인하게 하다.

진 술 자　김경남 (무인)
이경기 (무인)

2013. 10. 13.

대 전 중 부 경 찰 서

사법경찰리 경 장　신 안 국 ㊞

사법경찰리 순 경　한 경 일 ㊞

조 회 회 보 서

제 2013-01571 호 2013. 10. 13.

□ 조회대상자

성 명	김경남	주민등록번호	601003-1693224	성 별	남
지 문 번 호	24312-18145	주민지문번호	생략	일련번호	01382537
주 소	대전 서구 내동 21 명성아파트 103동 201호				
등록기준지	충남 금산군 양수면 이원리 412				

□ 주민정보

성 명	김경남	생 년 월 일	1960. 10. 3. 생	성 별	남자
주민등록번호	601003-1693224		주민지문번호	생략	
전 등 록					
등 록 기 준 지	충남 금산군 양수면 이원리 412				
주 소	대전 서구 내동 21 명성아파트 103동 201호				
세 대 주	김경남 (601003-1693224)				
전 입 일	2003. 2. 14.		통 반 변 경	유	
참 고 사 항					

□ 범죄경력자료

연번	입건일	입건관서	작성번호	송치번호	형제번호
	처분일	죄 명		처분관서	처분결과
1					
2					

□ 수사경력자료

연번	입건일	입건관서	작성번호	송치번호	형제번호
	처분일	죄 명		처분관서	처분결과

□ 지명수배내역

연번	상 세 내 용					
	수 배 관 서		수배종결		담당자	
	수 배 번 호		사건번호		영 장 구 분	
	수 배 일 자		범죄일자		공소시효만료	
	참 고 사 항				영장유효일자	
	죄 명					
	영 장 번 호		공 범 1		공 범 2	
	발 견 일 자		발견관서		발 견 자	
	주 소					
	범 행 장 소		피 해 자		피 해 정 도	

위와 같이 조회 결과를 통보합니다.

조 회 용 도 : 접수번호 2013-001571 수사
조회의뢰자 : 형사팀 경 위 김 명 석
작 성 자 :

대 전 중 부 경 찰 서 장

조 회 회 보 서

제 2013-01571 호 2013. 10. 13.

□ 조회대상자

성 명	이경기	주민등록번호	651112-1007322	성 별	남
지 문 번 호	48475-29348	주민지문번호	생략	일련번호	02495476
주 소	대전 서구 만년동 35 대림아파트 101동 105호				
등록기준지	충남 청양군 안이면 원흥리 321				

□ 주민정보

성 명	이경기	생 년 월 일	1965. 11. 12.생	성 별	남자
주민등록번호	651112-1007322		주민지문번호	생략	
전 등 록					
등 록 기 준 지	충남 청양군 안이면 원흥리 321				
주 소	서산시 대치동 332-4 대림아파트 105호				
세 대 주	이경기 (651112-1007322)				
전 입 일	2003. 2. 14.		통 반 변 경	유	
참 고 사 항					

□ 범죄경력자료

연번	입건일	입건관서	작성번호	송치번호	형제번호
	처분일	죄 명		처분관서	처분결과
1	2013.04.06.	대전둔산경찰서	011251	2003-001024	2013-###-1024
	2013.08.09	도로교통법위반(음주측정거부)		대전지방법원	벌금 300만 원
2					

□ 수사경력자료

연번	입건일	입건관서	작성번호	송치번호	형제번호
	처분일	죄 명		처분관서	처분결과

□ 지명수배내역

연번	상 세 내 용					
	수 배 관 서		수배종결		담당자	
	수 배 번 호		사건번호		영 장 구 분	
	수 배 일 자		범죄일자		공소시효만료	
	참 고 사 항				영장유효일자	
	죄 명					
	영 장 번 호		공 범 1		공 범 2	
	발 견 일 자		발견관서		발 견 자	
	주 소					
	범 행 장 소		피 해 자		피해정도	

위와 같이 조회 결과를 통보합니다.

조 회 용 도 : 접수번호 2013-001571 수사
조회의뢰자 : 형사팀 경 위 김 명 석
작 성 자 :

대 전 중 부 경 찰 서 장

피의자신문조서

성　　　명 : 김경남
주민등록번호 : 601003-1693224

위의 사람에 대한 특정경제범죄가중처벌등에관한법률위반(배임) 등 피의사건에 관하여 2013. 10. 14. 대전지방검찰청 제805호 검사실에서 검사 강정의는 검찰주사 한홍제를 참여하게 한 후, 아래와 같이 피의자임에 틀림없음을 확인하다.

문　피의자의 성명, 주민등록번호, 직업, 주거, 등록기준지 등을 말하시오.

답　성명은　　　김경남
　　주민등록번호는　601003-1693224　(51세)
　　직업은　　　무직
　　주거는　　　대전 서구 내동 21 명성아파트 103동 201호
　　등록기준지는 충남 금산군 양수면 이원리 412
　　직장 주소는　(생략)
　　연락처는　　자택 전화 : (생략)　　　휴대 전화 : (생략)
　　　　　　　　직장 전화 : (생략)　　　전자우편(E-mail) : (생략) 입니다.

검사는 피의사실의 요지를 설명하고 검사의 신문에 대하여 「형사소송법」 제244조의3에 따라 진술을 거부할 수 있는 권리 및 변호인의 참여 등 조력을 받을 권리가 있음을 피의자에게 알려주고 이를 행사할 것인지 그 의사를 확인하다.

진술거부권 및 변호인 조력권 고지 등 확인

1. 귀하는 일체의 진술을 하지 아니하거나 개개의 질문에 대하여 진술을 하지 아니할 수 있습니다.
2. 귀하가 진술을 하지 아니하더라도 불이익을 받지 아니합니다.
3. 귀하가 진술을 거부할 권리를 포기하고 행한 진술은 법정에서 유죄의 증거로 사용될 수 있습니다.
4. 귀하가 신문을 받을 때에는 변호인을 참여하게 하는 등 변호인의 조력을 받을 수 있습니다.

문　피의자는 위와 같은 권리들이 있음을 고지받았는가요.

답　예. 고지받았습니다.

문 피의자는 진술거부권을 행사할 것인가요.

답 아닙니다.

문 피의자는 변호인의 조력을 받을 권리를 행사할 것인가요.

답 아닙니다. 혼자서 조사를 받겠습니다.

이에 검사는 피의사실에 관하여 다음과 같이 피의자를 신문하다.

문 피의자는 형벌을 받은 사실이 있는가요.

답 없습니다.

문 피의자의 학력, 경력, 가족관계, 재산정도, 건강상태 등은 경찰에서 사실대로 진술하였나요.

이때 검사는 사법경찰리 작성의 제1회 피의자신문조서 중 해당부분을 읽어주다.

답 예. 그렇습니다.

문 피의자는 피해자 최정숙을 감금하고 강간하려다 미수에 그친 일이 있지요.

답 최정숙을 감금한 사실은 있지만 강간하려 한 일은 없습니다.
##[이하 감금 및 강간미수에 관한 부분은 김경남에 대한 제1회 경찰피의자신문조서 기재내용의 취지와 같다]

문 피의자는 2013. 8. 10.부터 2013. 9. 5. 사이에 5회에 걸쳐 다른 사람의 물건을 훔친 일이 있지요.

답 2013. 8. 10. 대전 동구 신월동 사거리에 있는 본가 주점에서 현금 25만 원을 훔친 것은 사실이지만, 2013. 8. 16. 대전 유성구 궁동에 있는 모던 단란주점에서 자기앞수표를 훔친 일은 절대로 없고 그 날 그곳에 가지도 않았으며, 2013. 8. 25. 대전 서구 내동에 있는 칸 카페에 술을 마시러 간 일은 있으나 당시 술에 취해 있었기 때문에 제가 무슨 일을 하였는지 기억나지 않습니다. 2013. 8. 31. 18:00경 최정숙이 운영하는 맛나 감자탕 식당에서 최정숙의 허락 없이 카운터 금고 안에 있던 50만 원을 집어 온 것은 맞지만 최정숙에게 빌려준 돈을 받은 것이므로 절도라고는 생각하지 않고, 2013. 9. 5. 디지털 카메라를 훔친 일은 없습니다. 이경기가 제게 누명을 씌우는 것입니다.
##[이하 각 절도에 관한 부분은 김경남에 대한 제2, 3회 경찰피의자신문조서 기재내용의 취지와 같다]

문 피의자는 2010. 4. 20. 피해자 천일성에게 충남 연기군 조치원읍 당동리 195 대지를 대금 6억 원에 매도하고 계약금과 중도금으로 2억 원을 받은 다음 2010. 6. 23. 그 대지를 다시 박용팔에게 대금 7억 원에 매도하고 2010. 7. 7. 그 대지에 관한 소유권이전등기를 박용팔 앞으로 경료해 준 사실이 있지요.

답　예. 있습니다.

　　##[이하 특정경제범죄가중처벌등에관한법률위반(배임)에 관한 부분은 김경남에 대한 제2회 경찰피의자신문조서 기재내용의 취지와 같다]

문　더 할 말이 있나요.

답　없습니다.

문　이상의 진술내용에 대하여 이의나 의견이 있는가요.

답　없습니다.

위의 조서를 진술자에게 열람하게 하였던바, 진술한 대로 오기나 증감·변경할 것이 전혀 없다고 말하므로 간인한 후 서명 무인하게 하다.

진술자　김경남 (무인)

2013. 10. 14.

대전지방검찰청

검　사　강 정 의 ㊞

검찰주사　한 홍 제 ㊞

피의자신문조서

성 명 : 이경기
주민등록번호 : 651112-1007322

위의 사람에 대한 뇌물공여 등 피의사건에 관하여 2013. 10. 19. 대전지방검찰청 제805호 검사실에서 검사 강정의는 검찰주사 한홍제를 참여하게 한 후 아래와 같이 피의자임에 틀림없음을 확인하다.

문 피의자의 성명, 주민등록번호, 직업, 주거, 등록기준지 등을 말하시오.
답 성명은 이경기
주민등록번호는 651112-1007322 (45세)
직업은 무직
주거는 대전 서구 만년동 35 대림아파트 101동 105호
등록기준지는 충남 청양군 안이면 원흥리 321
직장 주소는 (생략)
연락처는 자택 전화 : (생략) 휴대 전화 : (생략)
직장 전화 : (생략) 전자우편(E-mail) : (생략) 입니다.

검사는 피의사실의 요지를 설명하고 검사의 신문에 대하여 「형사소송법」 제244조의3에 따라 진술을 거부할 수 있는 권리 및 변호인의 참여 등 조력을 받을 권리가 있음을 피의자에게 알려주고 이를 행사할 것인지 그 의사를 확인하다.

진술거부권 및 변호인 조력권 고지 등 확인

1. 귀하는 일체의 진술을 하지 아니하거나 개개의 질문에 대하여 진술을 하지 아니할 수 있습니다.
2. 귀하가 진술을 하지 아니하더라도 불이익을 받지 아니합니다.
3. 귀하가 진술을 거부할 권리를 포기하고 행한 진술은 법정에서 유죄의 증거로 사용될 수 있습니다.
4. 귀하가 신문을 받을 때에는 변호인을 참여하게 하는 등 변호인의 조력을 받을 수 있습니다.

문 피의자는 위와 같은 권리들이 있음을 고지받았는가요.
답 예. 고지받았습니다.

문 피의자는 진술거부권을 행사할 것인가요.

답 아닙니다.

문 피의자는 변호인의 조력을 받을 권리를 행사할 것인가요.

답 아닙니다. 혼자서 조사를 받겠습니다.

이에 검사는 피의사실에 관하여 다음과 같이 피의자를 신문하다.

문 피의자는 형벌을 받은 사실이 있는가요.

답 예. 2013. 8. 9. 대전지방법원에서 도로교통법위반(음주측정거부)죄로 벌금 300만 원의 약식명령을 발령받아 그 벌금을 낸 적이 있습니다.

문 피의자의 학력, 경력, 가족관계, 재산정도, 건강상태 등은 경찰에서 사실대로 진술하였나요.

이때 검사는 사법경찰리 작성의 제1회 피의자신문조서 중 해당부분을 읽어주다.

답 예. 그렇습니다.

문 피의자는 2013. 9. 5. 01:00경 피의자 김경남과 함께 대전 서구 둔산동 25 개나리아파트 105동 202호에서 디지털카메라 1개를 훔친 일이 있지요.

답 예. 그렇습니다.

문 그때 피의자는 직접 그 아파트에 들어가 물건을 가지고 나오고 피의자 김경남은 아파트 밖에서 망을 본 사실이 있지요.

답 예. 그렇습니다.

##[이하 특수절도 부분에 관하여 이경기에 대한 경찰피의자신문조서, 김경남에 대한 제3회 경찰피의자신문조서 기재내용의 취지와 같다]

문 더 할 말이 있는가요.

답 없습니다.

문 이상의 진술에 이의나 의견이 있는가요.

답 없습니다.

위의 조서를 진술자에게 열람하게 하였던바, 진술한 대로 오기나 증감·변경할 것이 전혀 없다고 말하므로 간인한 후 서명 무인하게 하다.

진술자 이 경 기 (무인)

2013. 10. 19.

대전지방검찰청

검 사 강 정 의 ㉺

검찰주사 한 홍 제 ㉺

진 술 조 서(피해자)	
성 명	: 최정숙
주민등록번호	: 750410-2344218 36세
직 업	: 종업원
주 거	: 대전 중구 대신동 32
등 록 기 준 지	: 대전 대덕구 신탄진동 375
직 장 주 소	: 생략
연 락 처	: 자택전화 생략 휴대전화 생략
	직장전화 전자우편(e-mail)

위의 사람은 피의자 김경남에 대한 강간미수 등 피의사건에 관하여 2013. 10. 6. 대전 중부경찰서 형사과 사무실에 임의출석하여 다음과 같이 진술하다.

1. 피의자와의 관계

저는 피의자 김경남과 아무런 친인척 관계가 없습니다.

2. 피의사실과의 관계

저는 피의사실에 관련하여 피해자 자격으로서 출석하였습니다.

이때 사법경찰리는 진술인 최정숙을 상대로 다음과 같이 문답을 하다.

문 진술인은 피의자에게 강간당할 뻔한 사실이 있나요.

답 예. 있습니다.

문 그 일시와 장소를 진술하시오.

답 2013. 10. 6. 00:30경 대전 서구 역촌동에 있는 대전천 고수부지 주차장에서입니다.

문 진술인이 입은 피해를 상세하게 진술해 보세요.

답 피의자 김경남은 제가 운영하는 식당에 자주 오던 손님으로 알게 되었는데 2013. 5. 경 제가 급하게 돈을 쓸 일이 있어서 김경남으로부터 1,000만 원을 빌린 일이 있습니다. 김경남이 돈을 빌려줄 때는 급한 돈이 아니니 사정이 좋아지면 천천히 갚아도 된다고 하여 안심하고 있었는데, 최근에 갑자기 김경남이 돈을 독촉하였습니다. 어제 밤에도 김경남이 저의 식당으로 찾아와 돈을 독촉하기에 일 마치면 만나자고 하여 2013. 10. 6. 00:00경 대전 중구 보충동 356 대전백화점 앞길에서 만났습니다. 저는 지금 당장 사정이 안 되니 조금만 기다려 달라고 하였고, 김경남은 한시가 급하니 빨리 달라고 하였습니다. 그렇게 10분 정도 얘기하다가 김경남이 갑자기 제 손목을 잡고 '말로 하면 안 되겠구먼'이라고 하면서 도로에 세워져 있던 승용차 조수석에 저를 밀어 넣었습니다. 그리고 순식간에 운전석에 타더니 도어락을 걸고 시동을 걸어 차를 운전하였습니다. 저는 너무 무서워서 김경남에게 제발 내리게 해달라고 애원하였는데, 김경남은 무서운 표정으로 아무 말도 없이 엄청난 속도로 차를 몰아 대전천 고수부지로 갔습니다. 거기서도 차에 탄 채로 돈 문제로 말다툼을 하다가 김경남이 갑자기 차 시동을 끄고 라이트를 끄더니 조수석 쪽으로 몸을 돌려 제 목을 조르고, 제가 살려달라고 하자 '돈이 안 되면 몸으로라도 갚아라'라고 말하며 양손으로 어깨를 잡더니 제 옷을 벗기려 하였습니다. 그때 제가 정신을 차리고 양손으로 김경남을 밀어내면서 살려달라고 소리를 고래고래 지르며 실랑이를 하고 있었는데, 마침 순찰 중이던 경찰관이 차문을 두드려서 살았습니다. 경찰관이 무슨 일이냐고 물어 제가 강간당할 뻔했다고 하니, 그 경찰관이 김경남을 차에서 내리라고 한 뒤 현행범으로 체포한다고 하면서 경찰차에 태웠고 저도 같이 온 것입니다.

문 피의자가 진술인을 차에 태울 때 주변에 도움을 청할 수는 없었나요.

답 갑자기 '말로 하면 안 되겠구만' 하더니 순식간에 제 손목을 잡고 차에 밀어 넣어서 소리를 지를 생각도 못했습니다. 그리고 한밤중이라 길에 사람도 별로 없었구요.

문 그 차는 어떤 차인가요.

답 김경남이 평소에 타고 다니던 은색 쏘나타였는데 차번호는 기억나지 않습니다.

문 진술인은 차에서 내리게 해달라고 요구하였나요.

답 예. 너무 무서워서 부들부들 떨면서 '제발 내려주세요'라고 말했는데, 김경남은 들은 체도 안하고 도어락을 걸더니 무서운 표정으로 운전만 했습니다. 그리고 워낙 빨리 달려서 차에서 내릴 생각도 못했습니다.

문 대전백화점 앞에서 대전천 고수부지까지는 얼마나 걸렸나요.

답 한 10분쯤 달린 것 같습니다. 평소 같으면 한 20분 쯤 걸릴 거리인데 워낙 빨리 달려서 한 10분만에 간 것 같습니다.

문 고수부지에 도착한 뒤에는 김경남이 어떻게 하였나요?

답 처음에 한 10분 정도는 계속해서 돈을 빨리 돌려달라는 말을 하였고 저는 사정이 안 되니 한두 달만 기다려 달라고 말했습니다.

문 피의자가 진술인을 강간하려고 한 것이 맞나요?

답 예. 정말입니다. 갑자기 표정이 바뀌더니 차시동과 라이트를 끄고 '돈이 안 되면 몸으로라도 갚아라'라고 말하며 저에게 달려들었습니다. 처음에는 목을 졸랐는데 숨이 막혀 죽는 줄 알았습니다.

문 피의자가 진술인의 옷을 벗기려 하였나요?

답 예. 목을 조르다가 손을 놓더니 양손으로 제 어깨를 붙잡고 막 흔든 다음에 옷을 벗기려고 하였습니다. 그때 표정이 정말 무서웠습니다.

문 피의자가 실제로 진술인의 옷을 벗겼나요?

답 아니요. 실제로 벗기지는 못했습니다. 피의자는 옷을 벗기려고 하고 저는 피의자를 밀어내고 하면서 실랑이를 하는데 경찰관이 왔습니다.

문 피의자가 진술인을 때리기도 하였나요?

답 아니요. 때리지는 않고 계속 제 어깨를 잡고 흔들면서 옷을 벗기려고 하였습니다.

문 피의자가 몸으로라도 갚으라는 말 외에 또 어떤 말을 하던가요?

답 잘 생각나지는 않지만 자기 인생이 망가져서 무서울 게 없다는 말도 한 것 같습니다. 그리고 옷을 벗기려 하면서도 돈 달라는 얘기를 했습니다.

문 그 밖에 다른 신체 접촉은 없었나요?

답 예. 옷을 벗기려다 실패한 것 밖에는 없습니다.

문 피의자가 위 범행 당시 술을 마셨던가요.

답 약간 술 냄새가 나는 것 같기도 하였습니다만, 말하는 것이나 행동하는 것을 보아서는 술을 많이 마신 사람으로 보이지는 않았습니다. 비틀거리지도 않았고, 말도 똑똑하게 잘 했습니다.

문 진술인이 피의자로부터 피해를 입은 것이 더 있나요.

답 예 김경남은 2013. 8. 31. 18:00경 제가 운영하는 대전 중구 모충동 234 맛나감자탕 식당에서 카운터 금고 안에 있던 현금 50만 원을 훔쳐간 일이 있습니다.

문 그 경위를 상세하게 진술하세요.

답 그날 제가 식당에서 저녁장사 준비를 하고 있는데 김경남이 제 식당에 와서 돈을 달라고 행패를 부리길래 제가 주방에서 할 일이 있다면서 김경남을 피하여 주방으로 들어갔습니다. 잠시 후 잠잠하여 주방에서 나와보니 김경남이 없어졌습니다. 그때 제가 아차하고 카운터 위에 있던 금고를 열어보니 돈이 없어졌습니다. 제가 식자재를 사려고 현금 50만 원을 준비해 금고 안에 넣어두었는데 김경남이 낼름 집어간 것입니다. 그래서 제가 급하게 김경남에게 전화를 걸어 물어보니 김경남은 얼버무리면서 아니라고 발뺌하였지만 그날 제 식당에 온 사람이 김경남 밖에 없으므로 그 돈을 김경남이 가져간 것이 맞습니다. 그리고 아까 제가 김경남과 다투면서 네가 50만 원을 가져가지 않았느냐고 따지니까 950만 원을 갚으라고 했습니다.

문 진술인이 피의자에게 50만 원을 가져가도록 허락한 것은 아닌가요.

답 아닙니다. 제가 식자재를 사려고 준비해놓은 것인데 그것을 가져가라고 허락할 이유가 없습니다.

문 피의자가 그 밖에 또 다른 절도범행을 하였다는 것은 무슨 말인가요.

답 제가 아까 차 안에서 김경남에게 당할 때 왜 남의 돈 50만 원을 허락도 없이 가져갔냐고 따지니까 김경남이 오히려 저에게 적반하장이라면서 제가 돈을 안 갚는 바람에 자기가 도둑질까지 하게 되었다면서 8월 초순경에 대전 동구 신월동에 있는 술집에서 술을 마시다가 주인이 화장실 간 틈을 타 카운터 금고에서 25만 원을 훔친 일이 있다면서 저 때문에 자기가 도둑질까지 하게 되었다면서 그 날짜도 잊어버리지 않았다면서 8월 10일이라고 자랑스럽게 말했습니다.

문 그 술집 상호가 뭐라고 하던가요.

답 대전 동구 신월동 사거리에 있는 선술집인데 본가라고 하든가 봉명가라고 하든가...

문 피의자의 처벌을 원하는가요.

답 예. 이런 나쁜 사람은 혼이 나야 합니다. 엄히 처벌해 주시기 바랍니다.

문 더 하고 싶은 말이 있나요.

답 없습니다.

문 이상 진술이 사실인가요.

답 예. 모두 사실입니다.

위의 조서를 진술자에게 열람하게 하였던바, 진술한 대로 오기나 증감·변경할 것이 전혀 없다고 말하므로 간인한 후 서명 날인하게 하다.

진술자 최정숙 ㊞

2013. 10. 6.

대 전 중 부 경 찰 서

사법경찰리 경 장 신 안 국 ㊞

대전중부 경찰서	담 당	수사지원팀장	수사과장	서 장
	신안국	박중환	전결	손대경

고 소 장

접수일자	2013. 10.6.
접수번호	제 4455 호
사건번호	제 9350 호
압수번호	

고 소 인 : 최 정 숙 (750410-2344218)
대전 중구 대신동 32

피고소인 : 김 갑 동 (601003-1693224)
대전 서구 내동 21 명성아파트 103동 201호

죄 명 : 강간미수, 감금, 절도

고 소 사 실

1. 고소인은 피고소인 김경남과 아무런 관계도 없습니다.
2. 피고소인은 2013. 10. 6. 00:00경부터 00:30경까지 고소인을 자동차에 감금하고 대전천 고수부지 주차장에서 고소인을 강간하려다가 미수에 그쳤고 2013. 8. 31. 제가 운영하는 식당에서 돈 50만 원을 훔쳐갔으며, 2013. 8. 10.경 제가 잘 모르는 어느 술집에서 25만 원을 훔친 일이 있다고 떠벌린 일이 있는바, 엄히 처벌해주실 것을 바랍니다.

2013. 10. 6.

고소인 최 정 숙 (인)

대전중부경찰서장 귀하

제 2 문에 대한 해설

변 론 요 지 서

사 건 2013고합258 특정경제범죄가중처벌등에관한법률위반(배임) 등
피고인 김경남

위 사건에 관하여 위 피고인의 변호인은 다음과 같이 변론합니다.

다 음

1. 장물취득의 점(공소사실 제1항)에 관하여

가. 피고인의 주장과 이 사건의 쟁점

피고인은 경찰 이래 이 법정에 이르기까지 일관하여 자신은 2013. 9. 7. 이경기로부터 디지털카메라 1개(증 제3호)를 정상적인 대금 30만 원에 산 일이 있을 뿐 그것이 장물인 정을 알면서 싼 값에 산 것은 아니라고 진술하였습니다. 이경기는 경찰과 검찰에서는 피고인과 함께 위 카메라를 훔쳤다고 진술하였다가 이 법정에서는 이를 번복하여 위 카메라를 자신이 단독으로 훔친 것이고, 그 후 피고인에게 30만 원에 위 카메라를 팔았는데 당시 피고인이 그 카메라가 장물인 정을 알고 있었다고 진술하였습니다. 그러나 아래에서 살펴보는 바와 같이 피고인이 위 카메라가 장물인 정을 알면서 이경기로부터 이를 구입하였다는 사실을 인정할 증거는 없습니다.

나. 증거에 대한 검토

(1) 증거의 개관

위 디지털 카메라 1개에 관련된 증거로는 상피고인 이경기가 이 법정에서 한 진술, 검사가 작성한 이경기에 대한 피의자신문조서의 진술기재, 사법경찰리가 작성한 이경기에 대한 피의자신문조서의 진술기재, 사법경찰리가 작성한 김경남에 대한 제2회 피

의자신문조서 중 이경기의 진술기재, 사법경찰리가 김진서에 대하여 작성한 진술조서의 진술기재, 사법경찰리가 작성한 압수조서의 기재, 압수된 디지털카메라 1개(증 제3호)의 현존 등이 있습니다.

(2) 개별적 검토

① 상피고인 이경기가 이 법정에서 한 진술과 검사와 사법경찰리가 이경기에 대하여 작성한 피의자신문조서(사법경찰리가 작성한 피고인에 대한 제2회 피의자신문조서 중 이경기의 진술기재 부분도 마찬가지입니다)는 아래와 같은 이유로 증거능력이 없습니다.

공동피고인인 절도범과 그 장물범은 서로 다른 공동피고인의 범죄사실에 관하여는 증인의 지위에 있다 할 것이므로, 피고인이 증거로 함에 동의한 바 없는 공동피고인에 대한 피의자신문조서는 공동피고인의 증언에 의하여 그 성립의 진정이 인정되지 아니하는 한 피고인의 공소 범죄사실을 인정하는 증거로 할 수 없습니다(대법원 2006.1.12. 선고 2005도7601 판결 참조).

이 사건에서 피고인과 상피고인 이경기는 공동피고인일 뿐 이 사건 이경기의 야간주거침입절도나 피고인의 장물취득에 관하여 공범은 아닙니다. 따라서 검사가 이경기에 대하여 작성한 피의자신문조서의 진술기재, 사법경찰리가 작성한 이경기에 대한 피의자신문조서의 진술기재. 사법경찰리가 작성한 피고인에 대한 제2회 피의자신문조서 중 이경기의 진술기재 부분은 피고인이 증거로 함에 동의하지 않는 이상, 그것이 증거능력을 갖기 위해서는 이경기가 증인으로서 그 성립의 진정을 인정하여야 하는데 이경기가 증인의 지위에서 그 성립의 진정을 인정한 바 없으므로, 증거능력이 없습니다. 마찬가지로 이경기가 이 법정에서 한 진술 역시 증인의 지위에서 한 진술이 아니므로 증거능력이 없습니다.

② 사법경찰리가 김진서에 대하여 작성한 진술조서의 진술기재에 의하면, 2013. 9. 5. 01:00경 누군가가 김진서의 집에 침입하여 디지털카메라 1개를 훔쳐간 사실이 인정될 뿐 피고인이 2013. 9. 7. 그 디지털라메라가 장물인 정을 알면서 이경기로부터 이를 취득하였다는 사실을 인정하기에는 부족합니다. 사법경찰리가 작성한 압수조서의 기재, 압수된 디지털카메라 1개(증 제3호)의 현존 등에 의하면, 피고인이 2013. 10. 8. 압

수 당시 위 디지털카메라를 소지하고 있었던 사실이 인정될 뿐 피고인이 그 디지털카메라가 장물인 정을 알면서 이를 취득하였다는 사실을 인정하기에는 역시 부족합니다.

그밖에 피고인이 위 디지털카메라가 장물인 정을 알면서 이를 이경기로부터 매수하였다는 점을 증명할 증거는 전혀 없습니다.

다. 소결론

그렇다면 피고인에 대한 이 부분 공소사실은 범죄의 증명이 없는 경우에 해당하므로 형사소송법 제325조 후단에 의하여 무죄를 선고하여 주시기 바랍니다.

2. 특정경제범죄가중처벌등에관한법률위반(배임)(공소사실 제2항)의 점에 관하여

가. 피고인의 주장과 이 사건의 쟁점

피고인은 이 부분 공소사실을 모두 자백하고 있습니다. 그러나 이 사건 공소사실에는 아래에서 보는 바와 같은 법리상의 문제와 그에 따른 사실인정의 문제가 있습니다.

검사는 이 사건 공소사실로 피고인이 취득한 이득액이 7억 원임을 전제로 이 사건 공소사실에 관하여 특정경제범죄 가중처벌 등에 관한 법률 제3조 제1항 제2호를 적용하여 기소하였습니다. 그러나 이 사건으로 피고인이 취득한 이득액은 검사가 주장하는 바와 같은 7억 원이 아니라 3억 8,000만 원에 불과합니다. 한편, 위와 같이 피고인이 취득한 이득액이 3억 8,000만 원에 불과하다고 볼 경우 이 부분에 대한 공소제기는 공소시효가 완성된 후의 공소제기에 해당합니다.

나. 구체적 검토

배임행위로 얻은 재산상 이익의 일정한 액수 자체를 가중적 구성요건으로 규정하고 있는 특정경제범죄 가중처벌 등에 관한 법률 제3조 제1항의 적용을 전제로 하여 이중매매 대상이 된 부동산 가액을 산정하는 경우, 부동산에 아무런 부담이 없는 때에는 부동산 시가 상당액이 곧 가액이라고 볼 것이지만, 부동산에 근저당권설정등기가 경료되어 있거나 압류 또는 가압류 등이 이루어진 때에는 특별한 사정이 없는 한 아무런 부담이 없는 상태의 부동산 시가 상당액에서 근저당권의 채권최고액 범위 내에서 피담보채권액, 압류에 걸린 집행채권액, 가압류에 걸린 청구금액 범위 내에서 피보전채권액 등을 뺀 실제 교환가치를 부동산 가액으로 보아야 합니다(대법원 2011. 6. 30. 선고 2011도1651 판결 등 참조).

그런데 검사와 사법경찰리가 작성한 피고인에 대한 각 피의자신문조서와 사법경찰리가 작성한 천일성, 박용팔에 대한 각 진술조서의 각 진술기재 및 충남 연기군 조치원읍 당동리 195 대 1,180m²에 대한 등기부등본의 기재에 의하면, 피고인이 위 대지를 박용팔에게 이중으로 매도하고 이전등기를 경료할 당시 근저당권설정등기 등의 부담이 없는 상태에서의 위 대지의 시가는 7억 원 상당인 사실, 한편 위 대지에는 피고인과 천일성 사이의 매매계약이 체결될 당시부터 근저당권자가 주식회사 신한은행으로된 근저당권이 설정되어 있었고 그 때부터 이중매매 당시까지 근저당권자인 주식회사 신한은행에 대한 근저당채무액은 3억 2,000만 원이었던 사실을 인정할 수 있습니다.

그렇다면 이중매매 당시 위 대지의 실제 교환가치는 그 시가 상당액에서 근저당채무액을 공제한 3억 8,000만 원 정도에 불과하였던 것으로 보아야 하고, 따라서 피고인이 이중매매로 인한 배임행위에 의하여 취득한 이득액이 5억 원 이상에 해당한다고 할 수 없으므로 피고인에 대하여 특정경제범죄 가중처벌 등에 관한 법률 제3조 제1항을 적용하여 처벌할 수는 없고 단지 위 공소사실 중에 포함되어 있는 형법상 배임죄만이 성립될 수 있다 할 것입니다.

한편, 형법상 배임죄는 형법 제355조 제2항, 제1항에 의하면 법정형이 5년 이하의 징역 또는 1,500만 원 이하의 벌금으로 되어 있어, 형사소송법 제250조, 형법 제50조, 형사소송법 부칙(2007. 12. 21.) 제3조, 구 형사소송법(2007. 12. 21. 법률 제8730호로 개정되기 전의 것) 제249조 제1항 제4호에 의하여 공소시효기 5년인데, 이 사건 공소는 피고인이 박용팔에게 위 대지에 관한 소유권이전등기를 경료함으로써 배임행위를 완료한 2008. 7. 7.부터 5년이 경과한 후인 2013. 10. 21.에 제기되었음이 기록상 명백합니다.

다. 소결론

그렇다면 이 부분 공소사실은 공소시효가 완성되었을 때에 해당하므로 형사소송법 제326조 제3호에 의하여 면소를 선고하여 주시기 바랍니다.

3. 각 절도의 점(공소사실 제3항)에 관하여

가. 2013. 8. 10. 절도의 점

(1) 주장 및 쟁점

피고인은 경찰, 검찰, 법정에서 이 부분 공소사실을 자백하였으나, 위 자백에 대하여 보강증거가 있는지 검토가 필요합니다.

(2) 보강증거의 자격

자백의 보강증거는 증거능력을 갖추고 있어야 할 뿐만 아니라, 자백의 증명력을 보강하는 증거로서 자백과 독립한 별개의 증거이어야 하므로, 피고인의 자백은 수사기관에서의 진술이든 공판정에서의 자백이든 어느 것이나 독립하여 유죄의 증거가 될 수 없고 위 자백을 아무리 합쳐 보아도 그것만으로는 유죄의 판결을 할 수 없으며, 피고인이 범행을 자인하는 것을 들었다는 피고인 아닌 자의 진술내용은 형사소송법 제310조의 피고인의 자백에는 포함되지 아니하나 이와 같은 진술기재 내용을 피고인의 자백의 보강증거로 삼는다면 결국 피고인의 자백을 피고인의 자백으로써 보강하는 결과가 되어 아무런 보강도 하는 바가 없는 것이니 보강증거가 되지 못한다고 할 것입니다(대법원 2008. 2. 14. 선고 2007도10937 판결 등 참조).

(3) 이 사건의 경우

피고인이 위 범행을 저질렀다고 이야기하는 것을 피고인으로부터 들었다는 내용의 사법경찰리가 작성한 최정숙에 대한 진술조서의 진술기재와 최정숙이 작성한 고소장의 기재는 피고인이 증거로 함에 동의하여 일단 증거능력이 있으나, 이러한 전문 진술기재 내용을 피고인의 자백에 대한 보강증거로 삼는다면 결국 피고인의 자백을 피고인의 자백으로서 보강하는 결과가 되어 아무런 보강하는 바가 없어 적법한 보강증거가 될 수 없습니다.

따라서 피고인의 위 자백을 보강할 만한 아무런 증거가 없으므로, 피고인의 위 자백은 피고인에게 불리한 유일의 증거에 해당하여 유죄의 증거로 삼을 수 없습니다.

(4) 소결론

그렇다면 이 부분 공소사실은 범죄의 증명이 없는 경우에 해당하므로 형사소송법 제325조 후단에 의하여 무죄를 선고해 주시기 바랍니다.

나. 2013. 8. 16. 절도의 점

(1) 주장 및 쟁점

피고인은 경찰 이래 이 법정에 이르기까지 이 부분 자기앞수표를 처남인 이진철로부터 받아 소지하고 있었을 뿐 이 부분 절도범행을 저지르지 않았다고 변소하고 있으므로, 이 부분 절도범행에 대하여 증거가 충분한지 검토하여야 합니다.

(2) 형사재판에서 검사의 입증책임의 정도

형사재판에서 공소가 제기된 범죄사실에 대한 입증책임은 검사에게 있고, 유죄의 인정은 법관으로 하여금 합리적인 의심을 할 여지가 없을 정도로 공소사실이 진실한 것이라는 확신을 가지게 하는 증명력을 가진 증거에 의하여야 하므로, 그와 같은 증거가 없다면 설령 피고인에게 유죄의 의심이 간다 하더라도 피고인의 이익으로 판단할 수밖에 없습니다.

(3) 증거관계 검토

사법경찰리가 작성한 윤재벌에 대한 진술조서의 진술기재, 사법경찰리가 작성한 압수조서와 수사보고서의 각 기재, 압수된 100만 원 권 자기앞수표 1장(증제3호)의 현존에 의하면, 윤재벌이 대전 유성구 궁동 258에 있는 모던 단란주점에서 100만 원권 자기앞수표를 도난당하였고, 그가 도난당한 자기앞수표를 피고인이 소지하고 있었던 사실은 인정되지만, 위 각 증거들은 모두 피해자가 위 일시, 장소에서 위 수표를 도난당하였다는 것과 그 도난당한 수표를 피고인이 소지하였다는 것에 관한 것일 뿐이어서 피고인이 위 수표를 절취하였다는 점에 대한 직접 증거라고 할 수 없고, 달리 피고인이 위 금품을 절취하였다는 점을 인정할 증거가 없습니다.

오히려 증인 이진철이 이 법정에서 한 진술과 압수된 100만 원 권 자기앞수표 1장의 기재 및 현존에 의하면, 이진철이 2013. 10. 초경 김갑석에게 주류를 공급하고, 그 주류공급대금으로 김갑석이 손님으로부터 받았다는 자기앞수표를 김갑석으로부터 배서, 교부받은 다음, 2013. 10. 5.경 피고인에게 위 자기앞수표를 준 사실이 인정됩니다.

(4) 소결론

따라서 이 부분 공소사실은 범죄 사실의 증명이 없는 때에 해당하므로 형사소송법 제325조 후단에 의하여 무죄를 선고해 주시기 바랍니다.

다. 2013. 8. 25. 절도의 점

(1) 주장 및 쟁점

피고인은 경찰 이래 이 법정에 이르기까지 이 부분 범행 당시 워낙 술에 취한 상태라서 기억이 나지 않는다고 변소하고 있으므로, 이 부분 절도범행에 관하여 증거가 충분한지 여부가 문제됩니다.

(2) 증거관계 검토

이 부분 절도 범행에 부합하는 듯한 증거로는 사법경찰리가 작성한 성금자에 대한 진술조서와 사법경찰리가 작성한 압수조서, 압수된 금반지 1개(증 제4호)가 있습니다.

먼저, 사법경찰리가 작성한 성금자에 대한 진술조서는 피고인이 이를 증거로 함에 동의한 바 없고, 원진술자의 진술에 의하여 성립의 진정이 인정되지도 않았으므로 증거능력이 없습니다. 설령 형사소송법 제314조에 따라 원진술자가 사망하여 진술할 수 없는 경우에 해당한다고 하더라도 위 조항에 따라 증거능력이 인정되기 위해서는 그 진술이 특히 신빙할 수 있는 상태에서 행하여졌음이 증명되어야 합니다. 그런데 이 사건에서는 피해자에 대한 경찰 조사시 범인식별절차를 따르지 아니하였고, 피고인이 당시 현장에 있었다는 영상이 담긴 CCTV가 이 부분 범행의 증거로 제출되지도 아니하였으며, 피해자와 피고인과의 대질신문도 이루어지지 아니하여 피해자의 경찰 진술이 특히 신빙할 수 있는 상태에서 이루어졌다고 볼 수 없습니다.

다음으로, 설령 이와 견해를 달리하시어 사법경찰리가 작성한 성금자에 대한 진술조서에 대하여 증거능력이 인정된다고 하더라도, 성금자는 피고인이 이 부분 절도범행을 하는 것을 직접 목격한 것이 아니므로 이 부분 절도범행에 대한 직접증거가 될 수 없고, 또한 피고인으로부터 금반지 1개를 압수하였다는 취지의 압수조서와 압수된 금반지 1개도 피고인이 이 부분 절도범행을 저질렀다는 점에 대한 직접증거는 될 수 없습니다. 그 밖에 달리 이 점을 인정할 증거가 없습니다.

(3) 소결론

따라서 이 부분 범행에 대하여도 증거가 충분하지 아니하므로 무죄를 선고해 주시기 바랍니다.

라. 2013. 8. 31. 절도의 점

피고인은 이 부분 공소사실을 모두 자백하고 있습니다. 또한 최정숙이 경찰에서 한 진술과 압수된 금반지 1개의 현존으로 피고인의 자백이 보강된다고 할 것입니다. 피고인은 이 부분에 대하여 깊이 후회하며 반성하고 있습니다. 다만, 피고인으로서는 최정숙에게 1,000만 원을 빌려주었다가 아직 돌려받지 못하고 있는 상태에서 최정숙의 돈을 보는 순간 갑자기 빌려준 것을 회수하는 것은 죄가 되지 않는다는 생각이 들어 이 사건 범행에 이르게 된 것입니다. 이러한 점과 함께 이 사건 강간미수와 감금의 점이 문제되기 전까지 최정숙이 이를 따로 문제삼지 않았던 사정까지 고려하여 재판장님께서 최대한으로 관대한 처분을 내려주시길 앙망하고 있습니다.

4. 피고인의 강간미수 및 감금의 점에 관하여

가. 주장 및 쟁점

피고인은 경찰 이래 이 법정에 이르기까지 일관하여 피해자 최정숙을 감금한 사실은 인정하면서도 강간할 생각은 없었다고 부인하였는데, 피해자 최정숙은 이 법정에서 증인으로 출석하여 강간미수 및 감금의 점에 대한 고소를 모두 취소하였습니다.

따라서 강간미수의 점에 대하여는 피고인이 무죄주장을 할 때 공소기각 사유와 경합하는 경우 그 처리방법이 문제됩니다.

나. 형식재판 우선의 원칙

일죄 전부에 대하여 무죄와 공소기각 사유가 경합하는 경우에는 이른바 형식재판 우선의 원칙에 따라 주문과 이유에서 공소기각 사유에 대한 판단만 하면 됩니다.

따라서 친고죄인 강간미수죄에 대하여 증거가 없어 무죄인데, 고소가 취소된 경우 무죄에 대하여는 판단할 필요가 없으므로, 강간미수의 점에 대하여 증거가 있는지 여부를 떠나 고소가 취소되었다면 주문과 이유에서 공소기각판결을 하면 충분합니다.

다. 이 사건의 경우

이 부분 강간미수의 점은 형법 제300조, 제297조에 해당하는 죄로서 형법 제306조에 의하여 피해자의 고소가 있어야 공소를 제기할 수 있는 사건인데, 증인 최정숙이 이 법정에서 한 진술에 의하면 피해자 최정숙이 이 사건 공소제기 후인 2013. 11. 18.

이 법정에서 피고인에 대한 고소를 취소한 사실을 인정할 수 있습니다.

라. 소결론

따라서 이 부분 강간미수의 점은 공소제기 후 고소가 취소되었으므로 형사소송법 제327조 제5호에 의하여 공소기각 판결을 해 주시기 바랍니다.[177] 아울러 감금의 점과 관련해서는 증인 최정숙이 이 법정에서 한 진술에 의하여 인정되는 바와 같이 강간의 수단으로 저지른 것이 아니라 피고인이 정당한 채권을 추심하는 과정에서 발생한 것이라는 점을 사건경위에서 반드시 참작해 주시기 바랍니다.

2013. 12. 2.

위 피고인의 변호인 변호사 조원만

대전지방법원 제12형사부 귀중

177) 일죄의 일부가 유죄이고, 나머지가 면소, 공소기각일 경우에는 주문에서 유죄를 선고하고, 면소 또는 공소기각은 이유 중에서 판단한다. 상상적 경합의 경우에도 이와 같다(이 사건에서 강간미수와 감금죄는 상상적 경합관계에 있으므로 두 죄만 문제된 경우라면 감금의 점은 주문 유죄, 강간미수의 점은 이유 공소기각).

제 3 문

[폭력행위등 처벌에 관한 법률위반 (집단,흉기등 상해)등]

이 문제는 사법연수원 교수 및 로스쿨실무교수들의 모임인 '법실무연구회'에서 실무교육을 위하여 만든 문제이다.

문 제

<u>귀하는 피고인 고민중의 변호인 김진석이다.</u>
다음 기록을 보고 피고인의 변호인으로서 최종변론을 할 변론요지서를 작성하되, 다음 쪽 양식의 <u>본문 1, 2, 3, 4만 작성하라.</u>

주의사항

1. 다음 기록은 소송기록 1책, 증거서류등(검사) 1책 등 모두 2책으로 분리된 것임.
2. 증거목록 중 '기재생략'된 부분에는 법에 따른 절차가 진행되어 그에 따라 적절한 기재가 있는 것으로 볼 것.
3. 조서 기타 서류에는 필요한 서명, 날인 또는 무인, 간인, 정정인이 있는 것으로 볼 것[기록에서 '㊞ 또는 (인)'은 날인을, '(무인)'은 무인을 한 곳을 의미함].
4. 공판기록에 첨부하여야 할 일부 서류와 수사기관의 조서 말미에 첨부하여야 할 '수사과정확인서'는 편의상 생략하였으나 적법하게 존재하는 것으로 볼 것(가독성을 위하여 생략된 서류에도 불구하고 쪽번호는 연속되도록 하였음).
5. 송달이나 접수절차, 결재인이 필요한 서류는 모두 적법한 절차를 거친 것으로 보고, 통지가 필요한 절차에는 적법한 통지가 행해진 것으로 볼 것.
6. 쪽번호는 편의상 연속되는 번호를 붙였음.
7. 견해의 대립이 있는 경우 대법원 판례가 있으면 그 취지에 따라 변론을 할 것. 다만, 대법원 판례와 다른 견해를 취하여 변론을 하고자 하는 경우 자신의 입장에 따른 변론을 하되 대법원 판례의 취지를 적시할 것.

변론요지서

사 건 2012고단1234 폭력행위등 처벌에 관한 법률위반(집단,흉기등 상해)등
피고인 고민중

위 사건에 관하여 피고인의 변호인은 다음과 같이 변론합니다.

다 음

1. 모욕의점

2. 공무집행 방해 및 상해의점

3. 배임의 점.

4. 위증의 점.

5. 정상관계(평가에서 제외함. 답안에 기재하지 말 것)

2012. 10. .

피고인의 변호인
변호사 김 진 석 (인)

서울중앙지방법원 제26 형사단독부 귀중

구속만료	2012. 8. 13.	미결 구금
	2012. 12. 13.	
최종만료		
대행갱신 만료		

서 울 중 앙 지 방 법 원

구공판 **형사제1심소송기록**

기일	사건번호	2012고단1234	담임	제26단독	주심	다
1회기일						
9/27 A10	사 건 명	가. 배임 나. 위증 다. 모욕 라. 공무집행방해 마. 상해				
10/11 P2						
	검 사	정우열	2012형제53874호			
	공소제기일	2012. 8. 24.				
	피 고 인	구속 1. 가.나.다.라.마 **고민중**				
	변 호 인	변호사 명 변 호 (사선)				

확 정	
보존종기	
종결구분	
보 존	

완결 공람	담 임	과 장	국 장	주심 판사	재판장	원장

접 수 공 람	과 장	국 장	원 장
	㊞	㊞	㊞

공 판 준 비 절 차

회 부 수명법관 지정 일자	수명법관 이름	재 판 장	비 고

법정외에서지정하는기일

기일의 종류	일 시				재 판 장	비 고
1회 공판기일	2012.	9.	27.	10:00	㊞	
2회 공판기일	2012.	10.	11.	14:00	㊞	

서울중앙지방법원

목 록		
문 서 명 칭	장 수	비 고
증거목록	(생략)	검사
공소장	(생략)	
현행범인 체포서	(생략)	
구속영장	(생략)	
국선변호인선정결정	(생략)	피고인 고민중
영수증(공소장부본 등)	(생략)	변호사 김진석
영수증(공판기일통지서)	(생략)	변호사 김진석
공판조서(제1회)	(생략)	
공판조서(제2회)	(생략)	
증인신문조서	(생략)	진정한

서울중앙지방법원

목 록		
문 서 명 칭	장 수	비 고
현행법인체포서	(생략)	피고인
구속영장	(생략)	피고인
피의자 수용증명	(생략)	피고인

증 거 목 록(증거서류 등)

2012고단1234

2012형제53874호 신청인 : 검사

순번	증거방법					참조사항 등	신청기일	증거의견		증거결정		증거조사기일	비고
	작성	쪽수(수)	쪽수(증)	증거명칭	성명			기일	내용	기일	내용		
1	검사	61		피의자신문조서	고민중		1	1	○	기재 생략 (이하 같음)			
2	사경	26		진술조서	기민해		1	1	○				
3		31		고소장	기민해		1	1	○				
4		37		상해진단서	기민해		1	1	○				
5		32		진술조서	박검문		1	1	○				
6		45		진술서	나주민		1	1	○				
7		47		진술조서	한심해		1	1	○				
8		50		진술조서	안전한		1	1	○				
9		54		증인신문조서	고민중		1	1	○				
10		38		피의자신문조서 (1회)	고민중		1	1	○ ○ ○				
11		56		피의자신문조서 (2회)	고민중		1	1	○ ○ ○				
12		61		조회회보서	고민중		1	1	○ ○				

※ 증거의견 표시 - 피의자신문조서 : 인정 ○, 부인 ×
(여러 개의 부호가 있는 경우, 성립/임의성/내용의 순서임)
- 기타 증거서류 : 동의 ○, 부동의 ×

※ 증거결정 표시 : 채 ○, 부 ×

※ 증거조사 내용은 제시, 내용고지

증 거 목 록(증인 등)

2012고단1234

2012형제53874호 신청인 : 검사

증 거 방 법	쪽수 (공)	입증취지 등	신청 기일	증거결정 기일	증거결정 내용	증거조사기일	비고
증인 진정한		공소사실 제1항	1	1	○	2012. 10. 11. 14:00 (실시)	① 신청

※ 증거결정 표시 : 채 ○, 부 ×

서울중앙지방검찰청

2012. 8. 24.

사건번호 2012년 형제53874호
수 신 자 서울중앙지방법원
제　　목 **공소장**
검사 정우열은 아래와 같이 공소를 제기합니다.

접수 No. 15775
2012. 06. 14.
서울중앙지방법원
형사접수실

Ⅰ. 피고인 관련사항

피 고 인 고민중 (75****-1*****), 36세
직업 무직, 010-****-**** **1234**
주거 서울특별시 서초구 양재2동 125
등록기준지 서울특별시 성북구 월곡동 80
죄　　명 배임, 위증, 모욕, 공무집행방해, 상해
적용법조 형법 제311조, 제136조 제1항, 제257조 제1항, 제152조 제1항, 제355조 제2항, 제35조, 제37조, 제38조, 제40조
구속여부 2012. 8. 16. 구속 (2012. 8. 14. 체포)
변 호 인 변호사 김진석(국선)

Ⅱ. 공소사실

범죄사실

피고인은 2008. 8. 13. 서울동부지방법원에서 마약류관리에 관한 법률위반(향정)죄로 징역 6월을 선고받아 2008. 11. 7. 위 판결이 확정되어 2008. 11. 22. 성동구치소에서 그 형의 집행을 마친 바 있는 자로서,

1. 피고인은 인쇄기(화강공업사 제작, 제작번호C×3325, 제작년도 2004년)를 소유하고 있는 자인 바, 2009. 4. 1. 14:00 경 서초구 서초동 소재 타임 커피숍에서 피해자 한심해 에게 위 인쇄기를 1억 3500만원에 양도하기로 계약하고 당일 계약금 3100만원, 2009. 7. 8. 중도금 명목으로 5000만원을 지급받았으므로 잔금기일인 2009. 11. 8. 잔금 수령과 동시에 피해자 에게 위 인쇄기를 양도해 주어야 할 임무가 발생하였다. 그럼에도 불구하고 피고인은 자금이 필요하자 2009. 10. 8. 14:00경 위 장소에서 공소외 안전한에게 인쇄기를 양도하기로 하고 매매대금 8400만원에 매매계약을 체결하되 기존채무금 8400만원의 변제로

갈음하기로 하여 위 안전한에게 인쇄기를 양도함으로써 8400만원 상당의 재산상 이익을 취하고 피해자에게 동액 상당의 손해를 가하였다.

2. 피고인은 2009. 10. 5. 14:00경 서울 서초구 서초동에 있는 서울중앙지방법원 제309호 법정에서 위 법원 2009고단 345호 김동수에 대한 폭력행위 등 처벌에 관한 법률위반 사건의 증인으로 출석하여 선서하였다. 피고인은 위 사건을 심리중인 위 법원 제7단독 판사 김명석에게 "김동수가 나를 일방적으로 때렸을 뿐 나는 김동수를 때린 적이 없다." 라고 증언하였다.

그러나 사실은 2009. 1. 5. 20:00경 서울 서초구 서초동 소재 서울지방검찰청 앞길에서 김동수와 어깨를 부딪쳤다는 이유로 시비가 되어 서로 때리고 맞은 사실이 있다. 결국 피고인은 자신의 기억에 반하는 허위의 진술을 하여 위증하였다.

3. 피고인은 2012. 8. 14 01:45경 서울서초구 서초동 457 행복빌라 주차장에서 전화를 걸다가 인근지역을 순찰 중이던 서초경찰서 수사과 소속 경장 피해자 기민해로부터 불심검문을 당하자, 같은 동 같은 번지 노상에서 이에 항의하며 인근주민인 나주민 및 불특정 다수의 행인들에게 들리도록 "야이, 씨발놈아, 내가 도둑질도 안 했는데, 왜 검문을 하냐, 늦게 다니는 것도 죄냐, 검문 똑바로 해, 이 개새끼야."라고 욕을 하여 공연히 기민해를 모욕하고,

4. 위 3항과 같은 경위로 기민해가 피고인을 모욕죄의 현행범으로 체포한다고 미란다원칙을 고지하자, 피고인은 이에 불만을 품고 양손으로 기민해의 가슴을 밀치고, 옆에서 이를 말리던 박검문을 밀어버린 후 양손으로 기민해의 멱살을 잡고, 기민해로부터 목을 잡히는 등 제지당하자 입으로 기민해의 왼쪽 팔 부위를 세게 물었다. 이후 기민해, 박검문에 의해 공무집행 방해 및 상해죄의 현행범인으로 체포당해 순찰차 뒷좌석에 태워진 후 발로 박검문이 앉아 있는 운전석을 2~3회 차는 등 폭력으로써 기민해, 박검문의 현행범인 체포에 관한 정당한 공무집행을 방해함과 동시에 기민해에게 약 3주간의 치료를 요하는 좌 상완부 교상을 가한 것이다.

Ⅲ. 첨부서류

1. 현행범인체포서 1통
2. 구속영장 1통
3. 국선변호인선임결정 1통
4. 피의자수용증명 1통

검사 정 우 열 ㊞

현행범인체포서

피의자	성 명	고민중
	주민등록번호	생략
	직 업	무직
	주 소	서울 서초구 양재 2동 125
변 호 인		

위의 피의자에 대한 모욕 등 피의사건에 관하여 형사소송법 제212조 제1항의 규정에 따라 동인을 아래와 같이 현행범인으로 체포함.

2012. 8. 14

서 초 경 찰 서

사법경찰관 경위 이 창 권 ㉞

인 치 한 일 시	2012년 8월 14일 01시 45분
체 포 한 장 소	서초구 서초동 457번지 앞 노상
범죄사실 및 체포의 사유	별지와 같음
체포자의 관직 및 성명	서초경찰서 경장 기민해 외 1명
인 치 한 일 시	2012년 8월 14일 02시 00분
인 치 한 장 소	서초경찰서 유치장
구 금 한 일 시	
구 금 한 장 소	

범죄사실

피의자는 음주운전 등 전과 2범으로 무직인바

가. 피의자는 2012. 8. 14. 01:45분경 서울시 서초구 서초동 457 행복빌라 주차장에서 전화를 걸다가 인근지역을 순찰 중이던 서초경찰서 수사과 소속 경장 피해자 기민해로부터 불심검문을 당하자, 같은 동 458 번지 앞 노상에서 이에 항의하며 인근주민인 나주민 및 불특정 다수의 행인들에게 들리도록 "야이, 씨발놈아, 내가 도둑질도 안 했는데, 왜 검문을 하냐, 술 마신게 죄냐, 검문 똑바로 해, 이 개새끼야."라고 욕을 하여 공연히 기민해를 모욕하고,

나. 가.항과 같은 경위로 기민해가 피의자를 모욕죄의 현행범으로 체포한다고 미란다원칙을 고지하자, 피의자는 이에 불만을 품고 양손으로 기민해의 가슴을 밀치고, 옆에서 이를 말리던 박검문을 밀어버린 후 양손으로 기민해의 멱살을 잡고, 기민해로부터 목을 잡히는 등 제지당하자 입으로 기민해의 왼쪽 팔 부위를 세게 물었다. 이후 기민해, 박검문에 의해 공무집행방해 및 상해죄의 현행범인으로 체포당해 순찰차 뒷자석에 태워진 후 발로 박검문이 앉아 있는 운전석을 2~3회 차는 등 폭력으로써 기민해, 박검문의 현행범인 체포에 관한 정당한 공무집행을 방해함과 동시에 기민해에게 약 3주간의 치료를 요하는 교상을 가하였다.

체포의 사유

피의자가 동행요구를 거부하고 도주 및 증거인멸의 우려가 있어 현행범으로 체포한 것임.

구 속 영 장
내 용 생 략

서울중앙지방법원
공 판 조 서

제 1 회

사 건	2012고단1234 폭력행위등처벌에관한 법률위반(집단, 흉기등 상해)등		
재판장 판사	배현일	기 일 :	2012. 9. 27. 10:00
		장 소 :	제418호 법정
		공개여부 :	공개
법원사무관	국영수	고 지 된	
		다음기일 :	2012. 10. 11. 14:00
피 고 인	고민중		출석
검 사	김반석		출석
변 호 인	변호사 김진석 (국선)		출석

재판장

피고인은 진술을 하지 아니하거나 각개의 물음에 대하여 진술을 거부할 수 있고, 이익 되는 사실을 진술할 수 있음을 고지

재판장의 인정신문

성 명 : 고민중

주민등록번호 : 각 공소장 기재와 같음.

직 업 : 〃

주 거 : 〃

등록기준지 : 〃

재판장

피고인에 대하여

주소가 변경될 경우에는 이를 법원에 보고할 것을 명하고, 소재가 확인되지 않을 때에는 그 진술 없이 재판할 경우가 있음을 경고

검 사

공소장에 의하여 공소사실, 죄명, 적용법조 낭독

피고인 고민중

공소사실 제1항은 피고인이 피해자 한심해 에게 중도금까지 지급받은 상태에서 공소외 안전한에게 인쇄기를 양도한 점은 인정하나 민사문제에 불과하다고 생각한다고

진술하였고, 제2항은 피고인이 공소사실 내용의 증언을 한 것은 인정하지만 허위의 진술이 아니라고 주장하고, 나아가 만약 증언을 거부할 수 있었다면 증언하지 않았을 것이라고 진술 하였다. 제3항은 공소사실 내용의 욕을 한 것은 맞지만 모욕을 주려는 의도는 없었다고 하였다. 제4항에 대하여는 사실관계는 인정하지만 너무 억울하니 재판부가 세심하게 보살펴 달라고 하였다.

피고인의 변호인 변호사 김진석

공소사실 제2항 관련하여 증언거부권을 고지하지 않은 것은 불공정한 재판진행이었다고 진술.

재판장

증거조사를 하겠다고 고지

증거관계 별지와 같음(검사)

재판장

각 증거조사결과에 대하여 의견을 묻고 권리를 보호함에 필요한 증거조사를 신청할 수 있음을 고지

소송관계인

별 의견 없다고 진술

재판장

변론속행

2012. 9. 27.

법 원 사 무 관 국 영 수 ㊞

재 판 장 판 사 배 현 일 ㊞

고소취소장

본인은 피고인 고민중에 대하여 모욕죄로 고소한 바 있으나 고소를 취소합니다.
(다만, 공무집행방해와 상해죄에 대하여는 엄정한 처벌이 있어야 한다고 생각합니다.)

2012. 10. 1.

고소인 기민해 ㉠

서울중앙지방법원 귀중

서울중앙지방법원

공 판 조 서

제 2 회

사 건	2012고단1234 폭력행위등처벌에관한 법률위반(집단, 흉기등 상해)등		
재판장 판사	배현일	기 일 :	2012. 10. 11. 14:00
		장 소 :	제418호 법정
		공개여부 :	공개
법원사무관	국영수	고 지 된	
		다음기일 :	2012. 10. 25. 10:00
피 고 인	고민중		출석
검 사	김반석		출석
변 호 인	변호사 김진석 (국선)		출석
증 인	진정한		출석

재판장

전회 공판심리에 관한 주요사항의 요지를 공판조서에 의하여 고지

소송관계인

변경할 점이나 이의할 점이 없다고 진술

출석한 증인 진정한을 별지와 같이 신문하다

증거관계 별지와 같음(검사)

재판장

각 증거조사 결과에 대하여 의견을 묻고 권리를 보호함에 필요한 증거조사를 신청할 수 있음을 고지

소송관계인

별 의견 없으며, 달리 신청할 증거도 없다고 각 진술

재판장

증거조사를 마치고 피고인신문을 실시하겠다고 고지

검 사

피고인에게

[배임]

문 피고인은 인쇄기를 소유하고 있었다가 이를 처분한 적이 있지요.

답 예. 그러한 사실이 있습니다.

문 경위를 상세히 말하시오.

답 예, 제가 소유한 화강공업사 제작의 인쇄기(2004년 제작. 번호 C×3325) 1대를 가지고 인쇄업을 하다가 사업을 포기하고 처분하려는 데 먼저 한심해씨가 사겠다고 하여 2009. 4. 1 14:00경 서초동 소재 타임 커피숍에서 1억 3500만원에 매도하기로 하였습니다. 계약 당일 계약금 3100만원, 2009. 7. 8 중도금 5000만원을 수령하였습니다. 두 달 후 잔금일을 정하여 양도하기로 하였는데 2009. 10. 8 14:00경 제 어릴 적 친구인 안전한을 만난 자리에서 안전한이 "네가 인쇄업을 포기한다면 내가 해 볼테니 인쇄기를 넘겨라"고 요구하였습니다. 저로서는 한심해씨에게 송구한 마음은 있었지만 안전한의 요구를 거절하지 못하고 안전한에게 금 8400만원에 양도하기로 하고 인쇄기를 인도해 주었습니다.

문 피고인은 한심해의 잔금기일인 2009. 11. 8 잔금수령과 동시에 인쇄기를 양도해 주어야 할 임무가 있지 않은가요.

답 예. 그러한 임무가 있었습니다.

문 피고인은 임무를 위배하여 타인에게 이중매매 하였는데 피해자에게는 어떤 조치를 취했나요.

답 조치를 취하지는 못했고 중도금까지 받은 8100만원을 반환해 드리려고 합니다.

문 피고인에게 반환할 능력은 있나요.

답 현재는 없습니다.

[위증]

문 피고인은 2009. 10. 5 14:00경 서울 서초구 서초동에 있는 서울중앙지방법원 제309호 법정에 증인으로 출석한 적이 있지요.

답 예. 당시 2009고단345호 피고인 김동수에 대한 폭력행위등처벌에관한법률위반 사건의 증인으로 출석하여 선서하고 증언한 적이 있습니다.

문 당시 피고인 역시 같은 혐의로 기소되어 재판 중에 있었지요.

답 예, 저도 위 김동수에게 폭력을 행사하였다고 기소되어 2009고단123호로 재판받고 있었습니다.

문 피고인이 증언을 함에 있어 피의자는 김동수를 때린 적이 없었다고 하였지요.

답 예, "김동수가 나를 일방적으로 때렸을 뿐 나는 김동수를 때린 적 없다"는 취지로 증언하였습니다.

문 그런데 사실은 2009. 1. 5 20:00경 서울중앙지방 검찰청 앞길에서 김동수와 피고인이 어깨를 부딪쳤다는 이유로 시비가 되어 피고인이 김동수의 멱살을 잡게 되자 김동수가 피고인을 때리게 되고 피고인도 김동수 안면부를 3회 때린 적이 있지요.

답 저는 때린 적이 없습니다. 그래서 사실대로 말했을 뿐입니다.

문 목격자인 진정한의 진술이나 김동수의 진술에 의하면 피고인이 김동수의 얼굴 부위를 3회 가격하였다는 데 왜 이를 부인하나요.

답 저는 인정할 수 없습니다.

문 피고인이 증언을 함에 있어 재판장인 김명석 판사로부터 증언거부권에 대한 고지를 받았나요.

답 저는 고지 받지 못하였고 그래서 제 종전 주장을 증인으로서 되풀이 증언한 것입니다.

문 피고인의 폭력행위등처벌에관한법률위반사건은 어떻게 처리되었나요.

답 예, 벌금 500만원이 선고되었기에 부당하다고 생각하여 항소하였고 현재 항소심 계류중입니다.

[모욕, 공무집행방해, 상해]
(신문 생략)

변호인 변호사 김진석
　　피고인에게 신문(생략)
재판장
　　피고인신문을 마쳤음을 고지
재판장
　　변론속행(변론준비를 위한 변호인의 요청으로)

2012. 10. 11.

법 원 사 무 관　국 영 수 ㊞
재 판 장 판 사　배 현 일 ㊞

서울중앙지방법원

증인신문조서(제1회 공판조서의 일부)

사 건 2012고단1234 폭력행위등처벌에관한 법률위반(집단, 흉기등 상해)등

증 인 이 름 진정한

생년월일 1970. 1. 1.

주 거 서울 서초구 양재동 100 호성빌라 3동 105호

재판장

증인에게 형사소송법 제148조 또는 제149조에 해당하는가의 여부를 물어 이에 해당하지 아니함을 인정하고, 위증의 벌을 경고한 후 별지 선서서와 같이 선서를 하게 하였다.

검 사

증인에게

문 증인은 2009. 1. 5. 20:00경 서울 서초동소재 서울중앙지방검찰청 앞길에서 폭행사건을 목격한 적이 있지요.

답 예, 당시 제가 검찰청에 저녁배달을 하고 오던 중 피고인과 어떤사람(김동수라고 들었습니다)이 다투는 것을 보았습니다. 아마 어깨가 서로 부딪쳐서 시비가 되었는지 서로 앞을 똑바로 보고 다니라며 훈계를 하였습니다.

그러다가 피고인이 김동수의 멱살을 잡고 밀게 되자 김동수가 주먹으로 피고인의 안면부를 때리고 이에 피고인도 김동수를 가격하게 되었는데 서로 3대정도씩 각자의 얼굴 부위를 때린 것입니다.

저나 주변사람들이 말리고 검찰청 소속 수위도 다가 오게 되자 싸움이 종료되었습니다.

문 당시 피고인이 김동수를 때린 것은 틀림없지요.

답 예, 피고인이 김동수에게 "왜 때리느냐"며 반격을 한 것을 잘 보아서 압니다.

변호인 변호사 김진석

증인에게

문 피고인은 술에 취하였던가요.

답 제가 보기에 김동수가 다소 취했을 뿐 피고인은 술을 먹은 것 같지 않았습니다.

2012. 10. 11.

법 원 사 무 관 국영수 ㉐

재판장 판 사 배현일 ㉐

제	1	책
제	1	권

<table>
<tr><td colspan="6">서울중앙지방법원
증거서류등(검사)</td></tr>
<tr><td rowspan="3">사 건 번 호</td><td>2013고합5678</td><td rowspan="3">담
임</td><td>제26형사부</td><td rowspan="3">주
심</td><td>다</td></tr>
<tr><td></td><td></td><td></td></tr>
<tr><td></td><td></td><td></td></tr>
<tr><td>사 건 명</td><td colspan="5">가. 강도상해
나. 부정수표단속법위반
다. 모욕</td></tr>
<tr><td>검 사</td><td colspan="2">김 명 석</td><td colspan="3">2013년 형제
12345,12360,12570호</td></tr>
<tr><td>피 고 인</td><td colspan="5">김갑식</td></tr>
<tr><td>공 소 제 기 일</td><td colspan="5">2013. 9. 27.</td></tr>
<tr><td>1 심 선 고</td><td>20 . . .</td><td colspan="2">항소</td><td colspan="2">20 . . .</td></tr>
<tr><td>2 심 선 고</td><td>20 . . .</td><td colspan="2">상고</td><td colspan="2">20 . . .</td></tr>
<tr><td>확 정</td><td>20 . . .</td><td colspan="2">보존</td><td colspan="2"></td></tr>
</table>

제 1 책
제 1 권

서울중앙지방법원

증거서류등(검사)

사 건 번 호	2012고단1234	담임	제26단독	주심	
사 건 명	가. 배임 나. 위증 다. 모욕 라. 공무집행방해 마. 상해				
검 사	정우열		2012년 형제53874호		
피 고 인	고민중				
공소제기일	2012. 8. 24.				
1 심 선 고	20 . . .	항소	20 . . .		
2 심 선 고	20 . . .	상고	20 . . .		
확 정	20 . . .	보존			

제 1 책
제 1 권

구공판 서울중앙지방검찰청

증 거 기 록

검 찰	사건번호	2012년 형제53874호	법원	사건번호	2012년 고단1234호
	검 사	정우열		판 사	
피 고 인	고민중(구속)				
죄 명	가. 배임 나. 위증 다. 모욕 라. 공무집행방해 마. 상해				
공소제기일	2012. 8. 24.				
구 속	2012. 8. 16. 구속(2012. 8. 14. 체포)		석 방		
변 호 인	변호사 김진석(국선)				
증 거 물					
비 고					

증 거 목 록(증거서류 등)

2012고단1234

2012형제53874호 신청인 : 검사

순번	증거방법					참조사항 등	신청기일	증거의견		증거결정		증거조사기일	비고
	작성	쪽수(수)	쪽수(증)	증 거 명 칭	성 명			기일	내용	기일	내용		
1	검사	61		피의자신문조서	고민중		1	1	○	기재 생략 (이하 같음)			
2	사경	26		진술조서	기민해		1	1	○				
3		31		고소장	기민해		1	1	○				
4		37		상해진단서	기민해		1	1	○				
5		32		진술조서	박검문		1	1	○				
6		45		진술서	나주민		1	1	○				
7		47		진술조서	한심해		1	1	○				
8		50		진술조서	안전한		1	1	○				
9		54		증인신문조서	고민중		1	1	○				
10		38		피의자신문조서 (1회)	고민중		1	1	○ ○ ○				
11		56		피의자신문조서 (2회)	고민중		1	1	○ ○ ○				
12		61		조회회보서	고민중		1	1	○ ○				

※ 증거의견 표시 – 피의자신문조서 : 인정 ○, 부인 ×
(여러 개의 부호가 있는 경우, 성립/임의성/내용의 순서임)
– 기타 증거서류 : 동의 ○, 부동의 ×

※ 증거결정 표시 : 채 ○, 부 ×

※ 증거조사 내용은 제시, 내용고지

진 술 조 서

성 명 : 기민해
주민등록번호 : 생략
직 업 : 경찰공무원
주 거 : 서울시 (이하생략)
등록기준지 : 생략
직 장 주 소 : 생략
연 락 처 : 자택전화 02-369-2327 휴대전화 010-472-2327
직장전화 전자우편

위의 사람은 피의자 고민중에 대한 상해 등 피의사건에 관하여 2012. 8. 14. 서울서초경찰서 형사팀 사무실에 임의 출석하여 다음과 같이 진술하다.

1. 피의자와의 관계

저는 피의자와 아무런 친인척관계가 없습니다.

1. 피의사실과의 관계

2012. 8. 14 새벽에 피의자로부터 모욕 및 공무집행을 방해당한 사실이 있는데 이에 관하여 묻는 대로 답변하겠습니다.

이 때 사법경찰관은 진술인 기민해를 상대로 다음과 같이 문답하다.

문 진술인의 소속과 성명을 진술하십시오.

답 예. 저는 서초경찰서 수사과에 근무하는 경장 기민해입니다.

문 진술인은 상해 및 공무집행을 방해당하였다고 하였는데, 그 일시 및 장소는 어떤가요.

답 2012. 8. 14. 01:45경 서초구 서초동 457번지 앞 노상에서입니다.

문 누구로부터 공무집행을 방해당하였나요.

답 (이때 진술인은 대기의자에 앉아 있는 피의자를 가리키며) 저기 앉아 있는 고민중이라는 사람으로부터 모욕과 상해 및 공무집행을 방해 당하였습니다.

문 그 경위를 진술하시오.

답 예. 제가 동료 경찰관인 박검문과 함께 2012. 8. 14 자정 무렵부터 최근 절도 사건과 강제추행 사건으로 인한 피해신고가 자주 접수되고 있는 서초구 서초동 일대를 순찰하고 있었습니다. 같은 날 01:40경 순찰차를 타고 지나가는데 같은 동 457번지 행복 빌라 주차장 어두운 곳에서 어슬렁거리며 걸어 나오는 피의자를 발견하고 늦은 시간에 인적이 없는 주차장에서 나오는 그의 거동이 수상하여 저와 박검문이 순찰차에서 내려 그에게 다가갔습니다.

문 그 후 어떻게 되었나요.

답 제가 주차장 앞에서 피의자를 향해 '이곳에 사느냐'고 물었더니 그가 하는 말이 '아니다. 이곳에 살지 않는다'고 하였습니다. 그래서 제가 다시 '왜 이렇게 늦은 시간에 남의 집 주차장에서 나오느냐'고 묻자, 그는 집에 가는 길에 잠시 통화를 하러 들어갔다 나오는 길이라고 하였습니다. 그래서 제가 다시 '이 시간에 남의 주차장에 통화하러 들어갔다는 것이 이상하지 않느냐, 불심검문을 하겠다'고 말한 후 그에게 신분증의 제시를 요구하였습니다. 그러자 그는 잘 알아듣지 못할 말로 뭐라 중얼거리는 것 같더니 바지 뒷주머니에 있는 지갑을 꺼내어 그 속에 들어 있던 운전면허증을 순찰차를 주차하고 바로 저를 뒤따라 온 박검문에게 주었고, 박검문은 운전면허증을 받아 신분조회를 하기 위해 다시 도로변에 주차해 두었던 순찰차로 갔습니다. 그러자 갑자기 피의자가 저를 보고 큰 소리로 "야이, 씨발놈아, 내가 도둑질도 안 했는데, 왜 검문을 하냐, 늦게 다니는게 무슨 죄냐, 검문 똑바로 해, 이 개새끼야."라고 욕설을 하였습니다.

문 진술인이 피의자로부터 그와 같은 욕설을 듣고 어떻게 하였나요.

답 저는 경찰관으로서 당연히 할 일을 하고 있는데, 피의자가 저에게 위와 같이 큰소리로 욕을 하길래 '당신을 모욕죄의 현행범인으로 체포 하겠다'고 미란다 원칙에 따라 고지한 후 피의자를 순찰차로 데려가기 위해 피의자의 오른쪽 어깨를 붙잡았습니다. 그러자 그는 이번에는 갑자기 양손으로 제 가슴을 세게 밀치고, 욕설을 듣고 말리러 온 박검문을 다시 밀어버린 후 양손으로 제 멱살을 잡는 것이었습니다. 이에 제가 피의자를 붙잡고 제지하려고 하자 입으로 제 왼쪽 팔 부위를 세게 물었습니다. 저는 박검문과 함께 발버둥치는 그를 수갑을 채워 순찰차로 데려가 뒷자석에 태우고 제가 그 옆자리에 앉았고, 박검문이 순찰차 운전석에 앉아 경찰서로 데리고 왔습니다. 피의자는 순찰차에 태워진 후에도 발로 박검문이 앉아 있는 운전석을 발로 차는 등 행패를 부렸습니다. 그래서 제가 피의자를 잡고 제지하여 서초경찰사로 데리고 온 것입니다.

문 그로 인하여 진술인은 상처가 생겼나요.

답 예. 제가 그를 체포하는 과정에서 그로부터 왼쪽 팔꿈치 윗부분을 심하게 물려서 피가 맺힐 정도로 상처를 입었습니다.

문 병원에서 치료는 받았나요.

답 아닙니다. 지금은 늦은 시간이라 병원에는 가지 못했고, 날이 밝는 대로 병원에 가서 치료를 받고 진단서를 제출할 예정입니다.

문 당시 목격자가 있는가요.

답 예. 박검문 순경의 말에 따르면 당시 행복빌라 101호에 사는 여자 분이 그가 큰 소리로 욕을 하는 것을 듣고 창문을 열고 저와 박검문이 피의자를 현행범으로 체포하는 과정을 모두 지켜 보았다고 합니다.

문 피의자에 대한 처벌을 원하나요.

답 강력한 처벌을 원합니다. 저는 정당한 공무를 집행하였을 뿐인데, 제게 입에 담지 못할 욕설을 하고 상처까지 입힌 피의자에 대하여 엄한 처벌을 원하는 바입니다. 제게 모욕을 준 부분에 대해서 고소장도 제출하겠습니다.

문 지금까지 진술이 사실인가요.

답 예. 사실입니다.

문 더 하고 싶은 말이 있나요.

답 없습니다.

위의 조서를 진술자에게 열람하게 하였던바, 진술한 대로 오기나 증감·변경할 것이 전혀 없다고 말하므로 간인한 후 서명 무인하게 하다.

진술자 기민해 (무인)

2012. 8. 14.

서울서초경찰서

사법경찰리 경사 최 동 훈 (인)

서 초 경 찰 서

수 신 경찰서장
참 조 수사과장
제 목 수사보고(고소장 첨부)

2012. 8. 14 01:45경 발생한 피의자 고민중의 모욕 피의사건의 피해자인 기민해가 고소장을 제출하므로 이를 첨부하였기에 보고합니다.

첨 부 : 고소장 1부

2012. 8. 14
위 보고자
사법경찰관 경 장 최 동 훈 ㊞

고 소 장

고 소 인 : 기민해
피고소인 : 고민중

고소인은 피고소인에 대하여 다음과 같은 사실로 고소를 제기하오니 조사하여 엄벌에 처하여 주시기 바랍니다.

고 소 사 실

피고소인 고민중은 2012. 8. 14. 01:45경 서울 서초구 서초동 457 행복빌라 부근에서 인근지역을 순찰 중이던 고소인으로부터 불심검문을 당하자, 같은 동 458번지 앞 노상에서 이에 항의하며 인근주민인 나주민 및 불특정 다수의 행인들에게 들리도록 "야이, 씨발놈아, 내가 도둑질도 안 했는데, 왜 검문을 하냐, 늦게 다니는 것도 죄냐, 검문 똑바로 해, 이 개새끼야."라고 욕을 하여 공연히 고소인을 모욕하였습니다.

2012. 8. 14.

고소인 기민해 (인)

서초경찰서장 귀중

진 술 조 서	
성 명	: 박검문
주민등록번호	: 생략
직 업	: 경찰공무원
주 거	: 생략
등록기준지	: 생략
직 장 주 소	: 생략
연 락 처	: 자택전화 02-369-2327 휴대전화 010-472-2327 직장전화 생략 전자우편 생략

위의 사람은 피의자 고민중에 대한 상해 등 피의사건에 관하여 2012. 8. 14. 서울서초경찰서 형사팀 사무실에 임의 출석하여 다음과 같이 진술하다.

1. **피의자와의 관계**

저는 피의자와 아무런 친인척관계가 없습니다.

1. **피의사실과의 관계**

2012. 8. 14 새벽에 피의자로부터 공무집행을 방해당한 사실이 있는데 이에 관하여 묻는 대로 답변하겠습니다.

이 때 사법경찰관은 진술인 기민해를 상대로 다음과 같이 문답하다.

문 진술인의 소속과 성명을 진술하십시오.

답 예. 저는 서초경찰서 수사과에 근무하는 순경 박검문입니다.

문 진술인과 같이 근무하는 경장 기민해가 상해 및 공무집행을 방해당하였다고 하는데, 그런 사실이 있는가요.

답 예. 그런 사실이 있습니다.

문 그 일시, 장소는 어떤가요.

답 2011. 8. 14. 01:45경 서초구 서초동 457번지 행복빌라 앞 노상에서입니다.

문 진술인이 위 장소에 가게 된 경위는 어떤가요.

답 최근 몇 달 사이에 그곳 일대에서 절도와 강제추행 신고 접수가 자주 있어오던 상황이었는데, 저와 기민해는 2011. 8. 14. 자정 무렵부터 순찰차를 타고 서초동 일대를 순찰하던 중이었습니다.

문 당시 어떤 일이 벌어졌나요.

답 예. 제가 순찰차를 운전하고 기민해는 조수석에 앉아 서초동 일대를 순찰하고 있던 중 2011. 8. 14. 01:43경 위 행복빌라 주차장에서 나오는 고민중을 발견하였습니다. 당시 꽤 늦은 시간인데 아무도 없는 주차장에서 걸어 나오는 그가 수상스러워 순찰차를 도로변에 세우고 기민해가 먼저 내려 그에게 다가갔고, 저는 순찰차를 주차 한 후 바로 그가 있는 곳으로 갔습니다.

문 이후 어떻게 되었나요.

답 제가 기민해와 피의자 있는 곳으로 가서 검문하겠다고 하자 피의자가 지갑속에 있던 운전면허증을 꺼내어 저에게 주었고, 저는 운전면허증을 받아들고 신분조회를 하기 위해 순찰차량으로 가고 있었는데 갑자기 뒤에서 피의자가 큰 소리로 기민해에게 "야이, 씨발놈아, 내가 도둑질도 안 했는데, 왜 검문을 하냐, 늦게 다니는게 무슨 죄냐, 검문 똑바로 해, 이 개새끼야."라고 욕을 하였습니다. 그래서 저는 급히 그들에게 돌아갔는데, 기민해는 피의자에게 모욕죄의 현행범으로 체포하겠다고 하며 고민중을 붙잡았습니다. 그러자 고민중은 갑자기 양손으로 기민해를 밀쳐 내었고, 제가 피의자를 말리려고 하였더니 저도 또한 밀어내는 것이었습니다. 이에 기민해가 피의자를 붙잡으려고 하자 피의자가 멱살을 잡고는 이를 제지하려는 기민해의 왼쪽 팔을 입으로 세게 물었습니다. 제가 급하게 수갑을 꺼내어 피의자에게 수갑을 채우면서 상해 및 공무집행방해의 현행범으로 체포한다는 사실을 고지한 후 기민해와 함께 겨우 기민해를 순찰차 뒷좌석에 태우고 서초 경찰서 수사과로 데리고 오게 되었습니다. 그런데 피의자는 순찰차에 탄 이후에도 발로 제가 앉아 있는 순찰차 운전석을 2~3회 세게 차기도 하였습니다.

문 당시 목격자가 있었나요.

답 예. 요즘 그 일대에서 절도사건이 많이 생겨서 그런지는 몰라도 피의자가 큰소리로 기민해에게 욕을 하자 몇몇 주민들이 창문을 열고 내다보았고, 그 중에 사건현장에서 가장 가까운 행복빌라 101호에 사는 여자 분도 창문을 열고 내다보고 있기에 제가 순찰차에 고민중을 태운 후 순찰차를 운전하기 전에 그 여자 분에게 가서 '상황이 끝났습니다. 이제 돌아가서 주무십시오. 혹시 괜찮으시면 내일 오후에 이리로 전화를 좀 주시고 저희 서로 와서 오늘 본대로 이야기좀 해 주세요' 하면서 메모지에 제 이름과 휴대폰 번호를 적어드렸더니, 머뭇거리며 메모지를 받은 일도 있습니다.

문 그로 인하여 진술인에게 상처가 생겼나요.

답 예. 제가 현재 목 부분과 허리 부분이 뻐근하게 느껴지는데 어떤 과정에서 그렇게 된 것인지는 모르겠습니다.

문 병원에서 치료를 받을 예정인가요.

답 아닙니다. 그냥 파스 정도만 붙이면 며칠 지나 나을 것 같습니다.

문 피의자는 당시 진술인이나 기민해가 경찰관이라는 사실을 알고 있었나요.

답 예. 당시 저나 기민해는 경찰제복을 입고 있었고, 가스총도 차고 있어 누가 보아도 경찰관임을 알아볼 수 있었을 뿐 아니라 저희들이 피의자를 현행범으로 체포하기 전에 소속과 이름을 밝혔기 때문에 당연히 경찰관임을 알고 있었습니다.

문 더 하고 싶은 말이 있는가요.

답 공무를 수행 중인 경찰관에게 온갖 욕설을 하고 폭행을 하면서 공무 집행을 방해하고도 전혀 반성하는 기미가 없고, 오히려 경찰서에 와서도 두고 보자는 등 죄질이 매우 불량한 자이므로 법에 따라 엄벌에 처해 주시기 바랍니다.

문 이상의 진술이 사실인가요.

답 예. 사실입니다.

위의 조서를 진술자에게 열람하게 하였던바, 진술한 대로 오기나 증감·변경할 것이 전혀 없다고 말하므로 간인한 후 서명 무인하게 하다.

진술자 박검문 (무인)

2012. 8. 14.

서울서초경찰서

사법경찰리 경 사 최 동 훈 (인)

서 초 경 찰 서

수 신 경찰서장
참 조 수사과장
제 목 수사보고(진단서 첨부)

2012. 8. 14 01:45경 발생한 피의자 고민중의 모욕 피의사건의 피해자인 기민해가 진단서를 제출하므로 이를 첨부하였기에 보고합니다.

첨 부 : 상해 진단서 1부

2012. 8. 14
위 보고자
사법경찰관 경장 최 동 훈 ㊞

상해진단서

병　　명 : 좌 상완부 교상

상해정도 : 21일간 치료요함

상해경위 : 타인에게 물렸다고 함(환자의 진술)

환 자 명 : 기민해

2012. 8. 14.

한양정형외과
원장 엄 웅 규 (인)

피의자신문조서(1회)

피의자 : 고민중

위의 사람에 대한 상해 등 피의사건에 관하여 2012. 8. 14 서초 경찰서 수사과에서 사법경찰리 경장 최동훈은 사법경찰리 순경 이성환을 참여하게 하고, 아래와 같이 피의자임에 틀림없음을 확인하다.

문 피의자의 성명, 주민등록번호, 직업, 주거, 등록기준지 등을 말하십시오.
답 성명은 고 민 중
주민등록번호는 75####-1###### 직업은 무직
주거는 서울특별시 서초구 양재2동 125
등록기준지는 서울특별시 성북구 월곡동 80
직장 주소는
연락처는 자택전화 없음 휴대전화 010-####-####
직장전화 전자우편(e-mail) 입니다.

사법경찰관은 피의사건의 요지를 설명하고 사법경찰관의 신문에 대하여 「형사소송법」 제244조의3에 따라 진술을 거부할 수 있는 권리 및 변호인의 참여 등 조력을 받을 권리가 있음을 피의자에게 알려주고 이를 행사할 것인지 그 의사를 확인하다.

진술거부권 및 변호인 조력권 고지 등 확인

1. 귀하는 일체의 진술을 하지 아니하거나 개개의 질문에 대하여 진술을 하지 아니할 수 있습니다.
2. 귀하가 진술을 하지 아니하더라도 불이익을 받지 아니합니다.
3. 귀하가 진술을 거부할 권리를 포기하고 행한 진술은 법정에서 유죄의 증거로 사용될 수 있습니다.
4. 귀하가 신문을 받을 때에는 변호인을 참여하게 하는 등 변호인의 조력을 받을 수 있습니다.

문 피의자는 위와 같은 권리들이 있음을 고지받았는가요.
답 예, 고지받았습니다.
문 피의자는 진술거부권을 행사할 것인가요.

답　아닙니다.

문　피의자는 변호인의 조력을 받을 권리를 행사할 것인가요.

답　아닙니다. 혼자서 조사를 받겠습니다.

이에 사법경찰관은 피의사실에 관하여 다음과 같이 피의자를 신문하다.

문　피의자는 범죄전력은 있나요

답　예, 2008. 8. 13 서울동부지방법원에서 마약류관리에관한법률위반(향정)죄로 징역 6월을 선고받아 2008. 11. 7 위 판결이 확정되어 2008. 11. 22 성동구치소에서 그 형의 집행을 마쳤습니다.

문　군대는 갔다 왔나요.

답　예, 육군 병장으로 제대하였습니다.

문　학력은 어떠한가요.

답　서울 ##고등학교를 졸업하였습니다.

문　사회경력은 어떠한가요.

답　별다른 경력은 없습니다.

문　가족관계는 어떠한가요.

답　부모님은 모두 돌아가셨고, 주거지에서 혼자 살고 있습니다.

문　재산이나 월수입은 어떠한가요.

답　저의 명의로 된 아파트가 하나 있고, 그 외 돈이 될 만한 특별한 재산은 없으며, 현재는 직장이 없어 수입이 없습니다.

문　정당이나 사회단체에 가입한 사실이 있나요

답　없습니다.

문　건강상태는 어떠한가요.

답　양호하고, 주량은 소주 한 병 정도이며 담배는 하루 한 갑 정도를 피웁니다.

문　피의자는 순찰 중인 경찰관의 공무집행을 방해한 사실이 있는가요.

답　저는 공무집행을 방해한 일이 없고, 저를 불법연행하려는 경찰관들과 시비를 벌인 사실은 있습니다.

문　피의자는 오늘 새벽 01:45경에 서초구 서초동 457번지 행복빌라 주차장 앞에서 순찰 중이던 경찰관들(이때 경찰관들 이름이 각각 기민해와 박검문임을 알려주다.)로부터 불심검문을 받은 일이 있지요.

답　네. 제가 친구들과 회식을 마치고 노래방을 다녀온 후 집으로 걸어가다가 집에 전화를 걸려고 잠시 위 행복빌라 주차장에 들어갔다가 나오는데, 경찰관이 다가와 제게 불심검문을 하겠다며 신분증을 달라고 한 일이 있습니다.

문 당시 피의자는 불심검문을 하던 경찰관 기민해에게 큰 소리로 “야이, 씨발놈아, 내가 도둑질도 안 했는데, 왜 검문을 하냐, 늦게 다니는게 무슨 죄냐, 검문 똑바로 해, 이 개새끼야.”라고 큰 소리로 욕을 하였지요.

답 요즈음 제가 결혼한 지 2년이 넘도록 아이가 생기지 않는 문제로 처와 갈등이 생기고, 또 지난 8월에 어머니가 고혈압으로 쓰러지셔서 거동이 불편한 상태가 되고 회사일도 경기가 어려워져서 예전같지 않는 등 이런 저런 문제로 심적으로 많이 괴로운 상태입니다. 마침 친구들과 회식을 하면서 술을 좀 마시다가 늦게 귀가하게 되었는데, 아침에 싸움을 하고 나온 처에게 미안한 마음이 들어 전화로 화해하려고 잠시 조용한 주차장에 들어가 휴대폰으로 전화를 걸었다가 너무 늦은 시간이라는 생각이 들어 바로 통화 종료 버튼을 누르고 나오는 순간 경찰관이 제게 다가와 ‘이 집에 사느냐’고 묻길래 제가 ‘이 집에 살지 않는다. 그냥 전화를 걸으려고 들어갔다가 나오는 것이다’고 했는데 경찰관 1명이 이 늦은 시간에 남의 주차장에서 전화를 거는 것이 이상하지 않느냐, 불심검문을 해야겠다면 제게 신분증을 달라고 하는 것이었습니다. 안 그래도 마음이 심란하던 차에 운전면허증을 꺼내주긴 했으나, 민중의 지팡이라고 하는 경찰관이 저같이 힘없는 사람들에게만 못되게 구는 것 같아 너무 화가 나서 욕을 하긴 한 것 같은데, 정확하게 뭐라고 욕설을 했는지는 지금 잘 기억이 나지 않습니다. 그리고 당시 저는 너무 화가 나서 욕을 하였을 뿐 경찰관에게 모욕을 주겠다는 생각은 눈꼽 만큼도 없었습니다.

문 불과 몇 시간 전에 있었던 일인데 피의자가 무어라고 욕을 하였는지 기억이 나지 않는다는 것인가요.

답 제가 아까는 너무 화가 나서 뭐라고 욕을 하였는지 정확하게 기억이 나지 않습니다.

문 기민해의 진술에 따르면 피의자가 운전면허증을 다른 경찰관인 박검문에게 건네준 후 갑자기 큰 소리로 위와 같이 욕설을 하길래, 모욕죄의 현행범인으로 체포하겠다고 하였다는데 어떤가요.

답 제가 화가 나서 욕설을 하긴 한 것 같은데 정확하게 뭐라고 욕을 하였는지는 모르겠습니다. 그리고 당시 저는 그렇게 큰 소리로 욕을 하지는 않았습니다.

문 이후 피의자는 피의자를 현행범인으로 체포하려는 경찰관들에게 상해를 입힌 일이 있지요.

답 저는 아무 죄도 없는데 경찰관들이 다짜고짜 저를 체포하겠다고 하여 그에 저항하였던 것일 뿐입니다.

문 기민해나 박검문의 진술에 의하면 피의자를 모욕죄의 현행범으로 체포하겠다고 하자 피의자가 양손으로 기민해의 멱살을 잡고 이를 제지하는 그의 왼쪽 팔 부분을 피가 맺힐 정도로 세게 물고 피의자를 말리던 박검문도 세게 밀쳐 내었으며, 이에 그들이 순찰차로 데려가자 순찰차 뒷좌석에서 운전석을 발로 세게 찼다고 하는데 어떤가요.

답 다시 말씀드리지만 아무런 죄도 없는 저를 현행범인으로 체포하겠다고 하여 화가 나서 시비를 벌이는 과정에서 저도 모르게 기민해의 멱살을 잡았던 것 같은데 기민해가 제 목을 팔로 감싸려고 하여 제가 입으로 세게 물었던 것 같고, 순찰차에 태워지는 것이 너무 분하여 차안에서 발버둥친 것은 맞습니다.

문 당시 피의자는 술을 마신 상태였는가요.

답 회식을 하면서 삼겹살에 소주를 좀 마셨지만 정신은 말짱하였습니다.

문 피의자에게 유리한 증거나 더 할 말이 있나요.

답 저는 정말 억울합니다. 아무 죄도 없는 저 같은 사람을 체포하다니요. 또 아까 제가 욕을 하여 경찰관을 모욕하였다고 하셨는데, 저는 당시 너무 화가 나서 저도 모르게 욕을 하였던 것이지, 경찰관을 모욕하겠다는 생각은 조금도 없었습니다. 제가 욕설을 하는 것을 들은 사람도 없습니다. 그리고, 그들이 경찰복을 입고 있었던 것은 보았으나, 언젠가 신문에서 사람을 체포하려면 경찰관이 자기 신분을 밝히고 무슨 이유로 체포하는지, 또 변호사의 도움을 받을 수 있는지 같은 것을 알려주어야 한다고 본 것 같은데, 기민해나 박검문은 그런 말도 없이 그냥 저를 무슨 현행범인으로 체포한다던가 하는 말만 한 것으로 기억됩니다. 이건 분명히 잘못된 것이라고 생각합니다.

문 이상의 진술이 사실인가요.

답 예. 사실대로 진술하였습니다.

문 더 할 말이 있나요.

답 경찰서에 체포된 김에 함께 처리되었으면 하는 일이 있어 알려드리고 싶습니다. 제가 전에 인쇄기를 매매한 일이 있어 그로인해 한심해로부터 고소한다는 말을 듣고 있습니다. 또 법원에서 증언한 일로 경찰서에 출두하라는 말을 듣고 있는데 이러한 것도 함께 조사, 처리되게 해주시면 좋겠습니다.

위의 조서를 진술자에게 열람하게 하였던바, 진술한 대로 오기나 증감·변경할 것이 전혀 없다고 말하므로 간인한 후 서명 무인하게 하다.

진술자 고민중 (무인)
2012. 8. 14.
서울서초경찰서
사법경찰리 경 사 최 동 훈 (인)

서초경찰서

수 신 경찰서장
참 조 수사과장
제 목 수사보고(진술서 첨부)

2012. 8. 14 01:45경 발생한 피의자 고민중의 모욕 피의사건의 참고인인 나주민이 금일 15:00경 당서를 방문하여 진술서를 제출하므로 이를 첨부하였기에 보고합니다.

첨 부 : 진술서 1부

2012. 8. 14
위 보고자
사법경찰관 경장 최 동 훈 ㊞

진 술 서

주민등록번호 740713-2137236
성명 나주민

저는 서초구 서초동 457번지 행복빌라 101호에 거주하고 있습니다. 제가 오늘 새벽 1시 정도까지 남편과 함께 좋아하는 TV프로그램 재방송을 시청하고 잠이 들었는데 갑자기 주차장 쪽에서 큰 소리로 욕설을 하는 것같은 소리가 들려, 저는 창문을 열고 무슨 일인가 내다보았습니다. 그랬더니 경찰관 2명이 그와 시비가 붙어 옥신각신하더니 경찰관들이 "···체포···,···변호사···"라며 뭐라고 말을 하면서 수갑을 채워 시비가 붙었던 사람을 순찰자에 태워 가는 것을 보았습니다. 저희 집 창문에서 시비가 벌어진 곳까지는 어른 걸음으로 한 30걸음 정도 되니까 약 15미터 정도 떨어져 있다고 생각됩니다.

경찰관들이 시비가 붙었던 사람을 순찰차에 태운 후 그 중 순찰차 운전석에 앉았던 경찰관 1분이 다시 차문을 열고 내려 저에게 오시더니 이름과 전화번호가 적힌 메모지를 주면서 혹시 내일 경찰서에 나와서 본대로 진술해 줄 수 있느냐고 하여 알았다고 하였고 제가 밤새 망설이다가 남편과 상의 끝에 메모지에 적힌 주소로 전화를 하였더니 서초경찰서로 나와 주시면 정말 고맙겠다고 하면서 순찰차를 운전하여 떠났습니다. 저는 처음에는 경찰서에 오는 것이 겁도 나고 귀찮았는데 요즘 저희 동네에서 물건이 없어지는 일이 자주 있고 하여 제가 본대로 이야기 하는 것이 경찰분들이 하는 일에 조금이라도 도움이 될까 하여 이렇게 용기를 내어 나오게 되었습니다. 저 개인적으로는 오늘 새벽의 일로 피해를 본 일은 없습니다. 요즘 저희 동네에 도둑이 자주 들어 동네 민심이 흉흉한데 힘드시겠지만 경찰관 분들이 좀 더 노력해서 살기 좋은 동네를 만들어 주시면 감사하겠습니다.

이상 사실대로 진술하였습니다.

2012. 8. 14

나 주 민 ㊞

진 술 조 서(피해자)

성 명	: 한심해
주민등록번호	: 670512-1###### 만 41세
직 업	: 유흥주점 운영
주 거	: 서울특별시 서초구 방배동 701-21 신동아아파트 310동 209호
등록기준지	: 생략
직 장 주 소	: 서울 서초구 반포동 372-3 별천지 유흥주점
연 락 처	: 자택전화 02-273-4544 휴대전화 010-337-4544
	직장전화 02-276-3596 전자우편 생략

위의 사람은 피의자 고민중에 대한 배임 등 피의사건에 관하여 2012. 8. 15. 서울서초경찰서 형사팀 사무실에 임의 출석하여 다음과 같이 진술하다.

1. **피의자와의 관계**

저는 피의자 고민중과 인쇄기를 매매한 적이 있어 그를 알고 있습니다.

1. **피의사실과의 관계**

저는 제가 매입한 인쇄기를 넘겨 받지도 못하고 대금만 지급하는 피해를 입었기에 피해자의 자격으로 출석하였습니다.

이 때 사법경찰관은 진술인 한심해를 상대로 다음과 같이 문답하다.

문 진술인은 피의자로부터 어떤 피해를 당하였나요.

답 제가 피의자로부터 인쇄기 1대를 매입하고 대금조로 8100만원을 지급하였습니다. 그런데 피의자는 그 인쇄기를 제 3자인 안전한에게 이중매매하고 그에게 양도하여 버리는 바람에 저는 인쇄기를 소유하지도 못하고 돈 8100만원도 돌려 받지 못하는 피해를 당하였습니다.

문 피해사실은 어떻게 알았는가요.

답 제가 피의자에게 2009.4.1.14:00경 타임커피숍에서 매매계약을 하고 계약금 3100만원을 지급하고 2009. 7. 8. 중도금 5000만원을 지급하였으며 잔금 5400만원만 지급하면 양도받기로 하였는데 잔금일인 2009. 11. 8. 경 잔금을 가지고 피의자를 만나려 하였으나 피의자는 연락두절이 되었기에 경찰서에 피의자를 사기죄로 고소하였습니다.

그런데 나중에 알고 보니 피의자의 인쇄기는 안전한 이라는 사람에게 양도되었다고 들었습니다. 안전한은 2009. 10. 8. 14:00경 금 8400만원에 인쇄기를 샀다고 하였습니다.

문 진술인은 피의자의 처벌을 원하나요.

답 예, 법대로 처벌하여 주십시오. 저는 사기를 당하였다고 생각하였는데, 만약 피의자의 행위가 다른 죄에 해당한다면, 어떤 죄이든지간에 엄벌을 하여 저같은 피해자가 나오지 않기를 바랍니다.

문 이상의 진술은 사실인가요.

답 예, 사실입니다. (무인)

위의 조서를 진술자에게 열람하게 하였던바, 진술한 대로 오기나 증감·변경할 것이 전혀 없다고 말하므로 간인한 후 서명 무인하게 하다.

진술자 한심해 (무인)

2012. 8. 15.

서울서초경찰서

사법경찰관 경 위 박 식 해 (인)

<table>
<tr><th colspan="2">진 술 조 서(피해자)</th></tr>
<tr><td>성 명</td><td>: 안전한</td></tr>
<tr><td>주민등록번호</td><td>: 760512-1###### 만 35세</td></tr>
<tr><td>직 업</td><td>: 인쇄소 운영</td></tr>
<tr><td>주 거</td><td>: 서울특별시 서초구 방배동 5동 25-15</td></tr>
<tr><td>등록기준지</td><td>: 생략</td></tr>
<tr><td>직 장 주 소</td><td>: 서울 서초구 반포5동 255</td></tr>
<tr><td>연 락 처</td><td>: 자택전화 02-273-6544 휴대전화 010-217-3648
직장전화 02-276-4696 전자우편 생략</td></tr>
</table>

위의 사람은 피의자 고민중에 대한 배임 등 피의사건에 관하여 2012. 8. 15. 서울서초경찰서 형사팀 사무실에 임의 출석하여 다음과 같이 진술하다.

1. **피의자와의 관계**

피의자의 어릴적 친구로서 친하게 지내 온 사이입니다.

1. **피의사실과의 관계**

제가 피의자로부터 매입한 인쇄기가 이중으로 매매된 것이라고 하여 이에 관하여 진술하고자 참고인 자격으로 출석 하였습니다.

이 때 사법경찰관은 진술인 한심해를 상대로 다음과 같이 문답하다.

문 진술인은 피의자와 어떤 거래를 하였나요.

답 예, 저는 피의자와 같은 고향에서 자란 친구입니다. 알고 지낸지 25년 정도 되었고, 피의자가 인쇄소를 운영하다가 인쇄소운영을 할 형편이 못된다면서 인쇄기를 팔려고 여기 저기에 알아보고 있기에 마침 인쇄소를 운영하고 있는 제가 피의자에게 기계를 넘기라고 했습니다.

문 얼마에 그 인쇄기를 매입하였나요.

답 제가 피의자에게 여러차례에 걸쳐서 금8400만원을 빌려 준 적이 있었는데 피의자가 그 채무 변제조로 갈음하자고 하여 저도 동의 하였고 이에 2009. 10. 8. 14:00경 인쇄기를 넘겨 받은 것입니다.

문 피의자가 그 인쇄기를 1억 3500만원에 처분하기로 한심해라는 사람과 계약을 하고 진술인에게 양도하기 전에 중도금까지 약 8100만원을 수령한 것을 아나요.

답 저는 전혀 몰랐습니다. 피의자가 말해주지 않았습니다.

문 피의자가 1억 3500만원 상당의 인쇄기를 진술인에게 헐값에 넘긴 것은 잘 이해가 가지 않는데 어떤가요

답 누가 1억 3500만원에 사려 했는지 모르겠지만 그정도 가치가 나가는 것은 아니고 9000만원 정도 하는 것인데 저는 친구이니까 좀 싸게 산 것으로 생각하고 있었습니다.

문 이상의 진술은 사실인가요.

답 예. 사실입니다. (무인)

위의 조서를 진술자에게 열람하게 하였던바, 진술한 대로 오기나 증감·변경할 것이 전혀 없다고 말하므로 간인한 후 서명 무인하게 하다.

진술자 안 전 한 (무인)

2012. 8. 15.

서울서초경찰서

사법경찰관 경 위 박 식 해 (인)

서 초 경 찰 서

수 신 경찰서장
참 조 수사과장
제 목 수사보고(증인신문조서 첨부)

피의자 고민중에 대한 위증사건을 수사하기 위하여 피의자 고민중이 2011. 10. 5. 14:00 서울중앙지방법원 2011 고단345사건에 증인으로 출석하여 증언한 사실을 확인하고 그 당시의 증인신문조서 사본을 입수하였기에 이를 보고합니다.

첨 부 : 증인신문조서사본 1통

2012. 8. 15
위 보고자
사법경찰관 경위 박 식 해 ㊞

서울중앙지방법원

증인신문조서(제1회 공판조서의 일부)

사 건 2012고단345 폭력행위등처벌에관한 법률위반(집단, 흉기등 상해)

증 인 이 름 고민중

생년월일 1975. 7. 10.

주 거 서울 서초구 양재동 2동 125

재판장

증인에게 형사소송법 제149조에 해당하는가의 여부를 물어 이에 해당하지 아니함을 인정하고, 위증의 벌을 경고한 후 별지 선서서와 같이 선서를 하게 하였다. 다음에 신문할 증인은 재정하지 아니하였다.

검 사

증인에게

문 증인은 2009. 1. 5. 20:00경 서울 서초구 서초동 소재 서울중앙지방 검찰청 앞길에서 어깨가 부딪쳐 서로 시비 끝에 다툰 사실이 있나요.

답 그런 사실은 있습니다.

문 당시 피고인과 증인은 서로 때리고 맞게 되었지요.

답 아닙니다. 피고인이 증인을 일방적으로 때려 증인은 안면부를 3회 구타당하였을 뿐이고 저는 피고인을 때린 적이 없습니다.

문 목격자의 진술에 따르더라도 증인도 피고인을 3회 때린 것으로 보이는데 어떤가요.

답 저는 때린 사실이 없습니다.

문 증인은 피고인을 때린 사실로 공소제기되어 재판중이지요.

답 예, 서울중앙지방법원 2009고단123호로 재판중에 있습니다.

2011. 10. 5.

법원사무관 국영수 ㉞

재판장 판사 김명석 ㉞

피의자신문조서(2회)

피의자 고민중에 대한 폭력행위등처벌에관한법률위반(집단·흉기등상해) 등 피의사건에 관하여 2012. 8. 15. 서울서초경찰서 형사과 형사팀 사무실에서 사법경찰관 경위 경철수는 사법경찰리 경사 최투철을 참여하게 하고, 아래와 같이 피의자임에 틀림없음을 확인하다.

문 피의자의 성명, 주민등록번호, 직업, 주거, 등록기준지 등을 말하십시오.

답 성명은 고 민 중

주민등록번호는 75####-1###### 직업은 무직

주거는 서울특별시 서초구 양재2동 125

등록기준지는 서울특별시 성북구 월곡동 80

직장 주소는

연락처는 자택전화 없음 휴대전화 010-####-####

직장전화 전자우편(e-mail) 입니다.

사법경찰관은 피의사건의 요지를 설명하고 사법경찰관의 신문에 대하여 「형사소송법」 제244조의3에 따라 진술을 거부할 수 있는 권리 및 변호인의 참여 등 조력을 받을 권리가 있음을 피의자에게 알려주고 이를 행사할 것인지 그 의사를 확인하다.

진술거부권 및 변호인 조력권 고지 등 확인

1. 귀하는 일체의 진술을 하지 아니하거나 개개의 질문에 대하여 진술을 하지 아니할 수 있습니다.
2. 귀하가 진술을 하지 아니하더라도 불이익을 받지 아니합니다.
3. 귀하가 진술을 거부할 권리를 포기하고 행한 진술은 법정에서 유죄의 증거로 사용될 수 있습니다.
4. 귀하가 신문을 받을 때에는 변호인을 참여하게 하는 등 변호인의 조력을 받을 수 있습니다.

문 피의자는 위와 같은 권리들이 있음을 고지받았는가요.

답 예, 고지받았습니다.

문 피의자는 진술거부권을 행사할 것인가요.

답 아닙니다.

문 피의자는 변호인의 조력을 받을 권리를 행사할 것인가요.

답 아닙니다. 혼자서 조사를 받겠습니다.

이에 사법경찰관은 피의사실에 관하여 다음과 같이 피의자를 신문하다.

[배임]

문 피의자는 인쇄기를 소유하고 있었다가 이를 처분한 적이 있지요.

답 예. 그러한 사실이 있습니다.

문 경위를 상세히 말하시오.

답 예, 제가 소유한 화강공업사 제작의 인쇄기(2004년 제작. 번호 C×3325) 1대를 가지고 인쇄업을 하다가 사업을 포기하고 처분하려는 데 먼저 한심해씨가 사겠다고 하여 2009. 4. 1 14:00경 서초동 소재 타임 커피숍에서 1억 3500만원에 매도하기로 하였습니다. 계약 당일 계약금 3100만원, 2009. 7. 8 중도금 5000만원을 수령하였습니다. 두 달 후 잔금일을 정하여 양도하기로 하였는데 2009. 10. 8 14:00경 제 어릴 적 친구인 안전한을 만난 자리에서 안전한이 "네가 인쇄업을 포기한다면 내가 해볼테니 인쇄기를 넘겨라"고 요구하였습니다. 저로서는 한심해씨에게 송구한 마음은 있었지만 안전한의 요구를 거절하지 못하고 안전한에게 금 8400만원에 양도하기로 하고 인쇄기를 인도해 주었습니다.

문 피의자는 한심해의 잔금기일인 2009. 11. 8 잔금수령과 동시에 인쇄기를 양도해 주어야 할 임무가 있지 않은가요.

답 예. 그러한 임무가 있었습니다.

문 피의자는 임무를 위배하여 타인에게 이중매매 하였는데 피해자에게는 어떤 조치를 취했나요.

답 조치를 취하지는 못했고 중도금까지 받은 8100만원을 반환해 드리려고 합니다.

문 피해자에게 반환할 능력은 있나요.

납 현새는 없습니나.

[위증]

문 피의자는 2009. 10. 5 14:00경 서울 서초구 서초동에 있는 서울중앙지방법원 제309호 법정에 증인으로 출석한 적이 있지요.

답 예. 당시 2009고단345호 피고인 김동수에 대한 폭력행위등처벌에관한법률위반 사건의 증인으로 출석하여 선서하고 증언한 적이 있습니다.

문 당시 피의자 역시 같은 혐의로 기소되어 재판 중에 있었지요.

답 예, 저도 위 김동수에게 폭력을 행사하였다고 기소되어 2009고단456호로 재판받고 있었습니다.

문 피의자가 증언을 함에 있어 피의자는 김동수를 때린 적이 없었다고 하였지요.

답 예, "김동수가 나를 일방적으로 때렸을 뿐 나는 김동수를 때린 적 없다"는 취지로 증언하였습니다.

문 그런데 사실은 2009. 1. 5 20:00경 서울중앙지방 검찰청 앞길에서 김동수와 피의자가 어깨를 부딪쳤다는 이유로 시비가 되어 피의자가 김동수의 멱살을 잡게 되자 김동수가 피의자를 때리게 되고 피의자도 김동수 안면부를 3회 때린 적이 있지요.

답 저는 때린 적이 없습니다. 그래서 사실대로 말했을 뿐입니다.

문 목격자인 진정한의 진술이나 김동수의 진술에 의하면 피의자가 김동수의 얼굴 부위를 3회 가격하였다는 데 왜 이를 부인하나요.

답 저는 인정할 수 없습니다.

문 피의자가 증언을 함에 있어 재판장인 김명석 판사로부터 증언거부권에 대한 고지를 받았나요.

답 저는 고지 받지 못하였고 그래서 제 종전 주장을 증인으로서 되풀이 증언한 것입니다.

문 피의자의 폭력행위등처벌에관한법률위반사건은 어떻게 처리되었나요.

답 예, 벌금 500만원이 선고되었기에 부당하다고 생각하여 항소하였고 현재 항소심 계류중입니다.

문 이상 진술은 모두 사실인가요.

답 예, 모두 사실대로 진술하였습니다.

문 이상의 진술내용에 대하여 이의나 의견이 있는가요.

답 없습니다. (무인)

위의 조서를 진술자에게 열람하게 하였던바, 진술한 대로 오기나 증감·변경할 것이 전혀 없다고 하므로 간인한 후 서명 무인하게 하다.

진술자 고민중 (무인)

2012. 8. 15.

서울서초경찰서

사법경찰관 경 위 박 식 해 (인)

사법경찰리 경 사 최 투 철 (인)

기타 증거 : 편의상 다음 증거서류의 내용은 생략하였으나, 증거로 적법하게 제출된 것임을 유의할 것

○ 고민중에 대한 조회회보서(2012. 8. 16.)

- 범죄경력 사실이 기재되어 있음.

○ 고민중에 대한 검사 작성의 피의자신문조서(2012. 8. 19.)

- 경찰에서의 진술과 동일한 취지로 내용 생략

제 3 문에 대한 해설

Ⅰ. 공무집행방해 및 상해의 점

1. 모욕죄의 현행범체포 적법여부

현행범인을 체포하기 위하여 '체포의 필요성' 특히 증거인멸의 우려가 있어야 하는지 여부 및 현행범인 체포요건을 갖추지 못하여 위법한 체포에 해당하는지의 판단 기준에 관하여 보겠습니다. 현행범인(형사소송법 제211조)은 누구든지 영장 없이 체포할 수 있고(형사소송법 제212조), 현행범인으로 체포하기 위하여는 행위의 가벌성, 범죄의 현행성·시간적 접착성, 범인·범죄의 명백성 이외에 체포의 필요성 즉, 도망 또는 증거인멸의 염려[178]가 있어야 하며, 이러한 요건을 갖추지 못한 현행범인 체포는 법적 근거에 의하지 아니한 영장없는 체포로서 위법한 체포에 해당합니다. 또한 현행범인 체포의 요건을 갖추었는지는 체포 당시 상황을 기초로 판단하여야 하고, 이에 관한 검사나 사법경찰관 등 수사주체의 판단에는 상당한 재량의 여지가 있으나, 체포 당시 상황으로 보아도 요건 충족 여부에 관한 검사나 사법경찰관 등의 판단이 경험칙에 비추어 현저히 합리성을 잃은 경우에는 그 체포는 위법하다고 보아야 할 것입니다. 이 사건의 경우 피고인은 경찰공무원의 불심검문에 응하여 이미 운전면허증을 교부한 상태이고, 경찰공무원 뿐 아니라 인근 주민도 욕설을 직접 들어 증거가 확보된 상태이므로, 피고인이 면허증을 버리고 도주하거나 증거를 인멸할 염려가 있다고 보기는 어렵습니다[179].

2. 정당방위 내지 정당행위 여부

공무집행방해죄에서 '적법한 공무집행'의 의미를 살펴보면, 형법 제 136조가 규정하는 공무집행방해죄는 공무원의 직무집행이 적법한 경우에 한하여 성립하고, 여기서 적법한 공무집행은 그 행위가 공무원의 추상적 권한에 속할 뿐 아니라, 구체적 직무집행에 관한 법률상 요건과 방식을 갖춘 경우를 가리키며 경찰관이 현행범인 체포 요건을 갖추지 못하였는데도 실력으로 현행범인을 체포하려고 하였다면 적법한 공무집행이라고 할 수 없습

178) 학설상으로는 '증거인멸의 염려'는 현행범의 체포사유가 될 수 없다는 견해도 있으나, 대법원은 아래 참조 판례에서 보는 바와 같이 '도망 또는 증거인멸의 염려'가 있어야 할 것을 요하는 입장을 취하고 있습니다.

179) 한편, 현행범 체포 당시 체포의 이유와 변호인선임권을 고지하지 않아 위범한 체포하는 주장이 있을 수 있으나, 목격자인 나주민의 진술서나 피고인의 제2회 피의자신문시의 진술에 비추어 볼 때 이 부분을 지나치게 자세하게 논하는 것은 상당하지 않습니다.

니다. 현행범인 체포행위가 적법한 공무집행을 벗어나 불법인 것으로 볼 수밖에 없다면, 현행범이 체포를 면하려고 반항하는 과정에서 경찰관에게 상해를 가한 것은 불법체포로 인한 부당한 침해를 벗어나기 위한 행위로서 정당방위(형법 제21조)에 해당하여 위법성이 조각된다고 할 것입니다.

이 사건의 경우 피고인의 모욕범행은 불심검문에 항의하는 과정에서 저지른 일시적, 우발적인 행위로서 사안 자체가 경미할 뿐 아니라(모욕죄는 법정형이 1년 이하의 징역이나 금고 또는 200만 원 이하의 벌금에 불과한 비교적 경미한 범죄임), 고소를 통하여 검사 등 수사 주체의 객관적 판단을 받지도 아니한 채(모욕죄는 친고죄임, 형법 제 312조 제1항) 피해자인 경찰관이 범행현장에서 즉시 현행범인을 체포할 급박한 사정이 있다고 보기도 어렵습니다. 따라서 경찰관 기민해가 피고인을 모욕죄의 현행범인으로 체포하려 한 행위는 현행범인 체포의 요건을 갖추지 못하여 적법한 공무집행이라고 볼 수 없으므로 공무집행방해죄의 구성요건을 충족하지 아니합니다. 피고인이 위와 같은 체포를 면하려고 반항하는 과정에서 경찰관 기민해에게 상해를 가한 것은 불법체포로 인한 신체에 대한 현재의 부당한 침해에서 벗어나기 위한 행위로서 정당방위에 해당하여 위법성이 조각됩니다. 따라서 피고인에 대하여 형사소송법 제325조 전단의 무죄가 선고되어야 마땅합니다.

Ⅱ. 모욕의 점

피고인은 모욕죄로 현행범인 체포되는 것에 화가 나서 욕을 하였을 뿐 기민해를 모욕하려는 고의가 없었고, 당시 욕을 하는 것을 불특정 다수인이 들은 사람도 없어서 모욕죄의 공연성이 없다는 취지로 주장하고 있습니다. 그러나 모욕죄에 있어서의 '공연성'은 불특정 또는 다수인이 인식할 수 있는 상태를 의미하므로, 불특정 다중이 인식할 수 있는 상황에서 모욕적인 언사를 하였다면 모욕죄의 성립에 지장이 없고, 모욕죄의 범의를 부정하기도 어려운 것입니다. 이 사건의 경우 나주민의 진술서에 의하면 피고인이 욕설을 한 빌라 주차장 부근에서 약 15~20m 거리에 있었음에도 피고인의 욕설이 너무 고성이어서 자신과 남편이 잠에서 깰 정도였으므로 모욕죄의 '공연성' 요건을 갖추었다고 보입니다. 다만, 친고죄인 이 사안의 고소가 취소되었으므로 공소기각판결(제327조 제5호)이 선고되어야 할 것입니다.

Ⅲ. 배임의 점

이 사안은 사실관계는 확정되어 있는 상태로서 법률 판단의 문제입니다. 대법원 2011.

1. 20. 선고 2008도 10479 전원합의체 판결에 따르면 매매와 같은 쌍무계약의 경우에는 쌍방이 그 계약의 내용을 좇은 이행을 하여야 할 채무는 특별한 사정이 없는 한 '자기의 채무'에 해당하는 것이 원칙입니다. 즉, 목적물이 동산인 매매의 경우 매도인에게 자기의 사무인 동산인도채무 외에 별도로 매수인의 재산의 보호 내지 관리행위에 협력할 의무가 있다고 보기 어렵습니다. 그러므로 매도인은 매수인에 대하여 그의 사무를 처리하는 자의 지위에 있지 아니하여 매도인이 인도의무를 이행하지 않고 타에 처분하였다 하더라도 배임죄는 성립하지 않는 것이어서 형사소송법 제 325조 전단의 무죄가 선고되어야 할 것입니다.

Ⅳ. 위증의 점

종전판례는 선서한 증인이 위증하면 증언거부권고지여부를 고려하지 않은 채 위증죄가 성립된다고 하였습니다.그러나 2010. 1. 21 선고 2008도 942 전원합의체 판례를 통하여 위와 같은 경우 원칙적으로 "법률에 의하여 선서한 증인"에 해당하지 아니한다고 보아 위증으로 처벌할 수 없다고 판시하고 있습니다. 즉, 법률이 정한 절차조항을 준수하여 적법하게 이루어진 경우 위증죄가 성립하는 것인데 형사소송법상 증언거부권의 고지의무를 다하지 아니한 경우에 증인에게 침묵할 것인지 아니면 진술할 것인지 심사숙고할 기회를 부여하지 못하였다는 점에서 위증죄 성립은 부정되어야 할 것이어서 피고인에게 형사소송법 제 325조 전단의 무죄판결이 선고되어야 합니다.

(다만 증언거부권이 고지되었다하더라도 허위 진술을 하였을 것이라고 볼 만한 정황이 있는지 전체적, 종합적으로 고려하여 증인이 침묵하지 않고 진술한 것이 자신의 진정한 의사에 의한 것인지를 기준으로 위증죄의 성립여부를 따져 보아야 하지만 이 사건의 경우 그러한 정황이 없다고 보아야 합니다.)

제 4 문

[성폭력범죄의처벌등에관한특례법위반(특수강간) 등]

이 문제는 2011년 7월 실시한 법학전문대학원협의회 주관 변호사시험 모의시험 문제에 필자가 일부수정을 한 것이다.

문 제

당신은 피고인들의 변호인 김진석이다.

1. 다음 기록을 보고 피고인들의 변호인으로서 최종변론을 할 변론요지서를 작성하되, 다음 쪽 양식의 **본문 Ⅰ. Ⅱ. Ⅲ.만 작성하라.**
2. 만약, 피고인들 사이에 이해가 상충되는 경우 피고인들 각각의 입장에 충실하게 변론요지서를 작성하여야 한다.

주의사항

1. 다음 기록은 소송기록 1책, 증거서류등(검사) 1책 등 모두 2책으로 분리된 것임.
2. 증거목록 중 '기재생략'된 부분에는 법에 따른 절차가 진행되어 그에 따라 적절한 기재가 있는 것으로 볼 것.
3. 조서 기타 서류에는 필요한 서명, 날인 또는 무인, 간인, 정정인이 있는 것으로 볼 것[기록에서 '㉹ 또는 (인)'은 날인을, '(무인)'은 무인을 한 곳을 의미함].
4. 공판기록에 첨부하여야 할 일부 서류와 수사기관의 조서 말미에 첨부하여야 할 '수사과정확인서'는 편의상 생략하였으나 적법하게 존재하는 것으로 볼 것(가독성을 위하여 생략된 서류에도 불구하고 쪽번호는 연속되도록 하였음).
5. 송달이나 접수절차, 결재인이 필요한 서류는 모두 적법한 절차를 거친 것으로 보고, 통지가 필요한 절차에는 적법한 통지가 행해진 것으로 볼 것.
6. 쪽번호는 편의상 연속되는 번호를 붙였음.
7. 견해의 대립이 있는 경우 대법원 판례가 있으면 그 취지에 따라 변론을 할 것. 다만, 대법원 판례와 다른 견해를 취하여 변론을 하고자 하는 경우 자신의 입장에 따른 변론을 하되 대법원 판례의 취지를 적시할 것.

변론요지서

사 건 2013고합1234 성폭력범죄의처벌등에관한특례법위반(특수강간) 등

피고인 1. 황명철

2. 이영광

위 사건에 관하여 피고인들의 변호인은 다음과 같이 변론합니다.

다 음

Ⅰ. 피고인들의 성폭력범죄의처벌등에관한특례법위반의 점(50점)

1. 주위적 공소사실

2. 예비적 공소사실

Ⅱ. 피고인 황명철 (25점)

1. 횡령의 점

2. 절도의 점

Ⅲ. 피고인 이영광 (25점)

1. 횡령의 점

2. 사기의 점

2013. 7. 13.

피고인들의 변호인

변호사 김 진 석 (인)

서울중앙지방법원 제26 형사부 귀중

서 울 중 앙 지 방 법 원

구공판 **형 사 제1심 소 송 기 록**

구속만료	2012. 8. 13.	미결 구금
최종만료	2012. 12. 13.	
대행갱신 만료		

기일 1회기일	사건번호	2013고합1234	담임	제26부	주심	다
6/27 A10	사 건 명	가. 성폭력범죄의처벌등에관한특례법위반(특수강간) 나. 절도 다. 횡령 라. 사기				
7/12 P2						
	검 사	정우열	2012형제53874호			
	공소제기일	2013. 6. 14.				
	피 고 인	구속 1. 가.나.다. **황명철** 구속 2. 가.다.라. **이영광**				
	변 호 인	국선 변호사 김 진 석 (피고인들)				

확 정	
보존종기	
종결구분	
보 존	

완결 공람	담 임	과 장	국 장	주심 판사	재판장	원장

접 수 공 람	과 장	국 장	원 장
	㉑	㉑	㉑

공 판 준 비 절 차

회 부 수명법관 지정 일자	수명법관 이름	재 판 장	비 고

법정외에서지정하는기일

기일의 종류	일	시			재 판 장	비 고
1회 공판기일	2013.	6.	27.	10:00	㉑	
2회 공판기일	2013.	7.	12.	14:00		

서울중앙지방법원

목 록		
문 서 명 칭	장 수	비 고
증거목록	7	검사
공소장	9	
국선변호인선정결정	(생략)	피고인 황명철
국선변호인선정결정	(생략)	피고인 이영광
영수증(공소장부본 등)	(생략)	변호사 김진석
영수증(공판기일통지서)	(생략)	변호사 김진석
공판조서(제1회)	12	
공소장변경허가신청서	14	
영수증(공소장변경허가신청서부본)	(생략)	변호사 김진석
공판조서(제2회)	15	
증인신문조서	20	윤지숙
증인신문조서	23	박철형

서울중앙지방법원

목 록(구속관계)		
문 서 명 칭	장 수	비 고
긴급체포서	(생략)	피고인들
구속영장	(생략)	피고인들
피의자 수용증명	(생략)	피고인들

증 거 목 록(증거서류 등)

2013고합1234

① 황명철

② 이영광

2012형제53874호 신청인 : 검사

순번	증거방법					참조사항등	신청기일	증거의견		증거결정		증거조사기일	비고
	작성	쪽수(수)	쪽수(증)	증거명칭	성명			기일	내용	기일	내용		
1	검사	50		피의자신문조서	황명철		1	1	① × ① ○ ② ×	기재 생략 (이하 같음)			공소사실 제1항 관련부분
2		50		피의자신문조서	이영광		1	1	② × ① ×				나머지 부분
3	사경	28		진술조서	윤지숙		1	1	×				
4		31		고소장	윤지숙		1	1	×				
5		32		압수조서			1	1	① ○				
6		34		진술조서	황허당		1	1	① ○				
7		38		등기부등본			1	1	① ○				
8		40		피의자신문조서	황명철		1	1	① ○○× ① ○ ② ×				공소사실 제1항 관련부분
9		46		피의자신문조서	이영광		1	1	② ○○× ① ×				나머지 부분
10		50		진술조서	강한남		1	1	○				
11		53		진술조서	이고수		1	1	○				

※ 증거의견 표시 - 피의자신문조서 : 인정 ○, 부인 ×
(여러 개의 부호가 있는 경우, 성립/임의성/내용의 순서임)
- 기타 증거서류 : 동의 ○, 부동의 ×

※ 증거결정 표시 : 채 ○, 부 ×

※ 증거조사 내용은 제시, 내용고지

증 거 목 록(증인 등)

2013고합1234

① 황명철
② 이영광

2013형제53874호 신청인 : 검사

증 거 방 법	쪽수 (공)	입증취지 등	신청 기일	증거결정		증거조사기일	비고
				기일	내용		
증인 윤지숙	20	공소사실 제1항	1	1	○	2011. 7. 12. 14:00 (실시)	① 신청
증인 박철형	23	공소사실 제1항	1	1	○	2011. 7. 12. 14:00 (실시)	

※ 증거결정 표시 : 채 ○, 부 ×

서울중앙지방검찰청

2013. 6. 14.

사건번호 2013년 형제53874호
수 신 자 서울중앙지방법원
제 목 공소장
검사 정우열은 아래와 같이 공소를 제기합니다.

Ⅰ. 피고인 관련사항

1. 피 고 인 황명철 (55****-1*****), 58세
직업 무직, 010-****-****
주거 서울특별시 서초구 양재2동 125
등록기준지 서울특별시 성북구 월곡동 80

죄 명 성폭력범죄의처벌등에관한특례법위반(특수강간), 절도, 횡령
적용법조 성폭력범죄의 처벌 등에 관한 특례법 제14조, 제4조 제1항, 형법 제297조, 제329조, 제355조 제1항, 제37조, 제38조
구속여부 2013. 5. 30. 구속 (2013. 5. 28. 체포)
변 호 인 변호사 김진석(국선)

접수
No. 15775
2011. 06. 14.
서울중앙지방법원
형사접수실

1234

2. 피 고 인 이영광 (55****-1******), 58세
직업 무직, 010-****-****
주거 서울특별시 서초구 서초동 13
등록기준지 서울특별시 서초구 방배동 457

죄 명 성폭력범죄의처벌등에관한특례법위반(특수강간)
적용법조 성폭력범죄의 처벌 등에 관한 특례법 제14조, 제4조 제1항, 형법 제297조, 형법 제347조 제1항, 제355조 제1항, 제37조, 제38조
구속여부 2013. 5. 30. 구속(2013. 5. 29. 체포)
변 호 인 변호사 김진석(국선)

Ⅱ. 공소사실

범죄사실

1. 피고인들의 성폭력범죄의처벌등에관한특례법위반(특수강간)

피고인 이영광이 2013. 5. 27. 19:00경 내연의 관계를 청산하려고 하는 피해자 윤지숙

(여, 50세)을 만나 술을 마시며 피해자의 마음을 돌이키려고 하였으나 피해자가 끝내 헤어질 것을 요구하였다. 이에 피고인 이영광이 앙심을 품고 같은 날 23:00경 서울 서초구 양재동 100 호성빌라 근처 벤치에서 피고인 황명철을 만나 피해자를 강간할 것을 제의하고 피고인 황명철은 이를 승낙하는 방법으로 피고인들은 피해자를 강간하기로 공모하였다.

피고인들은 2013. 5. 27. 24:00경 위 호성빌라 앞에서 피고인 이영광과 헤어져 술에 취한 채 집으로 돌아가는 피해자를 발견하고, 피고인 이영광은 위 빌라 근처 벤치에서 망을 보고, 피고인 황명철은 피해자를 뒤쫓아 가 피해자가 빌라 3동 뒤편에 이르렀을 때 갑자기 피해자에게 달려들어 두 손으로 피해자의 몸을 밀어 옆 공터에 넘어뜨린 후 피해자의 가슴을 만지고 피해자의 치마를 걷어 올린 다음 팬티를 벗겨 강간하려 하였으나 피해자의 비명소리를 듣고 달려온 위 빌라 입주민 박철형에게 발각되었다.

이로써 피고인들은 합동하여 피해자를 강간하려고 하였으나 그 뜻을 이루지 못하고 미수에 그쳤다.

2. 피고인 황명철

가. 횡령

피고인은 2011. 6. 27. 서울특별시 강남구 삼성동에 있는 강남등기소에서 피해자 황허당으로부터 피해자 소유의 서울특별시 강남구 일원동 산81 임야 15,000㎡를 명의신탁 받아 피고인 명의로 소유권이전등기를 마쳤다.

피고인은 피해자를 위하여 위 임야를 보관하던 중 2012. 9. 17. 13:00경 서울특별시 강남구 도곡동 299에 있는 신한은행 도곡동지점에서 피해자의 승낙을 받지 않고 마음대로 위 임야를 담보로 주식회사 신한은행으로부터 1억 원을 대출받고, 같은 날 16:00경 강남등기소에서 주식회사 신한은행 앞으로 시가 4억 원 상당의 위 임야에 관하여 채권최고액 1억 5,000만원의 근저당권설정등기를 하여 주었다.

이로써 피고인은 피해자의 재물을 횡령하였다.

나. 절도

피고인은 2013. 5. 20. 서울특별시 서초구 방배동 701-21 신동아아파트 310동 209호 피해자 황허당의 집에서 피해자가 잠시 자리를 비운 틈을 이용하여 그곳 안방 책상 서랍 속에 있던 피해자 소유의 시가 1,000만 원 상당의 다이아몬드 반지 1개를 몰래 가지고 나왔다.

이로써 피고인은 피해자의 재물을 절취하였다.

3. 피고인 이영광

가. 횡령

피고인은 전주이씨 충현공파 종중의 총무로 재직하면서 위 종중소유의 파주시 적성면 12 답 2,337평방미터를 명의신탁받아 종중을 위하여 보관 중 2013. 1. 3 11:00경 위 신한은행 도곡동지점에서 피해자 종중의 허락을 받지 않은 채 마음대로 위 부동산을 담보로 신한은행으로부터 금 1억원을 대출받고 같은 날 16:00경 강남등기소에서 주식회사 신한은행 앞으로 채권최고액 1억5000만원의 근저당권설정등기를 하여 주었기에 2013. 4. 10경 서울중앙지방법원으로부터 횡령죄로 벌금 1500만원의 판결을 선고 받아 이 판결이 확정된 바 있음에도 불구하고

2013. 5. 16. 15:00경 연천시 백학면에 있는 상호불상 부동산사무실에서 위 부동산을 공소외 위대한에게 금193,000,000원에 매도함으로써 위 부동산을 횡령하였다.

나. 사기

피고인은 주거지에서 딸 이은주, 사위 강인해와 함께 거주하여 오던 중 2013. 4. 1 14:00경 서울 서초구 서초동 13소재 주거지에서 피해자 강한남(강인해의 아버지)에게 "내가 로데백화점 고위층과 친하게 지내고 있다. 백화점 지하층에 돈가스전문점을 낼 수 있게 도와 주겠다. 백화점 회장과 만나 해결해 볼테니 교제비로 금 5000만원을 준비해라" 는 취지로 거짓말하여 이에 속은 피해자로부터 같은 날 18:00경 피고인 명의의 신한은행 계좌로 금 5000만원을 송금받아 이를 편취하였다.

Ⅲ. 첨부서류

1. 긴급체포서 2통
2. 구속영장 2통
3. 국선변호인선임결정 2통
4. 피의자수용증명 2통

검사 정 우 열 ㊞

서울중앙지방법원
공 판 조 서

제 1 회

사 건	2013고합1234 성폭력범죄의처벌등에관한특례법위반(특수강간) 등		
재판장 판사	배현일	기 일 :	2013. 6. 27. 10:00
판사	김 석	장 소 :	제418호 법정
판사	문현주	공개여부 :	공개
법원사무관	국영수	고 지 된	
		다음기일 :	2013. 7. 12. 14:00
피 고 인	1. 황명철 2. 이영광		각 출석
검 사	김반석		출석
변 호 인	변호사 김진석 (피고인들을 위하여, 국선)		출석

재판장

피고인들은 진술을 하지 아니하거나 각개의 물음에 대하여 진술을 거부할 수 있고, 이익 되는 사실을 진술할 수 있음을 고지

재판장의 인정신문

성 명 : 1. 황명철 2. 이영광

주민등록번호 : 각 공소장 기재와 같음.

직 업 : 〃

주 거 : 〃

등록기준지 : 〃

재판장

피고인들에 대하여

주소가 변경될 경우에는 이를 법원에 보고할 것을 명하고, 소재가 확인되지 않을 때에는 그 진술 없이 재판할 경우가 있음을 경고

검 사

공소장에 의하여 공소사실, 죄명, 적용법조 낭독

피고인 황명철

공소사실 제1항은 평소 피해자를 좋아하고 있던 중 피고인 이영광이 피해자와 헤어

지기로 했다는 말을 듣고 피해자를 찾아가 사귀자고 하였으나, 피해자가 욕을 하여 갑자기 화가 나 피해자를 넘어뜨리고 피해자의 배 위에 올라타 강간을 하려고 하였지만, 피해자가 울자 불쌍한 생각이 들어 일어나 피해자를 일으켜 주고 있었는데, 그 때 갑자기 누군가 소리를 지르며 쫓아오는 바람에 겁이 나 도망을 갔을 뿐이고, 이영광이 망을 보지도 않았으며, 그와 공모한 사실도 없고, 그 밖의 공소사실은 모두 인정한다고 진술

피고인 이영광

공소사실은 애인인 피해자 윤지숙이 헤어지자고 하여 사건 당일 19:00경 마지막으로 만나 함께 술을 마셨고, 피해자가 혼자 귀가하겠다고 하여 같은 날 22:30경 술집을 나와 헤어졌을 뿐, 범행 현장에는 가지도 않았고, 피고인 황명철과 피해자를 강간할 것을 공모한 적도 없으므로 인정할 수 없다고 진술

그 밖의 공소사실은 모두 인정한다고 진술

피고인들의 변호인 변호사 김진석

공소사실 제2항의 피해자 황허당은 피고인 황명철의 8촌 형, 공소사실 3항의 강한남은 피고인 이영광의 사돈이라고 진술

재판장

증거조사를 하겠다고 고지

증거관계 별지와 같음(검사)

재판장

각 증거조사결과에 대하여 의견을 묻고 권리를 보호함에 필요한 증거조사를 신청할 수 있음을 고지

소송관계인

별 의견 없다고 진술

재판장

변론속행

2013. 6. 27.

법 원 사 무 관 국영수 ㉑

재 판 장 판 사 배현일 ㉑

서울중앙지방검찰청

(530-3114)

2013. 7. 7.

수 신 : 서울중앙지방법원(형사26부) 발 신 : 서울중앙지방검찰청

검 사 : 김 반 석 ㊞김반석

제 목 : **공소장변경허가신청**

귀원 2013고합1234 성폭력범죄의처벌등에관한특례법위반(특수강간) 등 피고사건의 공소장을 다음과 같이

☑ 추가

□ 철회 하고자 합니다.

□ 변경

다 음

피고인들에 대한 성폭력범죄의처벌등에관한특례법위반(특수강간) 부분(공소사실 제1항)에 관하여,

예비적 죄명 "성폭력범죄의처벌등에관한특례법위반(주거침입강간등)"
예비적 적용법조 "성폭력범죄의 처벌 등에 관한 특례법 제14조, 제3조 제1항, 형법 제297조, 제30조"

예비적 공소사실
"피고인 이영광이 2013. 5. 27. 19:00경 내연의 관계를 청산하려고 하는 피해자 윤지숙(여, 30세)을 만나 술을 마시며 피해자의 마음을 돌이키려고 하였으나 피해자가 끝내 헤어질 것을 요구하였다. 이에 피고인 이영광이 앙심을 품고 같은 날 23:00경 서울 서초구 양재동 100 호성빌라 근처 벤치에서 피고인 황명철을 만나 피해자를 강간할 것을 제의하고 피고인 황명철은 이를 승낙하는 방법으로 피고인들은 피해자를 강간하기로 공모하였다.
피고인 황명철은 2013. 5. 27. 24:00경 위 빌라 앞에서 피고인 이영광과 헤어져 집으로 돌아가는 피해자를 발견하고 위 빌라 출입구를 지나 인적이 드문 빌라 3동 뒤편까지 피해자를 뒤쫓아 가 위 빌라 입주민들의 주거에 침입하고, 피해자가 빌라 3동 뒤편에 이르렀을

때 갑자기 피해자에게 달려들어 두 손으로 피해자의 몸을 밀어 옆 공터에 넘어뜨린 후 피해자의 가슴을 만지고, 피해자의 치마를 걷어 올린 다음 팬티를 벗겨 강간하려 하였으나 피해자의 비명소리를 듣고 달려온 위 빌라 입주민 박철형에게 발각되었다.
이로써 피고인들은 공모하여 피해자를 강간하려고 하였으나 그 뜻을 이루지 못하고 미수에 그쳤다.“
를 추가합니다.

서울중앙지방법원
공 판 조 서

제 2 회

사 건	2013고합1234 성폭력범죄의처벌등에관한특례법위반(특수강간) 등		
재판장 판사	배현일	기 일 :	2013. 7. 12. 14:00
판사	김 석	장 소 :	제418호 법정
판사	문현주	공개여부 :	공개
법원사무관	국영수	고 지 된	
		다음기일 :	2013. 7. 26. 10:00
피 고 인	1. 황명철 2. 이영광		각 출석
검 사	김반석		출석
변 호 인	변호사 김진석 (피고인들을 위하여, 국선)		출석
증 인	윤지숙, 박철형		각 출석

재판장

전회 공판심리에 관한 주요사항의 요지를 공판조서에 의하여 고지

소송관계인

변경할 점이나 이의할 점이 없다고 진술

재판장

피고인들에 대한 2013. 7. 7.자 공소장변경허가신청서 기재의 공소장변경을 허가한다고 결정 고지

검 사

위 서면에 의하여 변경된 공소사실, 죄명, 적용법조 낭독

피고인들 및 변호인 변호사 김진석

공소장변경에 대하여 이의가 없으나, 성폭력범죄의처벌등에관한특례법위반(주거침입강간등) 사건이 발생한 장소가 주거침입죄 소정의 주거인지 의문이고, 피고인들은 범행을 공모하지 않았으므로 변경된 공소사실을 인정할 수 없다고 진술

출석한 증인 윤지숙, 박철형을 별지와 같이 신문하다

증거관계 별지와 같음(검사)

재판장

각 증거조사 결과에 대하여 의견을 묻고 권리를 보호함에 필요한 증거조사를 신청할

수 있음을 고지

소송관계인

별 의견 없으며, 달리 신청할 증거도 없다고 각 진술

재판장

증거조사를 마치고 피고인신문을 실시하겠다고 고지

검 사

피고인 황명철에게

문 피고인은 2013. 5. 27. 24:00경 서울특별시 서초구 양재동에 있는 호성빌라 공터에서 피해자 윤지숙을 강간하려고 한 사실이 있지요.

답 예, 그렇습니다.

문 피고인이 피해자를 강간하려고 할 때 피고인 이영광은 무엇을 하고 있었나요.

답 이영광은 호성빌라 근처 벤치에 앉아 있었습니다.

문 피고인은 사건 당일 피해자를 만나기 전에 피고인 이영광을 만난 적이 있나요.

답 예, 제가 집에서 쉬고 있는데, 22:30경 이영광이 저에게 전화를 하여 윤지숙과 헤어졌다고 하면서 괴로워하였습니다. 그래서 제가 이영광이 있는 호성빌라 부근에 가보니 이영광이 술에 취한 상태에서 윤지숙이 끝내 자기를 배신했다고 하면서 괴로워하였습니다.

문 피고인 이영광이 피고인에게 피해자를 강간하여야 한다는 의미에서 "남자에게 한 번 당해보아야 한다."라고 하지 않았나요.

답 그렇게 말하지는 않았고, 이영광이 "윤지숙이 혼이 좀 나야 한다."고만 말했습니다.

문 피고인은 경찰에서 진술하면서 피고인 이영광이 피고인에게 "그년이 나와 끝내 헤어지려고 하니 못된 년이다. 남자 무서운 것을 알도록 남자에게 한 번 당해보아야 한다."고 하였고, 피고인은 그 말을 강간하라는 의미로 알아들었다고 진술하였지요.

답 이영광이 저에게 "윤지숙이 혼이 좀 나야한다."라는 말을 하였는데, 경찰관이 저에게 헤어진 여자를 혼내주라는 말이 강간하라는 말과 다를 것이 없지 않느냐고 자꾸 추궁해서 제가 "그렇게도 볼 수 있네요."라고 말했던 것이 전부입니다.

문 피고인은 수사기관에서 피고인 이영광의 제의를 받고 이영광과 함께 피해자를 강간하려고 했다고 진술하였지요.

답 이영광이 피해자를 혼내주어야 한다고 했기 때문에 그렇게 말했을 뿐입니다.

문 피고인은 경찰에서 피해자에게 "사건 당일 이영광과 호성빌라 앞에서 만나 이영광으로부터 '그년이 나와 끝내 헤어지려고 하니 못된 년이다. 남자 무서운 것을 알도록 남자에게 한 번 당해야 한다.'고 들었고, 그래서 피고인이 빌라 앞에서 기다리다 피해자를 강간하려고 했다."라고 말한 적이 있나요.

답 그렇게는 말하지 않았고, "이영광이 윤지숙을 혼내주어야 한다."고 말했다고 한 적은 있습니다.

문 피고인은 피고인 이영광이 피해자를 혼을 내주어야 한다고 말을 듣고 어떻게 하였나요.

답 저는 이영광이 술이 많이 취했기에 빌라 앞 벤치에 앉아 있으라고 하고, 윤지숙과 이야기를 하려고 윤지숙의 집에 갔는데, 불이 꺼져 있어 빌라 앞에서 기다리다가 윤지숙을 만났습니다.

문 피고인은 피해자를 만나 무슨 이야기를 하려고 하였나요.

답 윤지숙이 이영광과 진짜로 헤어졌는지도 궁금했지만, 사실 제가 윤지숙을 혼자 좋아하고 있었기 때문에 그녀를 달래면서 호감을 사려는 생각도 있었습니다.

문 피고인은 경찰이나 검찰에서 허위 진술을 강요당한 사실이 있나요.

답 그런 사실은 없습니다.

피고인들의 변호인 변호사 김진석

피고인 황명철에게

문 피고인은 평소 피해자를 좋아했지만, 피해자가 친구인 피고인 이영광과 사귀고 있었기 때문에 내색을 못하고 있다가, 사건 당일 이영광이 피해자와 헤어졌다고 하자 자초지종도 알고 피해자도 만나보고 싶어 피해자의 집에 찾아갔던 것이지요.

답 예, 그렇습니다.

문 피고인이 피해자의 집 앞에서 기다리다가 피해자가 오는 것을 보았지만 바로 아는 체를 하면서 말을 걸기가 뭐해서 피해자를 뒤좇아 가다가 용기를 내어 피해자를 불러 사귀자고 하였지요. 그런데, 피해자가 욕을 하면서 무안을 주기에 화가 나 피해자를 넘어뜨렸고, 그때 피해자의 허벅지가 드러나자 갑자기 욕정이 생겨 범행을 하게 되었지요.

답 예, 그렇습니다.

문 피고인은 왜 범행을 멈추었나요.

답 피해자가 넘어지자 제가 피해자의 배에 올라타 피해자의 몸을 만지게 되었지만, 피해자가 울먹이면서 다음에 만나 사귀어보자고 하여 그것이 좋을 것 같아 범행을 중단하였습니다.

문 그런데 그때 마침 빌라 주민 박철형이 소리를 지르며 뛰어오자 도망을 간 것이지요.

답 예, 그렇습니다.

문 피고인이 피해자를 만나고 있을 때 피고인 이영광은 호성빌라 안으로 들어온 사실조차 없지요.

답 예, 술에 취하여 호성빌라 밖에 있는 벤치에 앉아 있었습니다.

문 피고인 이영광이 피고인에게 피해자를 강간할 것을 제의하였나요.

답 그런 사실이 없습니다.

문 피고인은 강간 혐의로 긴급체포 되어 경찰서에 연행될 당시 절도 피해품인 다이아몬드 반지를 끼고 있다가 경찰관에게 압수되었지요.

답 예, 그렇습니다.

문 당시 경찰관이 뭐라고 하면서 다이아몬드 반지를 압수하던가요.

답 경찰관이 제가 반지를 끼고 있는 것을 보고 "이 반지 어디서 훔친 것이 아니냐, 어디서 훔친 것이냐."고 물어 제가 황허당 집에서 훔친 것이라고 하였습니다.

문 당시 경찰관이 피고인에게 진술거부권을 고지하였나요.

답 그런 말을 듣지 못하였습니다.

문 피고인은 그 이전에 성폭력 범죄는 물론이고 어떠한 범죄로도 처벌받은 전력이 없지요.

답 예, 없습니다.

문 피고인은 경위야 어찌되었던 피해자에게 폭력을 행사한 것에 대해 깊이 뉘우치고 있지만, 피해자가 피고인의 가족을 만나주지 않아 용서를 빌지 못하고 있지요.

답 예, 그렇습니다.

검 사

피고인 이영광에게

문 피고인이 2013. 5. 27. 23:00경 호성빌라 근처 벤치에서 피고인 황명철을 만난 적이 있지요.

답 제가 술에 취해서 잘 기억이 나지 않는데, 나중에 황명철에게 들어보니 제가 황명철에게 전화를 걸어 황명철이 제가 있는 호성빌라 근처로 왔다고 들었습니다.

문 피고인은 그날 피고인 황명철에게 피해자가 피고인을 배신했으니 혼을 내주라고 하면서 강간할 것을 제의하지 않았나요.

답 나중에 황명철에게 들어보니, 제가 황명철에게 윤지숙이 나쁜 년이라고 욕을 했다고 들었습니다만, 강간할 것을 제의한 적은 없습니다.

문 피고인 황명철은 경찰에서 피고인이 "그년이 나와 끝내 헤어지려고 하니 못된 년이다. 남자 무서운 것을 알도록 남자에게 한 번 당해보아야 한다."고 말을 했다고 진술하였는데, 그런 말을 한 적이 있나요.

답 잘 기억이 나지 않습니다만, 그런 말을 한 적은 없습니다.

피고인의 변호인 변호사 김진석

피고인 이영광에게,

문 피고인은 피해자가 헤어지기가 싫어서 사건 당일 피해자와 함께 술을 마시면서 피해자의 마음을 달래보려고 하였지만, 피해자가 끝내 헤어지려고 하였지요.

답 예, 그렇습니다.

문 피고인은 그날 술에 많이 취한 상태에서 괴로워서 피고인 황명철에게 하소연을 하다 보니 피해자의 욕을 한 적은 있지만, 피해자를 강간할 것을 제의한 사실은 절대 없지요.

답 예, 그렇습니다.

문 피고인은 종중소유 토지에 대하여 근저당권설정등기를 하고 은행에서 대출을 받은 것으로 형사처벌을 받았으므로 그 이후에 다시 횡령행위를 해도 처벌이 되지 않는 것으로 알고 있었지요.

답 예, 변호사로 있는 친구가 그렇게 말해서 그런 줄 알고 있었습니다.

문 피고인의 사돈 강한남은 피고인을 고소하지 않았지요.

답 예, 고소하지 않았습니다.

재판장

피고인신문을 마쳤음을 고지

재판장

변론속행(변론준비를 위한 변호인의 요청으로)

2013. 7. 12.

법 원 사 무 관 국 영 수 ㊞

재 판 장 판 사 배 현 일 ㊞

서울중앙지방법원

증인신문조서(제2회 공판조서의 일부)

사 건 2013고합1234 성폭력범죄의처벌등에관한특례법위반(특수강간) 등

증 인 이 름 윤지숙

생년월일 1981. 4. 21.

주 거 서울 서초구 양재동 100 호성빌라 103동 302호

재판장

증인에게 형사소송법 제148조 또는 제149조에 해당하는가의 여부를 물어 이에 해당하지 아니함을 인정하고, 위증의 벌을 경고한 후 별지 선서서와 같이 선서를 하게 하였다. 다음에 신문할 증인은 재정하지 아니하였다.

검 사

증인에게

문 증인은 피고인들을 아는가요.

답 예, 피고인 이영광은 2010년 가을경 아는 사람의 소개로 만나 사귀었던 사람이고, 피고인 황명철은 피고인 이영광의 고등학교 친구로 두세 번 만나 함께 식사를 하고, 술을 마신 적이 있습니다.

문 증인은 2013. 5. 27. 19:00경 피고인 이영광을 만난 일이 있나요.

답 예, 제가 이영광을 만나 사귀었는데 알고 보니 이영광은 이미 동거하는 여자가 있었고, 술을 마시면 저를 때리곤 하였습니다. 그래서 제가 이영광과 헤어지려고 하였는데, 이영광은 저와 헤어질 수 없다면서 저를 놓아주지 않았습니다. 그래서 제가 싸우기도 하고, 달래도 보고, 그렇게 몇 달을 지내고 있었는데, 사건 당일 이영광이 저와 헤어져 준다고 하면서 그 조건으로 이별주를 마시자고 하여 만나게 되었습니다.

문 증인은 2013. 5. 27. 24:00경 피고인 황명철로부터 강간을 당할 뻔한 일이 있나요.

답 예, 그렇습니다.

문 그 경위는 어떠한가요.

답 제가 평소 술을 잘 마시지 않는데, 그 날은 이영광이 강권하다시피 하여 술을 많이 마시게 되었습니다. 22:30경 이영광과 헤어진 후 술을 깨려고 1시간 반 정도 바람을 쐬다가 집에 거의 도착했는데, 갑자기 뒤에서 황명철이 저를 불렀습니다. 황명철이 뭐라고 이야기를 했는데 자세한 것은 잘 기억나지 않지만 요지는 자기랑 사귀자는

말이었습니다. 이영광과 가까스로 헤어졌는데, 그 친구인 황명철이 사귀자고 하니 대면조차 하기 싫어 제가 "미친놈"이라고 욕을 하였습니다. 그러자 황명철이 두 손으로 제 어깨를 잡고 밀어 저를 빌라 잔디밭으로 넘어뜨리더니 제 배 위에 올라타 한 손으로 제 입을 막고, 다른 한 손으로 제 가슴을 만지고, 치마 속으로 손을 넣어 팬티를 벗겼습니다.

문 그 다음에는 어떻게 되었나요.

답 제가 꼼짝 없이 당할 것 같아 그 자리를 모면하려고 황명철에게 "알겠다, 그만하라." 고 하며 울먹이자 황명철이 제 입을 막은 손을 떼었고, 제가 "다음번에 만나 친해지면 응해주겠다. 오늘은 술도 마셨으니 그만하라"고 간곡히 부탁을 하면서 황명철을 구슬렸습니다.

문 그랬더니 피고인 황명철이 어떻게 하였나요.

답 황명철이 제 말을 알아들었는지 제 배 위에서 일어났는데, 그때 빌라에 사는 남자가 소리를 지르며 달려오자 도망을 갔습니다.

문 증인은 수사기관에서 피고인들이 강간범행을 공모하였다고 진술하였지요.

답 예, 그렇습니다.

문 증인은 피고인들이 강간범행을 공모한 사실을 어떻게 알게 되었나요,

답 5월 28일 제가 곰곰이 생각해보니 이영광이 저와 헤어져 준다고 하면서 저를 불러내서 술을 많이 마시게 한 것이나, 황명철이 늦은 시각에 저의 집 앞에서 저를 기다린 것이 우연히 일어난 것이 아니라 피고인들이 짜고 저를 강간하려고 한 것 같다는 생각이 들었습니다. 그래서 경찰서에서 황명철을 만나 물어보자, 황명철이 저에게 이영광이 한 말을 전해 주었는데, 이영광이 "윤지숙이가 나를 배신했다. 그러니 그런 못된 년은 남자에게 한 번 당해보아야 한다."라고 했다고 하였습니다. 그래서 피고인들이 강간범행을 공모한 사실을 알게 되었습니다.

문 증인은 피고인들의 처벌을 원하는가요.

답 예, 피고인들이 다시는 저를 괴롭히지 못하게 엄벌에 처해 주시기 바랍니다.

이때 검사는 수사기록 28~30쪽의 사법경찰리 작성의 증인에 대한 진술조서를 보여주고 이를 열람하게 한 후,

문 이 서류는 증인이 경찰에서 조사받으면서 진술한 내용을 기재한 것인데, 증인은 그 당시 사실대로 진술한 후 읽어보고 서명, 무인한 사실이 있고, 그때 경찰관에게 진술한 내용과 동일하게 기재되어 있나요.

답 예. 그렇습니다.

이때 검사는 수사기록 31쪽의 고소장을 보여주고 이를 열람하게 한 후,

문 이 서류는 증인이 작성하고 날인하여 경찰에 제출한 것이지요.

답 예. 그렇습니다.

피고인들의 변호인 변호사 김진석

증인에게

문 피고인 황명철이 증인의 가슴을 만지고, 팬티를 벗기려고 한 것이 사실인가요.

답 예, 한 손으로는 제 입을 막고, 다른 한 손으로 제 가슴을 만진 후 치마 속에 손을 넣어 팬티를 무릎까지 내렸습니다.

문 증인이 피고인 황명철에게 "다음번에 만나 친해지면 응해주겠다. 오늘은 술도 마셨으니 그만하라"고 부탁을 하자, 피고인 황명철이 계속 범행을 하려고 하였나요.

답 분명하지는 않은데, 황명철이 제 말을 알아들었는지 일어나 저를 일으키려고 하였습니다.

문 피고인 황명철은 증인의 간곡한 부탁을 듣고 범행을 중단한 것이지요.

답 잘 모르겠습니다. 아무튼 황명철이 일어서자 저는 이제 살았다고 생각했습니다.

문 증인은 피고인들이 공모하여 증인을 강간했다는 생각이 든 후 5월 28일 경찰서에서 피고인 황명철을 만나 무엇이라고 물었나요.

답 제가 황명철에게 "왜 나를 강간하려고 했느냐, 이영광이 시켰느냐."라고 물었습니다.

문 그랬더니 피고인 황명철이 무엇이라고 하던가요.

답 황명철은 사건 당일 이영광과 호성빌라 근처에서 만났는데, 그때 이영광이 황명철에게 "윤지숙 그년이 나와 끝내 헤어지려고 하니 못된 년이다. 남자 무서운 것을 알도록 남자에게 한 번 당해보아야 한다. 네가 알아서 해라."고 했다고 저에게 전했습니다.

2013. 7. 12.

법 원 사 무 관 국 영 수 ㊞

재 판 장 판 사 배 현 일 ㊞

서울중앙지방법원
증인신문조서(제2회 공판조서의 일부)

사 건		2013고합1234 성폭력범죄의처벌등에관한특례법위반(특수강간) 등
증 인	이 름	박철형
	생년월일	1966. 07. 10.
	주 거	서울 서초구 양재동 100 호성빌라 305동 102호

재판장

증인에게 형사소송법 제148조 또는 제149조에 해당하는가의 여부를 물어 이에 해당하지 아니함을 인정하고, 위증의 벌을 경고한 후 별지 선서서와 같이 선서를 하게 하였다.

검 사

증인에게

문 증인은 2013. 5. 27. 24:00경 피고인 황명철이 피해자 윤지숙을 강간하려는 것을 목격한 사실이 있나요.

답 예, 제가 그날 밤 빌라 주변에서 바람을 쐬고 있는데 갑자기 여자 비명소리가 들려 소리 난 쪽으로 가보니 남자(피고인 황명철)가 여자(피해자)를 잔디밭에 눕히고 여자 배 위에 올라타고 있다가 일어서서 여자를 일으키려고 하고 있었습니다.

문 그래서 어떻게 하였나요.

답 제가 순간 강간범이라고 생각하고 "뭐 하는 짓이냐!"라고 소리를 치면서 피해자 쪽으로 뛰어갔고, 황명철은 제 소리를 들었는지 도망을 갔습니다.

문 그 후에는 어떻게 하였나요.

답 저는 황명철을 쫓아가지 않고 피해자가 괜찮은지 확인했는데, 피해자가 다친 데는 없는 것 같아, 경찰에 신고하라고 하면서 제 집 동호수를 알려준 다음 집으로 들어갔습니다.

문 증인이 피해자에게 다가갔을 때 피해자는 어떻게 하고 있던가요.

답 제가 피해자에게 다가가니, 피해자는 일어나 앉으면서 무릎까지 내려가 있던 팬티를 올려 입고 울고 있었습니다.

문 피해자가 강간을 당할 뻔한 장소는 빌라 거주자들만 출입할 수 있는 곳인가요.

답 아닙니다. 호성빌라는 10동짜리로 비교적 큰 다세대주택인데, 신축한 지 얼마 되지 않았을 뿐만 아니라 인접 토지 소유자들과 경계 분쟁이 있어서 빌라 출입문이나 담장, 경비실 등을 아직 설치하지 못하고 있습니다. 그러다보니 빌라 안의 도로를 통행하는 것이 자유로워 인근 주민들이 다른 건물이나 도로로 출입하는 지름길로 이용하고 있고, 밤이면 불량배들이나 술꾼들이 와서 소란을 피우곤 합니다. 저희 빌라 거주자들은 밤에 빌라 건물 출입문만 시정하는 형편입니다.

피고인들의 변호인 변호사 김진석

문 증인이 피고인 황명철을 보고 소리를 쳤을 때 피고인 황명철은 이미 피해자의 몸에게 떨어져서 일어나고 있었지요.

답 예, 그렇습니다.

문 피고인 황명철이 일어난 후에 피해자에게 다시 범행을 하려고 하던가요.

답 그것은 잘 모르겠습니다.

문 증인은 호성빌라 부근에 있는 벤치를 알고 있는가요.

답 예, 빌라 들어오는 길 앞쪽에 벤치가 하나 있습니다.

문 그 벤치에서 빌라 3동 뒤편 공터까지 얼마나 떨어져 있는가요.

답 약 100m 이상 떨어져 있고, 그 사이에 빌라가 여러 채여서 벤치에서 빌라 3동 뒤편을 볼 수 없습니다.

2013. 7. 12.

법 원 사 무 관 국 영 수 ㉑

재 판 장 판 사 배 현 일 ㉑

제 1 책
제 1 권

서울중앙지방법원

증거서류등(검사)

사건번호	2013고합1234	담임	제26형사부	주심	다
사 건 명	가. 성폭력범죄의처벌등에관한특례법위반(특수강간) 나. 절도 다. 횡령 라. 사기				
검 사	정 우 열		2013년 형제53874호		
피 고 인	1. 가.나.다. **황명철** 2. 가.다.라 **이영광**				
공소제기일	2013. 6. 14.				
1심 선고	20 . . .	항소	20 . . .		
2심 선고	20 . . .	상고	20 . . .		
확 정	20 . . .	부존			

<table>
<tr><td>제 1 책</td></tr>
<tr><td>제 1 권</td></tr>
</table>

<table>
<tr><td colspan="7">구공판 서울중앙지방검찰청
증 거 기 록</td></tr>
<tr><td rowspan="2">검 찰</td><td>사건번호</td><td>2013년 형제53874호</td><td rowspan="2">법원</td><td>사건번호</td><td colspan="2">2013년 고합1234호</td></tr>
<tr><td>검 사</td><td>정우열</td><td>판 사</td><td colspan="2"></td></tr>
<tr><td>피 고 인</td><td colspan="6">구 속 1. 가.나.다. 황명철
구 속 2. 가.다.라. 이영광</td></tr>
<tr><td>죄 명</td><td colspan="6">가. 성폭력범죄의처벌등에관한특례법위반(특수강간)
나. 절도
다. 횡령
라. 사기</td></tr>
<tr><td>공소제기일</td><td colspan="6">2013. 6. 14.</td></tr>
<tr><td>구 속</td><td colspan="3">1. 2013. 5. 30. 구속(2013. 5. 28. 체포)
2. 2013. 5. 30. 구속(2013. 5. 29. 체포)</td><td>석 방</td><td colspan="2"></td></tr>
<tr><td>변 호 인</td><td colspan="6">1. 2. 변호사 김진석(국선)</td></tr>
<tr><td>증 거 물</td><td colspan="6">없 음</td></tr>
<tr><td>비 고</td><td colspan="6"></td></tr>
</table>

증 거 목 록(증거서류 등)

2013고합1234

2013형제53874호 신청인 : 검사

순번	증거방법					참조사항 등	신청기일	증거의견		증거결정		증거조사기일	비고
	작성	쪽수(수)	쪽수(증)	증 거 명 칭	성 명			기일	내용	기일	내용		
1	검사	50		피의자신문조서	황명철		1	1	○				
2		50		피의자신문조서	이영광		1	1	○				
3	사경	28		진술조서	윤지숙		1	1	○				
4		31		고소장	윤지숙		1	1	○				
5		32		압수조서			1	1	○				
6		34		진술조서	황허당		1	1	○				
7		38		등기부등본			1	1	○				
8		40		피의자신문조서	황명철		1	1	○				
9		46		피의자신문조서	이영광		1	1	○				
10		50		진술조서	강한남		1	1	○				
11		53		진술조서	이고수		1	1	○				

※ 증거의견 표시 - 피의자신문조서 : 인정 ○, 부인 ×
(여러 개의 부호가 있는 경우, 성립/임의성/내용의 순서임)
- 기타 증거서류 : 동의 ○, 부동의 ×

※ 증거결정 표시 : 채 ○, 부 ×

※ 증거조사 내용은 제시, 내용고지

진 술 조 서		
성 명	: 윤지숙	
주민등록번호	: 810421-2###### 만 30세	
직 업	: 무직	
주 거	: 서울특별시 서초구 양재동 100 호성빌라 103동 302호	
등록기준지	: 생략	
직 장 주 소	: 생략	
연 락 처	: 자택전화 02-369-2327	휴대전화 010-472-2327
	직장전화	전자우편 생략

위의 사람은 피의자 황명철에 대한 성폭력범죄의처벌등에관한특례법위반(특수강간) 등 피의사건에 관하여 2013. 5. 28. 서울서초경찰서 형사팀 사무실에 임의 출석하여 다음과 같이 진술하다.

1. **피의자와의 관계**

피의자 황명철은 저의 애인이었던 이영광의 친구입니다.

1. **피의사실과의 관계**

저는 오늘 저의 집이 있는 서울특별시 서초구 양재동 100 호성빌라 3동 뒤편에서 피의자로부터 강간당할 뻔한 사실과 관련하여 피해자 자격으로 출석하였습니다.

이 때 사법경찰관은 진술인 윤지숙을 상대로 다음과 같이 문답하다.

문 진술인은 황명철로부터 강간당할 뻔한 적이 있다고 진술하였는데 사실인가요.

답 예, 사실입니다.

문 언제, 어디에서 그랬나요.

답 2013. 5. 27. 24:00경 서울특별시 서초구 양재동 100 호성빌라 3동 뒤편에 있는 공터에서 강간을 당할 뻔 하였습니다.

문 그 경위는 어떠한가요.

답 제가 어제 2013. 5. 27. 19:00경 서울 서초구 양재동에 있는 '서초동연가' 주점에서 애인이었던 이영광을 만나 술을 마셨는데, 그날따라 이영광이 "마지막 이별주이니 몸사리지 말고 마음껏 마시자"고 하여 몹시 취하도록 마셨습니다. 이영광과 헤어져 술을 깰 겸 약 1시간 반가량 산책을 하고 집으로 돌아오는 길에 호성빌라 3동 뒤편에서 갑자기 황명철이 저에게 달려들어 두 손으로 저의 몸을 밀어 옆 공터에 넘어뜨려 저의 가슴을 만지고 치마를 걷어 올린 다음 팬티를 벗기고 강간하려 하였습니다.

문 그래서 어떻게 하였나요.

답 그래서 제가 발버둥을 치면서 소리를 질렀고 그 때 누군가가 달려오자 황명철이 도주하게 된 것입니다.

문 진술인을 강간하려고 한 사람이 황명철이 확실한가요.

답 예. 제가 평소에 이영광으로부터 황명철을 소개받아 알게 되었고 평소 술을 몇 번 마시기도 하였습니다. 당시 저를 좋아한다는 느낌을 받기도 하였고, 강간 당시에도 왜 나에게 이러느냐고 묻자 저를 좋아한다는 말까지 하기도 하였기 때문에 황명철이 확실합니다.

문 이영광은 본건과 관계가 없나요.

답 제 생각에는 제가 이영광에게 헤어질 것을 요구하자 이영광이 무척 화가 났을 것이고, 이영광이 오늘따라 저에게 술을 자꾸 권한 것을 볼 때 이영광과 황명철이 짜고 이러한 행동을 하지 않았나 의심이 갑니다. 또한 이영광과 헤어진 직후에 황명철이 갑자기 저의 집 앞에 나타난 것도 이영광과 황명철이 짰기 때문이라고 생각합니다.

문 진술인은 피의자 황명철이나 이영광에 대한 처벌을 원하는가요.

답 강력한 처벌을 원합니다. 필요하다면 황명철과 이영광에 대한 고소장을 제출하겠습니다.

이때 진술인으로부터 고소장 1부를 제출받아 조서 말미에 편철하다.

문 이상의 진술은 사실인가요.

답 예, 사실입니다. (무인)

위의 조서를 진술자에게 열람하게 하였던바, 진술한 대로 오기나 증감·변경할 것이 전혀 없다고 말하므로 간인한 후 서명 무인하게 하다.

진술자 윤지숙 (무인)

2013. 5. 28.

서울서초경찰서

사법경찰리 경 사 최 투 철 (인)

고 소 장

고 소 인 : 윤지숙(640421-#######)

피고소인 : 1. 황명철
2. 이영광

고 소 내 용

피고소인 황명철과 이영광은 공모하여 2013. 5. 27. 24:00경 서울 서초구 양재동 호성빌라 3동 뒤 공터에서 피고소인을 공터 땅바닥에 눕힌 후 옷을 벗기고 팬티를 내리는 등 강간하려다 피고소인이 완강히 저항하자 도망간 사실이 있으니, 철저히 수사하여 엄벌에 처해 주시기 바랍니다.

2013. 5. 28.

고소인 윤지숙 윤지숙

서초경찰서장 귀중

압 수 조 서

피의자 황명철에 대한 성폭력범죄의처벌등에관한특례법위반(특수강간) 등 피의사건에 관하여 2013년 5월 28일 02시30분경 서울서초경찰서 형사과 형사팀 사무실에서 사법경찰관 경위 박식해는 사법경찰리 경사 최투철을 참여하게 하고 별지 목록의 물건을 다음과 같이 압수하다.

압 수 경 위

피의자 황명철을 성폭력범죄의처벌등에관한특례법위반(특수강간) 혐의로 긴급체포하여 서울서초경찰서 형사과 형사팀 사무실로 인치한 후 피의자가 다이아몬드 반지를 끼고 있기에 피의자의 행색에 비추어 훔친 것이라는 판단하에 다이아몬드 반지의 출처를 묻자 피의자가 황허당에게서 훔친 것이라고 대답하기에 형사소송법 제217조 제1항에 의하여 압수하다.

참여인	성 명	주민등록번호	주 소	서명 또는 날인

2013년 5월 28일

서 울 서 초 경 찰 서

사법경찰관 경위 박 식 해 (인)

사법경찰리 경사 최 투 철 (인)

압 수 목 록								
번호	품 종	수량	피 압 수 자 주 거 성 명				소 유 자 주 거 · 성 명	비 고
			1	2	(3)	4		
			유류자	보관자	소지자	소유자		
1	다이아몬드 반지	1개	서울 서초구 양재2동 125 황명철				황허당	

진 술 조 서

성　　명	: 황허당
주민등록번호	: 500512-1######　만63 세
직　　업	: 유흥주점 운영
주　　거	: 서울특별시 서초구 방배동 701-21 신동아아파트 310동 209호
등록기준지	: 생략
직 장 주 소	: 서울 서초구 반포동 372-3 별천지 유흥주점
연 락 처	: 자택전화 02-273-4544　휴대전화 010-337-4544
	직장전화 02-276-3596　전자우편 생략

위의 사람은 피의자 황명철에 대한 절도 등 피의사건에 관하여 2011. 5. 28. 서울서초경찰서 형사팀 사무실에 임의 출석하여 다음과 같이 진술하다.

---

1. **피의자와의 관계**

저는 피의자 황명철과 한 동네에서 자란 먼 친척입니다.

1. **피의사실과의 관계**

저는 제가 도난당했던 다이아몬드 반지를 황명철이 가지고 있다는 연락을 받고 피해자의 자격으로 출석하였습니다.

이 때 사법경찰관은 진술인 황허당을 상대로 다음과 같이 문답하다.

문　진술인은 피의자로부터 어떤 피해를 당하였나요.

답　2013. 5. 20. 저녁 무렵에 황명철이 저의 집에 찾아와 저와 술을 한잔 하고 갔는데 그 다음에 제가 책상 서랍에 보관하고 있던 저의 다이아몬드 반지 1개가 보이지 않았습니다. 오늘 경찰서에서 그 다이아몬드 반지를 황명철이 가지고 있다는 연락을 받았는데, 황명철이 저의 다이아몬드 반지를 훔쳐간 것 같습니다.

문　이 다이아몬드 반지가 진술인의 것이 맞나요.

이때 진술인에게 피의자 황명철로부터 압수된 다이아몬드 반지를 제시한바,

답　예. 그렇습니다.

문　위 다이아몬드 반지의 가격은 어느 정도 되나요.

답　제가 1년 전에 1,000만 원을 주고 샀는데 지금도 그 정도 됩니다.

문 다이아몬드 반지가 없어진 후 어떠한 조치를 취하였나요.

답 피의자 황명철이 훔쳐갔을 것 같다는 생각은 하였지만, 아무런 증거도 없이 신고를 하거나 피의자 황명철에게 확인하기가 뭐해서 어떻게 할까 고민하던 중에 시간이 흘렀습니다. 그래서 그동안 아무런 조치도 취하지 않았습니다.

문 황명철과는 어떠한 관계인가요.

답 황명철과는 어려서부터 한 마을에서 자랐고 또 먼 친척뻘이 되어 지금도 저의 집에 자주 들리며 각별하게 지내는 사이입니다.

문 피의자에 대한 처벌을 원하는가요.

답 예. 전에도 피의자가 저에게 피해를 준 적이 있는데 피의자를 믿고 문제 삼지 않았는데 또 이러한 일이 발생한 것입니다. 이번 일과 지난번 피해에 대해서도 엄하게 처벌해 주시기 바랍니다.

문 이전에도 피해를 주었다는 것은 어떤 내용인가요.

답 제가 서울 강남구 일원동에 토지를 소유하고 있었습니다. 그런데 제가 사업을 하고 있다 보니, 혹시 사업이 어려워질 때 채권자들이 위 토지에 가압류를 할 우려가 있어 2001년경 황명철 앞으로 명의를 옮겨 두었습니다. 그런데 얼마 전에 부동산등기부등본을 발급받아보았는데 황명철이 2012. 9. 17. 주식회사 신한은행으로부터 1억 원을 대출받으면서 위 토지에 채권최고액 1억 5,000만 원의 근저당권을 설정하였습니다.

문 진술인이 피의자 황명철에게 토지를 명의신탁하였는데 피의자 황명철이 대출을 받으면서 그 토지를 담보로 제공하였다는 것인가요.

답 예. 그렇습니다.

문 그에 대한 증거는 있나요.

답 예. 아까 말씀드린 대로 제가 얼마 전에 위 토지에 대한 등기부등본이 필요하여 이를 발부받아 본 적이 있었는데 그 등기부등본에 황명철이 근저당권을 설정한 사실을 나와 있었습니다. 오늘 경찰에서 전화를 받고 당시 발급받은 등기부등본을 가져왔으니 제출하도록 하겠습니다.

이때 진술인으로부터 등기부등본 1부를 제출받아 조서 말미에 편철하다.

문 위 토지의 시가는 얼마나 되나요.

답 제가 부동산에 알아본 결과 4억 가량 한다고 들었습니다.

문 위와 같은 사실을 알고서도 이제야 고소를 하는 이유는 어떠한가요.

답 제가 근저당권설정 사실을 알고 황명철에게 바로 전화를 하여 어떻게 된 거냐고 항의를 하자, 곧 은행 대출금을 갚고 근저당권을 말소하겠다고 하여 믿고 기다리고 있었는데 아직까지도 말소하지 않고 있습니다.

문 진술인은 피의자와 먼 친척이라고 하였는데, 어떠한 친척관계인가요.

답 예. 황명철의 할아버지와 저의 할아버지가 4촌 사이이니 아주 먼 친척에 불과합니다.

문 진술인은 피의자가 다이아몬드 반지를 훔친 사실과 진술인이 명의신탁한 위 토지에 대하여 피의자가 근저당권을 설정한 사실에 대해서도 처벌을 모두 원하는가요.

답 예, 법대로 처벌하여 주시기 바랍니다.

문 더 이상 할 말이 있나요.

답 다이아몬드 반지를 돌려받기를 원합니다.

문 이상의 진술은 사실인가요.

답 예, 사실입니다. (무인)

위의 조서를 진술자에게 열람하게 하였던바, 진술한 대로 오기나 증감·변경할 것이 전혀 없다고 말하므로 간인한 후 서명 무인하게 하다.

진술자 황 허 당 (무인)

2013. 5. 28.

서울서초경찰서

사법경찰관 경위 박 식 해 (인)

등기부 등본 (말소사항 포함) - 토지

서울 강남구 일원동 산81 고유번호 1222-7864-783467

【 표 제 부 】 (토지의 표시)					
표시번호	접 수	소 재 지 번	지목	면적	등기원인 및 기타사항
~~1~~ ~~(전 2)~~	~~1972년11월8일~~	~~서울 성동구 일원동 산81~~	임야	15,000㎡	분할로 인하여 등기 제308호에서 이기 부동산등기법 제177조의 6 제1항에 규정에 의하여 2000년9월1일 전산이기
2	1975년10월1일	서울 강남구 일원동 산81	임야	15,000㎡	1975년10월1일 행정구역 및 명칭변경 부동산등기법 제177조의 6 제1항에 규정에 의하여 2000년9월1일 전산이기

【 갑 구 】 (소유권에 관한 사항)				
순위번호	등기목적	접 수	등 기 원 인	권 리 자 및 기 타 사 항
1 (전 3)	소유권이전	1998년5월16일 제14783호	1998년5월8일 협의분할에 의한 상속	소유자 황허당 670512-1×××××× 서울시 서초구 방배동] 701-21 신동아아파트 310동 209호 부동산등기법시행규칙부칙 제3조 제1항의 규정에 의하여 2000년 9월 1일 전산이기
2	소유권이전	2001년6월27일 제8931호	2001년6월15일 매매	소유자 황명철 75××××-1×××××× 서울 서초구 양재2동 125

서울 강남구 일원동 산81 고유번호 1222-7864-783467

【 을 구 】	(소유권 이외의 권리에 관한 사항)			
순위번호	등기목적	접 수	등 기 원 인	권 리 자 및 기 타 사 항
1	근저당권설정	2012년9월17일 제38129호	2012년9월17일 설정계약	채권최고액 금 150,000,000원 채무자 황명철 서울 서초구 양재2동 125 근저당권자 주식회사 신한은행 서울 중구 태평로2가 120

—— 이 하 여 백 ——

수수료 금 1200원 영수함 관할등기소 서울중앙지방법원 강남등기소

이 등본은 부동산 등기부의 내용과 틀림없음을 증명합니다.
서기 2012년 10월 18일

서울중앙지방법원 강남등기소 **등기관 박 해 동**

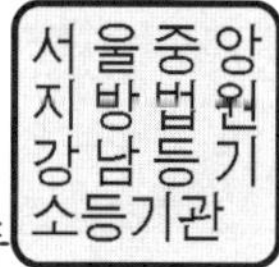

* 실선으로 그어진 부분은 말소사항을 표시함.
* 등기부에 기록된 사항이 없는 갑구 또는 을구는 생략함.
* 대법원 등기인터넷서비스 홈페이지(http://registry.scourt.go.kr)에 접속하여 등기부발급확인메뉴를 통해 발급확인번호로 내용의 진위여부를 확인하실 수 있습니다.

발행번호 130270110041930510137314900SLBO114944WOG17502151112527
발급확인번호 ALTQ-COH×-3572 발행일 2012/10/18

2/2

피의자신문조서

피의자 황명철에 대한 성폭력범죄의처벌등에관한특례법위반(특수강간) 등 피의사건에 관하여 2013. 5. 28. 서울서초경찰서 형사과 형사팀 사무실에서 사법경찰관 경위 박식해는 사법경찰리 경사 최투철을 참여하게 하고, 아래와 같이 피의자임에 틀림없음을 확인하다.

문 피의자의 성명, 주민등록번호, 직업, 주거, 등록기준지 등을 말하십시오.
답 성명은 황 명 철(黃 明 喆)
주민등록번호는 55####-1###### 직업은 무직
주거는 서울특별시 서초구 양재2동 125
등록기준지는 서울특별시 성북구 월곡동 80
직장 주소는
연락처는 자택전화 없음 휴대전화 010-####-####
직장전화 전자우편(e-mail) 입니다.

사법경찰관은 피의사건의 요지를 설명하고 사법경찰관의 신문에 대하여 「형사소송법」 제244조의3에 따라 진술을 거부할 수 있는 권리 및 변호인의 참여 등 조력을 받을 권리가 있음을 피의자에게 알려주고 이를 행사할 것인지 그 의사를 확인하다.

진술거부권 및 변호인 조력권 고지 등 확인

1. 귀하는 일체의 진술을 하지 아니하거나 개개의 질문에 대하여 진술을 하지 아니할 수 있습니다.
2. 귀하가 진술을 하지 아니하더라도 불이익을 받지 아니합니다.
3. 귀하가 진술을 거부할 권리를 포기하고 행한 진술은 법정에서 유죄의 증거로 사용될 수 있습니다.
4. 귀하가 신문을 받을 때에는 변호인을 참여하게 하는 등 변호인의 조력을 받을 수 있습니다.

문 피의자는 위와 같은 권리들이 있음을 고지받았는가요.
답 예, 고지받았습니다.
문 피의자는 진술거부권을 행사할 것인가요.
답 아닙니다.
문 피의자는 변호인의 조력을 받을 권리를 행사할 것인가요.
답 아닙니다. 혼자서 조사를 받겠습니다.

이에 사법경찰관은 피의사실에 관하여 다음과 같이 피의자를 신문하다.

문 피의자는 범죄전력은 있나요

답 없습니다.

문 군대는 갔다 왔나요.

답 예, 육군 병장으로 제대하였습니다.

문 학력은 어떠한가요.

답 서울 ##고등학교를 졸업하였습니다.

문 사회경력은 어떠한가요.

답 별다른 경력은 없습니다.

문 가족관계는 어떠한가요.

답 부모님은 모두 돌아가셨고, 주거지에서 혼자 살고 있습니다.

문 재산이나 월수입은 어떠한가요.

답 저의 명의로 된 아파트가 하나 있고, 그 외 돈이 될 만한 특별한 재산은 없으며, 현재는 직장이 없어 수입이 없습니다.

문 정당이나 사회단체에 가입한 사실이 있나요

답 없습니다.

문 건강상태는 어떠한가요.

답 양호하고, 주량은 소주 한 병 정도이며 담배는 하루 한 갑 정도를 피웁니다.

[성폭력범죄의처벌등에관한특례법위반]

문 피의자는 윤지숙을 강간하려 한 사실이 있나요.

답 예, 그런 사실이 있습니다.

문 언제, 어디에서인가요.

답 2013. 5. 27. 24:00경 서울 서초구 양재동 100 호성빌라 3동 뒤 공터에서 그랬습니다.

문 누구와 같이 범행한 것인가요.

답 이영광과 함께 한 것입니다.

문 그 경위는 어떠한가요.

답 제가 2013. 5. 27. 23:00경 이영광이 저에게 전화를 하여 윤지숙이 자신을 버리고 다른 남자를 사귄다고 하면서 헤어지자고 하여 헤어졌다며 괴로워하기에 제가 어디에 있느냐고 물으니 윤지숙이 사는 호성빌라 앞이라고 하여 제가 택시를 타고 호성빌라에 도착해보니 이영광이 술에 취한 채 호성빌라 부근에 있는 벤치에 앉아 있었습니다.

문 그 다음은 어떠한가요.

답 이영광을 만나 이야기를 들어보니 괴로워하면서 “그년이 나와 끝내 헤어지려고 하니 못된 년이다. 남자 무서운 것을 알도록 남자에게 한 번 당해보아야 한다.”고 하였습니다. 그래서 제가 윤지숙이 사는 호성빌라 103동쪽으로 가보니 윤지숙이 사는 집의 불이 꺼져 있었습니다. 그래서 잠깐 기다리고 있는데 윤지숙이 걸어오는 것이 보였습니다.

문 그래서 어떻게 하였나요.

답 제가 윤지숙을 발견하고 그녀에게 다가가니 윤지숙이 저를 피하려고 하였습니다. 그래서 두 손으로 윤지숙의 몸을 잡고 옆 공터에 넘어뜨린 후 그녀의 가슴을 만지고 치마를 걷어 올린 다음 팬티를 벗겨 강간하려 하였습니다.

문 윤지숙은 어떻게 반항하던가요.

답 소리를 지르며 저를 밀쳐 내기에 제가 한손으로 입을 막고 가만히 있으라고 말하면서 피해자가 움직이지 못하도록 하였습니다.

문 그 후 어떻게 되었나요.

답 그런데 윤지숙이 눈물을 흘리기에 입에서 손을 떼니 그만하라고 하면서 다음에 만나 친해지면 응해주겠다고 해서 제가 윤지숙의 몸에서 떨어져 일어나 윤지숙을 일으키려고 하는데 갑자기 어떤 남자가 쫒아오기에 도망을 갔습니다.

문 그 이후에는 어떻게 되었나요.

답 새벽에 경찰관들이 저의 집에 와서 문을 두드리기에 겁이 나서 도망을 가다가 붙잡혔습니다.

문 피의자가 윤지숙을 강간하려 할 때 이영광은 어디에 있었나요

답 정확히는 모르겠지만 위 빌라 부근 벤치에 앉아 있었을 겁니다.

문 결국 피의자는 이영광의 제의를 받고 그와 함께 피해자를 강간하려고 한 것인가요.

답 예. 그런 셈입니다.

문 피해자 윤지숙과 합의는 하였는가요.

답 아직 합의하지 못했습니다.

[횡령, 절도]

문 피의자는 황허당의 다이아몬드 반지를 훔치고, 황허당이 피의자에게 명의신탁한 토지에 신한은행 앞으로 근저당권을 설정한 사실이 있나요.

답 예. 그렇습니다.

문 먼저, 황허당이 명의신탁한 토지를 횡령한 경위는 어떠한가요.

답 황허당이 사업을 하면서 사업이 어려워질 때를 대비해서 그가 소유하고 있는 서울

강남구 일원동에 있는 토지를 저의 앞으로 명의를 변경해 줄 수 있느냐고 부탁하기에 이를 허락하고 2001년경 제 명의로 등기를 이전한 적이 있었습니다. 이러한 사실을 잊고 지내다가 제가 실직을 하여 빚에 시달리게 되었고 위 부동산을 담보로 제공하고 대출을 받아 사용한 후 형편이 풀리면 빚을 갚으면 된다고 생각하고 2012. 9.경 신한은행으로부터 1억 원 대출을 받으면서 근저당권 설정에 필요한 서류를 신한은행에 제출하였습니다.

문 황허당이 제출한 위 토지에 대한 등기부등본에 의하면 피의자가 2012. 9. 17. 채권자 신한은행, 채무자 피의자, 채권최고액 1억 5,000만 원의 근저당권을 설정해 준 것으로 되어 있는데, 맞는가요.

답 예. 그렇습니다. 등기부등본에 기재되어 있는 것이 맞을 겁니다.

문 피의자는 황허당의 다이아몬드 반지를 훔친 사실이 있나요.

답 예. 그렇습니다.

문 언제 어디에서 그랬나요.

답 2013. 5. 20. 20:00경 황허당의 집에서 황허당과 술을 마시다가 황허당이 술을 사러 간다고 자리를 비우기에 할 일이 없어 책상 서랍을 열어보는데 값이 많이 나가 보이는 반지 1개가 눈에 뜨였습니다. 제가 마침 돈도 떨어져 경제적으로 힘이 든 상황이어서 저도 모르게 반지를 호주머니에 넣고 있다가 황허당과 술을 다 마시고 황허당의 집을 나왔습니다.

문 훔친 반지는 어떻게 하였나요.

답 팔려고 하였는데 팔 방법도 잘 몰라 제가 차고 지내던 중, 윤지숙에 대한 강간 사건으로 체포되어 경찰서에 온 후 경찰관이 저에게 다이아몬드 반지가 어디서 난거냐고 묻기에 제가 황허당으로부터 훔친 것이라고 하니 반지를 빼라고 한 후 그 반지를 가져갔습니다.

문 황허당과는 어떤 관계인가요.

문 먼 친척으로 어려서부터 함께 자라 아주 친하게 지내는 형입니다. 저의 할아버지와 황허당의 할아버지가 4촌으로 알고 있습니다.

문 피해자 황허당과 합의는 하였나요.

답 아직 합의하지 못하였습니다.

문 이상 진술은 모두 사실인가요.

답 예, 모두 사실대로 진술하였습니다.

문　이상의 진술내용에 대하여 이의나 의견이 있는가요.
답　없습니다. (무인)

위의 조서를 진술자에게 열람하게 하였던바, 진술한 대로 오기나 증감·변경할 것이 전혀 없다고 하므로 간인한 후 서명 무인하게 하다.

진술자　황 명 철 (무인)
2013. 5. 28.
서울서초경찰서
사법경찰관 경위　박 식 해 (인)
사법경찰리 경사　최 투 철 (인)

피의자신문조서

피의자 이영광에 대한 성폭력범죄의처벌등에관한특례법위반(특수강간) 피의사건에 관하여 2013. 5. 29. 서울서초경찰서 형사과 형사팀 사무실에서 사법경찰관 경위 박식해는 사법경찰리 경사 최투철을 참여하게 하고, 아래와 같이 피의자임에 틀림없음을 확인하다.

문 피의자의 성명, 주민등록번호, 직업, 주거, 등록기준지 등을 말하십시오.

답 성명은 이 영 광(李 英 光)

주민등록번호는 55####-1###### 직업은 무직

주거는 서울특별시 서초구 서초동 13

등록기준지는 서울특별시 서초구 방배동 457

직장 주소는

연락처는 자택전화 없음 휴대전화 010-####-####

직장전화 전자우편(e-mail) 생략 입니다.

사법경찰관은 피의사건의 요지를 설명하고 사법경찰관의 신문에 대하여 「형사소송법」 제244조의3에 따라 진술을 거부할 수 있는 권리 및 변호인의 참여 등 조력을 받을 권리가 있음을 피의자에게 알려주고 이를 행사할 것인지 그 의사를 확인하다.

진술거부권 및 변호인 조력권 고지 등 확인

1. 귀하는 일체의 진술을 하지 아니하거나 개개의 질문에 대하여 진술을 하지 아니할 수 있습니다.
2. 귀하가 진술을 하지 아니하더라도 불이익을 받지 아니합니다.
3. 귀하가 진술을 거부할 권리를 포기하고 행한 진술은 법정에서 유죄의 증거로 사용될 수 있습니다.
4. 귀하가 신문을 받을 때에는 변호인을 참여하게 하는 등 변호인의 조력을 받을 수 있습니다.

문 피의자는 위와 같은 권리들이 있음을 고지받았는가요.

답 예, 고지받았습니다.

문 피의자는 진술거부권을 행사할 것인가요.

답 아닙니다.

문 피의자는 변호인의 조력을 받을 권리를 행사할 것인가요.

답 아닙니다. 혼자서 조사를 받겠습니다.

이에 사법경찰관은 피의사실에 관하여 다음과 같이 피의자를 신문하다.

[피의자의 범죄전력, 경력, 학력, 가족 · 재산관계 등은 생략]

문 피의자는 윤지숙을 강간하려 한 사실이 있나요.

답 그러한 사실이 없습니다.

문 그러면 피의자는 윤지숙을 아는가요.

답 예. 2013. 5. 27. 헤어진 사이입니다.

문 피의자는 윤지숙과 헤어진 날 술을 함께 마신 사실이 있나요

답 예. 그렇습니다. 윤지숙과 헤어지게 된 것이 괴로워 만취될 때까지 함께 술을 마신 사실이 있습니다.

문 피의자는 황명철을 아는가요.

답 예. 저와 오랜 친구입니다.

문 2013. 5. 27. 황명철이 윤지숙을 강간하려 한 사실을 아는가요.

답 모르고 있다가 오늘 경찰관이 알려주기에 알게 되었습니다.

문 황명철의 진술에 의하면 2013. 5. 27. 23:00경 피의자로부터 전화상으로 윤지숙이 사는 호성빌라 부근으로 오라고 하여 가보니, 피의자가 윤지숙과 헤어졌다며 "그년이 나와 끝내 헤어지려고 하니 못된 년이다. 남자 무서운 것을 알도록 남자에게 한 번 당해야 한다."고 하였고 당시 피의자도 빌라 부근에 있는 벤치에 앉아 있었다고 하는데 어떠한가요.

답 기억이 잘 나지 않습니다.

문 또한 윤지숙은 피의자가 억지로 술을 많이 먹였다고 하는데 어떠한가요.

답 제가 윤지숙으로 하여금 술을 많이 마시게 한 것은 사실입니다. 그런데 윤지숙에게 술을 권한 것은 술을 마시면 다시 저에게 돌아올 것 같아 그렇게 한 것이고 저는 그날 23:00경 윤지숙과 헤어진 것으로 기억합니다.

문 윤지숙과 황명철의 진술을 종합하면 피의자와 황명철이 짜고서 피해자 윤지숙을 강간하려 한 것으로 보이는데 어떠한가요.

답 잘 기억은 나지 않는데, 황명철이 거짓말을 할 사람이 아니니 죄를 인정하겠습니다.

문 피해자와 합의는 하였나요.

답 합의하지 못하였습니다.

문 이상 진술은 모두 사실인가요.

답 예, 모두 사실대로 진술하였습니다.

문 이상의 진술내용에 대하여 이의나 의견이 있는가요.

답 없습니다. (무인)

문 더 할 말이 있나요.

답 경찰서에 와 보니 이 기회에 제가 잘못한 일을 모두 말씀드리고 앞으로 열심히 살아야겠다는 생각이 듭니다. 제가 전주이씨충현공파 종중 총무로 있으면서 종중의 토지를 명의신탁받아 보관하고 있던 중 토지를 처분한 적이 있습니다. 이에 관하여 종중회장 이고수에게 연락하시면 정확한 것을 알 수 있고, 또한 제가 사돈으로서 청주에 살고 있는 강한남씨에게 거짓말을 하고 돈5000만원을 받아 쓴 일이 있는 데 이에 대하여도 함께 수사하여 주시면 좋겠습니다.

위의 조서를 진술자에게 열람하게 하였던바, 진술한 대로 오기나 증감·변경할 것이 전혀 없다고 하므로 간인한 후 서명 무인하게 하다.

진술자 이 영 광 (무인)

2013. 5. 29.

서울서초경찰서

사법경찰관 경위 박 식 해 (인)

사법경찰리 경사 최 투 철 (인)

진 술 조 서	
성 명	: 강한남
주민등록번호	: 450512-1###### 만68 세
직 업	: 무직
주 거	: 충북 청주시 산남동 701-21 신동아아파트 310동 209호
등 록 기 준 지	: 생략
직 장 주 소	: 없음
연 락 처	: 자택전화 043-273-4544 휴대전화 011-337-4544
	직장전화 전자우편 생략

위의 사람은 피의자 이영광에 대한 절도 등 피의사건에 관하여 2013. 5. 30. 서울서초경찰서 형사팀 사무실에 임의 출석하여 다음과 같이 진술하다.

1. **피의자와의 관계**

저는 피의자 이영광과 사돈간입니다. 이영광의 딸 이은주와 제 아들 강인해가 결혼하여 이영광과 함께 서울에서 살고 있고 저는 청주에 살고 있는 데 이번에 피의자가 저를 상대로 사기를 하였기에 출석하였습니다.

1. **피의사실과의 관계**

저는 무직으로 있으면서 위 이영광이 제 아들 강인해를 통하여 백화점 지하층에서 돈가스 전문점을 하게 하여 줄 수 있다고 하기에 제가 직접 확인하였더니 로데백화점 고위층과 친하게 지내고 있다고 하면서 교제비 조로 돈5000만원을 요구하여 송금한 적이 있습니다.

이 때 사법경찰관은 진술인 강한남을 상대로 다음과 같이 문답하다.

문 진술인은 피의자로부터 어떤 피해를 당하였나요.

답 2013. 4.1. 14:00경에 피의자를 찾아가 백화점에서 돈가스가게를 하게 해 줄 수 있느냐고 물었습니다. 그가 제 아들 강인해와 함께 살고 있으면서 그렇게 해 줄 수 있다고 하기에 직접 찾아가서 확인한 것입니다. 그는 "내가 로데백화점 고위층과 친하게 지내고 있다. 백화점 지하층에 돈가스 전문점을 낼 수 있게 도와 주겠다. 백화점 회장과 만나 해결해 볼테니 교제비로 5000만원을 준비해라" 고 말하여 사돈의 말을 믿고 청주에 돌아가서 그 날 저녁 돈 5000만원을 피의자의 신한은행 계좌로 송금하였습니다. 나중에 알고 보니 거짓이었다는 것이어서 너무 화도 나고 황당하기도 해서 돈이나 돌려 달라고 하고 있었습니다.

문 진술인은 어떠한 조치를 취하였나요.

답 피의자가 내 아들과 함께 살고 있기 때문에 돈을 돌려 주면 없던 일로 하려 하고 있었는데 지금까지 2개월이 되도록 돌려 주지 않고 있어 사실대로 말씀드리는 것입니다. 제가 먼저 고소를 하지는 않고 있었습니다.

문 피의자에 대한 처벌을 원하는가요.

답 피의자가 돈을 돌려 주기만 하면 처벌은 원하지 않습니다. 경찰서로 오면서 어떻게 할까 아들 강인해와 상의하였는데 고소는 하지 않으려 합니다. 사돈으로서 제게 사기를 친다는 것은 용서가 안되지만 아들이 며느리와 이혼하지 않는한 고소는 하기 어렵습니다.

문 더 이상 할 말이 있나요.

답 돈 5000만원을 돌려받기를 원합니다.

문 이상의 진술은 사실인가요.

답 예, 사실입니다. (무인)

위의 조서를 진술자에게 열람하게 하였던바, 진술한 대로 오기나 증감·변경할 것이 전혀 없다고 말하므로 간인한 후 서명 무인하게 하다.

진술자 강한남 (무인)

2013. 5. 30.

서울서초경찰서

사법경찰관 경 위 박 식 해 (인)

진 술 조 서		
성 명	: 이고수	
주민등록번호	: 480112-#### 만65세	
직 업	: 전직 공무원	
주 거	: 서울특별시 서초구 서초동1 신동아아파트 310동 209호	
등록기준지	: 생략	
직장주소	:	
연 락 처	: 자택전화 02-283-5441	휴대전화 010-337-4545
	직장전화	전자우편 생략

위의 사람은 피의자 이영광의 절도등 피의사건에 관하여 2013. 5. 28. 서울서초경찰서 형사팀 사무실에 임의 출석하여 다음과 같이 진술하다.

1. **피의자와의 관계**

저는 피의자 이영광과 함께 자란 친척입니다.

1. **피의사실과의 관계**

저는 전주이씨충현공파 종중 대표입니다. 종중 소유의 파주시 적성면 12 답2337평방미터를 명의신탁 받은 위 피의자가 이를 횡령하였기에 이에 대하여 말씀드리겠습니다

이 때 사법경찰관은 진술인 이고수에게 아래와 같이 문답하다.

문 진술인은 피의자로부터 어떤 피해를 당하였나요.

답 2013. 1. 3. 11:00경 위 피의자가 종중소유의 토지를 신한은행 도곡동지점에서 종중허락도 없이 부동산을 담보로 제공하고 신한은행으로부터 금 1억원을 대출받고 같은 날 16:00경 강남등기소에서 신한은행앞으로 채권최고액 1억5000만원의 근저당권설정등기를 하여 준 일이 있어 이를 발견하고 그를 고소하여 그가 2013.4.10경 횡령죄로 벌금 1500만원을 선고받아 이 판결이 확정된 적이 있습니다. 그런데 그가 또 위 부동산을 처분하였다고 하여 알아 보았더니 2013. 5. 16 15:00경에 연천시 백학면에 있는 부동산사무실에서 위대한이라는 50세남자에게 193,000,000원에 매도하였고 소유권이전등기도 하여 주었다고 합니다.

문 전에 피의자가 근저당권을 설정하였을 때 종중이 조치를 취하지 않았나요?

답 피의자가 신한은행에서 대출한 돈을 갚고 근저당권설정등기를 말소한다고 하여 그를 믿고 기다리고 있었습니다. 그런데 한 걸음 더 나아가 위 토지를 처분하였다고 하니 저로서는 도저히 이해할 수 없습니다.

문 위 부동산의 가격은 얼마나 되나요.

답 종중에서 추산하기로는 3억원 정도로 생각하고 있습니다.

문 진술인은 피의자가 부동산을 처분한 사실에 대해서 처벌을 원하는가요.

답 예, 법대로 처벌하여 주시기 바랍니다.

문 더 이상 할 말이 있나요.

답 토지를 매수한 위대한과 변호사들에게 물어 본 결과 토지대금이 모두 지급된데다가 등기도 이전된 바 있어 종중이 소유권을 회복하기는 어렵다고 합니다. 피해자를 엄벌하여 주시기 바랍니다.

문 이상의 진술은 사실인가요.

답 예, 사실입니다. (무인)

위의 조서를 진술자에게 열람하게 하였던바, 진술한 대로 오기나 증감·변경할 것이 전혀 없다고 말하므로 간인한 후 서명 무인하게 하다.

진술자 이 고 수 (무인)

2013. 5. 30.

서울서초경찰서

사법경찰관 경위 박 식 해 (인)

기타 증거 : 편의상 다음 증거서류의 내용을 생략하였으나, 증거로 적법하게 제출된 것임을 유의할 것

○ **황명철 및 이영광에 대한 조회회보서**(2013. 6. 3.)

- 이영광의 벌금전과 외 전과없어 내용 생략

○ **황명철에 대한 검사 작성의 제1회 피의자신문조서**(2013. 6. 7.)

- 경찰에서의 진술과 동일한 취지로 내용 생략

○ **이영광에 대한 검사 작성의 제1회 피의자신문조서**(2013. 6. 7.)

- 경찰에서의 진술과 동일한 취지로 내용 생략

제 4 문에 대한 해설

변 론 요 지 서

Ⅰ. 피고인들의 성폭력범죄의처벌등에관한특례법위반의 점

1. 주위적 공소사실

가. 합동범의 객관적 요건인 실행행위의 분담 인정 여부

특수강간죄는 합동범이므로 이를 인정하려면 객관적 요건인 현장에서의 실행행위의 분담(시간적, 장소적 접속성)이 인정되어야 합니다. 그런데, 증인 박철형의 증언에 의하면, 피고인 이영광이 있었던 벤치는 범행현장과 100미터 이상 떨어져 있는 곳이고, 직접 범행현장을 볼 수도 없는 지점이므로 피고인들의 실행행위의 분담을 인정할 수 없습니다. 이와 내용을 달리하는 피고인들에 대한 검찰, 경찰의 피의자신문조서는 뒤에서 보는 바와 같이 증거능력이 없고, 달리 피고인 이영광이 망을 보았다는 사실을 인정할 증거가 없습니다.

나. 합동범의 주관적 요건인 공모 인정 여부

뒤에서 보는 바와 같이 강간에 대한 공모는 인정되지 않습니다.

다. 소결론

따라서 피고인들의 행위는 합동성을 인정할 수 없어서 무죄입니다.

2. 예비적 공소사실

가. 피고인들의 강간 공모 인정 여부

(1) 증거의 증거능력에 관하여

피고인들에 대한 검사작성의 피의자신문조서가 각각 자신의 범행에 대하여 증거능력이 있는지 살펴보면, 피고인들이 진정성립을 부인하고 있는데 이에 대하여 검사가 그 진정성립이나 특신상태를 증명한 바 없으므로 증거능력이 없고(형사소송법 제312

조 제2항), 이들 피의자신문조서가 각각 상피고인에 대하여 증거능력이 있는지 살펴보면, 원진술자의 공판정 진술이나 영상녹화물 등 객관적 방법에 의하여 진정성립이 증명된 바 없으므로 역시 증거능력이 없습니다(동조 제4항).

피고인 황명철에 대한 경찰의 피의자신문조서는 피고인 황명철이 내용부인하였고, 피고인 이영광도 내용부인의 취지로 부동의하여 증거능력이 없습니다.

피고인 이영광에 대한 경찰의 피의자신문조서는 피고인 이영광이 내용부인하였고, 피고인 황명철도 내용부인의 취지로 부동의하여 증거능력이 없습니다.

증인 윤지숙의 법정진술 중 "이영광이 황명철에게 '윤지숙이 그년이 나와 끝내 헤어지려고 하니 못된 년이다. 남자 무서운 것을 알도록 남자에게 한 번 당해보아야 한다. 네가 알아서 하라.'고 말했다는 사실을 황명철로부터 들었다"는 진술 부분은, 피고인 아닌 윤지숙이 피고인인 황명철의 진술을 내용으로 하는 진술(전문진술)로서, 피고인 황명철에 대하여는 형사소송법 제316조 1항에 의하여, 피고인 이영광에 대하여는 동조 제2항에 의하여 증거능력 유무가 판단되어야 합니다. 생각건대, 이 전문진술은 원진술의 특신상태가 증명되지 않았거나(동조 1항), 원진술자(피고인 황명철)가 법정에 출석하여 진술할 수 있는 상황이므로(동조 2항) 각 증거능력이 없습니다.

(2) 증명력 판단

만약 위에서 열거한 증거들 중 일부가 증거능력이 있다고 가정하면, 공모에 관한 증거자료의 최대의 것은 위 윤지숙의 증언내용이 될 것인데, 윤지숙의 증언내용을 그대로 인정하더라도 피고인 이영광이 피고인 황명철에게 했다는 말(남자 무서운 것을 알도록 남자에게 한 번 당해보아야 한다. 네가 알아서 해라)은 남성의 완력을 사용한 폭력행위를 시사한 것으로 볼 수 있을지언정 강간범행을 의미한다고는 볼 수 없습니다.

나아가, 피고인 이영광이 '윤지숙을 혼내주어야 한다'고 말한 사실만으로는 공모사실을 인정하기에 부족하고, 윤지숙이 경찰진술조서 및 고소장에서 피고인들이 강간범행을 공모하였다고 한 진술은 추측에 불과하여 이 진술로써 공모사실을 인정할 수 없습니다.

나. 주거침입 부분

(1) 이 사건 범행 장소의 주거 해당 여부

증인 박철형의 법정진술에 의하면, 이 사건 범행 장소는 출입문이나 담장이 설치되어 있지 않고, 인근주민이 자유로이 통행하는 곳이므로 주거침입죄에서 침입행위의 객체인 건조물에 포함되는 위요지에 해당하지 않습니다.

(2) 주거침입의 고의 유무

피고인 황명철의 법정진술, 증인 윤지숙의 법정진술, 경찰 피의자신문조서에 의하면 피고인 황명철은 피해자에게 피고인 이영광과 헤어졌는지를 확인하고, 호감을 얻기 위하여 호성빌라 공터로 들어갔고, 호성빌라 공터에 간 뒤에 비로소 강간의 범의를 일으켰으므로 주관적으로도 주거침입의 고의가 있다고 보기 어렵습니다.

다. 피고인 황명철의 중지미수 여부

중지미수의 자의성 판단기준으로는 내부적 동기이면 자의성을 인정하는 객관설, 윤리적 동기일 것을 요구하는 주관설, 실행행위의 가능성 유무로 판단하는 프랑크의 공식, 자율적 동기를 요구하는 절충설 등의 견해 대립이 있는데 객관과 주관의 양측면을 고려한 절충설이 타당합니다.

피고인 황명철의 법정진술, 증인 윤지숙, 박철형의 증언에 의하면, 피해자가 기지를 발휘하여 위기를 모면한 측면이 있지만, 동시에 피고인 황명철도 사회관념상 범죄수행에 장애사유가 없는데도 자율적으로 중지한 점이 인정되므로 자의성을 인정할 수 있습니다.

(4) 소결론

따라서 피고인 황명철은 강간죄의 중지미수의 죄책을 질 뿐이고, 피고인 이영광은 무죄입니다.

Ⅱ. 피고인 황명철

1. 횡령의 점

(1) 친족상도례 적용 여부

피고인의 법정진술, 경찰 작성의 피해자 황허당의 피의자신문조서에 의하면, 피고인과 피해자는 동거하지 않는 8촌 사이로 친족상도례가 적용되어 횡령사건은 친고죄에 해당합니다.

(2) 적법한 고소가 있었는지 여부

고소는 범인을 안 날로부터 6개월 이내에 제기해야 합니다. 이 사건 횡령 범행은 피고인이 피해자로부터 명의신탁 받은 이 사건 토지에 근저당권설정등기를 경료한 것으로, 피해자가 근저당권설정등기의 경료사실을 안 때가 범인을 안 날에 해당합니다. 피해자가 경찰에 제출한 등기부등본에 의하면, 피해자는 2010. 10. 18. 등기부등본을 발급받아 피고인의 횡령 사실을 알았다고 봄이 상당합니다.

또한, 피해자가 수사기관에서 범죄사실을 진술하고 처벌을 원하는 의사를 표시한 것도 고소에 해당하므로, 피해자가 피고인을 고소한 시기는 수사기관에서 범죄사실을 진술하고 처벌을 원한 시기인 2013. 5. 28.입니다. 그런데, 이때는 범인을 안 날로부터 6개월이 경과하였음이 역수상 명백하므로, 위 고소는 적법하지 않습니다.

따라서, 횡령죄에 대하여 형사소송법 제327조 2호에 의하여 공소기각 판결을 해야 합니다.

2. 절도의 점

(1) 피고인 황명철은 법정에서 절도 범행을 자백하고 있으므로, 보강증거가 있어야 이를 유죄로 인정할 수 있습니다(형사소송법 제310조).

(2) 보강증거 유무

압수조서 중 피고인이 절도범행을 자백하였다는 진술 부분은 피고인에게 진술거부권을 고지했음을 인정할 만한 증거가 없으므로 이 자백은 위법수집증거로서 증거능력이 없습니다.

다이아몬드 반지 압수조서는 경찰관이 성폭력범죄의처벌등에관한특례법위반 혐의로 피고인 황명철을 긴급체포한 상태에서, 위와 같은 자백을 듣고 긴급체포한 피의사실과 무관한 절도죄의 장물인 다이아몬드 반지를 영장 없이 압수하였으므로, 이는 영장주의의 예외에 해당하지 않고, 게다가 위 위법수집증거(자백)의 2차 증거이므로 역시 증거능력이 없습니다.

피해자 황허당의 경찰 진술조서는 위법하게 수집한 피고인의 자백 및 위법한 압수에 기초하여 얻은 제2차 증거로서 역시 위법수집증거에 해당합니다. 따라서 위 증거들을 유죄를 인정하는 증거로 사용할 수 없고, 달리 보강증거가 없으므로 절도죄에 대하여 무죄판결을 하여야 합니다.

Ⅲ. 피고인 이영광

1. 횡령의 점

피고인은 범행을 자백하고 있으며 보강증거도 있습니다. 선행처분행위로 횡령죄가 기수에 이른 후에 후행처분행위가 별도로 횡령죄를 구성하는지 여부에 대하여 혹 선행처분행위의 불가벌적 사후행위로서 죄가 되지 않는 경우에 해당하는 지 검토할 필요가 있습니다. 이와 관련하여 대법원은 종중으로부터 명의신탁 받아 보관 중이던 토지를 피고인이 개인적 용도로 쓸 돈을 마련하기 위하여 근저당권 설정을 한 후, 이 토지를 타인에게 매각한 경우 선행처분행위로 예상할 수 없는 새로운 위험을 추가함으로써 별도의 횡령죄를 구성한다고 보고 있습니다. 그러므로 유죄로 판정되어야 할 것입니다.

2. 사기의 점

사기죄의 피고인과 피해자 강한남은 사돈지간으로서 친족에 해당하는지 검토하여 보아야 합니다. 친족상도례에 해당하는 친족인지 여부는 민법규정에 의하여야 하는데 민법상 혈족의 배우자의 혈족을 인척에 포함시키지 않고 있어(민법 제769조) 사기죄의 피고인과 피해자가 사돈지간이라 하더라도 친족이 아니므로 친족상도례를 적용할 수 없습니다. 그러므로 피해자의 고소가 없더라도 유죄판단하는 데 지장은 없다고 보여집니다.

제 5 문

[강도살인 등]

이 문제는 법학전문대학원협의회에서 주관하여
2012년 8월에 실시한 변호사시험 모의시험 기록이다.

응시자 준수사항

1. 시험 시작 전 문제지의 봉인을 손상하는 경우, 봉인을 손상하지 않더라도 문제지를 들추는 행위 등으로 문제 내용을 미리 보는 경우 모두 부정행위로 간주되어 그 답안은 영점 처리 됩니다.
2. 답안은 흑색 또는 청색 필기구(사인펜이나 연필 사용 금지) 중 한 가지 필기구만을 사용하여 답안 작성 난(흰색 부분) 안에 기재하여야 합니다.
3. 답안지에 성명과 수험 번호를 기재하지 않아 인적 사항이 확인되지 않는 경우에는 영점 처리 등 불이익을 받게 됩니다. 특히 답안지를 바꾸어 다시 작성하는 경우, 성명 등의 기재를 빠뜨리지 않도록 유의하여야 합니다.
4. 답안지에는 문제 내용을 기재할 필요가 없으며, 답안 내용 이외의 사항을 기재하거나 밑줄 기타 어떠한 표시도 하여서는 안 됩니다. 답안을 정정할 경우에는 두 줄로 긋고 다시 기재하여야 하며, 수정액 등은 사용할 수 없습니다.
5. 시험 종료 시각에 임박하여 답안지를 교체 요구한 경우라도 시험시간 종료 후 즉시 새로 작성한 답안지를 회수합니다.
6. 시험 종료 후에는 답안지 작성을 일절 할 수 없으며, 이에 위반하여 시험시간이 종료되었음에도 불구하고 **시험관리관의 답안지 제출지시에 불응한 채 계속 답안을 작성하거나 답안지를 늦게 제출할 경우 그 답안은 영점 처리** 됩니다.
7. 답안은 답안지 쪽수 번호 순으로 기재하여야 하고, **배부받은 답안지는 백지 답안이라도 모두 제출**하여야 하며, **답안지를 제출하지 아니한 경우 그 시험시간 및 나머지 시험시간의 시험에 응시할 수 없습니다.**
8. 지정된 시간까지 지정된 시험실에 입실하지 아니하거나 시험관리관의 승인을 얻지 아니하고 시험시간 중에 그 시험실에서 퇴실한 경우 그 시험시간 및 나머지 시험시간의 시험에 응시할 수 없습니다.
9. 시험시간이 종료되기 전에는 어떠한 경우에도 문제지를 시험장 밖으로 가지고 갈 수 없고, 시험 종료 후 가지고 갈 수 있습니다.

문 제

다음 기록을 읽고 피고인 김평산의 변호인 남궁진과 피고인 이칠성의 변호인 제갈선의 변론요지서를 작성하되, 다음 쪽 변론요지서 양식 중 **본문** Ⅰ, Ⅱ **부분만 작성하시오.**

작성요령

1. 시험의 편의상 두 변호인의 변론을 하나의 변론요지서에 작성함.
2. 피고인들 사이에 이해가 상충되는 경우 피고인들 각각의 입장에 충실하게 변론할 것.
3. 증거능력이 없는 증거는 실제 소송에서는 증거로 채택되지 않아 증거조사가 진행되지 않지만, 이 문제에서는 시험의 편의상 증거로 채택되어 증거조사가 진행된 것을 전제하였음. 따라서 필요한 경우 증거능력에 대하여도 변론할 것.

기록 형식 안내

1. 쪽 번호는 편의상 연속되는 번호를 붙였음.
2. 조서, 기타 서류에는 필요한 서명, 날인, 무인, 간인, 정정인이 있는 것으로 볼 것.
3. 증거목록 중 '기재생략'이라고 표시된 부분에는 법에 따른 절차가 진행되어 그에 따라 적절한 기재가 있는 것으로 볼 것.
4. 공판기록과 증거기록에 첨부하여야 할 일부 서류 중 '(생략)' 표시가 있는 것, 증인선서서와 수사기관의 조서에 첨부하여야 할 '수사과정확인서'는 적법하게 존재하는 것으로 볼 것.
5. 송달이나 접수, 통지, 결재가 필요한 서류는 모두 적법한 절차를 거친 것으로 볼 것.

변론요지서

사 건 2012고합1234 강도살인 등

피고인 1. 김평산

2. 이칠성

위 사건에 관하여 피고인 김평산의 변호인 변호사 남궁진, 피고인 이칠성의 변호인 변호사 제갈선은 다음과 같이 변론합니다.

다 음

Ⅰ. 피고인 김평산에 대하여

1. 강도살인, 현주건조물방화치사의 점(15점)

2. 살인의 점(60점)

3. 도로교통법위반(음주측정거부)의 점(15점)

Ⅱ. 피고인 이칠성의 절도에 대하여(10점)

※ 평가제외사항 - 공소사실의 요지, 정상관계, 피고인 이칠성의 강도살인, 현주건조물방화치사 부분(답안지에 기재하지 말 것)

2012. 7. 31.

피고인 김평산의 변호인 변호사 남궁진 ㊞

피고인 이칠성의 변호인 변호사 제갈선 ㊞

서울중앙지방법원 제26형사부 귀중

기록내용시작

구속만료	2012. 8. 4.	미결 구금
최종만료	2012. 12. 4.	
대행갱신 만료		

서울중앙지방법원

구공판 **형사제1심소송기록**

기일	사건번호	2012고합1234	담임	제26부	주심	다
1회기일						
7/3 A10	사건명	가. 강도살인 나. 현주건조물방화치사 다. 살인 라. 절도 마. 도로교통법위반(음주측정거부)				
7/17 P2						
	검사	명검사	2012형제53874호			
	공소제기일	2012. 6. 5.				
	피고인	구속 1. 가.나.다.마 **김평산** 구속 2. 가.나.라 **이칠성**				
	변호인	사선 변호사 남궁진(피고인 김평산) 사선 변호사 제갈선(피고인 이칠성)				

확정	
보존종기	
종결구분	
보존	

완결 공람	담임	과장	국장	주심 판사	재판장	원장

증 거 목 록(증거서류 등)

2012고합1234

① 김평산
② 이칠성

2012형제53874호

신청인 : 검사

순번	작성	쪽수(수)	쪽수(증)	증 거 명 칭	성 명	참조사항등	신청기일	증거의견 기일	증거의견 내용	증거결정 기일	증거결정 내용	증거조사기일	비고
1	검사	43		피의자신문조서	김평산		1	1	① × ② ○	기재생략			기재생략
2	〃	(생략)		피의자신문조서	이칠성		1	1	① ○ ② ○				
3	사경	23		수사보고서	홍반장		1	1	① ○				
4	〃	24		진술조서	임재범		1	1	① ○				
5	〃	26		진술조서	손지창		1	1	① ×				
6	〃	28		진술서	한상경		1	1	① ○				
7	〃	29		피의자신문조서	김평산		1	1	① ○				
8	〃	35		수사보고(방화사건 용의자 검거)	강철중		1	1	① ○ ② ○				
9	〃	36		수사보고서(엽총수색결과)	강철중		1	1	① ○				
10	〃	38		피의자신문조서	이칠성		1	1	① ○ ② ○				
11	〃	(생략)		진술조서	이삼숙		1	1	② ○				
12	〃	41		감정결과회보			1	1	① ○				
13	〃	42		조회회보서	김평산		1	1	① ○				
14	〃	45		조회회보서	이칠성		1	1	② ○				
15	〃	(생략)		사망진단서			1	1	① ○ ② ○				
16	〃	(생략)		화재감식보고서			1	1	① ○ ② ○				

※ 증거의견 표시 - 피의자신문조서 : 인정 ○, 부인 ×
(여러 개의 부호가 있는 경우, 성립/임의성/내용의 순서임)
- 기타 증거서류 : 동의 ○, 부동의 ×

※ 증거결정 표시 : 채 ○, 부 ×

※ 증거조사 내용은 제시, 내용고지

증 거 목 록(증인 등)

2012고합1234

① 김평산
② 이칠성

2012형제53874 신청인 : 검사

증 거 방 법	쪽수 (공)	입증취지 등	신청 기일	증거결정 기일	증거결정 내용	증거조사기일	비고
증인 윤계장	17	공소사실 2의 가항 관련	1	1	○	2012.7. 17. 14:00 (실시)	
증인 손지창	18	공소사실 2의 가항 관련	1	1	○	2012.7. 17. 14:00 (실시)	

※ 증거결정 표시 : 채 ○, 부 ×

서울중앙지방검찰청

2012. 6. 5.

사건번호 2012년 형제53874호
수 신 자 서울중앙지방법원
제 목 공소장
검사 명검사는 아래와 같이 공소를 제기합니다.

1234 접수 No. 7654 2012. 6. 5. 서울중앙지방법원 형사접수실

Ⅰ. 피고인 관련사항

1. 피 고 인 김평산(******-*******), 45세
직업 무직, ***-****-****
주거 성남시 중원구 하대원동 125
등록기준지 (생략)

죄 명 강도살인, 현주건조물방화치사, 살인, 도로교통법위반(음주측정거부)
적용법조 형법 제338조, 제334조 제2항, 제164조 제2항, 제1항, 제250조 제1항, 도로교통법 제148조의2 제1항 제2호, 제44조 제2항, 형법 제40조, 제37조, 제38조
구속여부 2012. 5. 21. 구속(2012. 5. 20. 체포)
변 호 인 변호사 남궁진

2. 피 고 인 이칠성(******-*******), 40세
직업 무직, ***-****-****
주거 성남시 중원구 은행동 25
등록기준지 (생략)

죄 명 강도살인, 현주건조물방화치사, 절도
적용법조 형법 제338조, 제334조 제2항, 제1항, 제164조 제2항, 제1항, 형법 제329조, 제40조, 제37조, 제38조
구속여부 2012. 5. 22. 구속(2012. 5. 21. 체포)
변 호 인 변호사 제갈선

Ⅱ. 공소사실

범죄전력

피고인 김평산은 2011. 11. 24. 서울중앙지방법원에서 도로교통법위반(음주운전)죄로 벌

금 300만 원의 약식명령을 고지받은 외 동종범죄 전력이 3회 더 있는 자로서 일정한 직업이 없고, 이칠성은 김평산의 고향 후배로서 일정한 직업이 없다.

1. 피고인들의 강도살인 및 현주건조물방화치사

피고인 김평산은 국회의원인 피해자 이권세(70세)의 운전기사로 일하다가 사소한 실수로 해고당한 데 대하여 앙심을 품고 있던 중, 이권세가 금융권의 대형 이권에 개입했다는 정보가 정가에 나돌자, 고향 후배인 피고인 이칠성과 피해자로부터 금품을 강취하기로 공모하였다.

피고인들은 2012. 4. 1. 22:00경 서울시 서초구 우면동 330에 있는 피해자의 주택에 이르러 피고인 김평산은 집 밖에서 망을 보고 피고인 이칠성은 복면을 한 채 담을 넘어 집 안으로 들어갔다. 피고인 이칠성이 피해자의 비밀 창고에 들어섰을 때 마침 그곳에 있던 피해자에게 발각되자 피고인 이칠성은 주먹으로 피해자를 때리고 노끈으로 피해자의 손발을 묶고 몸 전체를 그곳의 가스관에 묶음으로써 피해자의 반항을 불가능하게 하였다. 피고인 이칠성은 피해자가 뜻밖에도 "너, 내 운전기사 김평산과 같이 어울려 다니던 놈이 아니냐!"라고 소리치는 것을 듣고 자신의 신원이 노출되었다고 생각하고 피해자를 살해하기로 마음먹었다. 피고인 이칠성은 금품 물색을 그만두고 그곳에 있던 휘발유를 창고 내부와 주택 외벽에 붓고 소지하고 있던 라이터로 불을 질러 사람이 현존하는 건조물인 주택을 소훼함과 동시에 피해자로 하여금 현장에서 화염에 의한 질식으로 사망하게 함으로써 피해자를 살해하였다.

2. 피고인 김평산

가. 살인

피고인은 2012. 5. 20. 04:10경 서울 서초구 신원동 산 40에 있는 청계산 등산로 부근 공터에서 내연관계에 있는 피해자 박봉순(여, 43세)으로부터 내연관계의 청산을 요구받고 피해자와 말다툼하던 중 격분하여, 미리 소지하고 있던 엽총을 피해자에게 1회 발사하여 피해자로 하여금 흉부 총상에 따른 과다출혈로 인한 쇼크로 즉시 사망에 이르게 하여 피해자를 살해하였다.

나. 도로교통법위반

피고인은 2012. 5. 20. 05:00경 위 2의 가항과 같은 살인 사건으로 서울 서초구 신원동에 있는 서울서초경찰서 신원지구대에서 조사를 받던 중, 음주운전을 하였다고 인정할 만한 사유가 있어 경찰관 강철중으로부터 음주측정을 요구받았으나 정당한 이유 없이 이에 응하지 아니함으로써 음주측정을 거부하였다.

3. 피고인 이칠성

피고인은 2012. 3. 1. 18:00경 서울 서초구 반포본동 130에 있는 피해자 이삼숙의 집에서 피해자 소유의 현금 20만 원과 은행신용카드 1개를 가지고 가 절취하였다.

Ⅲ. 첨부서류

1. 긴급체포서 2통 (생략)
2. 구속영장(체포된 피의자용) 2통 (생략)
3. 변호인선임신고서 2통 (생략)
4. 피의자수용증명 2통 (생략)

검 사 명검사 ㊞

서울중앙지방법원

공 판 조 서

제 1 회

사 건	2012고합1234 강도살인 등		
재판장판사	배현일	기 일 :	2012. 7. 3. 10:00
판사	김 석	장 소 :	제418호 법정
판사	문현주	공개여부 :	공개
법원사무관	국영수	고 지 된 다음기일 :	2012. 7. 17. 14:00
피 고 인	1. 김평산 2. 이칠성		각 출석
검 사	강선주		출석
변 호 인	변호사 남궁진 (피고인 1을 위하여)		출석
증 인	변호사 제갈선 (피고인 2를 위하여)		

재판장

피고인들은 진술을 하지 아니하거나 각개의 물음에 대하여 진술을 거부할 수 있고, 이익 되는 사실을 진술할 수 있음을 고지

재판장의 인정신문

성 명 : 1. 김평산 2. 이칠성

주민등록번호 : 각 공소장 기재와 같음

직 업 : 〃

주 거 : 〃

등록기준지 : 〃

검 사

공소장에 의하여 공소사실, 죄명, 적용법조 낭독

피고인 김평산

공소사실 1에 대하여, 강도를 공모한 사실은 있으나 살인은 피고인 이칠성이 저지른 것으로서 전혀 뜻밖의 일이라고 진술.

공소사실 2의 가에 대하여, 피해자를 살해한 사실이 없으며 피해자는 불상의 남자가 총을 쏘아 살해된 것이라고 진술.

공소사실 2의 나에 대하여, 음주운선을 하지 않았기 때문에 호흡측정에 응하지 않았

다고 진술.

피고인 이칠성

공소사실 1, 3에 대하여, 전부 인정한다고 진술.

재판장

증거조사를 하겠다고 고지

증거관계 별지와 같음(검사, 변호인)

재판장

각 증거조사 결과에 대하여 의견을 묻고 권리를 보호하는 데에 필요한 증거 조사를 신청할 수 있음을 고지

소송관계인

별 의견 없으며 달리 신청할 증거도 없다고 각각 진술

재판장

변론속행

2012. 7. 3.

법 원 사 무 관 국 영 수 ㊞

재 판 장 판 사 배 현 일 ㊞

증거서류제출서

사건번호 2012고합1234 강도살인 등

피 고 인 김평산외 1

위 사건에 관하여 검사는 이칠성의 절도 사건의 피해자 이삼숙의 고소장을 접수받아 귀원에 제출합니다.

다 음

1. 고소장 1통

2012. 7. 7.

검사 강선주 (인)

서울중앙지방법원 제26형사부 귀중

고 소 장

고 소 인　이 삼 숙
　　　　　주　　소(생략)

피고소인　이 칠 성
　　　　　주　　소(생략)

죄　　명　절도

피고소인은 고소인의 4촌 동생인데, 2012. 3. 1. 18:00경 서울 서초구 반포본동 130에 있는 저의 집에서, 현금 20만 원과 은행신용카드 1개가 들어 있는 지갑을 몰래 가지고 갔습니다. 피고소인은 큰집인 저희 집에서 키우다시피 한 자입니다. 배은망덕한 피고소인을 처벌하여주시기 바랍니다.

2012. 7. 7.

고소인 이삼숙 ㉞

첨부: 이삼숙의 인감증명 1통(생략)

서울중앙지방법원
공 판 조 서

제 2 회

사 건	2012고합1234 강도살인 등		
재판장 판사	배현일	기 일 :	2012. 7. 17. 14:00
판사	김 석	장 소 :	제418호 법정
판사	문현주	공개여부 :	공개
법원사무관	국영수	고 지 된	
		다음기일 :	2012. 7. 31. 10:00
피 고 인	1. 김평산 2. 이칠성	각 출석	
검 사	강선주	출석	
변 호 인	변호사 김진석 (피고인들을 위하여, 국선)	출석	
	변호사 제갈선 (피고인 2을 위하여)	출석	
증 인	윤계장, 손지창	각 출석	

재판장

전회 공판심리에 관한 주요사항의 요지를 공판조서에 의하여 고지

소송관계인

각 변경할 점이나 이의할 점이 없다고 진술

출석한 증인 윤계장, 손지창을 별지와 같이 신문하다

증거관계 별지와 같음(검사, 변호인)

재판장

각 증거조사 결과에 대하여 의견을 묻고 권리를 보호하는 데에 필요한 증거조사를 신청할 수 있음을 고지

검 사

수사 과정의 참고인 손지창의 진술조서에 나타나는 '털모자 등산객'을 증인신청하기 위하여, 동인의 소재수사지휘를 하였고, 경찰은 청계산의 모든 등산로입구에 '목격자를 찾습니다'라는 현수막을 붙이는 등 최대한의 노력을 하였으나, 소재확인이 불가능하다고 진술

소송관계인

별 의견 없으며, 달리 신청할 증거도 없다고 각각 진술

재판장

증거조사를 마치고 피고인 신문을 하겠다고 고지

검 사

피고인 김평산에게

(공소사실 1 관련)

문 이칠성이 범행을 하다가 피해자를 마주치면 어떻게 행동할 줄 알았는가요.

답 이칠성이 힘이 세므로 노인인 피해자를 제압할 수 있고, 복면을 했으므로 신원이 발각되지 않을 줄 알았습니다.

(공소사실 2의 가 관련)

문 피고인은 박봉순이 피살된 직후에 등산객에게, "내가 사람을 죽였다."라고 말하고, 경찰관에게도 "내가 사람을 죽였소.", "내연관계인데 2년 동안 사귀었다. 사람을 죽여 괴로웠는데 납자답게 책임을 지겠다."라고 말한 사실이 있는가요.

답 예. 그렇게 말한 사실이 있습니다. 그러나 등산객에게는 신고를 해주기 바라고 말했고, 경찰관에게는 당시 죄책감에 괴로워서 말했습니다.

문 피고인은 박봉순을 살해한 괴한들이 빨리 검거되기를 바랐다면 지나가는 등산객들에게 "괴한들이 사람을 살해하고 도망갔다. 신고해 달라."라고 말해야 하는 것 아닌가요.

답 당시 술에 취했고 정신이 없었습니다.

문 경찰순찰차에 탄 이후에도 경찰관에게 괴한들을 신고하지 않았지요.

답 예.

피고인 이칠성에게

문 피고인 김평산과 같이 강도범행을 모의할 때, 범행도구로 총을 사용하는 것은 의논하지 않았나요?

답 당시 김평산이 저에게 "나한테 총이 있는데...."라고 지나가는 말처럼 말했으나 제가 "총까지는 필요 없다."라고 말했습니다. 속으로 '총을 가지고 있구나'라고 생각하면서도 되물어보지는 않았습니다.

김평산의 변호인 남궁진

피고인 이칠성에게 반대신문하지 않겠다고 하다.

피고인 김평산에게

문 피고인은 국회의원 집 강도를 모의하면서, 이칠성에게 "나한테 총이 있는데"라고 말한 사실이 있는가요.

답　말도 안 됩니다. 제가 총을 갖고 있지도 않거니와, 이칠성이 힘이 장사이고 피해자는 노인이기 때문에 얼마든지 힘으로 제압할 수 있는데 총을 왜 가져갑니까.

재판장

피고인신문을 마쳤음을 고지

재판장

변론속행 (변론 준비를 위한 변호인의 요청으로)

2012. 7. 17.

법 원 사 무 관　국 영 수 ㊞

재 판 장 판 사　배 현 일 ㊞

서울중앙지방법원

증인신문조서(제2회 공판조서의 일부)

사 건 2012고합1234 강도살인 등

증 인 이 름 윤계장

생년월일 ****. **. **.

주 거 서울 서초구 서초2동 250

재판장

증인에게 형사소송법 제148조 또는 제149조에 해당하는가의 여부를 물어 증인이 이에 해당하지 아니함을 인정하고, 위증의 벌을 경고한 후 별지 선서서와 같이 선서를 하게 하였다. 다음에 신문할 증인은 재정하지 아니하였다.

검 사

증인에게

문 증인은 2012. 5. 29. 서울중앙지방검찰청에서 검사 이명재의 피고인 김평산에 대한 피의자신문에 참여한 사실이 있지요.

답 예.

문 당시 김평산의 진술의 요지는 어떠한가요.

답 당시 김평산은 살인 사건의 경위를 묻는 검사의 질문에 대하여, 박봉순이 헤어지자고 요구하면서 여관방에도 가지 않으려고 하더라, 그래서 산으로 데리고 갔다, 박봉순이 욕설을 하여 심하게 다투었다, 자신의 이마의 상처도 그때 난 것 같다, 라고 진술하였으며, 이 모든 진술은 임의로, 자유스럽게, 충분히 진술한 것입니다.

이때 검사는 검사 이명재가 작성한 김평산에 대한 피의자신문조서를 읽어보게 한 후,

문 당시 김평산이 진술한 내용이 이 조서의 기재내용과 같은가요.

답 틀림없이 똑 같습니다.

2012. 7. 17.

법 원 사 무 관 국 영 수 ㊞

재 판 장 판 사 배 현 일 ㊞

서울중앙지방법원

증인신문조서(제2회 공판조서의 일부)

사　　건　2012고합1234　강도살인 등
증　　인　이　　름　손지창
　　　　　생년월일　****. **. **.
　　　　　주　　거　서울 서초구 서초2동 250

재판장

증인에게 형사소송법 제148조 또는 제149조에 해당하는가의 여부를 물어 증인이 이에 해당하지 아니함을 인정하고, 위증의 벌을 경고한 후 별지 선서서와 같이 선서를 하게 하였다.

검 사

증인에게

문　증인이 청계산 등산로 살인사건이 발생한 당일 05:00경 청계산 정상에서 다른 등산객과 이 사건과 관련성이 있는 대화를 나눈 사실이 있는가요.

답　예.

문　그 경위는 어떠한가요.

답　그날 새벽 청계산 등산을 했는데 05:00경 청계산 정상에서 먼저 올라와 있던 등산객(50대 중반의 남성)이 "청계사 쪽 등산로를 올라오는데 정자 위의 공터에서 어떤 남자가 차량 트렁크에서 총을 꺼내어 운전석에 오르는 것을 보았는데, 청계산에 사냥이 허가되었습니까"라고 물어서 제가 "사냥 금지구역입니다."라고 대답한 사실이 있습니다.

문　총소리에 대하여 대화를 한 사실은 없는가요.

답　두 사람 모두 총소리를 이미 들은 상태였으며, 그 등산객이 "새벽에 사냥을 하는 취미생활이 있나?"라고 하며 의아스러워 했습니다.

이때 검사는 수사기록에 편철된 사법경찰리가 작성한 증인에 대한 2012. 5. 20.자 진술조서를 제시하여 읽어보게 한 다음

문　증인은 경찰에서 진술한 대로 기재되어 있음을 확인하고 서명무인 하였나요.

답　예, 그렇습니다.

문　당시 자유로운 분위기 속에서 임의로, 충분히 진술하였나요.
답　예.

2012. 7. 17.

법원 사무관　국 영 수 ㊞
재판장 판사　배 현 일 ㊞

제	1	책
제	1	권

서울중앙지방법원

증거서류등(검사)

사 건 번 호	2012고합1234	담임	제26형사부	주심	다
사 건 명	가. 강도살인 나. 현주건조물방화치사 다. 살인 라. 절도 마. 도로교통법위반(음주측정거부)				
검 사	명검사		2012년 형제53874호		
피 고 인	구속 1. 가.나.다.마 **김평산** 구속 2. 가.나.라 **이칠성**				
공소제기일	2012. 6. 5.				
1심 선고	20 . . .	항소	20 . . .		
2심 선고	20 . . .	상고	20 . . .		
확 정	20 . . .	보존			

제 1 책
제 1 권

<table>
<tr><td colspan="7">구공판 서울중앙지방검찰청
증 거 기 록</td></tr>
<tr><td rowspan="2">검 찰</td><td>사건번호</td><td>2012년 형제53874호</td><td rowspan="2">법원</td><td>사건번호</td><td colspan="2">2012년고합1234호</td></tr>
<tr><td>검 사</td><td>명검사</td><td>판 사</td><td colspan="2"></td></tr>
<tr><td>피 고 인</td><td colspan="6">구속 1. 가.나.다.마 김평산
구속 2. 가.나.라 이칠성</td></tr>
<tr><td>죄 명</td><td colspan="6">가. 강도살인
나. 현주건조물방화치사
다. 살인
라. 절도
마. 도로교통법위반(음주측정거부)</td></tr>
<tr><td>공소제기일</td><td colspan="6">2012. 6. 5.</td></tr>
<tr><td>구 속</td><td colspan="3">1. 2012. 5.21.구속(2012. 5.20.체포)
2. 2012. 5.22.구속(2012. 5.21.체포)</td><td>석 방</td><td colspan="2"></td></tr>
<tr><td>변 호 인</td><td colspan="6">1. 변호사 남궁진
2. 변호사 제갈선</td></tr>
<tr><td>증 거 물</td><td colspan="6">있 음</td></tr>
<tr><td>비 고</td><td colspan="6"></td></tr>
</table>

증 거 목 록(증거서류 등)

2012고합1234

2012형제53874호 　　　　　　　　　　　　　　신청인 : 검사

순번	증거방법					참조사항 등	신청기일	증거의견		증거결정		증거조사기일	비고
	작성	쪽수(수)	쪽수(증)	증 거 명 칭	성 명			기일	내용	기일	내용		
1	검사	43		피의자신문조서	김평산								
2	〃	(생략)		피의자신문조서	이칠성								
3	사경	23		수사보고서	홍반장								
4	〃	24		진술조서	임재범								
5	〃	26		진술조서	손지창								
6	〃	28		진술서	한상경								
7	〃	29		피의자신문조서	김평산								
8	〃	35		수사보고(방화사건 용의자 검거)	강철중								
9	〃	36		수사보고서(엽총수색결과)	강철중								
10	〃	38		피의자신문조서	이칠성								
11	〃	(생략)		진술조서	이삼숙								
12	〃	41		감정결과회보									
13	〃	42		조회회보서	김평산								
14	〃	45		조회회보서	이칠성								
15	〃	(생략)		사망진단서									
16	〃	(생략)		화재감식보고서									

※ 증거의견 표시 - 피의자신문조서 : 인정 ○, 부인 ×
(여러 개의 부호가 있는 경우, 성립/임의성/내용의 순서임)
- 기타 증거서류 : 동의 ○, 부동의 ×

※ 증거결정 표시 : 채 ○, 부 ×

※ 증거조사 내용은 제시, 내용고지

수사보고서

수 신: 형사과장

제 목: 살인피의자 검거 및 진술청취 보고

1. 금일 04:45경 경찰청 112상황실로부터 "살인사건이 발생하였으며, 용의자가 이동하고 있다"는 연락을 받고, 청계산 등산로 방향으로 급히 출동하였음.
2. 04:50경 청계산 아래 주택가 쪽으로 걸어 내려오고 있는 용의자 김평산을 발견하고 경찰차를 정차하고, "어디서 오는 길이냐"라고 질문하니 "산에서요. 내가 사람을 죽였소." 라고 하므로 경찰 순찰차 뒷좌석에 타게 한 후 본직이 "왜 죽였느냐"라고 물으니 "나도 모르겠다. 내연관계인데 2년 동안 사귀었다. 사람을 죽여 괴로웠는데 남자답게 책임을 지겠다."라고 말했음.
3. "어떻게 죽였느냐."라고 물었으나 대답을 하지 않았음.
   "총은 어떻게 하였느냐."라고 물었으나 역시 대답을 하지 않았음.
4. 범행현장 보존하고, 범행도구(총) 수색, 유족 진술 확보 등 수사 예정임.

2012. 5. 20.

신원지구대장

경 위 홍반장 (인)

진 술 조 서

성 명 : 임재범
주민등록번호 : ******-******* 58세
직 업 : 회사원
주 거 : 서울 서초구 신원동 산 30
등 록 기 준 지 : 생략
직 장 주 소 : 생략
연 락 처 : 자택전화 생략 휴대전화 생략
직장전화 생략 전자우편 생략

위의 사람은 피의자 김평산에 대한 살인 피의사건에 관하여 2012. 5. 20. 서울서초경찰서 형사팀 사무실에 임의 출석하여 다음과 같이 진술하다.

1. **피의자 및 피의사실과의 관계**

김평산은 평소 전혀 모르는 사람이고, 청계산 등산로 살인사건에 관하여 참고인 자격으로 출석하였습니다.

이때 사법경찰리는 진술인 임재범을 상대로 다음과 같이 문답하다.

문 진술인이 2012. 5. 20. 발생한 청계산 등산로 살인 사건에 대하여 아는 대로 진술하겠는가요.

답 예. 제가 새벽 등산을 즐기는데 그날도 평소와 같이 청계산 등산을 하기 위하여 04:30에 집을 나서서 04:45경 정자 앞을 지나가는데, 어떤 남자가 "내가 사람을 죽였다. 신고해 달라."고 하였습니다. 당시 그 남자는 걸음을 비틀거리며 걸어 내려왔는데 한눈에 보기에도 술에 취하여 있었고 좌측 이마가 찢어져 피가 흐르고 있었으며 상의에도 피가 묻어 있었습니다. 그래서 뭔가 심각한 일이 일어났음을 느꼈으며, 또한 자기가 사람을 죽였다는 놀라운 말을 하므로, 그 순간에는 아무 대꾸도 하지 않고 있다가 그 사람이 지나가자마자 핸드폰으로 시간을 확인하니 04:45이었으며, 곧바로 112 신고전화를 걸어 상황을 설명했습니다.

문 이상의 진술은 사실인가요.

답 예, 사실입니다. (무인)

위의 조서를 진술자에게 열람하게 하였던바, 진술한 대로 오기나 증감·변경할 것이 전혀 없다고 말하므로 간인한 후 서명무인하게 하다.

진술자 임재범 (무인)

2012. 5. 20.

서울서초경찰서

사법경찰리 경장 송민철 ㊞

진 술 조 서		
성 명	: 손지창	
주민등록번호	: ******-******* 55세	
직 업	: 회사원	
주 거	: 서울 서초구 도곡동 230	
등 록 기 준 지	: 생략	
직 장 주 소	: 생략	
연 락 처	: 자택전화 생략	휴대전화 생략
	직장전화 생략	전자우편 생략

위의 사람은 피의자 김평산에 대한 살인 피의사건에 관하여 2012. 5. 20. 서울서초경찰서 형사팀 사무실에 임의 출석하여 다음과 같이 진술하다.

1. 피의자 및 피의사실과의 관계

김평산은 평소 전혀 모르는 사람이고, 청계산 등산로 살인사건에 관하여 참고인 자격으로 출석하였습니다.

이때 사법경찰리는 진술인 손지창을 상대로 다음과 같이 문답하다.

문 진술인은 위 사건에 관하여 어떤 사람으로부터 중요한 말을 들었다고 하였지요.

답 예. 그렇습니다.

문 그 경위에 대하여 자세히 진술하시오.

답 저는 오늘 새벽 평소처럼 청계산 등산을 했는데 05:00경 청계산 정상에서 먼저 올라와 있던 등산객(50대 중반의 남성이며, 봄인데도 털모자를 쓰고 있었음. 처음 보는 사람이었고 이름과 직업은 알 수 없음. 다만 인근 지역 주민인 것 같았음)과 이런 저런 이야기를 나누던 중, 그 털모자 등산객이 "청계사 쪽 등산로를 올라오는데 정자 위의 공터에서 어떤 남자가 차량 트렁크에서 총을 꺼내어 운전석에 오르는 것을 보았는데, 청계산에 사냥이 허가되었습니까."라고 물었습니다. 그래서 제가 "사냥 금지 구역입니다."라고 대답했습니다.

문 이상의 진술은 사실인가요.

답 예, 사실입니다. (무인)

위의 조서를 진술자에게 열람하게 하였던바, 진술한 대로 오기나 증감·변경할 것이 전혀 없다고 말하므로 간인한 후 서명무인하게 하다.

진 술 자 손지창 (무인)

2012. 5. 20.

서울서초경찰서

사법경찰리 경장 송민철 ㊞

진 술 서

성 명 한상경 (******-*******)

주 소 서울 관악구 봉천동 250 장군빌라 201호

1. 저는 서초경찰서 신원지구대 소속 의경입니다.
1. 저는 2012. 5. 20. 05:00경 김평산을 상대로 음주감지기 시험을 하였고, 경찰관 강철중이 김평산에게 음주측정 요구를 하였으나 김평산이 거부하는 과정을 지켜본 사실이 있습니다.
1. 당시 김평산이 저녁 식사를 하면서 소주 1병을 여자와 함께 나누어 먹고 운전했다고 스스로 말하였으며, 당시 걸음이 비틀거렸고, 말을 횡설수설하였으며, 입에서 술 냄새가 많이 났습니다.
1. 김평산이 "살인사건 신고하러 왔는데 음주측정을 하느냐. 너희들 일 똑바로 해라."라고 소리를 질렀으며, "음주측정기를 못 믿는다."라고 주장했습니다.
1. 김평산이 30분 이상 거부하다가 나중에 혈액 측정에는 응하였습니다.
1. 이상 사실대로 진술하였습니다.

2012. 5. 22.

진술자 한상경 ㊞

피의자신문조서

피의자 김평산에 대한 살인 피의사건에 관하여 2012. 5. 20. 서울서초경찰서 형사과 형사팀 사무실에서 사법경찰관 경위 홍반장은 사법경찰리 경사 강철중을 참여하게 하고, 아래와 같이 피의자임에 틀림없음을 확인하다.

문 피의자의 성명, 주민등록번호, 직업, 주거, 등록기준지 등을 말하십시오.

답 성명은 김평산(金平山)

주민등록번호는 ******-******* 직업은 무직

주거는 성남시 중원구 하대원동 170

등록기준지는 (생략)

직장 주소는 없음

연락처는 자택전화 (생략) 휴대전화 (생략)

직장전화 없음 전자우편(e-mail) (생략) 입니다.

사법경찰관은 피의사건의 요지를 설명하고 사법경찰관의 신문에 대하여 「형사소송법」 제244조의3에 따라 진술을 거부할 수 있는 권리 및 변호인의 참여 등 조력을 받을 권리가 있음을 피의자에게 알려주고 이를 행사할 것인지 그 의사를 확인하다.

진술거부권 및 변호인 조력권 고지 등 확인

1. 귀하는 일체의 진술을 하지 아니하거나 개개의 질문에 대하여 진술을 하지 아니할 수 있습니다.
2. 귀하가 진술을 하지 아니하더라도 불이익을 받지 아니합니다.
3. 귀하가 진술을 거부할 권리를 포기하고 행한 진술은 법정에서 유죄의 증거로 사용될 수 있습니다.
4. 귀하가 신문을 받을 때에는 변호인을 참여하게 하는 등 변호인의 조력을 받을 수 있습니다.

문 피의자는 위와 같은 권리들이 있음을 고지받았는가요.

답 예, 고지받았습니다.

문 피의자는 진술거부권을 행사할 것인가요.

답 아닙니다.

문 피의자는 변호인의 조력을 받을 권리를 행사할 것인가요.

답 아닙니다. 혼자서 조사를 받겠습니다.

이에 사법경찰관은 피의사실에 관하여 다음과 같이 피의자를 신문하다.
[피의자의 범죄전력, 경력, 학력, 가족·재산 관계 등은 생략]

[살인]

문 피의자는 오늘 새벽 04:00경 서울 서초구 신원동 44-10에 있는 청계산 등산로 옆 공터에 박봉순과 함께 간 사실이 있는가요.

답 예, 그런 사실이 있습니다.

문 피의자는 04:10경 박봉순과 함께 있다가 박봉순을 총을 쏘아 죽게 한 사실이 있는가요.

답 그런 사실이 없습니다.

문 피의자는 등산로를 내려오면서 지나가는 등산객에게 "내가 사람을 죽였다. 신고해 달라."라고 말한 사실이 있고, 지구대장 홍반장에게 "내연관계인데 2년 동안 사귀었다. 사람을 죽여 괴로웠는데 남자답게 책임을 지겠다."라고 말한 사실이 있지요.

답 예. 그렇게 말한 사실이 있습니다. 당시 지나가는 사람에게 경찰에 신고해달라고 부탁을 해도 들어주지 않아 어떤 등산객이 지나가기에 그렇게 말하면 신고를 해줄 것 같아서 그런 말을 했고, 지구대장에게는, 당시 취중이고 저 때문에 박봉순이 죽어서 너무나 괴로워서 그런 말을 했습니다.

문 박봉순을 만나 그곳에 간 경위는 어떠한가요.

답 피해자는 유부녀인데 친구 소개로 사귄지 1년 정도 되며 몇 차례 성관계도 가진 관계입니다. 사건 전날 저녁에 청계산 아래 식당에서 저녁 식사를 하고(반주로 소주 1병을 나누어 마심), 카페로 옮겨 즐겁게 놀다가 기분 전환을 하기 위하여 차를 운전하여 다음날인 5. 20. 3:30경 청계산 등산로 옆 공터에 도착했습니다. 차안에서 피해자와 이야기를 나누다가 트렁크에서 소주를 꺼내어 둘이서 먹었습니다

문 박봉순은 어떻게 하여 죽었나요.

답 04:00경 제가 술에 너무 취하여 속이 불편하여 박봉순을 차에 남겨두고 저 혼자 차에서 내려 공터 옆 너럭바위에 누워 잠깐 잠이 들었는데 갑자기 총소리가 나서 차 있는 쪽을 쳐다보니 어둠 속에서 사람들이 엉켜 있었습니다. 당시 저는 술에 많이 취하였고 잠깐 잠들었다가 깨어난 상태라 정확한 기억은 나지 않습니다만, 제가 어둠 속에서 그쪽으로 뛰어가 보니 박봉순이 어떤 남자의 멱살을 잡고 있다가 제가 뛰어서 다가가니 저에게도 손을 내저으며 마지막 발악을 한 후 땅에 쓰러졌습니다. 제가 남자들(2명)을 보고 "당신들 누구냐"라고 소리 지르며 그중 한 명을 붙들자 그 남자가 엎어치기 식으로 저를 땅바닥에 처박고는 2명이 함께 산 쪽으로 도망갔으며, 곧 이어 제가 쓰러진 박봉순의 상체를 일으켜 세워 보니 가슴 쪽이 온통 피범벅이었고 이미

숨을 거둔 상태였습니다.

문 그 다음 경위는 어떠한가요.

답 그래서 경찰에 신고하기 위하여 휴대폰을 찾았으나 배터리충전이 남아있지 않았습니다. 그래서 차와 피해자를 그대로 버려두고 신고하기 위하여 등산로를 걸어 내려오는 중 지나가는 등산객에게 "사람이 죽어간다. 신고해 달라."라고 소리쳤지만 그대로 지나가 버렸습니다. 그래서 제가 사람을 죽였다고 하면 신고를 해줄 것 같아 그 다음 등산객이 지나갈 때 "내가 사람을 죽였소. 신고 좀 해주시오."라고 말했습니다. 그 후 5분 정도 더 걸어서 청계산 아래 주택가 쪽으로 접어드는데 경찰 순찰차가 와서 경찰차를 탔습니다.

문 사건이 발생한 04:10경 이미 사람이 사망했는데 그때부터 현장을 떠난 04:40경까지 무려 30분 동안이나 그 공터에서 무엇을 했나요.

답 너무 당황하여 넋을 놓고 앉아 있었습니다.

문 피의자의 이마의 찢어진 상처는 피해자와 싸우던 중 발생한 것이 아닌가요.

답 괴한을 붙들려고 하다가 넘어질 때 다친 것 같습니다.

문 피의자는 사냥을 취미생활로 하고 있는가요.

답 총을 쏠 줄도 모르고 총 소지허가도 받지 않았습니다.

이 때 본직은 피의자의 동의를 얻어 피의자의 몸에 난 상처의 모양을 확인하고 사진 촬영하여 조서말미에 첨부하다.

[도로교통법위반]

문 피의자는 5. 20. 05:00경 서초경찰서 신원지구대에서 경찰관로부터 음주측정을 요구받고 거부한 사실이 있는가요.

답 예.

문 그 경위는 어떠한가요.

답 전날 저녁 식사를 하면서 박봉순과 같이 소주 1명을 나누어 먹었지만 술을 다 깬 상태로 운전했으며, 산에서도 술을 마셨고, 무엇보다도 살인사건을 신고하러 간 사람을 상대로 음주측정을 하겠다고 하니 화가 나서 거부했습니다. 또 저는 호흡측정이 정확하다고 생각하지 않으며, 나중에 혈액 채취를 요구하므로 응했습니다.

[강도살인, 현주건조물방화치사]

문 피고인은 4. 1. 22:00경 서울 서초구 방배동 330에 있는 이권세의 주택에서 발생한 화재사건을 알고 있는가요.

답 예. 알고 있습니다.

문 피고인은 그 사건이 발생할 때 집 밖에서 망을 본 사실이 있는가요.

답 예.

문 그 경위는 어떠한가요.

답 저는 정권의 실세인 국회의원 이권세(남, 70세)의 운전기사를 10년간 하면서 충성을 다했는데 사소한 실수로 해고당하여 감정이 좋지 않았습니다. 그런데 최근에 이권세가 저축은행들로부터 거액의 뇌물을 받았다는 정보가 여의도 정가에 나돌므로 검은 돈을 분명히 집에 숨겨두고 있을 것이라고 생각하고 고향 후배인 이칠성을 만나 금품 강취를 제의하자 이칠성도 흔쾌히 승낙하였습니다.

저와 이칠성은 2012. 4. 1. 22:00경 이권세의 주택에 이르러 저는 집 밖에서 망을 보고 이칠성이 복면을 하고 담을 넘어 들어갔는데 10분 쯤 지난 후 집에서 화염이 솟구치고 이칠성이 담을 뛰어 넘어서 나오며 "튀자!"라고 하기에 저는 영문을 모른 채 같이 뛰어 달아났습니다. 한참을 도망간 후 이칠성이 자초지종 설명해주었고, 다음 날 아침 뉴스를 통하여 이권세가 불에 타 죽었다는 소식을 들었습니다.

문 당시 이권세의 집에 사람이 있는 줄은 알았지요.

답 예. 이권세가 퇴근하여 집에 있는 줄은 알았습니다.

문 이칠성이 강도짓을 하다가 피해자와 마주치면 붙잡히지 않으려고 사람을 죽게 할 수도 있겠지요.

답 이칠성이 거의 괴력의 소유자이므로 70대 노인 정도는 완력으로 제압할 수 있고 또 복면을 하였으므로 신원이 노출될 염려는 없습니다. 그러므로 사람을 다치게 할 이유가 별로 없습니다. 그런데 천만 뜻밖에 피해자가 복면을 한 이칠성을 알아보는 바람에 이칠성이 그런 짓을 저지른 것 같습니다.

(※ 이칠성의 은신처와 전화번호에 대한 문답은 기재 생략함)

문 이상의 진술내용에 대하여 이의나 의견이 있는가요.

답 없습니다. (무인)

위의 조서를 진술자에게 열람하게 하였던바, 진술한 대로 오기나 증감·변경할 것이 전혀 없다고 하므로 간인한 후 서명무인하게 하다.

진술자 김평산 (무인)

2012. 5. 20.

서울서초경찰서

사법경찰관 경위 홍 반 장 ㊞

사법경찰리 경사 강 철 중 ㊞

※ 피의자의 몸의 상처는 왼쪽 이마에 길이 5센티미터, 깊이 0.5센티미터 가량의 열상이 있으며, 그밖에 몸 전체에 작은 생채기 등 어떤 상처도 없음. 상처를 촬영한 사진은 기재 생략함.

※ 경찰은 상처를 사진촬영한 후 즉시 의사의 치료를 받게 하였음.

※ 국립과학수사연구소의 혈액감정(알콜농도감정)회보서는 기재 생략함.

수사보고서

수 신 : 형사과장

제 목 : 국회의원 주택 방화·살해사건 용의자 검거

1. 4. 1. 자 국회의원 주택 방화·살해사건 당시, 동네주민 정관찰이 "어떤 사람이 피해자의 집 주변에서 서성거리는 것을 보았다."고 하면서 그 인상착의를 진술하였는바, 청계산 등산로 살인사건의 피의자 김평산과 인상착의가 비슷하여 당일의 행적을 추궁하던 중, 4. 1. 밤 김평산은 피해자의 집 밖에서 망을 보고, 그의 고향 후배 이칠성이 집 안에 들어가 불을 지른 범행전모를 자백하였음.

2. 오늘 새벽 3시 이칠성의 은신처를 급습하여 체포하였으며 범행 일체를 자백받았음.

2012. 5. 21.

경사 강철중 (인)

수사보고서

수　신: 형사과장
제　목: 엽총수색결과 등

(1) 엽총수색결과

○ 범행현장의 승용차(구형 그랜저 68구7654)를 수색하였으나 총기는 발견되지 않았고 뒷좌석에서 빈 소주병 2개만 발견되었음.

○ 사건 당일 오전 09:00부터 18:00까지 등산로를 전면 통제하고 다음과 같이 현장 주변지역을 수색하였으나 총기는 발견되지 않았음.

1) 수색 인원: 의경 1개 중대, 방범순찰대원, 경찰관 등 300명

2) 수색 장소: 범행 장소에서 반경 2km 이내의 모든 장소. 청계산 일대 숲속, 인근 대나무 밭, 탱자나무 숲, 각종 건물의 옥상과 도로변에 노출된 화장실, 하수구, 주택가의 빈집.

3) 장비: 금속탐지기 6대 사용.

(2) 총기소지허가 관계

서울지방경찰청에 확인한 결과, 피의자 김평산은 총기소지허가를 받은 바 없음.

(3) 일출 시각 등

사건 당일인 5. 20.의 일출 시각은 05:19이며, 사건 발생 시각인 04:10경은 달빛이 없고, 가로등도 없어서 어두운 편임.

(4) 사건 장소 약도

별지와 같음.

2012. 5. 22.
경사 강철중

[사건장소 약도]

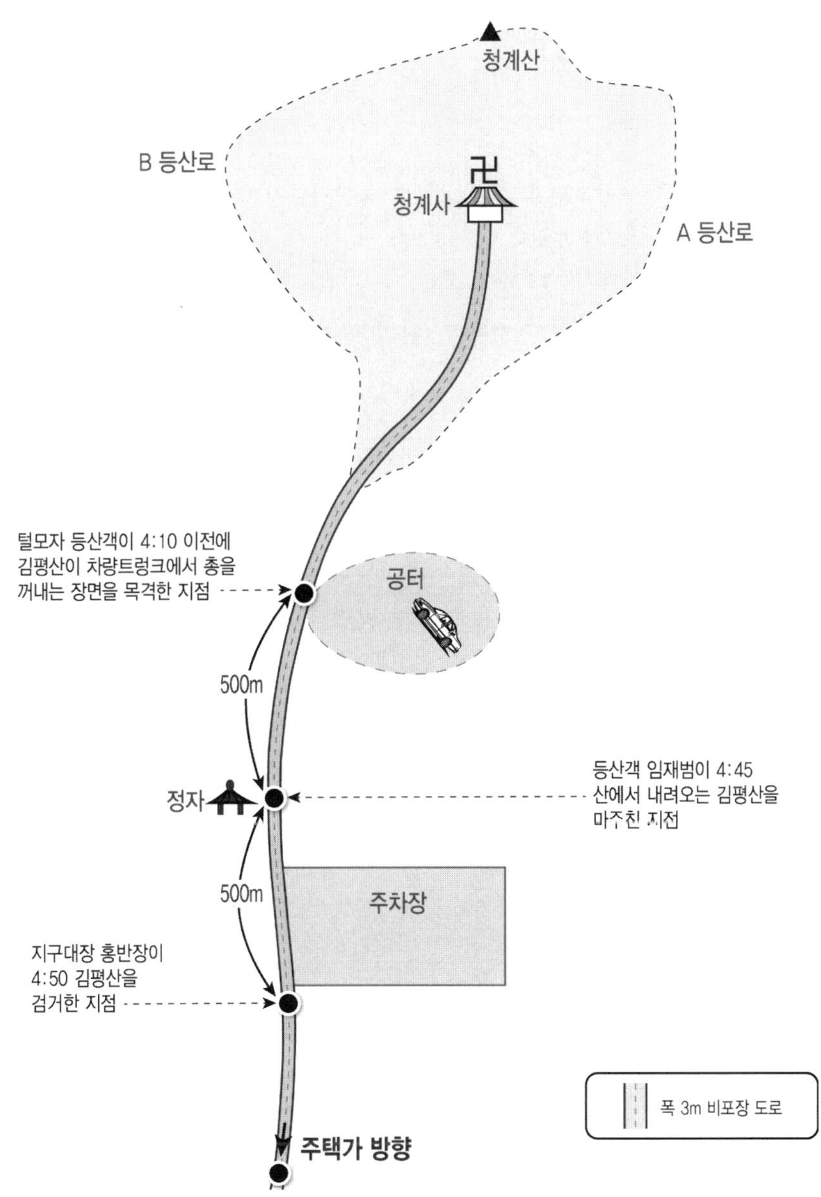
청계산
B 등산로
청계사
A 등산로
털모자 등산객이 4:10 이전에
김평산이 차량트렁크에서 총을
꺼내는 장면을 목격한 지점
공터
500m
등산객 임재범이 4:45
산에서 내려오는 김평산을
마주친 지점
정자
500m
주차장
지구대장 홍반장이
4:50 김평산을
검거한 지점
폭 3m 비포장 도로
주택가 방향

피의자신문조서

피의자 이칠성에 대한 강도살인, 현주건조물방화치사, 절도 피의사건에 관하여 2012. 5. 23. 서울서초경찰서 형사과 형사팀 사무실에서 사법경찰관 경위 홍반장은 사법경찰리 경사 강철중을 참여하게 하고, 아래와 같이 피의자임에 틀림없음을 확인하다.

문 피의자의 성명, 주민등록번호, 직업, 주거, 등록기준지 등을 말하십시오.

답 성명은 이칠성(李七星)

주민등록번호는 ******-******* 직업은 무직

주거는 성남시 중원구 은행동 221

등록기준지는 (생략)

직장 주소는 없음

연락처는 자택전화 (생략) 휴대전화 (생략)

직장전화 (생략) 전자우편 (e-mail) (생략)

사법경찰관은 피의사건의 요지를 설명하고 사법경찰관의 신문에 대하여 「형사소송법」 제244조의3에 따라 진술을 거부할 수 있는 권리 및 변호인의 참여 등 조력을 받을 권리가 있음을 피의자에게 알려주고 이를 행사할 것인지 그 의사를 확인하다.

[진술거부권 및 변호인 조력권 고지함. 그 내용은 생략]

[피의자의 범죄전력, 경력, 학력, 가족·재산 관계 등 생략]

문 피의자는 2012. 4. 1. 22:00경 서울 서초구 방배동 330에 있는 이권세의 주택에 들어가 금품을 강취하려고 하다가 이권세를 사망하게 하고, 집을 불태운 사실이 있는가요.

답 예, 그렇습니다.

문 그 경위를 진술하시오.

답 2012. 4. 1. 아침에 김평산이 전화를 걸어 "좀 보자."고 해서 만났더니 자기가 모시고 있던 국회의원인 이권세가 평소에도 뇌물을 좋아하는 사람인데 지금 정권의 최고 실세가 되었으니 얼마나 뇌물을 많이 받았겠느냐, 뇌물을 은행에 저금하지도 못하고 집에 보관하고 있을 것이다, 한 번 털자고 제의하므로 복면을 준비하고 강도를 하기로 모의했습니다. 그날 밤 22:00경 피해자의 주택에 이르러 김평산은 집 밖에서 망을 보고 제가 복면을 하고 담을 넘어 들어가서 김평산이 가르쳐준 대로 비밀 창고에서 들어섰는데 마침 그곳에 피해자가 있었습니다. 그래서 즉시 주먹으로 피해자를 때려 제압한 다음 노끈으로 손발을 꽁꽁 묶고 다시 몸 전체를 그곳의 가스관에 묶어 놓고 금품을 물색하였습니다. 그런데 뜻밖에도 피해자가 "너, 내 운전기사 김평산이와 어울려 다니던 놈이 아니냐!"라고 소리쳤습니다. 저를 알아보는데 깜짝 놀라 금품 물색을 그만두고 그곳에 있던 휘발유를 창고 내부와 주택 외벽에 붓고 라이터로 불을 지르고 담을 뛰어 넘어 나왔습니다. 도망가면서 집이 점점 화염에 휩싸이는 것을 보고 '이권세는 죽겠구나.'라고 생각했습니다.

이 때 피의자는 50일간 도피생활을 하면서 죄책감에 시달렸다고 하면서 다른 여죄에 대하여 스스로 진술하겠다고 하다.

문 피의자가 저지른 다른 여죄가 있는가요.

답 2012. 3. 1. 18:00경 서울 서초구 반포본동 130에 있는 사촌 누나인 피해자 이삼숙의 집에 놀러 갔다가 이삼숙의 현금 20만 원과 은행신용카드 1개가 들어있는 지갑을 몰래 가지고 나왔습니다.

이 때 피의자가 이삼숙의 은행 신용카드를 임의제출하므로 압수하다.

문 이상의 진술내용에 대하여 이의나 의견이 있는가요.

답 없습니다. (무인)

위의 조서를 진술자에게 열람하게 하였던바, 진술한 대로 오기나 증감 · 변경할 것이 전혀 없다고 하므로 간인한 후 서명무인하게 하다.

진술자 이칠성 (무인)

2012. 5. 23.

서울서초경찰서

사법경찰관 경위 홍 반 장 ㊞

사법경찰리 경사 강 철 중 ㊞

※ 강도살인 사건 피해자의 유족 진술조서는 생략함.

※ 절도 사건 피해자의 진술조서는 생략함.

※ 압수조서는 기재 생략함.

국립과학수사연구원

1. 형사과-2345호 (1122-165)(2012-M-23402 경장 송민철)와 관련된 것입니다.
2. 위 건에 대한 감정결과를 회보합니다.
3. 문서처리자는 각 담당자에게 열람을 요청합니다.
4. 비밀번호 조회는 http://pwd.nisi.go.kr 에서 로그인 후 확인 바랍니다.

감정결과 : 1. 증거물 제1호(박봉순의 모발)의 혈액형은 A형임.
2. 증거물 제2호(김평산의 모발)의 혈액형은 B형임.
3. 증거물 제3호(박봉순의 손톱)의 안쪽 면에서 사람의 혈흔이 검출되었으며, 그 혈액형은 B형, O형 두 가지임. 끝.

국립과학수사연구원장

수신자

전결 5/24

00연구관 정00 00분석과장 홍00

협조자

시행 00분석과-5229(2012. 5. 24.) 접수 (2012.5.21.)

우 158-707 서울 양천구 신월7동 국립과학수사연구원 / http://www.mopas.go.kr

전화 02-2600-**** 전송 02-2600-**** /*****@nisi.go.kr /비공개

조 회 회 보 서

제2011-5231호　　　　　　　　　　　　　　　　　　2012. 5. 27.

□ 조회대상자

성　　명	김평산	주민등록번호	******-*******	성　별	남
지 문 번 호	*****-75***	주민지문번호	*****-758**	일련번호	********
주　　소	성남시 중원구 하대원동 170				
등록기준지	(생략)				

□ 주민정보 - (생략)

□ 범죄경력자료

연번	입건일 / 처분일	입건관서	작성번호	송치번호 / 처분관서	형제번호 / 처분결과
		죄　명			
1	2005.2.2.	서울강동경찰서	003323	2005-131	****-***-*****
	2005.4.9.	도로교통법위반(음주운전)		서울동부지방법원	벌금 50만원
2	2009.3.26.	서울강남경찰서	003421	2006-3877	****-***-*****
	2009.5.21.	도로교통법위반(음주운전)		서울중앙지방법원	벌금 100만 원
3	2010.9.2.	서울강남경찰서	004323	2010-2400	****-***-*****
	2010.11.22.	도로교통법위반(음주운전)		서울중앙지방법원	벌금 200만 원
4	2011.9.10.	서울강남경찰서	004357	2011-3333	****-***-*****
	2011.11.24.	도로교통법위반(음주운전)		서울중앙지방법원	벌금 300만 원

□ 수사경력자료 (생략)　□ 지명수배내역 (생략)

위와 같이 조회 결과를 통보합니다.

조 회 용 도 : 접수번호 2012-**** 수사
조회의뢰자 : 형사팀 경위 홍반장
작 성 자 : 형사팀 경사 강철중

서울서초경찰서장 인

피의자신문조서

피 의 자: 김평산

위의 사람에 대한 강도살인 등 피의사건에 관하여 2012. 5. 29. 서울중앙지방검찰청 검사 이명재는 검찰주사보 윤계장을 참여하게 한 후, 피의자에 대하여 다시 아래의 권리들이 있음을 알려주고 이를 행사할 것인지 그 의사를 확인하다.

문 피의자의 성명, 주민등록번호, 직업, 주거, 등록기준지 등은 어떤가요.

답 성명은 김평산(金平山)
주민등록번호는 ******-******* 직업은 무직
주거는 성남시 중원구 하대원동 170
등록기준지는 (생략) 입니다.

[진술거부권 및 변호인 조력권 고지함. 그 내용은 생략]

※ 경찰에서의 진술과 같은 취지의 진술은 기재 생략함.

문 피의자는 평소 박봉순을 만나면 성관계를 가지는 관계라고 하였고, 박봉순은 가정주부이므로 귀가를 해야 하는데, 성관계를 가지지도 않고 새벽까지 야산에 머무른 이유는 무엇인가요.

답 사실은 그날 박봉순이 헤어지자고 요구하고, 여관방에도 들어가지 않으려고 하고 자꾸 집에 가겠다고 하므로, 산으로 데리고 가면 무서워서 도망가지 못할 것이고, 그곳에서 설득하기 위하여 데리고 간 것입니다.

문 그곳에서 순조롭게 설득이 되었나요.

답 설득이 되지 않아 박봉순이 저에게 욕설까지 하여 심하게 다투었습니다.

문 피의자의 이마의 상처는 그때 난 것이지요.

답 그런 것 같습니다.

문 박봉순과 심하게 다투던 중 격분하여 총을 쏜 것이지요.

답 총을 쏘지 않았습니다.

※ 공소사실 1(강도살인, 현주건조물방화치사), 공소사실 2의 나(도로교통법위반) 관련 진술은 경찰에서의 진술과 동일한 취지이며 기재 생략함.

문　이상의 진술내용에 대하여 이의나 의견이 있는가요.
답　없습니다. (무인)

위의 조서를 진술자에게 열람하게 하였던바, 진술한 대로 오기나 증감·변경할 것이 전혀 없다고 하므로 간인한 후 서명무인하게 하다.

진술자　김평산 (무인)

2012. 5. 29.

서울중앙지방검찰청

검　사　이 명 재 ㊞

검찰주사보　윤 계 장 ㊞

기타 법원에 제출되어 있는 증거들

※ 편의상 다음 증거서류의 내용은 생략하였으나, 법원에 증거로 적법하게 제출되어 있음을 유의하여 변론할 것.

○ 검사 작성의 이칠성에 대한 피의자신문조서(2012. 5. 29.)

- 경찰에서의 진술과 동일한 취지로 기재 생략

○ 이칠성에 대한 조회회보서(2012. 5. 27.)

- 범죄경력이 없는 초범으로 기재 생략

제 5 문에 대한 해설

변 론 요 지 서

Ⅰ. 피고인 김평산에 대하여

1. 강도살인, 현주건조물방화치사의 점

피고인 김평산과 상피고인 이칠성의 공모 내용은 복면을 하고 피해자의 집에 들어가 피해자를 힘으로 제압하고 금품을 강취하는 것이었습니다. 그러나 이칠성이 범행을 실행하는 과정에서 강도살인, 현주건조물방화치사죄를 저질렀는데 이는 피고인 김평산에게는 초과실행이므로 형법상의 책임주의원칙에 따라 초과실행 부분에 대한 피고인 김평산의 고의 내지 예견가능성 유무를 가려 죄책을 판단해야 합니다.

이에 대하여 보면, 이칠성은 40세의 신체 건장한 남자이며 특히 피고인은 이칠성이 괴력의 소유자라고 알고 있었고 피해자는 70세의 노인이므로 강도 범행 과정에서 예상되는 피해자의 반항은 이칠성의 완력으로 충분히 제압할 수 있으며, 이칠성이 범행시 복면을 하였으므로 신원이 노출될 염려도 없어 신원을 은폐하기 위한 살인 등의 추가범행을 할 필요도 없으므로, 피고인으로서는 상피고인 이칠성이 특수강도 범행을 실행하는 과정에서 사람을 살해하거나 사망에 이르게 하는데 대한 예견가능성이 없으며, 또 이에 대한 미필적 고의도 없습니다.

그러므로 상피고인 이칠성의 방화나 피해자에 대한 살인에 대하여 피고인 김평산의 고의나 예견가능성을 인정할 수 없으므로 강도살인 내지 강도치사, 현주건조물방화치사죄가 성립하지 않습니다.

2. 살인의 점

가. 쟁점

이 사건에 대하여, 피고인이 살인 범행 당시 범행 현장에 있었고, 사건 발생 직후 범행 자백 진술을 한 바 있고, 이 진술을 들은 참고인들이 있으나, 피고인의 자백 내용의 진술은 그 신빙성에 의문이 제기되고 공소사실에 대하여 합리적 의심을 제기하는 객관적 상황과 자료들이 있어 믿기 어렵습니다.

나. 증거능력 없는 증거

검사가 작성한 피고인에 대한 피의자신문조서에는 피고인에게 불리한 간접사실들(피해자가 내연관계 청산을 요구했다, 차 안에서 심한 다툼을 하였다, 이 과정에서 이마에 상처가 났다)을 인정하는 취지의 진술이 기재되어 있습니다. 이 조서에 대하여 피고인이 이 법정에서 실질적 진정성립을 부인하였고, 검사가 수사관을 증인으로 내세워 실질적 진정성립을 증명하려고 하였으나 검찰 수사관의 증언은 형사소송법 제312조 2항의 '객관적 방법'에 해당하지 않으므로 결국 실질적 진정성립이 인정되거나 증명된 바 없어 이 조서는 증거능력이 없습니다.

검사가 작성한 참고인 손지창의 진술조서에 나타는 털모자 등산객의 진술(어떤 남자가 차량 트렁크에서 총을 꺼내어 운전석에 오르는 것을 보았다)은 털모자 등산객의 진술을 내용으로 하는 손지창의 진술(제316조 2항의 전문진술)을 진술조서(제312조 4항)에 기재한 것이므로 재전문증거입니다. 대법원은 이러한 유형의 재전문(전문진술이 기재된 조서)의 증거능력을 인정하지만, 전문법칙 예외인정의 요건을 이중으로 충족하여야 합니다. 살펴보면, 제316조 2항의 요건 중, '원진술자(털모자 등산객)의 소재불명' 요건은 검사의 제2회 공판기일의 진술에 따라 충족된다고 하더라도, '원진술의 특신상태'의 요건은, 원진술자의 인적사항마저 특정되지 않았으며, 인적사항이 특정되기까지는 법원에 대하여는 가공의 인물에 불과하여 그의 목격 경위, 발언 동기, 발언 경위를 살펴 그 신용성을 판단할 수 없으며, 검사도 기본적으로 원진술의 특신상태를 증명할 수 없으며 실제로 특신상태가 증명되지 않았습니다. 그러므로 증거능력이 없습니다.

증인 손지창의 증언에 나타나는 털모자 등산객의 진술은 제316조 1항의 전문진술인바, 위에서 살펴본 바와 같이 원진술의 특신상태가 증명되지 않았으므로 증거능력이 없습니다.

상피고인 이칠성의 법정진술(김평산이 "나한테 총이 있는데...."라고 지나가는 말처럼 말했다)은, 이칠성은 공범 아닌 공동피고인이어서 증인적격이 있으므로 이칠성이 증인선서를 한 후 증언을 해야 증거능력이 있습니다. 그러므로 이 부분 이칠성의 법정진술은 증거능력이 없습니다.

다. 합리적 의심이 제기되는 객관적 정황에 대하여

(1) 엽총 미발견

(가) 피고인은 총기소지허가를 받은 사실이 없습니다(수사기록 36면). 그러나 총기소지허가를 받지 않은 사람도 불법적 경로로 총기를 소지할 가능성은 있으므로 다음과 같이 주장합니다.

(나) 만약 피고인이 범인이라고 가정하면, 범행시각(4:10)부터 범행현장을 떠나는 시각(4:40으로 추정)까지 30분 동안 범행도구인 엽총을 은닉해야 합니다. 사법경찰관이 작성한 엽총 수색 보고에 의하면, 범행현장에서 반경 2km 이내의 범위를 수색하였는바, 엽총은 발견되지 않았습니다. 엽총 수색은 수색 인원, 수색 장소, 수색 장비 등에 비추어 충분히 이루어졌으므로 그 범위 내에서는 총이 없었다고 보아야 합니다. 엽총 수색에는 금속탐지기도 사용하였으므로 엽총을 땅에 파묻었을 가능성도 배제되어야 합니다.

피고인이 수색 범위 밖에 은닉하기 위해서는 최소한 왕복 4km의 산길을 이동하여야 하는데 이 거리는 술에 취하여 걸음이 비틀거리는 피고인이 30분 동안 이동할 수 없는 거리입니다(성인 남자의 보행 속도는 시간당 4km 정도임). 또, 산 속의 수목으로 인하여 수색하기 극히 곤란한 어떤 곳에 은닉할 가능성을 상상할 수 있지만, 이 경우에는 은닉하기 위하여 이동하는 과정에서 필연적으로 신체부위에 수풀에 긁힌 상처 등이 나타나야 하는데, 수사보고서에 의하면 피고인은 이마의 상처 이외에는 다른 상처가 없습니다. 그러므로 경험칙과 논리법칙상 피고인이 엽총을 사용하여 범행을 하였을 가능성은 극히 희박하다고 보아야 하며, 제3의 인물(피고인이 주장하는 괴한)이 엽총으로 피해자를 살해하고 그 엽총을 들고 수색 범위 밖으로 이동하였을 가능성이 있습니다.

(2) 국립과학수사연구원 감정결과

국립과학수사연구원의 감정결과에 의하면, 피해자의 손톱에서 피해자와 피고인의 혈액형이 아닌 제3자의 혈액형 O형이 검출되었습니다. 이 제3자의 혈흔은 피고인이 잠에서 깨어나기 전에, 피해자와 제3자의 어떤 형태의 몸싸움(갑자기 나타난 괴한의 위협이나 공격에 대한 피해자의 저항)의 가능성을 말해주는 과학적 증거입니다. 이 제3자의 혈흔은 “공터 옆 너럭바위에 누워 잠깐 잠이 들었는데 갑자기 총소리가 나서 차 있는 쪽을 쳐다보니 어둠 속에서 사람들이 엉켜 있었다."라는 피고인의 주장을 뒷받침하며 제3자의 범행 가능성을 분명하게 보여줍니다. 한편, 피해자의 손톱에서 검출된 B형의 혈흔이 피고인의 것이라고 가정하더라도 이는 피고인과 피해자 사이의 손톱에 긁히는 정도의 신체적 접촉에 의하여 발생할 수 있으며, 백보 양보하여 피고인과 피해자의 격렬한 다툼 과정에서 발생했다고 가정하더라도 '피해자와 제3자의 몸싸움'의 가능성은 그대로 남아 있습니다.

(3) 피고인 이마의 열상

피고인 이마의 상처는 길이 5cm, 깊이 0.5cm 정도의 열상이므로, 여성인 피해자의 손톱에 의하여 발생한 것으로는 볼 수 없고 "남자 중 한 명이 엎어치기 식으로 저를 땅에 처박았다."라는 피고인의 주장(수사기록 31면)에 부합하는 것으로서, 제3자의 범행 가능성을 보여줍니다.

(4) 범행동기의 부족

피고인과 피해자와의 격렬한 몸싸움의 근거가 전혀 없고, 피해자가 피고인에게 내연관계 청산을 요구했다는 근거도 없으므로 피고인에게는 살인이라는 중범죄의 동기가 없습니다.

라. 증거의 증명력(신빙성) 배제

(1) 자백의 신빙성 문제

사법경찰관 홍반장의 수사보고서와 임재범의 진술조서의 각 기재에 의하면 이 사건 발생 이후에 피고인이 "내가 사람을 죽였다."라고 말하는 것을 들었다는 것이며, 이 말을 한 사실은 피고인도 인정하고 있습니다. 그러나 피고인은 당시 등산객에게는 '그렇게 말하면 경찰에 신고를 해줄 것 같아서', 지구대장에게는 '당시 취중이고 저 때문에 박봉순이 죽어서 너무나 괴로워서' 그런 말을 했다고 주장합니다. 피고인히 한 자백 취지의 말이므로 증거능력은 있으나 자백의 신빙성 차원에서 검토되어야 합니다.

생각건대 피고인의 주장대로 이 사건이 제3자의 범행이라면 피고인이 큰 형사책임을 지게 될 수도 있는데도 자백 취지의 말을 하는 것이 이례적인 것이 사실입니다. 그러나 제3자의 범행인 경우에 피고인은 충격적 사건을 미리 막지 못하고 내연관계의 여상이 살해당하는 장면을 목격한 사람으로서, 사건 이후의 극도의 정신적 충격 상태, 자기 때문에 친분이 있는 사람이 죽었다는 데 대한 도의적 책임감, 걸음이 비틀거리고 말을 횡설수설하며 입에서 술 냄새가 많이 날 정도의 주취상황 등 제반 정황을 종합하면, 피고인이 진범검거를 위한 적절한 진술 등 정상적인 대처를 하지 못하고 횡설수설할 가능성이 있으므로, 피고인의 말은 자백으로서의 신빙성이 높다고 볼 수 없습니다. 더구나 피고인의 자백과 배치되는 객관적 상황(엽총 미발견, 피해자 손톱의 제3자의 혈흔)이 있으므로 더욱 그 신빙성이 높지 않습니다.

(2) 윤계장의 증언, 홍반장의 수사보고서, 임재범의 진술

윤계장의 증언은 검사 작성의 김평산에 대한 피의자신문조서의 실질적 진정성립 증명을 위한 것으로서 그 증언 내용은 검사의 피의자신문조서 내용과 같으므로, 위 검사의 피의자신문조서가 증거능력이 없어 증거로 사용되지 않는 마당에 윤계장의 증언이 독자적인 증거가치를 가질 수 없습니다.

홍반장의 수사보고서와 임재범의 진술의 주된 취지는 '피고인으로부터 자백 취지의 말을 들었다'는 것에 불과하므로, 위에서 살펴본 바와 같이 자백의 신빙성을 인정할 수 없으므로 독자적인 증거가치를 가질 수 없습니다.

마. 소결론

형사재판에서 공소가 제기된 범죄사실에 대한 입증책임은 검사에게 있는 것이고, 유죄의 인정은 법관으로 하여금 합리적인 의심을 할 여지가 없을 정도로 공소사실이 진실한 것이라는 확신을 가지게 하는 증명력을 가진 증거에 의하여야 하므로, 그와 같은 증거가 없다면 설령 피고인에게 유죄의 의심이 간다고 하더라도 피고인의 이익으로 판단할 수 밖에 없습니다. 이 부분 공소사실에 대한 증거들 중 일부는 앞서 본 바와 같이 증거능력이 없고, 가장 유력한 증거로 제시된 피고인의 자백 취지의 말도, 그 신빙성이 높지 않으며, 공소사실에 대하여 도저히 합리적 의심을 배제할 수 없으므로 제325조 후단에 의한 무죄를 선고하여 주시기 바랍니다.

3. 도로교통법위반(음주측정불응)의 점

가. 공소장일본주의 위반

공소장의 모두사실에 4회의 동종전과가 기재되어 있는바, 이는 법원으로 하여금 피고인이 음주운전의 습벽이 있으며 이 사건에 있어서도 피고인이 음주운전을 하였다는 선입견을 갖게 할 수 있으며, 이에 대하여 법원이 그 부분의 삭제를 명하는 등의 적절한 조치도 없었으므로 공소장일본주의에 반하여 위법합니다. 그러므로 공소기각 판결을 해야 합니다(제327조제2호).

나. 음주측정거부에 해당하지 않음

(1) 음주운전을 하였다고 인정할 사유가 없음

피고인은 저녁 식사를 하면서 술을 마셨지만 술을 다 깬 상태로 운전했으며 운전 후 산에서도 술을 마셨다고 주장하는 바, 피고인의 승용차 뒷좌석에서 빈 소주병 2개가 발견되어 피고인의 주장에 부합합니다. 그러므로 피고인이 저녁 식사 후 청계산으로 차량을 운전할 당시 주취상태였다고 인정할 만한 사유가 없습니다.

(2) 피고인은 경찰관으로부터 호흡측정을 요구받고 호흡측정기는 믿을 수 없어서 응하지 않았다고 주장하고, 의경 한상경의 진술도 이에 부합합니다. 호흡측정을 믿을 수 없다고 주장하는 경우에는 경찰관은 즉시 호흡측정기에 의한 측정절차를 생략하고 바로 혈액 측정으로 나아가야 한다고 보아야 하므로 경찰관이 30분 동안 반복적으로 호흡측정을 요구하는 데 불응한 것은 음주측정거부라고 볼 수 없습니다.

(3) 소결론

이 부분 공소사실에 대하여는, 공소기각 판결을 하거나 무죄를 선고하여 주시기 바랍니다.

Ⅱ. 피고인 이칠성의 절도에 대하여

피고인과 피해자는 4촌인 친족관계이므로 피고인의 절도죄는 상대적 친고죄입니다(형법 제328조 2항). 그런데 피해자의 고소 없이 이 사건이 공소제기되고, 그 후 고소장이 법원에 제출되었으므로 이는 고소의 추완에 해당합니다. 고소의 추완에 대하여, 적극설·절충설이 있으나 다수설과 판례는 공소제기는 절차의 형식적 확실성이 강하게 요청되는 소송행위이므로 하자의 치유를 인정하지 않는 소극설의 입장이며 이 견해가 타당합니다. 결국 고소의 추완이 인정되지 않으므로 이 부분 공소제기는 공소제기절차가 법률 위반으로 무효일 때에 해당하여 공소기각 판결을 하여야 합니다(제327조 제2호).

제 6 문

[특수강도교사 등]

2012년 1월 실시된 제1회 변호사시험 형사기록형 문제이다.

응시자 준수사항

1. 시험 시작 전 문제지의 봉인을 손상하는 경우, 봉인을 손상하지 않더라도 문제지를 들추는 행위 등으로 문제 내용을 미리 보는 경우 모두 부정행위로 간주되어 그 답안은 영점처리 됩니다.
2. 답안은 흑색 또는 청색 필기구(사인펜이나 연필 사용 금지) 중 한 가지 필기구만을 사용하여 답안 작성 난(흰색 부분) 안에 기재하여야 합니다.
3. 답안지에 성명과 수험 번호를 기재하지 않아 인적사항이 확인되지 않는 경우에는 영점처리 등 불이익을 받게 됩니다. 특히 답안지를 바꾸어 다시 작성하는 경우, 성명 등의 기재를 빠뜨리지 않도록 유의하여야 합니다.
4. 답안지에는 문제내용을 기재할 필요가 없으며, 답안 내용 이외의 사항을 기재하거나 밑줄 기타 어떠한 표시도 하여서는 아니됩니다. 답안을 정정할 경우에는 두 줄로 긋고 다시 기재하여야 하며, 수정액 등은 사용할 수 없습니다.
5. 시험종료 시각에 임박하여 답안지를 교체요구한 경우라도 시험시간 종료 후 즉시 새로 작성한 답안지를 회수합니다.
6. 시험 종료 후에는 답안지 작성을 일절 할 수 없으며, 이에 위반하여 시험시간이 종료되었음에도 불구하고 **시험관리관의 답안지 제출지시에 불응한 채 계속 답안을 작성하거나 답안지를 늦게 제출할 경우 그 답안은 영점처리** 됩니다.
7. 답안은 답안지 쪽수 번호 순으로 기재하여야 하고, **배부받은 답안지는 백지 답안이라도 모두 제출**하여야 하며, **답안지를 제출하지 아니한 경우 그 시험시간 및 나머지 시험시간의 시험에 응시할 수 없습니다.**
8. 지정된 시간까지 지정된 시험실에 입실하지 아니하거나 시험관리관의 승인을 얻지 아니하고 시험시간 중에 그 시험실에서 퇴실한 경우 그 시험시간 및 나머지 시험시간의 시험에 응시할 수 없습니다.
9. 시험시간이 종료되기 전에는 어떠한 경우에도 문제지를 시험장 밖으로 가지고 갈 수 없고, 시험 종료 후 가지고 갈 수 있습니다.

문 제

다음 기록을 읽고 피고인 김토건의 변호인 김힘찬과 피고인 이달수의 변호인 이사랑의 변론요지서를 작성하되, 다음 쪽 변론요지서 양식 중 **본문 Ⅰ, Ⅱ 부분만 작성하시오**.

작성요령

1. 시험의 편의상 두 변호인의 변론을 하나의 변론요지서에 작성함.
2. 피고인들 사이에 이해가 상충되는 경우 피고인들 각각의 입장에 충실하게 변론할 것.
3. 학설·판례 등의 견해가 대립되는 경우, 한 견해를 취하여 변론할 것. 다만, 대법원 판례와 다른 견해를 취하여 변론을 하고자 하는 경우에는 자신의 입장에 따른 변론을 하되 대법원 판례의 취지를 적시할 것.
4. 증거능력이 없는 증거는 실제 소송에서는 증거로 채택되지 않아 증거조사가 진행되지 않지만, 이 문제에서는 시험의 편의상 증거로 채택되어 증거조사가 진행된 것을 전제하였음. 따라서 필요한 경우 증거능력에 대하여도 변론할 것.

기록 형식 안내

1. 쪽 번호는 편의상 연속되는 번호를 붙였음.
2. 조서, 기타 서류에는 필요한 서명, 날인, 무인, 간인, 정정인이 있는 것으로 볼 것.
3. 증거목록 중 '기재생략'이라고 표시된 부분에는 법에 따른 절차가 진행되어 그에 따라 적절한 기재가 있는 것으로 볼 것.
4. 공판기록과 증거기록에 첨부하여야 할 일부 서류 중 '(생략)' 표시가 있는 것, 증인선서서와 수사기관의 조서에 첨부하여야 할 '수사과정확인서'는 적법하게 존재하는 것으로 볼 것.
5. 송달이나 접수, 통지, 결재가 필요한 서류는 모두 적법한 절차를 거친 것으로 볼 것.

변론요지서

사 건 2011고합1234 특수강도교사 등

피고인 1. 김토건

2. 이달수

위 사건에 관하여 피고인 김토건의 변호인 변호사 김힘찬, 피고인 이달수의 변호인 변호사 이사랑은 다음과 같이 변론합니다.

다 음

Ⅰ. 피고인 김토건에 대하여(45점)

Ⅱ. 피고인 이달수에 대하여(55점)

1. 횡령의 점
2. 성폭력범죄의처벌등에관한특례법위반(주거침입강간등)의 점
3. 교통사고처리특례법위반의 점
4. 사기의 점

※ 평가제외사항 - 공소사실의 요지, 정상관계, 피고인 이달수의 특수강도 부분 (답안지에 기재하지 말 것)

2012. 1. 4.

피고인 김토건의 변호인 변호사 김힘찬 ㊞

피고인 이달수의 변호인 변호사 이사랑 ㊞

서울중앙지방법원 제26형사부 귀중

기록내용시작

구속만료	2012. 1. 15.	미결 구금
최종만료	2012. 5. 15.	
대행갱신 만료		

서울중앙지방법원

구공판 **형사제1심소송기록**

기일 1회기일	사건번호	2011고합1234	담임	제26부	주심	다
12/14 A10	사건명	가. 특수강도교사 나. 특수강도 다. 성폭력범죄의처벌등에관한특례법위반(주거침입강간등) 라. 사기 마. 횡령 바. 교통사고				
12/28 P2						
	검사	명검사	2011형제53874호			
	공소제기일	2011. 11. 16.				
	피고인	1. 가 김토건 구속 2. 나.다.라.마.바. 이달수				
	변호인	사선 변호사 김힘찬(피고인 김토건) 사선 변호사 이사랑(피고인 이달수)				

확정	
보존종기	
종결구분	
보존	

완결 공람	담임	과장	국장	주심 판사	재판장	원장

접 수 공 람	과 장	국 장	원 장
	㉿	㉿	㉿

공 판 준 비 절 차

회 부 수명법관 지정 일자	수명법관 이름	재 판 장	비 고

법정외에서지정하는기일

기일의 종류	일 시				재 판 장	비 고
1회 공판기일	2011.	12.	14.	10:00	㉿	

서울중앙지방법원

목 록		
문 서 명 칭	장 수	비 고
증거목록	8	검사
증거목록	10	피고인 및 변호인
공소장	12	
변호인선임신고서	(생략)	피고인 김토건
변호인선임신고서	(생략)	피고인 이달수
영수증(공소장부본 등)	(생략)	
영수증(공소장부본 등)	(생략)	피고인 김토건
영수증(공판기일통지서)	(생략)	변호사 김힘찬
영수증(공판기일통지서)	(생략)	변호사 이사랑
의견서	(생략)	피고인 김토건
의견서	(생략)	피고인 이달수
공판조서(제1회)	15	
증인신청서	(생략)	검사
증인신청서	(생략)	변호사 김힘찬
증거서류제출서	17	변호사 이사랑
공판조서(제2회)	20	
증인신문조서	22	박대우
증인신문조서	23	이칠수
증인신문조서	24	정미희

서울중앙지방법원

목　　록(구속관계)		
문 서 명 칭	장　수	비　고
긴급체포서	(생략)	피고인 이달수
구속영장(체포된 피의자용)	(생략)	피고인 이달수
피의자 수용증명	(생략)	피고인 이달수

증 거 목 록 (증거서류 등)

2011고합1234

① 김토건
② 이달수

2011형제53874호 신청인: 검사

순번	작성	쪽수(수)	쪽수(증)	증거명칭	성명	참조사항 등	신청기일	증거의견 기일	증거의견 내용	증거결정 기일	증거결정 내용	증거조사기일	비고
1	검사	(생략)		피의자신문조서	김토건		1	1	① ○ ② ○	기재생략			기재생략
2	〃	(생략)		피의자신문조서	이달수		1	1	① × ② ○				
3	사경	28		진술조서	박대우		1	1	① ○ ② ○				
4	〃	30		피의자신문조서	이달수		1	1	① × ② ○				
5	〃	33		진술조서	정미희		1	1	② ×				
6	〃	35		진술조서 (제2회)	정미희		1	1	② ×				
7	〃	37		압수조서 및 압수목록(신발)			1	1	② 진정성립만 인정				
8	〃	39		교통사고보고 (실황조사서)			1	1	② ○				
9	〃	40		진술서	조범생		1	1	② ○				
10	〃	(생략)		진단서	조범생		1	1	② ○				
11	〃	41		진술서	장희빈		1	1	② ○				
12	〃	(생략)		영수증			1	1	② ○				
13	〃	42		피의자신문조서	김토건		1	1	① ○ ② ○				
14	〃	45		피의자신문조서 (제2회)	이달수		1	1	② ○				
15	〃	48		감정서(신발)			1	1	②진정성립만 인정				
16	〃	49		조회회보서	이달수		1	1	② ○				
17	〃	(생략)		조회회보서	김토건		1	1	① ○				

※ 증거의견 표시 - 피의자신문조서: 인정 ○, 부인 ×
(여러 개의 부호가 있는 경우, 성립/임의성/내용의 순서임)
- 기타 증거서류: 동의 ○, 부동의 ×

※ 증거결정 표시: 채 ○, 부 ×

※ 증거조사 내용은 제시, 내용고지

증 거 목 록(증인 등)

2011고합1234

① 김토건
② 이달수

2011형제53874호 신청인 : 검사

증 거 방 법	쪽수 (공)	입증취지 등	신청 기일	증거결정		증거조사기일	비고
				기일	내용		
증인 정미희	24	공소사실 2의 나항 관련	1	1	○	2011. 12. 28. 14:00 (실시)	
나이키 신발		공소사실 2의 나항 관련	1	2	○	2011. 12. 28. 14:00 (실시)	

※ 증거결정 표시 : 채 ○, 부 ×

증 거 목 록(증거서류 등)

2011고합1234

① 김토건
② 이달수

2011형제53874호

신청인 : 피고인 및 변호인

순번	증거방법					참조사항등	신청기일	증거의견		증거결정		증거조사기일	비고
	작성	쪽수(수)	쪽수(증)	증거명칭	성명			기일	내용	기일	내용		
1			18	합의서	조범생		2	2	○	기재생략			②신청
2			19	약식명령	이달수		2	2	○				②신청
3			(생략)	'H건설 주식회사' 하도급규정집			2	2	○				②신청
4			(생략)	건설업등록증 (김토건)			2	2	○				②신청

※ 증거의견 표시 – 피의자신문조서 : 인정 ○, 부인 ×
(여러 개의 부호가 있는 경우, 성립/임의성/내용의 순서임)
– 기타 증거서류 : 동의 ○, 부동의 ×
※ 증거결정 표시 : 채 ○, 부 ×
※ 증거조사 내용은 제시, 내용고지

증 거 목 록(증인 등)

2011고합1234

① 김토건

② 이달수

2011형제53874호 신청인 : 피고인 및 변호인

증 거 방 법	쪽수 (공)	입증취지 등	신청 기일	증거결정		증거조사기일	비고
				기일	내용		
증인 박대우	22	공소사실 1 범행도구 관련	1	1	○	2011. 12. 28. 14:00 (실시)	①신청
증인 이칠수	23	공소사실 1 관련	1	1	○	2011. 12. 28. 14:00 (실시)	①신청

※ 증거결정 표시 : 채 ○, 부 ×

서울중앙지방검찰청

2011. 11. 16.

사건번호 2011년 형제53874호
수 신 자 서울중앙지방법원
제 목 공소장
검사 명검사는 아래와 같이 공소를 제기합니다.

접수 No. 15775
2011. 11. 16.
서울중앙지방법원
형사접수실

1234

Ⅰ. 피고인 관련사항

1.피 고 인 김토건 (******-*******), 50세
직업 건설업체 사장, ***-****-****
주거 서울특별시 강남구 대치1동 기아아파트 101동 1007호
등록기준지 (생략)
죄 명 특수강도교사
적용법조 형법 제334조 제2항, 제1항, 제333조, 제31조 제1항
구속여부 불구속
변 호 인 변호사 김힘찬

2.피 고 인 이달수 (******-*******), 40세
직업 무직, ***-****-****
주거 서울특별시 서초구 양재2동 125
등록기준지 (생략)
죄 명 특수강도, 성폭력범죄의처벌등에관한특례법위반(주거침입강간등), 사기, 횡령, 교통사고처리특례법위반
적용법조 형법 제334조 제2항, 제1항, 제333조, 성폭력범죄의 처벌 등에 관한 특례법 제14조, 제3조 제1항, 형법 제319조 제1항, 제297조, 제347조 제1항, 제355조 제1항, 교통사고처리 특례법 제3조 제1항, 제2항 단서 제6호, 형법 제268조, 제37조, 제38조
구속여부 2011. 11. 4. 구속(2011. 11. 2. 체포)
변 호 인 변호사 이사랑

Ⅱ. 공소사실

피고인 김토건은 서울 서초구 서초1동 10에 있는 'D건설'을 운영하는 사람이고, 피고인 이달수는 피고인 김토건의 고향 후배로서 일정한 직업이 없는 사람이다.

1. 피고인들의 범행

피고인 김토건은 피해자 박대우(55세)에게 1억 원을 빌려주었다가 돌려받지 못하고 있었다. 피고인 이달수가 피고인 김토건에게 3,000만 원을 빌려달라고 부탁하자, 피고인 김토건은 피고인 이달수에게 피해자가 빌려 간 돈 1억 원을 받아 오면 그 중 3,000만 원을 빌려주겠다고 하였다. 이에 피고인 이달수는 피해자에게 가서 채무변제를 여러 번 독촉하였다.

가. 피고인 김토건

피고인은 2011. 10. 31. 15:00경 인천국제공항에서 서울로 가는 98허7654호 에쿠스 승용차 안에서 이달수에게 "박대우가 어제 아니면 오늘 공사 기성금을 받은 것으로 알고 있다. 순순히 말해서는 주지 않을 것이니 확실히 받아 와라. 돈을 받아 오면 그 중 일부를 빌려주겠다."라고 말하면서 흉기인 주방용 식칼(칼날 길이 15cm, 손잡이 길이 10cm)이 든 봉투를 건네주어 이달수로 하여금 피해자로부터 금원을 강취할 것을 마음먹게 하였다.

이달수는 그 다음 날인 2011. 11. 1. 09:00경 서울 서초구 서초2동 250에 있는 피해자의 집을 찾아가 1억 원의 변제를 독촉하였으나 피해자가 돈이 없다고 거절하였다. 이달수는 집 안을 둘러보다가 안방 화장대 위에 있던 5,000만 원이 든 봉투를 발견하였다. 피해자가 돈 봉투를 집어 가슴에 품은 채 지급을 거절하자, 이달수는 미리 가지고 간 위 식칼을 피해자의 목에 들이대어 반항을 억압한 다음 돈 봉투를 빼앗아 가지고 나왔다.

이로써 피고인은 이달수로 하여금 위와 같이 피해자로부터 5,000만 원을 빼앗게 함으로써 특수강도를 교사하였다.

나. 피고인 이달수

피고인은 위 김토건의 교사에 따라 2011. 11. 1. 09:00경 서울 서초구 서초2동 250에 있는 피해자의 집에서 전항과 같이 피해자로부터 5,000만 원을 빼앗아 강취하였다.

2. 피고인 이달수

가. 횡령

피고인은 2010. 10. 1.경 서울 서초구 서초1동 10에 있는 위 'D건설' 사무실에서 피해자 김토건으로부터 'H건설 주식회사' 계약담당이사 최현대에게 가져다주라는 지시와 함께 현금 4,000만 원을 교부받아 피해자를 위하여 보관하였다. 피고인은 그날 위 4,000만 원을 피고인의 개인 채무 변제에 임의로 사용하여 횡령하였다.

나. 성폭력범죄의처벌등에관한특례법위반(주거침입강간등)

피고인은 2011. 6. 1. 23:00경 서울 서초구 서초3동 130에 있는 피해자 정미희(여, 27세)의 집에 이르러 잠겨 있지 아니한 문간방 창문을 통하여 집 안으로 침입하였다. 피고인은 안방에서 잠들어 있는 피해자를 발견하고 피해자를 간음할 목적으로 피해자의 하의를 벗겼다. 그때 피해자가 깨어나자 피고인은 한 손으로 피해자의 입을 막고 몸으로 피해자를 눌러 반항을 억압한 다음 자신의 바지를 내리고 피해자를 간음하려 하였으나 피해자가 소리치며 격렬히 저항하는 바람에 간음하지 못하고 집 밖으로 도망쳐 나왔다.

이로써 피고인은 주거에 침입하여 피해자를 강간하려다가 미수에 그쳤다.

다. 교통사고처리특례법위반

피고인은 2011. 9. 1. 08:00경 12가3456호 쏘나타 승용차를 운전하고 서울 서초구 서초1동 114에 있는 'S고등학교' 앞길을 방배역 쪽에서 서초역 쪽으로 진행하고 있었다. 그곳 전방에 횡단보도가 있으므로 운전자는 횡단보도 앞에서 일시정지 하는 등으로 보행자를 보호하여야 할 업무상 주의의무가 있었다. 그럼에도 피고인은 그 주의의무를 게을리 한 과실로 때마침 자전거를 타고 횡단보도를 건너던 피해자 조범생(22세)을 위 승용차 앞 범퍼 부분으로 들이받아 그 충격으로 피해자가 약 4주간의 치료가 필요한 왼쪽 다리 골절 등의 상해를 입게 하였다.

라. 사기

피고인은 2011. 10. 10. 23:00경 서울 서초구 서초2동 119에 있는 피해자 장희빈이 운영하는 '룰루' 유흥주점에서 마치 술값 등을 제대로 지급할 것처럼 행세하며 술 등을 주문하여 이에 속은 피해자로부터 100만 원에 해당하는 술과 서비스 등을 제공받았다. 그러나 피고인은 현금 2만 원만 가지고 있어 그 대금을 지급할 의사나 능력이 없었다.

Ⅲ. 첨부서류

1. 긴급체포서 1통 (생략)
2. 구속영장(체포된 피의자용) 1통 (생략)
3. 변호인선임신고서 2통 (생략)
4. 피의자수용증명 1통 (생략)

검 사 명검사 ㊞

서울중앙지방법원

공 판 조 서

제 1 회

사 건	2011고합1234 특수강도교사 등		
재판장 판사	배현일	기 일 :	2011. 12. 14. 10:00
판사	김 석	장 소 :	제418호 법정
판사	문현주	공개여부 :	공개
법원사무관	국영수	고 지 된	
		다음기일 :	2011. 12. 28. 14:00
피 고 인	1. 김토건 2. 이달수	각 출석	
검 사	강선주	출석	
변 호 인	변호사 김힘찬 (피고인 1을 위하여)	출석	
	변호사 이사랑 (피고인 2를 위하여)	출석	

재판장

피고인들은 진술을 하지 아니하거나 각개의 물음에 대하여 진술을 거부할 수 있고, 이익 되는 사실을 진술할 수 있음을 고지

재판장의 인정신문

성 명: 1. 김토건 2. 이달수

주민등록번호: 각 공소장 기재와 같음.

직 업: 〃

주 거: 〃

등록기준지: 〃

재판장

피고인들에 대하여

주소가 변경될 경우에는 이를 법원에 보고할 것을 명하고, 소재가 확인되지 않을 때에는 그 진술 없이 재판할 경우가 있음을 경고

검 사

공소장에 의하여 공소사실, 죄명, 적용법조 낭독

피고인 김토건

피고인 이달수에게 강도를 교사한 사실이 없다고 진술

피고인 이달수

피해자 정미희에 대한 공소사실은 인정할 수 없고, 나머지 공소사실은 인정한다고 진술

피고인 김토건의 변호인 변호사 김힘찬

피고인 김토건이 피고인 이달수에게 피해자 박대우가 빌려 간 돈을 받아 오면 그 돈을 빌려주겠다고 말한 사실과, 피해자 박대우가 공사 기성금을 받아 돈을 갖고 있을 것이라고 알려 준 사실은 있으나, 칼을 주면서 강도를 교사하지는 않았다고 진술

피고인 이달수의 변호인 변호사 이사랑

피고인 이달수는 피해자 정미희를 알지 못한다고 진술

재판장

증거조사를 하겠다고 고지

증거관계 별지와 같음(검사, 변호인)

재판장

각 증거조사 결과에 대하여 의견을 묻고 권리를 보호하는 데에 필요한 증거조사를 신청할 수 있음을 고지

소송관계인

별 의견 없다고 각각 진술

재판장

변론속행

2011. 12. 14.

법 원 사 무 관 국영수 ㊞

재판장 판 사 배현일 ㊞

증거서류제출서

사건번호 2011고합1234 특수강도교사 등

피 고 인 이달수

위 사건에 관하여 피고인 이달수의 변호인은 피고인의 이익을 위하여 다음 증거서류를 제출합니다.

다 음

1. 합의서 1통
1. 약식명령 1통
1. 'H건설 주식회사' 하도급규정집 (생략)
1. 건설업등록증(김토건) (생략)

2011. 12. 20.

피고인 이달수의 변호인
변호사 이사랑 ㊞

서울중앙지방법원 제26형사부 귀중

합 의 서

가 해 자 성명: 이달수
주소: (생략)

피 해 자 성명: 조범생
주소: (생략)

피해자는 2011. 9. 1. 08:00경 서울 서초구 서초1동 114에 있는 'S고등학교' 앞 길 횡단보도에서 가해자가 운전하는 12가3456호 쏘나타 승용차에 부딪혀 약 4주간의 치료가 필요한 왼쪽 다리 골절 등의 상해를 입었습니다. 피해자는 가해자에게서 치료비 등 일체의 손해를 변상받고 합의하였습니다. 이에 피해자는 가해자의 처벌을 원하지 아니하고, 이후 민형사상 일체의 이의를 제기하지 않을 것을 확인합니다.

2011. 12. 16.

피해자 조범생 ㉫

첨부: 인감증명 1통(생략)

춘천지방법원 강릉지원

약 식 명 령

2011. 12. 17. **확정**
검찰주사보 황참여 ㊞

사 건 2011고약692 상습사기
(2011년형제3577호)

피 고 인 이 달 수(******-*******), 무직
주거 서울 서초구 양재2동 125
등록기준지 (생략)

주 형 과 피고인을 벌금 3,000,000(삼백만)원에 처한다.
피고인이 위 벌금을 납입하지 아니하는 경우 금 50,000(오만)원을 1일로 환산한 기간 피고인을 노역장에 유치한다.

범죄사실 피고인은 2009. 10. 30. 서울중앙지방법원에서 상습사기죄로 벌금 3,000,000원의 약식명령을 받는 등 동종전력 3회가 있는 자로서, 상습으로,
수중에 현금이나 신용카드 등 다른 대금지급 수단이 없어 술값 등을 지급할 의사나 능력이 없었음에도, 2011. 10. 25. 23:00경 강릉시 경포동 113에 있는 피해자 이미순이 운영하는 '경포' 유흥주점에서 마치 술값 등을 제대로 지급할 것처럼 행세하며 술 등을 주문하여 이에 속은 피해자로부터 80만 원에 해당하는 술과 서비스를 제공받았다.

적용법령 형법 제351조, 제347조 제1항(벌금형 선택), 제70조, 제69조 제2항

검사 또는 피고인은 이 명령등본을 송달받은 날부터 7일 이내에 정식재판의 청구를 할 수 있습니다.

2011. 11. 20.

판사 이 원 철 ㊞

서울중앙지방법원

공 판 조 서

제 2 회

사 건	2011고합1234 특수강도교사 등		
재판장판사	배현일	기 일 :	2011. 12. 28. 14:00
판사	김 석	장 소 :	제418호 법정
판사	문현주	공개여부 :	공개
법원사무관	국영수	고 지 된	
		다음기일 :	2012. 1. 4. 10:00
피 고 인	1. 김토건 2. 이달수		각 출석
검 사	강선주		출석
변 호 인	변호사 김힘찬 (피고인 1을 위하여)		출석
	변호사 이사랑 (피고인 2를 위하여)		출석
증 인	박대우, 이칠수, 정미희		각 출석

재판장

전회 공판심리에 관한 주요사항의 요지를 공판조서에 의하여 고지

소송관계인

변경할 점이나 이의할 점이 없다고 진술

출석한 증인 박대우, 이칠수, 정미희를 별지와 같이 신문하다

증거관계 별지와 같음(검사, 변호인)

재판장

각 증거조사 결과에 대하여 의견을 묻고 권리를 보호하는 데에 필요한 증거조사를 신청할 수 있음을 고지

소송관계인

별 의견 없으며, 달리 신청할 증거도 없다고 각각 진술

재판장

증거조사를 마치고 피고인 신문을 하겠다고 고지

검 사

피고인 김토건에게

문 피고인 이달수에게 "순순히 주지 않을 것이니 확실히 받아 와라."라는 말을 하였는가요.

답 예.
문 그 말은 결국 강제로라도 돈을 빼앗아 오라는 뜻이 아닌가요.
답 아닙니다.
피고인 이달수에게
문 피해자 박대우를 협박한 칼은 피고인 김토건에게서 받은 것인가요.
답 예.
이때 검사는 수사기록에 편철되어 있는 사법경찰관이 각각 작성한 피고인 이달수에 대한 피의자신문조서와 검사가 작성한 동인에 대한 피의자신문조서를 각각 제시하여 읽어보게 한 다음
문 피고인이 수사기관에서 진술한 대로 기재되어 있음을 확인하고 서명무인 하였나요.
답 예, 그렇습니다.
문 당시 자유로운 분위기 속에서 임의로, 충분히 진술하였나요.
답 예.
이때 검사는 나이키 신발 1켤레를 제시하고
문 이 신발이 피고인의 것이 맞는가요.
답 예, 맞습니다.
피고인 김토건의 변호인 변호사 김힘찬
　　피고인 이달수에게
문 피해자 박대우를 협박한 칼은 왜 버렸나요.
답 20㎝ 이상이 되는 주방용 식칼을 계속 가지고 다니기에는 부담스러웠습니다.
재판장
　　피고인신문을 마쳤음을 고지
재판장
　　변론속행(변론 준비를 위한 변호인의 요청으로)

2011. 12. 28.

법 원 사 무 관 국 영 수 ㊞
재 판 장 판 사 배 현 일 ㊞

서 울 중 앙 지 방 법 원

증인신문조서(제2회 공판조서의 일부)

사 건 2011고합1234 특수강도교사 등

증 인 이 름 박대우

생년월일 ****. **. **.

주 거 서울 서초구 서초2동 250

재판장

증인에게 형사소송법 제148조 또는 제149조에 해당하는가의 여부를 물어 증인이 이에 해당하지 아니함을 인정하고, 위증의 벌을 경고한 후 별지 선서서와 같이 선서를 하게 하였다. 다음에 신문할 증인은 재정하지 아니하였다.

피고인 김토건의 변호인 변호사 김힘찬

증인에게

문 당시 피고인 이달수가 증인에게 칼을 보여주며 협박한 것은 사실인가요.

답 예, 피고인 이달수가 점퍼 안주머니에서 칼을 꺼내어 저의 목에 들이대는 순간 접힌 칼날이 '척' 소리를 내며 펼쳐졌습니다.

문 피고인 김토건의 처벌을 원하는가요.

답 예, 처벌을 원합니다.

2011. 12. 28.

법 원 사 무 관 국 영 수 ㊞

재 판 장 판 사 배 현 일 ㊞

서울중앙지방법원

증인신문조서(제2회 공판조서의 일부)

사　　건　2011고합1234　특수강도교사 등
증　　인　이　　름　이칠수
　　　　　생년월일　****. **. **.
　　　　　주　　거　서울 서초구 양재동 100 호성빌라 305동 102호

재판장
　증인에게 형사소송법 제148조 또는 제149조에 해당하는가의 여부를 물어 증인이 이에 해당하지 아니함을 인정하고, 위증의 벌을 경고한 후 별지 선서서와 같이 선서를 하게 하였다. 다음에 신문할 증인은 재정하지 아니하였다.
피고인 김토건의 변호인 변호사 김힘찬
　증인에게
문　증인은 2011. 11. 1. 이달수에게서 3,000만 원을 송금받은 사실이 있나요.
답　예, 그날 오전에 저에게 송금하였다고 전화하여 확인하였습니다.
문　증인이 그 돈을 송금받을 이유가 있었나요.
답　예, 제가 1년 전에 고교 동창인 피고인 이달수에게 3,000만 원을 빌려주었다가 돌려받지 못하고 있던 중 저의 아내가 큰 수술을 받게 되어 피고인 이달수에게 돈을 갚아달라고 최근에 독촉하여 받은 돈입니다.
검　사
　증인에게
문　그 돈이 어떻게 마련된 것인지 아는가요.
답　예, 그날 밤 피고인 이달수가 저의 집으로 찾아 와서 "김토건 선배의 채권을 받아다주고 그 돈을 빌렸다. 김토건 선배가 칼을 주면서 꼭 받아오라고 하길래 한 번 사고를 쳤다."라고 말해서 알았습니다.

2011. 12. 28.

법 원 사 무 관　　국영수 ㊞
재판장　판　사　　배현일 ㊞

서울중앙지방법원

증인신문조서(제2회 공판조서의 일부)

사 건 2011고합1234 특수강도교사 등
증 인 이 름 정미희
생년월일 ****. **. **.
주 거 서울 서초구 서초3동 130

재판장

증인에게 형사소송법 제148조 또는 제149조에 해당하는가의 여부를 물어 증인이 이에 해당하지 아니함을 인정하고, 위증의 벌을 경고한 후 별지 선서서와 같이 선서를 하게 하였다.

검 사

증인에게

문 증인은 2011. 6. 1. 23:00경 증인의 집에서 강간 피해를 당할 뻔한 적이 있었고, 그 사실에 대하여 경찰에서 진술한 사실이 있지요.

답 예, 그렇습니다.

이때 검사는 수사기록에 편철된 사법경찰리가 각각 작성한 증인에 대한 2011. 6. 2.자 및 2011. 11. 2.자 진술조서를 각각 제시하여 읽어보게 한 다음

문 증인은 경찰에서 진술한 대로 기재되어 있음을 확인하고 서명무인 하였나요.

답 예, 그렇습니다.

문 당시 자유로운 분위기 속에서 임의로, 충분히 진술하였나요.

답 예.

피고인 이달수의 변호인 변호사 이사랑

이때 변호인은 피고인 이달수의 얼굴을 들게 하고

문 피고인 이달수가 범인이 맞는가요.

답 예, 그렇습니다.

2011. 12. 28.

법 원 사 무 관 국 영 수 ㊞
재 판 장 판 사 배 현 일 ㊞

제	1	책
제	1	권

서울중앙지방법원

증거서류등(검사)

사건번호	2011고합1234	담임	제26형사부	주심	다
사건명	가. 특수강도교사 나. 특수강도 다. 성폭력범죄의처벌등에관한특례법위반(주거침입강간등) 라. 사기 마. 횡령 바. 교통사고처리특례법위반				
검사	명검사		2011년 형제53874호		
피고인	1. 가 김토건 구속 2. 나.다.라.마.바 이달수				
공소제기일	2011. 11. 16.				
1심 선고	20 . . .	항소	20 . . .		
2심 선고	20 . . .	상고	20 . . .		
확정	20 . . .	보존			

제 1 책
제 1 권

<table>
<tr><td colspan="7">구공판 서울중앙지방검찰청
증 거 기 록</td></tr>
<tr><td rowspan="2">검 찰</td><td>사건번호</td><td>2011년 형제53874호</td><td rowspan="2">법원</td><td>사건번호</td><td colspan="2">2011년
고합1234호</td></tr>
<tr><td>검 사</td><td>명검사</td><td>판 사</td><td colspan="2"></td></tr>
<tr><td>피 고 인</td><td colspan="6">1. 가 **김토건**
구속 2. 나.다.라.마.바 **이달수**</td></tr>
<tr><td>죄 명</td><td colspan="6">가. 특수강도교사
나. 특수강도
다. 성폭력범죄의처벌등에관한특례법위반(주거침입강간등)
라. 사기
마. 횡령
바. 교통사고처리특례법위반</td></tr>
<tr><td>공소제기일</td><td colspan="6">2011. 11. 16.</td></tr>
<tr><td>구 속</td><td colspan="3">2. 2011. 11. 4. 구속(2011. 11. 2. 체포)</td><td>석 방</td><td colspan="2"></td></tr>
<tr><td>변 호 인</td><td colspan="6">1. 변호사 김힘찬
2. 변호사 이사랑</td></tr>
<tr><td>증 거 물</td><td colspan="6">있 음</td></tr>
<tr><td>비 고</td><td colspan="6"></td></tr>
</table>

증 거 목 록(증거서류 등)

2011고합1234

2011형제53874호 신청인: 검사

순번	증거방법					참조사항등	신청기일	증거의견		증거결정		증거조사기일	비고
	작성	쪽수(수)	쪽수(증)	증거명칭	성명			기일	내용	기일	내용		
1	검사	(생략)		피의자신문조서	이달수								
2	〃	(생략)		피의자신문조서	김토건								
3	사경	28		진술조서	박대우								
4	〃	30		피의자신문조서	이달수								
5	〃	33		진술조서	정미희								
6	〃	35		진술조서 (제2회)	정미희								
7	〃	37		압수조서 및 압수목록(신발)									
8	〃			나이키 신발	이달수								
9	〃	39		교통사고보고 (실황조사서)									
10	〃	40		진술서	조범생								
11	〃	(생략)		진단서	조범생								
12	〃	41		진술서	장희빈								
13	〃	(생략)		영수증									
14	〃	42		피의자신문조서	김토건								
15	〃	45		피의자신문조서 (제2회)	이달수								
16	〃	48		감정서(신발)									
17	〃	49		조회회보서	이달수								
18	〃	(생략)		조회회보서	김토건								

진 술 조 서		
성 명	: 박대우	
주민등록번호	: ******-******* 55세	
직 업	: K건설 운영	
주 거	: 서울특별시 서초구 서초2동 250	
등록기준지	: 생략	
직장주소	: 생략	
연 락 처	: 자택전화 생략	휴대전화 생략
	직장전화 생략	전자우편 생략

위의 사람은 피의자 이달수에 대한 특수강도 피의사건에 관하여 2011. 11. 1. 서울서초경찰서 형사팀 사무실에 임의 출석하여 다음과 같이 진술하다.

---

1. 피의자와의 관계

피의자는 저와 아무런 관계가 없습니다.

2. 피의사실과의 관계

저는 피의자에게 5,000만 원을 빼앗긴 사실과 관련하여 피해자 자격으로 출석하였습니다.

이때 사법경찰리는 진술인 박대우를 상대로 다음과 같이 문답하다.

문 진술인은 오늘 진술인의 집에서 피의자 이달수에게 5,000만 원을 빼앗겼다고 하였지요.

답 예, 그렇습니다.

문 그 경위에 대하여 자세히 진술하시오.

답 오늘 2011. 11. 1. 09:00경 서울 서초구 서초2동 250에 있는 저의 집으로 이달수가 찾아왔습니다. 제가 약 3년 전에 동종의 건설업체를 운영하는 김토건으로부터 1억 원을 빌려 갚지 못하고 있었는데, 최근 이달수가 김토건 대신 저를 찾아와 돈을 갚을 것을 요구하여 이달수를 알게 되었습니다.

이달수는 집 안으로 들어오더니 다짜고짜 “기성금을 받았다는데 돈을 갚아야 할 것이 아니냐.”라고 하였습니다. 제가 어제 기성금 2억 원을 받은 것은 사실이나 이미 1억 5,000만 원은 하도급 업체에 공사대금으로 지급하였고, 딸의 전세보증금 지급을 위하여 5,000만 원(100만 원권 자기앞수표 50장)만 봉투에 담아 안방 화장대 위에 놓아두고 있었습니다.

제가 "이미 돈을 다 써버려 갚을 돈이 없다."라고 하자 이달수가 돈을 찾는지 집안을 둘러보다 안방에 있는 봉투를 쳐다보았습니다. 저는 순간 봉투를 집어 가슴에 품었고 "이건 딸의 전세보증금이니 줄 수 없다."라고 하였습니다. 그러자 이달수는 칼을 저의 목에 들이대면서 봉투를 빼앗아 갔습니다.

문 이달수의 처벌을 원하는가요.

답 엄한 처벌을 원합니다.

문 이상의 진술은 사실인가요.

답 예, 사실입니다. (무인)

위의 조서를 진술자에게 열람하게 하였던바, 진술한 대로 오기나 증감·변경할 것이 전혀 없다고 말하므로 간인한 후 서명무인하게 하다.

진술자 박 대 우 (무인)

2011. 11. 1.

서울서초경찰서

사법경찰리 경사 강 철 중 ㊞

피의자신문조서

피의자 이달수에 대한 특수강도 피의사건에 관하여 2011. 11. 2. 서울서초경찰서 형사과 형사팀 사무실에서 사법경찰관 경위 홍반장은 사법경찰리 경사 강철중을 참여하게 하고, 아래와 같이 피의자임에 틀림없음을 확인하다.

문 피의자의 성명, 주민등록번호, 직업, 주거, 등록기준지 등을 말하십시오.
답 성명은 이달수(李達洙)
주민등록번호는 ******-******* 직업은 무직
주거는 서울 서초구 양재2동 125
등록기준지는 (생략)
직장 주소는 없음
연락처는 자택전화 (생략) 휴대전화 (생략)
직장전화 없음 전자우편(e-mail) (생략) 입니다.

사법경찰관은 피의사건의 요지를 설명하고 사법경찰관의 신문에 대하여 「형사소송법」 제244조의3에 따라 진술을 거부할 수 있는 권리 및 변호인의 참여 등 조력을 받을 권리가 있음을 피의자에게 알려주고 이를 행사할 것인지 그 의사를 확인하다.

진술거부권 및 변호인 조력권 고지 등 확인

1. 귀하는 일체의 진술을 하지 아니하거나 개개의 질문에 대하여 진술을 하지 아니할 수 있습니다.
2. 귀하가 진술을 하지 아니하더라도 불이익을 받지 아니합니다.
3. 귀하가 진술을 거부할 권리를 포기하고 행한 진술은 법정에서 유죄의 증거로 사용될 수 있습니다.
4. 귀하가 신문을 받을 때에는 변호인을 참여하게 하는 등 변호인의 조력을 받을 수 있습니다.

문 피의자는 위와 같은 권리들이 있음을 고지받았는가요.
답 예, 고지받았습니다.
문 피의자는 진술거부권을 행사할 것인가요.
답 아닙니다.
문 피의자는 변호인의 조력을 받을 권리를 행사할 것인가요.
답 아닙니다. 혼자서 조사를 받겠습니다.

이에 사법경찰관은 피의사실에 관하여 다음과 같이 피의자를 신문하다.

[피의자의 범죄전력, 경력, 학력, 가족 · 재산 관계 등은 생략]

문 피의자는 박대우로부터 5,000만 원을 빼앗은 사실이 있는가요.

답 예, 그런 사실이 있습니다.

문 언제, 어디에서인가요.

답 2011. 11. 1. 09:00경 서울 서초구 서초2동 250에 있는 피해자의 집에서입니다.

문 그 경위는 어떠한가요.

답 저의 고향선배 김토건이 'D건설'을 운영하는데 박대우에게 1억 원을 빌려주고 돌려받지 못하고 있었습니다. 제가 김토건에게 3,000만 원을 빌려달라고 부탁하였는데 처음에는 거절하다가 박대우가 빌려 간 돈을 대신 받아 오면 그 돈을 빌려주겠다는 것입니다. 그래서 몇 번 박대우를 찾아갔는데 번번이 돈이 없다는 것입니다.

그런데 2011. 10. 31. 오전에 김토건이 전화하여 지금 일본에서 한국으로 들어가고 있는데 자신의 에쿠스 승용차(**허****호)를 가지고 14:00까지 인천국제공항으로 마중 나오라고 하였습니다. 인천국제공항에서 김토건을 마중하여 서울로 오는 차 안에서 김토건이 "박대우가 어제 아니면 오늘 공사 기성금을 받은 것으로 알고 있다. 순순히 말해서는 주지 않을 것이니 확실히 받아 와라. 돈을 받아 오면 그 중 일부를 빌려주겠다."라고 말하였습니다. 그때 휴대용 서류 가방에서 봉투를 꺼내 주었는데 그 속에 주방용 식칼이 들어 있었습니다.

다음날 09:00경 서울 서초구 서초2동 250에 있는 박대우의 집에 찾아가 박대우에게 1억 원을 갚으라고 하였더니 돈이 없다는 것입니다. 그래서 돈을 숨겨놓지 않았나 집 안을 둘러보던 중 안방 화장대 위에 봉투가 놓여 있어 살펴보려고 하니 박대우가 먼저 봉투를 집어 가슴에 품으면서 딸의 전세보증금이라는 것입니다. 박대우가 너무 완강해 보여 그냥 받을 수 없을 것 같아 제가 미리 점퍼 안주머니에 넣어 둔 주방용 식칼을 꺼내어 박대우의 목에 들이대면서 봉투를 빼앗았습니다. 그 후 바로 김토건의 사무실로 가서 봉투 안에 든 5,000만 원 중에서 3,000만 원을 빌리고 2,000만 원을 김토건에게 주었습니다.

문 그 칼은 지금 어디에 있는가요.

답 박대우 집을 나온 뒤 길거리에서 버렸는데 어디에 버렸는지는 정확히 기억나지 않습니다.

문 그 칼은 어떻게 생겼는가요.

답 주방용 식칼인데 손잡이는 검고, 칼날은 15cm, 손잡이는 10cm 정도입니다.

문 김토건이 돈을 어떻게 받아 왔는지 묻지 않았는가요.
답 김토건이 묻지 않아서 굳이 설명하지 않았습니다.
문 피의자가 가져간 3,000만 원은 어떻게 하였는가요.
답 바로 사채를 갚았습니다.
문 피의자는 어떻게 체포되었는가요.
답 신고된 사실을 알고 도망가기 위하여 옷가지라도 챙기러 집에 들어가려다가 새벽 4:00경에 긴급체포 되었습니다.
문 이상의 진술내용에 대하여 이의나 의견이 있는가요.
답 없습니다. (무인)

위의 조서를 진술자에게 열람하게 하였던바, 진술한 대로 오기나 증감·변경할 것이 전혀 없다고 하므로 간인한 후 서명무인하게 하다.

진술자 이 달 수 (무인)

2011. 11. 2.

서울서초경찰서

사법경찰관 경위 홍 반 장 ㊞

사법경찰리 경사 강 철 중 ㊞

진 술 조 서		
성 명	: 정미희	
주민등록번호	: ******-******* 27 세	
직 업	: 회사원	
주 거	: 서울 서초구 서초3동 130	
등 록 기 준 지	: 생략	
직 장 주 소	: 생략	
연 락 처	: 자택전화 생략	휴대전화 생략
	직장전화 생략	전자우편 생략

위의 사람은 피의자 성명불상자에 대한 성폭력범죄의처벌등에관한특례법위반(주거침입강간등) 피의사건에 관하여 2011. 6. 2. 서울서초경찰서 형사팀 사무실에 임의 출석하여 다음과 같이 진술하다.

---

1. 피의자 및 피의사실과의 관계

저는 성명불상의 피의자로부터 강간을 당할 뻔한 사실과 관련하여 피해자 자격으로 출석하였습니다.

이때 사법경찰리는 진술인 정미희를 상대로 다음과 같이 문답하다.

문 진술인은 어제인 2011. 6. 1. 23:00경 서울 서초구 서초3동 130 진술인의 집에서 강간당할 뻔하였다고 하였지요.

답 예, 그렇습니다.

문 그 경위에 대하여 자세히 진술하시오.

답 예, 저는 다세대주택의 1층에 세 들어 살고 있습니다. 엊저녁에 안방에서 잠을 자고 있는데 이상하여 눈을 떠보니 어떤 남자가 제 하의를 벗기고 있었습니다. 제가 소리를 치면서 몸을 밀어내려 하자 남자는 한 손으로 제 입을 막고 몸으로 눌러 움직이지 못하게 하면서 자신의 바지를 내리는 것이었습니다. 이대로 있다가는 당하겠구나 하는 생각에 계속해서 몸부림치면서 소리치자 당황한 남자가 문간방을 통하여 바로 도망갔습니다. 정신을 차리고 보니 문간방 창문이 열려 있었고 창문 턱에 신발자국이 남아 있었습니다. 아마 제가 창문 잠그는 것을 잊어버렸나 봅니다

문 범인의 인상착의 등 특징에 대하여 기억나는 대로 진술하시오.

답 저는 침대 스탠드 보조등을 켜놓고 잠을 자는데 그 빛으로 어느 정도 볼 수 있습니다. 범인은 30~40대로 보이고, 짧은 곱슬머리에 얼굴이 각이 졌고 눈썹이 짙었습니다. 도망갈 때 보니 키는 중간 정도였고, 짙은 색 계통의 점퍼와 트레이닝복 바지를 입고 있었습니다.

문 범인의 처벌을 원하는가요.

답 꼭 처벌해 주십시오.

문 이상의 진술은 사실인가요.

답 예, 사실입니다. (무인)

위의 조서를 진술자에게 열람하게 하였던바, 진술한 대로 오기나 증감·변경할 것이 전혀 없다고 말하므로 간인한 후 서명무인하게 하다.

진술자 정 미 희 (무인)

2011. 6. 2.

서울서초경찰서

사법경찰리 경장 송 민 철 ㉑

진 술 조 서(제2회)

성 명	: 정미희
주민등록번호	: ******-******* 27 세
직 업	: 회사원
주 거	: 서울 서초구 서초3동 130
등록기준지	: 생략
직 장 주 소	: 생략
연 락 처	: 자택전화 생략 휴대전화 생략
	직장전화 생략 전자우편 생략

위의 사람은 피의자 이달수에 대한 성폭력범죄의처벌등에관한특례법위반(주거침입강간등) 피의사건에 관하여 2011. 11. 2. 서울서초경찰서 형사팀 사무실에 임의 출석하여 다음과 같이 진술하다.

1. 피의자와의 관계

피의자와 아무런 관계가 없습니다.

2. 피의사실과의 관계

저는 피의자로부터 강간을 당할 뻔한 사실과 관련하여 피해자 자격으로 출석하였습니다.

이때 사법경찰리는 진술인 정미희를 상대로 다음과 같이 문답하다.

문 진술인은 2011. 6. 1. 23:00경 서울 서초구 서초3동 130 진술인의 집에서 강간당할 뻔한 사실이 있어 2011. 6. 2. 우리 경찰서에서 피해자로서 진술한 사실이 있지요.

답 예, 그렇습니다.

2011. 6. 2. 작성된 피해자에 대한 진술조서를 제시하여 읽어보게 한 다음

문 이때 사실대로 진술하였는가요.

답 예, 그렇습니다.

문 진술인은 오늘 12:00경 피의자 이달수의 얼굴을 확인하였지요.

답 경찰관이 용의자 한 명을 한 쪽에서만 볼 수 있는 유리창 너머에 세워 놓고 저에게 확인시켰습니다. 첫눈에 범인이라는 생각이 들었습니다.

문 피의자의 처벌을 원하는가요.

답 예, 엄히 처벌해주시기 바랍니다.

문 이상의 진술은 사실인가요.

답 예, 사실입니다. (무인)

위의 조서를 진술자에게 열람하게 하였던바, 진술한 대로 오기나 증감·변경할 것이 전혀 없다고 말하므로 간인한 후 서명무인하게 하다.

진술자 정 미 희 (무인)

2011. 11. 2.

서울서초경찰서

사법경찰리 경장 송 민 철 ㊞

압 수 조 서

피의자 이달수에 대한 특수강도 등 피의사건에 관하여 2011년 11월 2일 17시00분경 서울 서초구 양재2동 125 이달수의 집에서 서초경찰서 형사과 형사팀 사법경찰관 경위 최경수는 사법경찰리 경장 송민철을 참여하게 하고 별지 목록의 물건을 다음과 같이 압수하다.

압 수 경 위

2011. 11. 2. 04:00 피의자 이달수를 특수강도 혐의로 긴급체포하여 서울서초경찰서 형사과 형사팀 사무실로 인치하였는데, 피의자의 인상착의가 당서에서 수사중인 2011. 6. 1.자 주거침입 강간미수사건의 용의자와 유사하여 피해자 정미희를 당서로 불러 피의자를 보여준 결과 범인이 맞다고 하다. 이에 피의자의 주거지를 수색한 결과 용의자의 신발자국과 유사한 신발을 발견하고 형사소송법 제217조 제1항에 따라 긴급체포한 지 24시간 이내에 압수하다.

참여인	성 명	주민등록번호	주 소	서명 또는 날인
	박숙자 (동거녀)	(생략)	피의자와 동일	(생략)

2011년 11월 2일

서 울 서 초 경 찰 서

사법경찰관 경위 **최 경 수** ㉠

사법경찰리 경장 **송 민 철** ㉠

압 수 목 록

번호	품 종	수량	피 압 수 자 주 거 성 명				소 유 자 주 거·성 명	비 고
			1	2	3	(4)		
			유류자	보관자	소지자	소유자		
1	나이키 신발	1켤레	서울 서초구 양재2동 125 이달수				이달수	

교 통 사 고 보 고

(실황조사서)

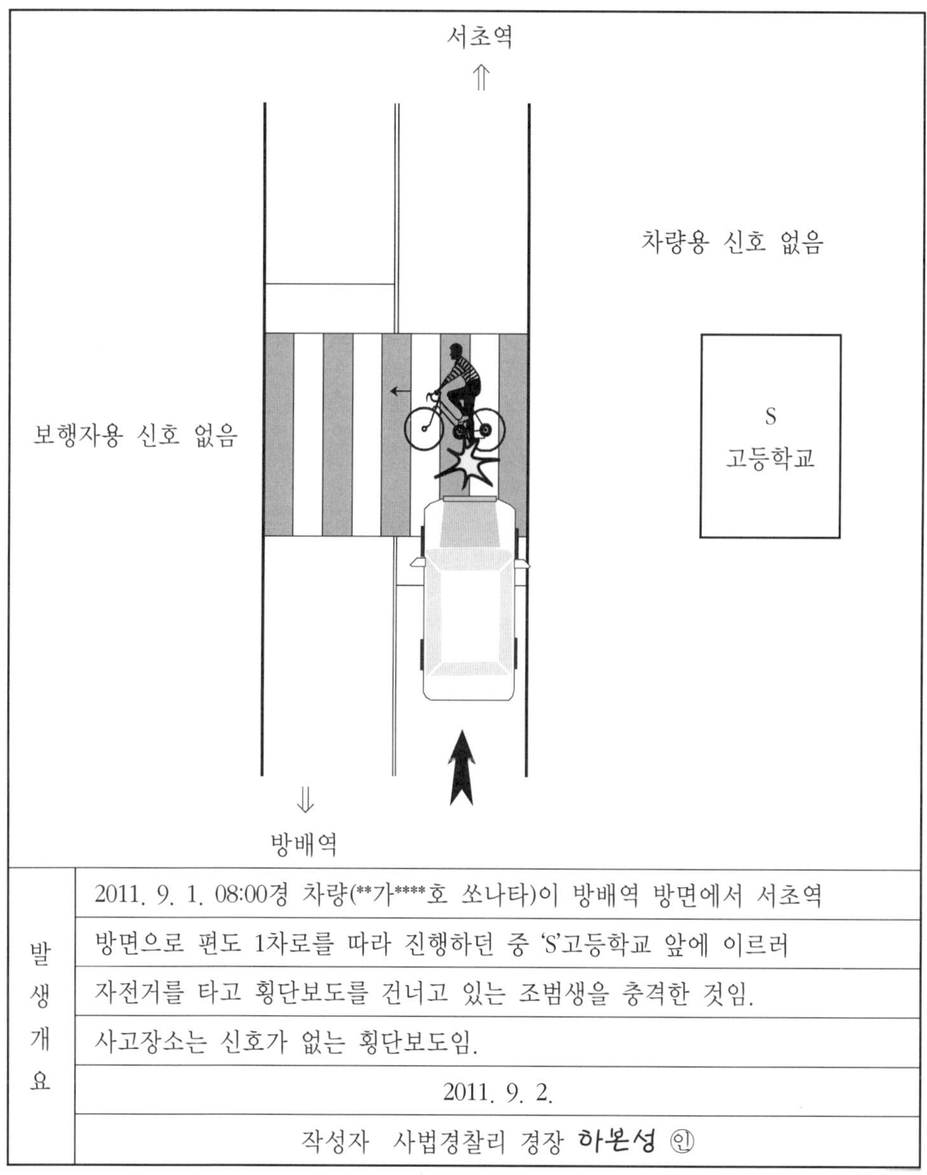

발생개요	
	2011. 9. 1. 08:00경 차량(**가****호 쏘나타)이 방배역 방면에서 서초역
	방면으로 편도 1차로를 따라 진행하던 중 'S'고등학교 앞에 이르러
	자전거를 타고 횡단보도를 건너고 있는 조범생을 충격한 것임.
	사고장소는 신호가 없는 횡단보도임.
	2011. 9. 2.
	작성자 사법경찰리 경장 하본성 ㊞

진 술 서

성 명 조범생(******-*******)
주 소 서울 서초동 이하 생략

1. 저는 2011. 9. 1. 08:00경 서울 서초구 서초1동 114 'S고등학교' 정문 앞 횡단보도에서 교통사고를 당한 사실이 있습니다.

1. 제가 자전거를 타고 신호등이 없는 횡단보도를 건너는데 **가****호 쏘나타 승용차가 저와 자전거 왼쪽을 들이받아 길바닥에 넘어지면서 다리가 골절되는 등 상해를 입었습니다.

1. 가해자 차량은 종합보험에 가입되지 않은 것으로 알고 있습니다.

1. 아직 가해자가 피해를 배상하지 아니하여 처벌을 원합니다.

1. 진단서를 제출하겠습니다.

첨부: 진단서(생략)

2011. 9. 3.

진술자 조 범 생 ㊞

진 술 서

성 명 장희빈 (******-*******)

주 소 서울 동대문구 이문동 333

1. 저는 서울 서초구 서초2동 119에서 '룰루' 유흥주점을 운영하고 있습니다.

1. 저는 2011. 10. 10. 23:00경 무전취식의 피해를 당한 사실이 있습니다.

1. 이달수가 혼자 들어와 호기롭게 술 등을 주문하여 돈이 없는 줄 몰랐습니다. 도우미 1명을 부르고 21년 산 양주 2병을 마셨습니다. 대금이 100만 원이 나와 지급을 요구하니까 외상으로 하자고 하여 바로 경찰에 신고하였습니다.

1. 경찰이 출동하여 확인해 보니 수중에 현금 2만 원만 있고, 신용카드도 없었습니다.

1. 술값만 지급하면 처벌을 원하지는 않습니다.

1. 영수증을 제시하겠습니다.

첨부: 영수증(생략)

2011. 10. 11.

진술자 장 희 빈 ㊞

피의자신문조서

피의자 김토건에 대한 특수강도교사 피의사건에 관하여 2011. 11. 3. 서울서초경찰서 형사과 형사팀 사무실에서 사법경찰관 경위 홍반장은 사법경찰리 경사 강철중을 참여하게 하고, 아래와 같이 피의자임에 틀림없음을 확인하다.

문 피의자의 성명, 주민등록번호, 직업, 주거, 등록기준지 등을 말하십시오.

답 성명은 김토건(金土建)

주민등록번호는 ******-******* 직업은 건설업체 사장

주거는 서울 강남구 대치1동 기아아파트 101동 1007호

등록기준지는 (생략)

직장 주소는 서울 서초구 서초1동 10

연락처는 자택전화 (생략) 휴대전화 (생략)

직장전화 (생략) 전자우편 (e-mail) (생략) 입니다.

사법경찰관은 피의사건의 요지를 설명하고 사법경찰관의 신문에 대하여 「형사소송법」 제244조의3에 따라 진술을 거부할 수 있는 권리 및 변호인의 참여 등 조력을 받을 권리가 있음을 피의자에게 알려주고 이를 행사할 것인지 그 의사를 확인하다.

[진술거부권 및 변호인 조력권 고지함. 그 내용은 생략]

[피의자의 범죄전력, 경력, 학력, 가족·재산 관계 등 생략]

문 피의자는 2011. 10. 31. 15:00경 이달수를 시켜 박대우가 빌려 간 돈 5,000만 원을 받아 오게 한 사실이 있지요

답 예, 그렇습니다.

문 그 경위를 진술하시오.

답 제가 3년 전에 박대우에게 빌려준 1억 원을 받지 못하고 있었습니다. 그러던 중 제 고향후배인 이달수가 저에게 3,000만 원을 빌려달라고 조르기에 박대우에게서 돈을 받아 오면 3,000만 원을 빌려주겠다고 하면서 박대우의 연락처, 사무실과 집 위치를 가르쳐주었습니다.

2011. 10. 31.경 일본 출장 중이었는데 거래처와 통화하던 중 박대우가 원청으로부터 기성금을 수억 원 받는다는 이야기를 들었습니다. 이때 받지 않으면 당분간 못 받을 것 같아서 바로 이달수에게 전화하여 오후에 귀국하니까 제 차를 가지고 공항에서

대기하라고 하였습니다. 그리고 인천국제공항에서 서울로 들어오는 길에 이달수에게 "박대우가 어제 아니면 오늘 공사 기성금을 받은 것으로 알고 있다. 순순히 말해서는 주지 않을 것이니 확실히 받아 와라. 돈을 받아오면 그중 일부를 빌려주겠다."라고 말하였습니다. 다음날 오전에 이달수가 박대우의 집을 찾아가서 5,000만 원을 받아 왔기에 그중 3,000만 원을 빌려주었습니다. 속으로 용케 받아 왔구나 생각하고 더 이상 묻지 않았습니다.

문 이달수는 피의자가 인천공항에서 서울로 오는 자동차 안에서 주방용 식칼이 든 봉투를 서류가방 속에서 꺼내 주어 그 식칼로 범행을 하였다고 진술하는데 어떠한가요.

답 말도 안 됩니다.

이때 피의자가 추가로 진술할 내용이 있다고 하다.

문 추가로 진술할 내용에 대하여 말하시오.

답 저는 2010. 9.경에 'H건설 주식회사'에서 시공하는 낙동강 창녕-함안보 공사를 하도급 받으려고 시도하였습니다. 그런데 저희 업체는 건설업체로서 보 공사 관련 전문면허와 공사 실적이 없어 하도급에 참여할 수 없었습니다. 그래서 'H건설 주식회사'의 내부 규정에 반하지만 어떤 식으로든지 공사의 하도급을 맡게 해 달라는 취지로 'H건설 주식회사' 이사 최현대에게 4,000만 원을 주려고 하였습니다.

2010. 10. 1. 저의 사무실에서 이런 내용을 알고 있는 이달수에게 현금 4,000만 원을 주면서 최현대에게 주고 오라고 심부름을 시켰는데 이달수가 그 돈을 마음대로 써버렸습니다.

지금까지 참고 있었는데 이 사건에 저를 끌어들이기까지 하여 진술을 하는 것입니다. 처벌해주시기 바랍니다.

문 이상의 진술내용에 대하여 이의나 의견이 있는가요.

답 없습니다. (무인)

위의 조서를 진술자에게 열람하게 하였던바, 진술한 대로 오기나 증감 · 변경할 것이 전혀 없다고 하므로 간인한 후 서명무인하게 하다.

진술자 김 토 건 (무인)

2011. 11. 3.

서울서초경찰서

사법경찰관 경위 홍 반 장 ㊞

사법경찰리 경사 강 철 중 ㊞

피의자신문조서(2회)

피 의 자: 이달수

위의 사람에 대한 특수강도 등 피의사건에 관하여 2011. 11. 3. 서울서초경찰서에서 사법경찰관 경위 홍반장은 사법경찰리 경사 강철중을 참여하게 한 후, 피의자에 대하여 다시 아래의 권리들이 있음을 알려주고 이를 행사할 것인지 그 의사를 확인하다.

[진술거부권 및 변호인 조력권 고지함. 그 내용은 생략]

[피의자의 범죄전력, 경력, 학력, 가족·재산 관계 등 생략]

[횡령]

문 피의자는 2010. 10. 1.경 김토건이 'H건설 주식회사' 계약담당이사 최현대에게 전해주라며 받은 4,000만 원을 가져다주지 않고 임의로 사용한 사실이 있는가요.

답 예, 그렇습니다.

문 그 경위를 진술하시오.

답 김토건은 2010. 9.경에 'H건설 주식회사'에서 시공하는 낙동강 창녕-함안보 공사를 하도급 받으려고 시도하였습니다. 그런데 김토건의 사업체는 건설업체로서 보 공사 관련 전문면허와 공사 실적이 없어 하도급에 참여할 수 없었습니다. 그래서 'H건설 주식회사'의 내부 규정에 반하지만 어떤 식으로든지 공사의 하도급을 맡게 해 달라는 취지로 'H건설 주식회사' 이사 최현대에게 4,000만 원을 주라고 하였습니다. 그런데 그날 제 개인 채무 변제에 써버렸습니다.

[성폭력범죄의처벌등에관한특례법위반(주거침입강간등)]

문 피의자는 2011. 6. 1. 23:00경 서울 서초구 서초3동 130에 있는 피해자 정미희의 집에 들어가 피해자를 강간하려 한 사실이 있는가요.

답 없습니다.

문 피해자는 피의자의 얼굴을 확인하고 피의자가 범인이 맞다고 하는데요.

답 억울합니다.

문 범행 장소가 김토건의 사무실과 가까운데 범행 장소에 가본 적이 있는가요.

답 어디인지 모릅니다.

이때 피의자의 집에서 압수해 온 나이키 신발과 피해자의 집 창문 턱에 난 신발자국 사진

을 제시하며

문 피의자가 신고 다니는 나이키 신발이 맞지요.

답 예, 제가 가끔 신는 것입니다.

문 피해자 집 창문 턱에 난 신발자국과 피의자의 나이키 신발 바닥 무늬가 육안으로 같아 보이는데 어떻게 된 것인가요.

답 같은 나이키 신발을 신는 사람이 어디 한두 명이겠습니까? 저는 인정할 수 없습니다.

문 피의자는 이전에도 주거에 침입하여 강간한 전력이 있는데요.

답 오래 전 젊었을 때의 일입니다. 전과만으로 용의자로 몰리는 것은 억울합니다.

[교통사고처리특례법위반]

문 피의자는 2011. 9. 1. 08:00경 서울 서초구 서초1동 114 'S고등학교' 정문 앞 횡단보도에서 교통사고를 낸 사실이 있는가요.

답 예, 그렇습니다.

문 그 경위를 진술하시오.

답 제가 12가3456호 쏘나타 승용차를 운전하다가 횡단보도를 통과하면서 자전거를 타고 횡단보도를 건너던 피해자를 뒤늦게 발견하고 제 승용차 앞 범퍼 부분으로 자전거를 들이받아 피해자가 넘어지면서 다리가 골절되는 상해를 입혔습니다.
제 차는 종합보험에 가입되어 있지 않고, 아직 합의하지 못하고 있습니다.

[사기]

문 피의자는 2011. 10. 10. 23:00경 서울 서초구 서초2동 119에 있는 피해자 장희빈이 운영하는 유흥주점에서 100만 원에 해당하는 술과 서비스를 제공받고, 그 대금을 지급하지 아니한 사실이 있지요.

답 예, 그렇습니다.

문 당시 술값을 지급할 수 있었는가요.

답 당시 수중에 2만 원밖에 없어 지급할 수 없었습니다.

문 피의자는 상습사기와 사기로 여러 번 처벌받은 전력이 있는데 모두 무전취식인가요.

답 예, 모두 무전취식입니다.

문 피해자 장희빈에게 변제하였는가요.

답 아직 변제하지 못하였습니다.

문 이상의 진술내용에 대하여 이의나 의견이 있는가요.

답 없습니다. (무인)

위의 조서를 진술자에게 열람하게 하였던바, 진술한 대로 오기나 증감·변경할 것이 전혀 없다고 하므로 간인한 후 서명무인하게 하다.

진술자 이 달 수 (무인)

2011. 11. 3.

서울서초경찰서

사법경찰관 경위 홍 반 장 ㉩

사법경찰리 경사 강 철 중 ㉩

국립과학수사연구원

1. 형사과-8342호 (1122-165)(2011-M-46804 경장 송민철)와 관련된 것입니다.
2. 위 건에 대한 감정결과를 회보합니다.
3. 문서처리자는 각 담당자에게 열람을 요청합니다.
4. 비밀번호 조회는 http://pwd.nisi.go.kr 에서 로그인 후 확인 바랍니다.

감정결과 : 창문 턱에 있는 신발자국과 피의자 이달수의 나이키 신발의 바닥 무늬와 크기가 일치함. 끝.

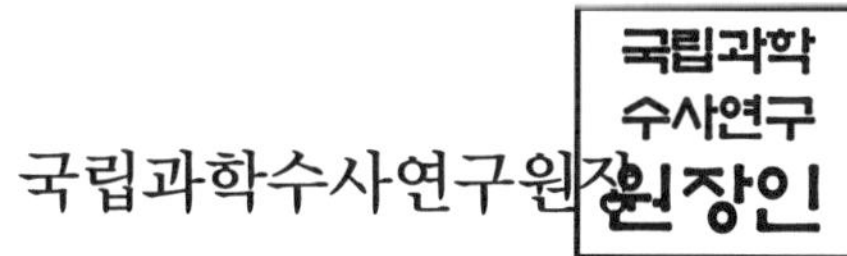

수신자

전결 11/6

00연구관 정00 00분석과장 홍00

협조자

시행 00분석과-5229(2011.11.3) 접수 (2011.11.3)

우 158-707 서울 양천구 신월7동 국립과학수사연구원 / http://www.mopas.go.kr

전화 02-2600-**** 전송 02-2600-**** /*****@****.**.** /비공개

조 회 회 보 서

제2011-5231호 2011. 11. 2.

□ 조회대상자

성 명	이달수	주민등록번호	******-*******		성 별	남
지 문 번 호	*****-75***	주민지문번호	*****-758**	일련번호		*********
주 소	서울 서초구 양재2동 125					
등록기준지	(생략)					

□ 주민정보 - (생략)

□ 범죄경력자료

연번	입건일	입건관서	작성번호	송치번호	형제번호
	처분일	죄 명		처분관서	처분결과
1	2000. 9. 2.	서울강동경찰서	003323	2000-131	****-***-*****
	2001. 1.22.	성폭력범죄의처벌및피해자보호등에관한법률위반(주거침입강간등)		서울지방법원 동부지원	징역 3년 집행유예 5년
2	2006. 3.26.	서울강남경찰서	003421	2006-3877	****-***-*****
	2006. 5.21.	사기		서울중앙지방법원	벌금 100만 원
3	2007. 9. 2.	서울강남경찰서	004323	2007-9900	****-***-*****
	2007.11.22.	상습사기		서울중앙지방법원	벌금 200만 원
4	2009. 9. 2.	서울강남경찰서	004357	2009-9999	****-***-*****
	2009.10.30.	상습사기		서울중앙지방법원	벌금 300만 원

□ 수사경력자료 (생략) □ 지명수배내역 (생략)

위와 같이 조회 결과를 통보합니다.

조 회 용 도 : 접수번호 2011-**** 수사

조회의뢰자 : 형사팀 경위 홍반장

작 성 자: 형사팀 경사 김주용

서울서초경찰서장 [인]

기타 법원에 제출되어 있는 증거들

※ 편의상 다음 증거서류의 내용은 생략하였으나, 법원에 증거로 적법하게 제출되어 있음을 유의하여 변론할 것.

○ **검사 작성의 피의자 이달수에 대한 피의자신문조서(2011. 11. 9.)**

- 경찰에서의 진술과 동일한 취지로 내용 생략

○ **검사 작성의 피의자 김토건에 대한 피의자신문조서(2011. 11. 10.)**

- 경찰에서의 진술과 동일한 취지로 내용 생략

○ **김토건에 대한 조회회보서(2011. 11. 3.)**

- 범죄경력이 없는 초범으로 내용 생략

제 6 문에 대한 해설

변 론 요 지 서

Ⅰ. 피고인 김토건의 특수강도교사의 점은 무죄를 선고하여 주시기 바랍니다.

1. 쟁점

피고인은 경찰에서부터 법정에 이르기까지 "상피고인 이달수에게 돈을 받아다 달라고 부탁한 것은 사실이나, 강도를 교사하거나 칼을 준 사실이 없다"라고 변명하고 있어 과연 피고인에 대한 공소사실을 인정하기에 족한 증거가 있는지가 쟁점입니다.

2. 증거관계

가. 공소사실에 부합하는 증거 중 다음 증거들은 증거능력이 없습니다.

(1) 사법경찰관이 작성한 상피고인 이달수에 대한 피의자신문조서의 진술기재

피고인 김토건이 이달수에게 특수강도를 교사하였다는 이달수의 진술이 기재되어 있으나, 이달수와 공범관계인 피고인 김토건이 그 내용을 부인하고 있으므로 증거능력이 없습니다(판례).

(2) 증인 이칠수의 이 법정에서의 진술

증인 이칠수는 이 법정에서 "피고인 이달수가 저의 집으로 찾아와서 '김토건 선배의 채권을 받아다 주고 그 돈을 빌렸다. 김토건 선배가 칼을 주면서 꼭 받아 오라고 하길래 한 번 사고를 쳤다'라고 말하였다"라고 진술한 바 있습니다.

그러나 이는 이른바 전문진술로서 '피고인이 아닌 타인(이달수)'의 진술을 그 내용으로 하고 있어 형사소송법 제 316조 제2항에 따라 원진술자가 사망, 질병, 외국거주, 소재불명 그 밖에 이에 준하는 사유로 인하여 진술할 수 없고, 그 진술이 특히 신빙할 수 있는 상태하에서 행하여졌음이 증명된 때에 한하여 이를 증거로 할 수 있음에도 원진술자 이달수는 법정에 현존하므로 요건이 미비하여 증거능력이 없습니다.

나. 그 밖에 상피고인 이달수의 진술은 신빙성이 없습니다.

검사가 작성한 상피고인 이달수에 대한 피의자신문조서의 진술기재 및 이달수의 이 법정에서의 진술에 의하면 이달수는 피고인 김토건이 자신에게 식칼을 주며 특수강도를 교사하였다는 취지로 진술하고 있으나, ① 칼의 모양에 대하여 주방용 식칼이라고 진술하지만, 피해자 박대우는 접히는 칼이라고 이 법정에서 증언하는 점, ② 해외 출장에서 돌아오는 길인 김토건이 칼까지 준비하여 이달수에게 줄 수 있었겠는가 하는 점, ③ 범행 동기와 관련하여 재력이 있는 김토건이 굳이 강도교사를 할 이유가 없고 오히려 이달수가 자신의 채무변제가 급하여지자 무리한 범행을 하였을 가능성이 높은 점, ④ 이달수로서는 자신의 죄책을 가볍게 하기 위하여 피고인을 주범으로 끌어들일 가능성도 높은 점, ⑤ 이달수는 범행전력이나 전에도 김토건의 돈을 횡령하는 등 진실성이 부족한 사람인 점 등에 비추어 보면 이달수의 진술은 신빙성이 없다고 보아야 합니다.

다. 강도교사죄의 성립 문제

다만 피고인이 "순순히 말해서는 주지 않을 것이니 확실히 받아오라"고 말한 사실은 자인하고 있으므로 칼을 주지는 않았다고 하더라도 강도교사죄가 성립한다는 주장이 있을 수 있습니다.

그러나 교사라 함은 정범에게 특정한 범죄의 결의를 가지게 만드는 행위이므로 이 말을 교사로 볼 수 없으며 이는 채무변제를 심하게 독촉하라는 의미 정도로 해석하여야 합니다.

4. 소결론

위에서 살펴본 바와 같이 피고인의 특수강도교사 공소사실을 인정할 만한 증거가 없어 이 부분은 결국 합리적 의심 없는 정도의 증명이 되지 않았으므로 형사소송법 제325조 후단에 따라 무죄를 선고하여 주시기 바랍니다.

Ⅱ. 피고인 이달수

1. 횡령의 점은 무죄가 선고되어야 합니다.

공소사실 기재와 같이 돈 4,000만 원은 상피고인 김토건이 피고인 이달수에게 건설업체 공사계약 담당이사인 최현대에게 전달하라고 준 돈인데, 이는 부정한 청탁을 위하여 대가로 제공한 금품이므로 불법원인급여물입니다.

불법원인급여물에 대한 횡령죄 성부에 대하여, 학설상의 견해대립은 있으나 유사한 사례에서 대법원은 횡령죄가 성립하지 않는다고 보고 있습니다. 즉 위 금원은 소유권이 피고인 이달수에게 귀속되는 것이어서 피고인이 이를 임의소비하더라도 횡령죄를 구성하지 않는 것입니다.

그러므로 이 부분은 공소사실이 범죄를 구성하지 않는 경우에 해당하므로 형사소송법 제325조 전단에 따라 무죄를 선고하여 주시기 바랍니다.

2. 성폭력범죄의처벌등에관한특례법위반(주거침입강간)의 점도 무죄입니다.

가. 쟁점

피고인은 경찰 이래 이 법정에 이르기까지 자신은 범인이 아니라고 변명하고 있으므로 과연 이를 입증할 증거가 있는지 살펴 보겠습니다.

나. 다음의 증거들은 증거능력이 없습니다.

(1) 압수된 신발

피고인은 특수강도죄로 긴급체포된 것이므로 압수된 신발은 긴급체포의 원인이 된 사건과 관련성이 없으므로 형사소송법 제217조 제1항에 따라 압수할 수 없습니다. 따라서 위법수집증거라고 볼 수밖에 없습니다. 또한 같은 조 제2항에 따른 사후압수수색영장도 청구한 사실이 없으므로 어느 모로 보나 압수된 신발은 증거능력을 인정받을 수 없습니다.

(2) 신발을 압수하였다는 압수조서의 기재, 족적 감정서의 기재

모두 위법수집증거인 신발에서 파생된 2차적 증거이므로 역시 증거능력이 없습니다. 특히, 족적 감정서는 "창문 턱에 있는 신발 자국과 피의자 이달수의 나이키 신발의 바닥 무늬와 크기가 일치함"이라는 정도로 동일 신발이라는 사실을 증명할 수는 없고, 같은 종류의 신발을 많은 사람이 신을 수 있다는 점에 비추어 보아도 증명력도 부족합니다.

다. 다음의 증거들로는 공소사실을 증명할 수 없습니다.

사법경찰관이 작성한 피해자 정미희에 대한 1,2회 진술조서의 진술기재, 증인 정미희의 법정에서의 진술에 의하면 위 진술조서의 기재 내용은 사법경찰관이 피해자에게 피고인 1인만을 보게 한 다음 '범인이 맞다'는 진술을 들은 것임을 알 수 있습니다. 용의자의 인상착의 등에 의한 범인식별 절차에 있어 용의자 한 사람이 단독으로 목격자와 대질시키거나(이른바 쇼우업) 용의자의 사진 한 장만을 목격자에게 제시하여 범인 여부를 확인하게 하는 것은 사람의 기억력의 한계 및 부정확성과 구체적인 상황 하에서 용의자나 그 사진상의 인물이 범인으로 의심받고 있다는 무의식적 암시를 목격자에게 줄 수 있는 가능성으로 인하여, 그러한 방식에 의한 범인식별 절차에서의 목격자의 진술은, 그 용의자가 종전에 피해자와 안면이 있는 사람이라든가 피해자의 진술 외에도 그 용의자를 범인으로 의심할 만한 다른 정황이 존재한다든가 하는 등의 부가적인 사정이 없는 한 그 신빙성이 낮다는 것이 대법원의 입장입니다. 따라서 위 피해자의 목격진술은 범인식별절차를 준수하지 않아 신빙성이 없고 또한 그 기억에 의존하는 법정에서의 진술도 신빙성을 인정받을 수 없습니다.

그뿐만 아니라 피해자는 침대 위의 스탠드 보조조명으로 어두운 상태에서 범인을 본 데다가 피해를 당한 후 5개월이 지난 시점에 이달수를 범인으로 지목하기에는 기억력의 한계가 있다는 점 등은 피해자 진술의 신빙성을 더욱 희박하게 합니다.

라. 소결론

그 밖에 다른 증거도 없으므로 결국 이 부분 공소사실은 범죄의 증명이 없는 때에 해당하여 형사소송법 제325조 후단에 따라 무죄를 선고하여 주시기 바랍니다.

3. 교통사고처리특례법위반의 점은 공소기각의 판결을 선고하여 주시기 바랍니다.

가. 법률의 규정

도로교통법 제27조 제1항은 "모든 차의 운전자는 보행자(제13조의2 제6항에 따라 자전거에서 내려서 자전거를 끌고 통행하는 자전거운전자를 포함한다)가 횡단보도를 통행하고 있는 때에는 그 횡단보도 앞(정지선이 설치되어 있는 곳에서는 그 정지선을 말한다)에서 일시정지하여 보행자의 횡단을 방해하거나 위험을 주어서는 아니된다"고 규정하고 있습니다.

따라서 공소사실 기재와 같이 자전거를 타고 횡단보도를 건너던 피해자 조범생에게 상해를 입힌 것은 횡단보도 보행자 보호의무를 위반한 것이 아닙니다.

한편, 교통사고처리특례법은 "차의 운전자가 교통사고로 인하여 「형법」 제268조의 죄를 범한 때"에 피해자가 처벌을 원하지 아니하거나 법률에 규정된 종합보험이나 공제조합에 가입된 경우 소정의 예외사유가 없으면 처벌하지 않습니다.

나. 소결론

따라서 이 부분 공소사실은 피해자가 처벌을 원하지 아니하므로(합의서 제출) 형사소송법 제327조 제6호에 의하여 공소기각의 판결을 선고하여 주시기 바랍니다.

4. 사기의 점은 면소판결을 선고하여 주시기 바랍니다.

2011. 11. 20. 발령된 피고인에 대한 상습사기 약식명령(확정)에 의하면 "피고인에 대한 공소사실과 확정된 약식명령상의 범죄사실은 같은 종류의 여러 범죄를 같은 상습성의 발현으로 범한 것이므로 피고인의 범행은 모두 포괄일죄에 해당합니다.

이 부분 공소사실은 약식명령 발령일 이전의 범행이므로 형사소송법 제326조 제1호의 "확정판결이 있는 때"에 해당하여 면소판결을 선고하여 주시기 바랍니다.

제 7 문

[특정경제범죄가중처벌등에관한법률위반(사기) 등]

2013년 1월 실시된 제2회 변호사시험 형사기록형 문제이다.

응시자 준수사항

1. 시험 시작 전 문제지의 봉인을 손상하는 경우, 봉인을 손상하지 않더라도 문제지를 들추는 행위 등으로 문제 내용을 미리 보는 경우 모두 부정행위로 간주되어 그 답안은 영점처리 됩니다.
2. 답안은 흑색 또는 청색 필기구(사인펜이나 연필 사용 금지) 중 한 가지 필기구만을 사용하여 답안 작성 난(흰색 부분) 안에 기재하여야 합니다.
3. 답안지에 성명과 수험 번호를 기재하지 않아 인적사항이 확인되지 않는 경우에는 영점처리 등 불이익을 받게 됩니다. 특히 답안지를 바꾸어 다시 작성하는 경우, 성명 등의 기재를 빠뜨리지 않도록 유의하여야 합니다.
4. 답안지에는 문제내용을 기재할 필요가 없으며, 답안 내용 이외의 사항을 기재하거나 밑줄 기타 어떠한 표시도 하여서는 아니됩니다. 답안을 정정할 경우에는 두 줄로 긋고 다시 기재하여야 하며, 수정액 등은 사용할 수 없습니다.
5. 시험종료 시각에 임박하여 답안지를 교체요구한 경우라도 시험시간 종료 후 즉시 새로 작성한 답안지를 회수합니다.
6. 시험 종료 후에는 답안지 작성을 일절 할 수 없으며, 이에 위반하여 시험시간이 종료되었음에도 불구하고 **시험관리관의 답안지 제출지시에 불응한 채 계속 답안을 작성하거나 답안지를 늦게 제출할 경우 그 답안은 영점처리** 됩니다.
7. 답안은 답안지 쪽수 번호 순으로 기재하여야 하고, **배부받은 답안지는 백지 답안이라도 모두 제출**하여야 하며, **답안지를 제출하지 아니한 경우 그 시험시간 및 나머지 시험시간의 시험에 응시할 수 없습니다.**
8. 지정된 시간까지 지정된 시험실에 입실하지 아니하거나 시험관리관의 승인을 얻지 아니하고 시험시간 중에 그 시험실에서 퇴실한 경우 그 시험시간 및 나머지 시험시간의 시험에 응시할 수 없습니다.
9. 시험시간이 종료되기 전에는 어떠한 경우에도 문제지를 시험장 밖으로 가지고 갈 수 없고, 시험 종료 후 가지고 갈 수 있습니다.

문 제

다음 기록을 읽고 피고인 김갑인의 변호인 김힘찬과 피고인 이을해의 변호인 이사랑의 변론요지서를 작성하되, 다음 쪽 변론요지서 양식 중 본문 Ⅰ, Ⅱ 부분만 작성하시오.

작성요령

1. 시험의 편의상 두 변호인의 변론을 하나의 변론요지서에 작성함.
2. 피고인들 사이에 이해가 상충되는 경우 피고인들 각각의 입장에 충실하게 변론할 것.
3. 학설·판례 등의 견해가 대립되는 경우, 한 견해를 취하여 변론할 것. 다만, 대법원 판례와 다른 견해를 취하여 변론을 하고자 하는 경우에는 자신의 입장에 따른 변론을 하되, 대법원 판례의 취지를 적시할 것.
4. 증거능력이 없는 증거는 실제 소송에서는 증거로 채택되지 않아 증거조사가 진행되지 않지만, 이 문제에서는 시험의 편의상 증거로 채택되어 증거조사가 진행된 것을 전제하였음. 따라서 필요한 경우 증거능력에 대하여도 변론할 것.

주의사항

1. 쪽 번호는 편의상 연속되는 번호를 붙였음.
2. 조서, 기타 서류에는 필요한 서명, 날인, 무인, 간인, 정정인이 있는 것으로 볼 것.
3. 증거목록, 공판기록 또는 증거기록 중 '(생략)'이라고 표시된 부분에는 법에 따른 절차가 진행되어 그에 따라 적절한 기재가 있는 것으로 볼 것.
4. 공판기록과 증거기록에 첨부하여야 할 일부 서류 중 '(생략)' 표시가 있는 것, '증인선서서'와 수사기관의 조서에 첨부하여야 할 '수사과정확인서'는 적법하게 존재하는 것으로 볼 것.
5. 송달이나 접수, 통지, 결재가 필요한 서류는 모두 적법한 절차를 거친 것으로 볼 것.

변론요지서

사 건 2012고합1277 특정경제범죄가중처벌등에관한법률위반(사기) 등
피고인 1. 김갑인
2. 이을해

위 사건에 관하여 피고인 김갑인의 변호인 변호사 김힘찬, 피고인 이을해의 변호인 변호사 이사랑은 다음과 같이 변론합니다.

다 음

Ⅰ. 피고인 김갑인에 대하여 **(40점)**
1. 사문서위조, 위조사문서행사의 점
2. 특정범죄가중처벌등에관한법률위반(도주차량)의 점
3. 도로교통법위반(음주운전)의 점

Ⅱ. 피고인 이을해에 대하여 **(60점)**
1. 특정경제범죄가중처벌등에관한법률위반(사기)의 점
2. 공갈의 점

※ **평가제외사항 - 공소사실의 요지, 정상관계, 피고인 김갑인에 대한 특정경제범죄가중처벌등에관한법률위반(사기) 부분**
(답안지에 기재하지 말 것)

2013. 1. 5.

피고인 김갑인의 변호인 변호사 김힘찬 ㉑
피고인 이을해의 변호인 변호사 이사랑 ㉑

서울중앙지방법원 제26형사부 귀중

기록내용시작

구속만료		미결구금
최종만료		
대행갱신 만료		

서 울 중 앙 지 방 법 원

구공판 **형 사 제 1 심 소 송 기 록**

기일	사건번호	2012고합1277	담임	제26부	주심	다
1회기일						
12/7 A10	사 건 명	가. 특정경제범죄가중처벌등에관한법률위반(사기) 나. 특정범죄가중처벌등에관한법률위반(도주차량) 다. 공갈 라. 사문서위조 마. 위조사문서행사 바. 도로교통법위반(음주운전)				
12/21 P3						
	검 사	정이감	2012형제55511호			
	공소제기일	2012. 10. 19.				
	피 고 인	1. 가.나.라.마.바. **김갑인** 2. 가.다. **이을해**				
	변 호 인	사선 변호사 김힘찬(피고인 김갑인) 사선 변호사 이사랑(피고인 이을해)				

확 정	
보존종기	
종결구분	
보 존	

완결 공람	담 임	과 장	국 장	주심 판사	재판장	원장

접 수 공 람	과 장	국 장	원 장
	㊞	㊞	㊞

공 판 준 비 절 차

회 부 수명법관 지정 일자	수명법관 이름	재 판 장	비 고

법정외에서지정하는기일

기일의 종류	일 시				재 판 장	비 고
1회 공판기일	2012.	12.	7.	10:00	㊞	

서울중앙지방법원

목　　록		
문 서 명 칭	장　수	비　고
증거목록	8	검사
증거목록	10	피고인 및 변호인
공소장	11	
변호인선임신고서	(생략)	피고인 김갑인
변호인선임신고서	(생략)	피고인 이을해
영수증(공소장부본 등)	(생략)	피고인 깁갑인
영수증(공소장부본 등)	(생략)	피고인 이을해
영수증(공판기일통지서)	(생략)	변호사 김힘찬
영수증(공판기일통지서)	(생략)	변호사 이사랑
의견서	(생략)	피고인 김갑인
의견서	(생략)	피고인 이을해
공판조서(제1회)	15	
증거서류제출서	17	변호사 김힘찬
공판조서(제2회)	20	
증인신문조서	22	박병진
증인신문조서	23	안경위

서울중앙지방법원

목　　록(구속관계)		
문 서 명 칭	장　수	비　고
긴급체포서	14	피고인 이을해
석방보고서	(생략)	피고인 이을해

증 거 목 록(증거서류 등)

2012고합1277

① 김갑인
② 이을해

2012형제55511호 신청인: 검사

순번	증거방법					참조사항 등	신청기일	증거의견		증거결정		증거조사기일	비고
	작성	쪽수(수)	쪽수(증)	증 거 명 칭	성 명			기일	내용	기일	내용		
1	검사	(생략)		피의자신문조서	김갑인	사기 등	1	1	① ○ ② ×	(생략)			생략
2	〃	47		피의자신문조서	이을해	사기 등	1	1	② ○ ① ○				
3	〃	(생략)		사망진단서사본	양신구	사기 등	1	1	①② ○				
4	사경	26		진술조서	박병진	사기,위조등	1	1	① ○ ② ×				
5	〃	30		부동산매매계약서		사기,위조등	1	1	①② ○				
6	〃	(생략)		무통장입금증 2장		사기	1	1	①② ○				
7	〃	(생략)		등기사항전부증명서		사기	1	1	①② ○				
8	〃	31		진술조서	최정오	사기,위조등	1	1	①② ○				
9	〃	33		피의자신문조서	김갑인	사기,위조등	1	1	① ○ ② ×				
10	〃	36		피의자신문조서	이을해	사기	1	1	② × ① ○				
11	〃	38		피의자신문조서	김갑인	도주차량등	1	1	① ○				
12	〃	40		진술서	고경자	도주차량	1	1	① ○				
13	〃	(생략)		진단서	고경자	도주차량	1	1	① ○				
14	〃	(생략)		교통사고실황조사서		도주차량	1	1	① ○				
15	〃	41		주취운전자적발보고서		음주운전	1	1	① ○				
16	〃	42		수사보고서 (혈중알콜농도 산출보고)		음주운전	1	1	① 진정성립만 인정				
17	〃	43		자동차종합보험 가입사실증명서	김갑인	도주차량	1	1	① ○				
18	〃	44		진술서	강기술	공갈	1	1	② ○				
19	〃	45		피의자신문조서	이을해	공갈	1	1	② ○				
20	〃	(생략)		조회회보서	김갑인	전과	1	1	① ○				
21	〃	(생략)		조회회보서	이을해	전과	1	1	② ○				

※ 증거의견 표시 - 피의자신문조서: 인정 ○, 부인 ×
(여러 개의 부호가 있는 경우, 성립/임의성/내용의 순서임)
- 기타 증거서류: 동의 ○, 부동의 ×

※ 증거결정 표시: 채 ○, 부 ×

※ 증거조사 내용은 제시, 내용고지

증 거 목 록(증인 등)

2012고합1277

① 김갑인
② 이을해

2012형제55511호 신청인 : 검사

증 거 방 법	쪽수 (공)	입증취지 등	신청 기일	증거결정		증거조사기일	비고
				기일	내용		
증인 박병진	22	공소사실 1항 관련	1	1	○	2012. 12. 21. 15:00 (실시)	
증인 안경위	23	공소사실 1항 관련	1	1	○	2012. 12. 21. 15:00 (실시)	

※ 증거결정 표시 : 채 ○, 부 ×

증 거 목 록(증거서류 등)

2012고합1277

① 김갑인
② 이을해

2012형제55511호 신청인: 피고인 및 변호인

순번	증거방법					참조사항 등	신청기일	증거의견		증거결정		증거조사기일	비고
	작성	쪽수(수)	쪽수(공)	증거명칭	성명			기일	내용	기일	내용		
1			18	약식명령등본	김갑인		2	2	○	(생략)			생략
2			19	서적사본	김갑인		2	2	○				

※ 증거의견 표시 – 피의자신문조서: 인정 ○, 부인 ×
(여러 개의 부호가 있는 경우, 성립/임의성/내용의 순서임)
– 기타 증거서류: 동의 ○, 부동의 ×
※ 증거결정 표시: 채 ○, 부 ×
※ 증거조사 내용은 제시, 내용고지

서울중앙지방검찰청

2012. 10. 19.

사건번호 2012년 형제55511호
수 신 자 서울중앙지방법원
제 목 공소장
검사 정이감은 아래와 같이 공소를 제기합니다.

접수 No. 15511 2012. 10. 19. 서울중앙지방법원 형사접수실

1277

Ⅰ. 피고인 관련사항

1.피 고 인 김갑인(52****-1******), 60세
직업 부동산중개업, 010-****-****
주거 경기도 화성시 봉담읍 동화리 25 동화아파트 102동 203호
등록기준지 (생략)

죄 명 특정경제범죄가중처벌등에관한법률위반(사기), 특정범죄가중처벌등에관한법률위반(도주차량), 사문서위조, 위조사문서행사, 도로교통법위반(음주운전)

적용법조 특정경제범죄 가중처벌 등에 관한 법률 제3조 제1항 제2호, 형법 제347조 제1항, 특정범죄 가중처벌 등에 관한 법률 제5조의3 제1항 제2호, 형법 제268조, 도로교통법 제54조 제1항, 형법 제231조, 제234조, 도로교통법 제148조의2 제2항 제3호, 제44조 제1항, 형법 제30조, 제37조, 제38조

구속여부 불구속
변 호 인 없음

2.피 고 인 이을해(52****-1******), 60세
직업 무직, 010-****-****
주거 서울 서초구 양재동 123-12 양재빌라 1동 지하 103호
등록기준지 (생략)

죄 명 특정경제범죄가중처벌등에관한법률위반(사기), 공갈

적용법조 특정경제범죄 가중처벌 등에 관한 법률 제3조 제1항 제2호, 형법 제347조 제1항, 제350조 제1항, 제30조, 제37조, 제38조

구속여부 불구속
변 호 인 없음

Ⅱ. 공소사실

1. 피고인들의 공동범행

피고인들은 피고인 이을해의 고등학교 동창인 피해자 박병진(60세)에게서 주유소 부지로 이용하려고 하니 최정오가 소유한 경기도 화성시 봉담읍 동화리 283 대 1,503㎡를 매수해달라는 의뢰를 받고, 토지소유자인 최정오와 매매 교섭을 하는 과정에서 최정오에게서 토지 매매대금으로 3억 원을 제시받자, 피해자 박병진에게 토지 매매대금이 5억 원이라고 부풀려 말하여 그 매매대금을 편취하기로 공모하였다.

피고인 이을해는 2012. 4. 10.경 서울 서초구 서초1동 150에 있는 피해자 박병진의 집에서 피해자에게 "내가 고향친구인 토지 중개업자 김갑인에게 알아보았는데 토지소유자가 5억 원은 주어야 토지를 팔겠다고 하고, 요즘 그 주변 땅 시세가 그 이상 나가니, 5억 원 가량이면 그 땅을 싸게 사는 편이라고 하더라."라고 거짓말을 하였다. 피고인 김갑인도 전화로 피해자에게 "토지소유자가 5억 원 아래로는 안 팔겠다고 한다. 요즘 그 부근 토지 시세를 확인해보았는데 그 토지가격이 5억 원 이상 나가니 안심하고 구입해도 된다."고 거짓말을 하였다.

그러나, 사실은 최정오는 이미 피고인들에게 3억 원을 토지 매매대금으로 제시한 상황이었다.

그럼에도 불구하고 피고인들은 위와 같이 거짓말하여 피해자 박병진에게서 2012. 5. 3. 토지 매매계약금 명목으로 5,000만 원을, 같은 해 5. 18. 잔금 명목으로 4억 5,000만 원을 각각 송금받았다.

이로써 피고인들은 공모하여 위와 같이 피해자를 기망하여 5억 원을 교부받았다.

2. 피고인 김갑인

가. 사문서위조

피고인은 경기도 화성시 봉담읍 동화리 567에 있는 '사구팔 부동산중개소'에서 사실은 위 1.항 기재 토지에 관하여 매도인 최정오와 매수인 박병진 사이에 매매대금을 3억 원으로 한 매매계약서가 이미 작성되었음에도 불구하고, 매매대금을 5억 원으로 하는 매매계약서를 위조하여 박병진에게 교부하기로 마음먹었다.

피고인은 2012. 5. 25.경 위 '사구팔 부동산중개소'에서 부동산매매계약서 용지의 부동산의 표시란에 '경기도 화성시 봉담읍 동화리 283 대 1503㎡', 매매대금란에 '금 5억 원', 매수인란에 '박병진'이라고 기재한 다음, 박병진 이름 옆에 갖고 있던 박병진의 도장을 찍었다.

이로써 피고인은 행사할 목적으로 권리의무에 관한 사문서인 박병진 명의의 부동산매매계약서 1장을 위조하였다.

나. 위조사문서행사

피고인은 2012. 5. 25.경 서울 서초구 서초1동 150에 있는 박병진의 집에서 위와 같이 위조한 부동산매매계약서를 그 사실을 모르는 박병진에게 마치 진정하게 성립된 것처럼 교부하여 행사하였다.

다. 도로교통법위반(음주운전), 특정범죄가중처벌등에관한법률위반(도주차량)

피고인은 2012. 9. 18. 21:30경 혈중알콜농도 0.053%의 술에 취한 상태로 59투5099호 제네시스 승용차를 운전하여 서울 서초구 서초동에 있는 교대역 사거리 앞 도로를 서초역 쪽에서 강남역 쪽으로 편도 3차로를 따라 진행하던 중, 전방을 제대로 보지 않은 채 그대로 진행한 업무상 과실로 때마침 횡단보도 앞에서 적색신호에 정차한 피해자 고경자(여, 37세)가 운전하는 33수3010호 YF쏘나타 승용차의 뒷범퍼 부분을 위 제네시스 승용차의 앞범퍼 부분으로 들이받았다.

피고인은 위와 같은 업무상 과실로 피해자에게 약 2주간의 치료를 요하는 경추부 염좌상을 입게 하고도 곧 정차하여 피해자를 구호하는 등의 필요한 조치를 취하지 아니하고 그대로 도주하였다.

3. 피고인 이을해

피고인은 2012. 9. 27. 20:10경 서울 서초구 양재동에 있는 피해자 강기술(45세)이 운영하는 '양재곱창'에서 5만 원어치의 술과 음식을 주문하여 먹었다. 피고인은 같은 날 21:30경 음식 값을 계산하려고 지갑을 꺼내어 보니 가진 현금이 부족한 것을 발견하고, 음식 값의 지급을 면하기 위해서 피해자가 잠시 한눈을 파는 사이에 식당 밖으로 걸어 나갔다. 피고인은 피해자가 이를 발견하고 피고인을 따라와 음식 값을 달라고 요구하자, 피해자의 목을 잡고 손으로 뺨을 4~5회 때려 이에 겁을 먹은 피해자로 하여금 음식 값 5만 원의 청구를 단념하게 하였다.

이로써 피고인은 피해자를 공갈하여 재산상 이익을 취득하였다.

Ⅲ. 첨부서류

1. 긴급체포서 1통
2. 석방보고서 1통 (생략)

검사 성이삼 ㊞

■ 검사의 사법경찰관리에 대한 수사지휘 및 사법경찰관리의 수사준칙에 관한 규정 [별지 제28호서식]

긴 급 체 포 서

제 2012-1144 호

피의자	성 명	이 을 해(李 乙 亥)
	주민등록번호	(생략)
	직 업	(생략)
	주 거	(생략)
변호인		

위 피의자에 대한 특정경제범죄가중처벌등에관한법률위반(사기) 피의사건에 관하여 「형사소송법」 제200조의3 제1항에 따라 동인을 아래와 같이 긴급체포함

2012. 10. 2.

서울서초경찰서

사법경찰관 경위 안경위 (인)

체 포 한 일 시	2012. 10. 2. 12:20
체 포 한 장 소	서울서초경찰서 경제팀 사무실 내
범 죄 사 실 및 체 포 의 사 유	피의자는 김갑인과 공모하여 2012. 5.경 피해자 박병진에게서 토지 매입 의뢰를 받고 매도인이 제시한 토지매매대금을 부풀려 피해자로부터 금 5억 원을 교부받아 편취한 것으로서, 피의자가 범행을 부인하므로 증거인멸의 우려가 있음.
체 포 자 의 관 직 및 성 명	서울서초경찰서 경제팀 경사 강철중
인 치 한 일 시	2012. 10. 2. 12:20
인 치 한 장 소	서울서초경찰서 경제팀 사무실
구 금 한 일 시	
구 금 한 장 소	
구 금 을 집 행 한 자 의 관 직 및 성 명	

210㎜×297㎜일반용지 60g/㎡(재활용품)

서울중앙지방법원
공 판 조 서

제 1 회

사 건	2012고합1277 특정경제범죄가중처벌등에관한법률위반(사기) 등		
재판장 판사	황숙현	기 일 :	2012. 12. 7. 10:00
판 사	최지혁	장 소 :	제425호 법정
판 사	송하영	공개여부 :	공개
법원사무관	성진수	고 지 된	
		다음기일 :	2012. 12. 21. 15:00
피 고 인	1. 김갑인 2. 이을해	각 출석	
검 사	한준석	출석	
변 호 인	변호사 김힘찬 (피고인 1을 위하여)	출석	
	변호사 이사랑 (피고인 2를 위하여)	출석	

재판장

피고인들은 진술을 하지 아니하거나 각개의 물음에 대하여 진술을 거부할 수 있고, 이익 되는 사실을 진술할 수 있음을 고지

재판장의 인정신문

성 명: 1. 김갑인 2. 이을해

주민등록번호: 각각 공소장 기재와 같음

직 업: 〃

주 거: 〃

등록기준지: 〃

재판장

피고인들에 대하여

주소가 변경될 경우에는 이를 법원에 보고할 것을 명하고, 소재가 확인되지 않을 때에는 피고인들의 진술 없이 재판할 경우가 있음을 경고

검 사

공소장에 의하여 공소사실, 죄명, 적용법조 낭독

피고인 김갑인

교통사고 당시 술을 마시고 운전하였지만, 피해자의 상태를 확인하고 갔음에도 뺑소

니로 처벌받는 것은 억울하고, 나머지 공소사실은 모두 인정한다고 진술

피고인 이을해

피고인 김갑인과 공모하여 돈을 편취한 사실이 전혀 없고, 공갈로 처벌받는 것은 억울하다고 진술

피고인 김갑인의 변호인 변호사 김힘찬

피고인 김갑인을 위하여 유리한 변론을 함. 변론기재는 (생략).

피고인 이을해의 변호인 변호사 이사랑

피고인 이을해를 위하여 유리한 변론을 함. 변론기재는 (생략).

재판장

증거조사를 하겠다고 고지

증거관계 별지와 같음(검사, 변호인)

재판장

각각의 증거조사 결과에 대하여 의견을 묻고 권리를 보호하는 데에 필요한 증거조사를 신청할 수 있음을 고지

소송관계인

별 의견 없다고 각각 진술

재판장

변론 속행

2012. 12. 7.

법 원 사 무 관　　　성진수 ㉐

재판장　판 사　　　황숙현 ㉐

증거서류제출서

사　건　　2012고합1277 특정경제범죄가중처벌등에관한법률위반(사기) 등
피고인　　김갑인

위 사건에 관하여 피고인 김갑인의 변호인은 위 피고인의 이익을 위하여 다음 증거서류를 제출합니다.

다　　음

1. 약식명령등본 1통
1. 서적사본(000 발간, 교통과 형법 제200쪽) 1통

2012. 12. 20.

피고인 김갑인의 변호인
변호사　김힘찬 ㉑

서울중앙지방법원　제26형사부 귀중

수원지방법원

약 식 명 령

확정일 2012. 11. 29.
수원지방법원
법원주사 김주사 ㉑

사 건	2012고약11692 사문서위조, 위조사문서행사 (2012년형제24517호)
피 고 인	김갑인(52****-1******), 부동산중개업 주거 경기 화성시 봉담읍 동화리 25 동화아파트 102동 203호 등록기준지 (생략)
주 형 과 부수처분	피고인을 벌금 1,500,000(일백오십만)원에 처한다. 피고인이 위 벌금을 납입하지 아니하는 경우 50,000원을 1일로 환산한 기간 피고인을 노역장에 유치한다.
범죄사실	피고인은 2012. 5. 25.경 경기도 화성시 봉담읍 동화리 567에 있는 '사구팔 부동산중개소'에서 부동산매매계약서 용지의 부동산의 표시란에 '경기도 화성시 봉담읍 동화리 283 대 1503㎡', 매매대금란에 '금 5억원', 매도인란에 '최정오'라고 기재한 다음, 최정오의 이름 옆에 임의로 새긴 최정오의 도장을 찍었다. 이로써 피고인은 행사할 목적으로 권리의무에 관한 사문서인 최정오 명의의 부동산매매계약서 1장을 위조하고, 2012. 5. 25.경 서울 서초구 서초1동 150에 있는 박병진의 집에서 위와 같이 위조한 부동산매매계약서를 그 사실을 모르는 박병진에게 마치 진정하게 성립된 것처럼 교부하여 행사하였다.
적용법령	형법 제231조, 제234조(각 벌금형 선택), 제37조, 제38조, 제70조, 제69조 제2항

검사 또는 피고인은 이 명령등본을 송달받은 날부터 7일 이내에 정식재판의 청구를 할 수 있습니다.

2012. 10. 24.

판 사 박 경 순 ㉑

[000 발간, 교통과 형법 제200쪽의 일부 사본]

특정 운전시점부터 일정한 시간이 지난 후에 혈중알코올농도가 측정된 때에는 시간당 혈중알코올의 분해소멸에 따른 감소치에 따라 운전시점 이후의 혈중알코올 분해량을 계산한 후, 측정된 혈중알코올농도에 이를 가산하여 운전시점의 혈중알코올농도를 추정하게 된다. 혈중알코올 분해량은 피검사자의 체질, 음주한 술의 종류, 음주속도, 음주 시 위장에 있는 음식의 정도 등에 따라 개인마다 차이가 있는데 시간당 약 0.008% ~ 0.03%(평균 약 0.015%)씩 감소하는 것으로 알려져 있다.

……(중략)

한편, 섭취한 알코올이 체내에 흡수 분배되어 최고 혈중알코올농도에 이르기까지는 피검사자의 체질, 음주한 술의 종류, 음주속도, 음주 시 위장에 있는 음식의 정도 등에 따라 개인마다 차이가 있다. 실험 결과, 혈중알코올농도는 최종 음주시각부터 상승하기 시작하여 30분부터 90분 사이에 최고도에 달하는 것으로 알려져 있다. 따라서 최종 음주시각부터 90분 내에 혈중알코올농도가 측정된 경우에는 피검사자의 혈중알코올농도가 최고도에 이르기까지 상승하고 있는 상태인지, 최고도에 이른 후 하강하고 있는 상태인지 여부를 확정하기 어렵다.

……(하략)

등본임.
2012. 12. 18.
수원지방검찰청
검찰주사 김희권 ㉧

서울중앙지방법원

공 판 조 서

제 2 회

사 건	2012고합1277 특정경제범죄가중처벌등에관한법률위반(사기) 등		
재판장 판사	황숙현	기 일 :	2012. 12. 21. 15:00
판사	최지혁	장 소 :	제425호 법정
판사	송하영	공개여부 :	공개
법원사무관	성진수	고 지 된	
		다음기일 :	2013. 1. 11. 11:00
피 고 인	1. 김갑인 2. 이을해		각 출석
검 사	한준석		출석
변 호 인	변호사 김힘찬 (피고인 1을 위하여)		출석
	변호사 이사랑 (피고인 2를 위하여)		출석
증 인	박병진, 안경위		각 출석

재판장

전회 공판심리에 관한 주요사항의 요지를 공판조서에 의하여 고지

소송관계인

변경할 점이나 이의할 점이 없다고 진술

출석한 증인 박병진, 안경위를 각각 별지와 같이 신문하다

증거관계 별지와 같음(검사, 변호인)

재판장

각 증거조사 결과에 대하여 의견을 묻고 권리를 보호하는 데에 필요한 증거조사를 신청할 수 있음을 고지

피고인 이을해

경찰관 안경위의 증언은 사실과 다르다고 진술

소송관계인

별 의견 없으며, 달리 신청할 증거도 없다고 각각 진술

재판장

증거조사를 마치고 피고인신문을 하겠다고 고지

검 사

피고인 김갑인에게

문 피고인은 이을해와 공모하여 피해자 박병진에게서 돈을 편취한 사실이 있는가요.

답 예, 그렇습니다.

문 피고인이 양신구를 통해서 이을해에게 2억 원을 교부한 것인가요.

답 예, 그렇습니다.

문 피고인이 교통사고를 내고 피해자 고경자가 상해를 입은 사실은 인정하는가요.

답 예, 나중에 치료를 받았다고 하므로 변호사님과 상의한 결과 상해를 입힌 부분은 인정하기로 하였으므로 다투지 않겠습니다.

피고인 이을해의 변호인 변호사 이사랑

피고인 김갑인에게

문 피고인은 사기 범행이 발각되자, 중한 처벌을 면하고 편취한 돈의 행방을 감추려고 이을해에게 책임을 전가하는 것이 아닌가요.

답 아닙니다.

검 사

피고인 이을해에게

문 피고인은 김갑인과 공모해서 2억 원을 편취한 사실이 없다는 것인가요.

답 예, 그런 사실이 없습니다.

재판장

피고인신문을 마쳤음을 고지

재판장

검사에게

문 피고인 김갑인의 음주 최종시각 이후 체내 혈중알콜농도가 하강기에 있는지 여부를 확인하고 음주측정이 이루어진 것인가요.

답 확인하지 못한 상태에서 음주측정이 이루어진 것으로 보입니다.

재판장

변론 속행 (변론 준비를 위한 변호인들의 요청으로)

2012. 12. 21.

법 원 사 무 관 성진수 ㊞

재판장 판 사 황숙현 ㊞

서울중앙지방법원

증인신문조서(제2회 공판조서의 일부)

사　　건 2012고합1277　특정경제범죄가중처벌등에관한법률위반(사기) 등

증 인 이 름 박병진

생년월일 및 주거는 (생략)

재판장

증인에게 형사소송법 제148조 또는 제149조에 해당하는가의 여부를 물어 증인이 이에 해당하지 아니함을 인정하고, 위증의 벌을 경고한 후 별지 선서서와 같이 선서를 하게 하였다. 다음에 신문할 증인은 재정하지 아니하였다.

검 사

증인에게 수사기록 중 사법경찰리가 작성한 증인에 대한 진술조서를 보여주고 열람하게 한 후,

문 증인은 경찰에서 사실대로 진술하고 그 조서를 읽어보고 서명, 무인한 사실이 있고, 그 진술조서는 그때 경찰관에게 진술한 내용과 동일하게 기재되어 있는가요.

답 예, 그렇습니다.

문 증인은 2012. 6. 10.경 죽은 양신구로부터 피고인 이을해에게 2억 원을 전달하였다는 말을 들은 적이 있나요.

답 예, 제가 그때 김갑인과 죽은 양신구를 함께 만나서 왜 매매대금이 2억 원이나 차이가 나는지 따졌는데, 죽은 양신구가 "김갑인의 지시에 따라 이을해에게 현금 2억 원을 전달해주었다"고 분명히 저에게 말하였습니다.

피고인 이을해의 변호인 변호사 이사랑

증인에게

문 피고인 이을해가 증인에게 2012. 6. 1. 빌린 돈을 갚아야 하는데 돈이 없다고 하면서 500만 원을 빌려달라고 한 적이 있지요.

답 예, 그때 500만 원을 빌려 주고 그 돈도 아직까지 받지 못하고 있습니다.

문 김갑인은 2억 원을 일주일 동안 소액 현금으로 분산하여 인출하였는데 증인은 김갑인과 양신구가 서로 나누어 가졌다는 의심은 해보지 않았나요.

답 그런 생각은 해보지 못했습니다.

2012. 12. 21.

법 원 사 무 관　성 진 수 ㉿

재 판 장 판 사　황 숙 현 ㉿

서울중앙지방법원

증인신문조서(제2회 공판조서의 일부)

사 건 2012고합1277 특정경제범죄가중처벌등에관한법률위반(사기) 등

증 인 이 름 안경위

생년월일 및 주거는 (생략)

재판장

증인에게 형사소송법 제148조 또는 제149조에 해당하는가의 여부를 물어 증인이 이에 해당하지 아니함을 인정하고, 위증의 벌을 경고한 후 별지 선서서와 같이 선서를 하게 하였다.

검 사

증인에게

문 피고인 이을해가 증인에게 조사를 받으면서 어떤 진술을 하였는가요.

답 피고인은 조사 당시 2012. 4.경 박병진으로부터 주유소 부지를 알아봐달라는 부탁을 받자, 매매대금을 부풀려 차액을 편취하기로 김갑인과 공모하고, 실제로는 최정오가 매매대금으로 3억 원을 제시하였음에도 박병진에게 토지소유자가 5억 원을 달라고 한다고 거짓말하여, 같은 해 5.경 박병진으로부터 5억 원을 송금받았다고 자백하였습니다.

문 피고인 이을해가 강압적인 분위기에서 조사를 받은 것은 아닌가요.

답 피고인은 당시 자유로운 분위기에서 자발적으로 자백하였습니다. 저는 피고인이 담배를 피우고 싶다고 하기에 담배도 1대 피우도록 건네주었고, 피고인은 당시 자백하면서 피해자에게 죄송하다면서 눈물까지 글썽였습니다.

피고인 이을해의 변호인 변호사 이사랑

피고인 이을해를 위하여 유리한 신문을 함. 기재는 (생략).

2012. 12. 21.

법 원 사 무 관 성 진 수 ㊞

재 판 장 판 사 황 숙 현 ㊞

제	1	책
제	1	권

<table>
<tr><td colspan="6">서 울 중 앙 지 방 법 원
증거서류등(검사)</td></tr>
<tr><td rowspan="3">사 건 번 호</td><td>2012고합1277</td><td rowspan="3">담
임</td><td>제26형사부</td><td rowspan="3">주
심</td><td>다</td></tr>
<tr><td></td><td></td><td></td></tr>
<tr><td></td><td></td><td></td></tr>
<tr><td>사 건 명</td><td colspan="5">가. 특정경제범죄가중처벌등에관한법률위반(사기)
나. 특정범죄가중처벌등에관한법률위반(도주차량)
다. 공갈
라. 사문서위조
마. 위조사문서행사
바. 도로교통법위반(음주운전)</td></tr>
<tr><td>검 사</td><td colspan="2">정이감</td><td colspan="3">2012년 형제55511호</td></tr>
<tr><td>피 고 인</td><td colspan="5">1. 가.나.라.마.바. 김갑인
2. 가.다. 이을해</td></tr>
<tr><td>공 소 제 기 일</td><td colspan="5">2012. 10. 19.</td></tr>
<tr><td>1 심 선 고</td><td colspan="2">20 . . .</td><td>항소</td><td colspan="2">20 . . .</td></tr>
<tr><td>2 심 선 고</td><td colspan="2">20 . . .</td><td>상고</td><td colspan="2">20 . . .</td></tr>
<tr><td>확 정</td><td colspan="2">20 . . .</td><td>보존</td><td colspan="2"></td></tr>
</table>

제 1 책
제 1 권

<table>
<tr><td colspan="2">구공판</td><td colspan="4">서울중앙지방검찰청
증 거 기 록</td></tr>
<tr><td rowspan="2">검 찰</td><td>사건번호</td><td>2012년 형제55511호</td><td rowspan="2">법원</td><td>사건번호</td><td>2012년 고합1277호</td></tr>
<tr><td>검 사</td><td>정이감</td><td>판 사</td><td></td></tr>
<tr><td>피 고 인</td><td colspan="5">1. 가.나.라.마.바. 김갑인
2. 가.다. 이을해</td></tr>
<tr><td>죄 명</td><td colspan="5">가. 특정경제범죄가중처벌등에관한법률위반(사기)
나. 특정범죄가중처벌등에관한법률위반(도주차량)
다. 공갈
라. 사문서위조
마. 위조사문서행사
바. 도로교통법위반(음주운전)</td></tr>
<tr><td>공소제기일</td><td colspan="5">2012. 10. 19.</td></tr>
<tr><td>구 속</td><td colspan="2">각각 불구속</td><td>석 방</td><td colspan="2"></td></tr>
<tr><td>변 호 인</td><td colspan="5"></td></tr>
<tr><td>증 거 물</td><td colspan="5"></td></tr>
<tr><td>비 고</td><td colspan="5"></td></tr>
</table>

진 술 조 서

성 명	: 박병진
주민등록번호	: 52****-1****** 60세
직 업	: 생략
주 거	: 생략
등 록 기 준 지	: 생략
직 장 주 소	: 생략
연 락 처	: 자택전화 생략 휴대전화 생략
	직장전화 생략 전자우편 생략

위의 사람은 피의자 김갑인, 이을해에 대한 특정경제범죄가중처벌등에관한법률위반(사기) 피의사건에 관하여 2012. 9. 11. 서울서초경찰서 경제팀 사무실에 임의 출석하여 다음과 같이 진술하다.

1. 피의자와의 관계

피의자들과 아무런 관계가 없습니다.

2. 피의사실과의 관계

저는 피의자들로부터 사기를 당한 사실과 관련하여 고소인 자격으로 출석하였습니다.

이때 사법경찰리는 진술인 박병진을 상대로 다음과 같이 문답하다.

문 진술인은 2012. 9. 6.경 우리 서에 피의자들을 상대로 사기로 고소한 사실이 있지요.

답 예, 그렇습니다.

문 피해 사실이 무엇인가요.

답 제가 피의자들에게 최정오가 소유하는 경기도 화성시 봉담읍 동화리 283에 있는 토지를 매수해달라는 의뢰를 하였는데, 토지소유자 최정오가 피의자들에게 토지 매매대금을 3억 원으로 제시하였음에도 불구하고, 피의자들이 저에게는 매매대금을 5억 원으로 부풀려서 제게서 5억 원을 송금받아 편취하였다는 것입니다.

문 자세한 경위가 어떠한가요.

답 저는 그 동안 다니던 직장을 퇴직하면, 직장에서 받은 퇴직금으로 주유소를 운영해 볼 생각이 있었습니다. 2012. 3. 20.경 저와는 고등학교 동창으로서 절친한 친구인 이을해를 만나 함께 술을 마시던 중, 제 계획을 이야기하였더니, 이을해가 자기 고향 일대에 최근 개발 붐이 일어서 아파트들이 많이 들어섰는데 좋은 위치의 땅이 있을 것이니 주유소를 신축해보는 것은 어떻겠냐고 제의하였습니다. 그래서 제가 이을해에게 좋은 부지를 알아봐달라고 하였는데, 며칠 후 이을해로부터 전화가 와서 좋은 땅을 찾았는데 한번 보지 않겠냐고 하는 것이었습니다. 그래서 이을해와 함께 경기도 화성시 봉담읍 동화리 283에 있는 땅을 직접 찾아가보았는데 그 땅 주변에는 아파트 단지들이 많이 들어서 있었고 주변에 큰 도로들이 있는데도 주위에 주유소는 거의 없는 것으로 봐서 주유소를 신축하면 수익성이 높을 것으로 판단되었습니다. 저는 토지 매수에 관해서는 거의 경험이 없어서 예전에 토지 매매 경험이 제법 있었던 이을해에게 그 토지를 매입해줄 것을 의뢰하게 되었습니다. 이을해는 얼마 후인 2012. 4. 10.경 저의 집으로 찾아와서 "내가 고향친구이자 토지 중개업자인 김갑인에게 알아보았는데 토지 소유자가 5억 원은 주어야 토지를 팔겠다고 하고, 요즘 그 주변 땅 시세가 그 이상 나가니, 5억 원 가량이면 그 땅을 싸게 사는 편이라고 하더라." 라고 이야기하였습니다. 그래서 제가 김갑인과 직접 이야기해보겠다고 하였더니 그 자리에서 이을해가 김갑인을 전화로 연결시켜 주었는데 김갑인도 "토지 소유자가 5억 원 아래로는 안 팔겠다고 한다. 요즘 그 부근 토지 시세를 확인해보았는데 그 토지가격이 5억 원 이상 나가니 안심하고 구입해도 된다."고 이야기하였습니다. 그래서 저는 피의자들의 말을 믿고 2012. 5. 3.경 위 토지 매매계약금으로 금 5,000만 원을, 같은 해 5. 18.경 중도금과 잔금으로 금 4억 5,000만 원을 각각 송금해주었습니다. 그리고 피의자 이을해에게는 잔금을 보내준 날 따로 수고비로 현금 300만 원을 건네주었습니다. 피의자들이 소유권이전등기절차까지 알아서 처리해주었습니다.

문 그 후 어떻게 되었는가요.

답 제가 김갑인에게 토지매매계약서를 보내달라고 하였더니 김갑인이 2012. 5. 25.경 토지 매도인과의 계약서라고 하면서 토지 매매대금이 5억 원으로 기재되어 있는 매매계약서를 저에게 가져다주었습니다. 그런데 2012. 6. 현충일날 주유소를 신축하기 위해 위 토지 부근의 건설업자들과 접촉하는 과정에서 우연히 그 부근 토지의 시세에 대해 알게 되었는데 제가 만나본 사람들은 그 토지가 5억 원까지는 나가지 않을 것이란 말을 하는 것이었습니다. 그래서 토지 매도인 최정오에게 연락해보았는데 최정오는 토지 매매대금으로 3억 원밖에 받지 않았다고 하였습니다. 그때까지만 해도 저는 친구인 이을해를 의심해볼 생각도 하지 못했고 2012. 6. 10.경 김갑인을 찾아가서 도대체 어떻게 매매대금이 2억 원이나 차이가 나느냐고 따져 물었더니 김갑인은 이을해의 지시에 따라 매매가격을 부풀렸다고 시인하면서 이을해로부터는 수고비로 300만 원을 받았을 뿐 매매대금 차액 2억 원을 모두 이을해에게 현금으로 보내주었다고 하였습니다. 그러면서 김갑인의 사무실 직원인 양신구가 이을해에게 돈을 직접 전달하였다고 하면서 양신구를 제 앞에 데리고 왔는데, 양신구는 저에게 2012. 5. 30. 경 2억 원을 가방에 넣어 승용차에 싣고 이을해의 집으로 가서 이을해에게 직접 전달해주었다고 말하였습니다. 저는 절친한 친구였던 이을해에게 배신감이 들어 이을해에게 연락을 해볼 엄두가 나지 않아 고민하다가 고소에 이르게 된 것입니다.

문 계약서가 위조되었다는 것을 언제 알게 되었나요.

답 소유권이전등기는 공시지가대로 이루어진 것으로 알았기 때문에 별 신경을 쓰지 않았고, 나중에 최정오를 만나서 실제 매매대금이 3억 원이라는 말을 듣고서야 비로소 5억 원짜리 계약서가 위조되었다는 사실을 알게 되었습니다.

문 피해사실을 뒷받침할 자료가 있는가요.

답 이 사건 관련 토지 등기부등본 1부, 5억 원을 2회에 걸쳐서 송금한 무통장입금증 2장, 매매대금이 5억 원으로 기재된 위조매매계약서 1부를 제출하겠습니다.

사법경찰리는 진술인에게서 토지 등기사항전부증명서 1부, 무통장입금증 2부, 위조매매계약서 1부를 각각 제출받아 조서 말미에 첨부하다. 등기사항전부증명서와 무통장입금증은 각각 (생략).

문 달리 할 말이 있는가요.

답 순진한 고소인이 평생 모은 돈을 이토록 쉽게 편취한 피의자들이 다시는 죄를 짓지 못하도록 엄벌하여 주시기 바랍니다.

문 이상의 진술은 사실인가요.

답 예, 사실입니다.

위의 조서를 진술자에게 열람하게 하였던바, 진술한 대로 오기나 증감·변경할 것이 전혀 없다고 말하므로 간인한 후 서명무인하게 하다.

진술자 박 병 진 (무인)

2012. 9. 11.

서울서초경찰서

사법경찰리 경사 강 철 중 ㊞

(표준계약서식 제1호) **不動産賣買契約書**

매도인과 매수인 쌍방은 아래 표시 부동산에 관하여 다음 계약내용과 같이 매매계약을 체결한다.

1. 부동산의 표시 : 경기도 화성시 봉담읍 동화리 283 대 1503㎡
2. 계약내용 : 소유권이전

제1조 위 부동산의 매매에 있어 매수인은 매매대금을 아래와 같이 지불하기로 한다.

賣買代金	金 5억 원 整(₩500,000,000)	單位	
契約金	金 5천만 원整을 계약시 지불하고		
中渡金	金 원整은 년 월 일 지불하며		
殘金	金 4억 5천만 원整은 2012년 5월 18일 중개업자 입회하에 지불한다.		

구체적인 계약내용은 (생략).

2012년 5월 3일

매도인	주소	경기 화성시 봉담읍 동화리 11					
	주민등록번호	56××××-×××××××	전화	010-5425-××××	성명	최정오 ㊞ (최정오)	
매수인	주소	서울 서초구 서초1동 150					
	주민등록번호	52××××-×××××××	전화	011-634-××××	성명	박병진 ㊞ (박병진)	
중개인	사업장 소재지	경기 화성시 봉담읍 동화리 567					검인
	상호	사구팔 부동산중개소					
	대표	김강인	전화	010-××××-××××			
	등록번호	(생략)					

진 술 조 서
성 명 : 최정오
주민등록번호 : 56****-1****** 55세
직업, 주거, 등록기준지, 직장주소, 연락처는 각각 생략

위의 사람은 피의자 김갑인, 이을해에 대한 특정경제범죄가중처벌등에관한법률위반(사기) 피의사건에 관하여 2012. 9. 12. 서울서초경찰서 경제팀 사무실에 임의 출석하여 다음과 같이 진술하다.

1. **피의자와의 관계**

   피의자들과 아무런 관계가 없습니다.

2. **피의사실과의 관계**

   피의자 김갑인을 통해 제 토지를 매도한 사실과 관련하여 진술인 자격으로 출석하였습니다.

이때 사법경찰리는 진술인 최정오를 상대로 다음과 같이 문답하다.

문 진술인은 진술인이 소유하던 토지를 피의자 김갑인을 통해서 박병진에게 매도한 사실이 있지요.

답 예, 그렇습니다.

문 토지의 매매 경위에 관하여 진술하여 보겠는가요.

답 저는 2012. 5. 3.경 피의자 김갑인을 통해서 제 소유의 경기 화성시 동화리 283에 있는 토지를 박병진에게 매도한 사실이 있습니다. 피의자 김갑인은 저희 마을에서 부동산 중개업소를 운영하는 사람인데, 2012. 4.경 저의 집으로 찾아와서 제 토지를 사려는 사람이 있는데 토지를 팔 생각이 없느냐고 물어보았습니다. 저는 3억 원 정도면 좋다는 결론을 내리고, 3억 원을 제의하였습니다. 그랬더니 며칠 후 피의자 김갑인이 선뜻 매수인 박병진이 그 토지를 3억 원에 사겠다고 하였다면서 계약서를 작성하자고 하였습니다. 그래서 2012. 5. 3. 피의자 김갑인이 매수인 박병진을 대행하여 매매대금을 3억 원으로 하는 계약서를 작성한 후 당일 피의자 김갑인에게서 계약금 5,000만 원을 송금받았습니다. 그리고 같은 달 18.경 피의자 김갑인에게서 중도금과 잔금으로 2억 5,000만 원을 송금받은 후 아무런 문제없이 소유권이전등기절차까지 마무리되었습니다. 그런데 2012. 6. 현충일 다음날 갑자기 토지 매수인인 박병진으로부터 왜 토지 시세보다 훨씬 많은 5억 원이나 토지 매매대금을 받았느냐는 항의를 받고서, 깜짝 놀라 박병진에게 저는 3억 원밖에 받지 않았다고 이야기하였더니, 박병진이 토지 매매계약서를 들고 저를 찾아왔습니다. 제가 그 매매계약서를 보니 매도인으로 제 이름이 기재되어 있었지만, 매매대금이 5억 원으로 되어 있었습니다. 저는 그런 계약서는 그날 처음 보았습니다. 그래서 피의자 김갑인을 찾아가 어떻게 된 것인지 따져 물었더니, 피의자 김갑인은 실제와 달리 매매대금을 5억 원으로 기재한 매매계약서를 이중으로 작성하여 박병진에게 보여주었다면서, 저에게 1,000만 원을 줄 테니 수사기관에 고소는 하지 말아줄 것을 부탁하였습니다.

문 이상의 진술은 사실인가요.

답 예, 사실입니다.

위의 조서를 진술자에게 열람하게 하였던바, 진술한 대로 오기나 증감·변경할 것이 전혀 없다고 말하므로 간인한 후 서명무인하게 하다.

진술자 최 정 오 (무인)

2012. 9. 12.

서울서초경찰서

사법경찰리 경사 강 철 중 ㉑

피의자신문조서

피의자 김갑인에 대한 특정경제범죄가중처벌등에관한법률위반(사기) 등 피의사건에 관하여 2012. 10. 2. 서울서초경찰서 경제팀 사무실에서 사법경찰관 경위 안경위는 사법경찰리 경사 강철중을 참여하게 하고, 아래와 같이 피의자임에 틀림없음을 확인하다.

문 피의자의 성명, 주민등록번호, 직업, 주거, 등록기준지 등을 말하십시오.

답 성명은 김갑인(金甲寅)

주민등록번호는 52****-1****** 직업은 부동산중개업

주거는 (생략)

등록기준지는 (생략)

직장 주소는 (생략)

연락처는 자택전화 (생략) 휴대전화 (생략)

직장전화 (생략) 전자우편(e-mail) (생략) 입니다.

사법경찰관은 피의사건의 요지를 설명하고 사법경찰관의 신문에 대하여 「형사소송법」 제244조의3에 따라 진술을 거부할 수 있는 권리 및 변호인의 참여 등 조력을 받을 권리가 있음을 피의자에게 알려주고 이를 행사할 것인지 그 의사를 확인하다.

진술거부권 및 변호인 조력권 고지 등 확인

1. 귀하는 일체의 진술을 하지 아니하거나 개개의 질문에 대하여 진술을 하지 아니할 수 있습니다.
2. 귀하가 진술을 하지 아니하더라도 불이익을 받지 아니합니다.
3. 귀하가 진술을 거부할 권리를 포기하고 행한 진술은 법정에서 유죄의 증거로 사용될 수 있습니다.
4. 귀하가 신문을 받을 때에는 변호인을 참여하게 하는 등 변호인의 조력을 받을 수 있습니다.

문 피의자는 위와 같은 권리들이 있음을 고지받았는가요.

답 예, 고지받았습니다.

문 피의자는 진술거부권을 행사할 것인가요.

답 아닙니다.

문 피의자는 변호인의 조력을 받을 권리를 행사할 것인가요.

답 아닙니다. 혼자서 조사를 받겠습니다.

이에 사법경찰관은 피의사실에 관하여 다음과 같이 피의자를 신문하다.

[피의자의 범죄전력, 경력, 학력, 가족 · 재산 관계 등은 각각 (생략)]

문 피의자는 2012. 3. 하순경 박병진에게서 주유소 부지로 이용하려고 하니 최정오가 소유하는 경기 화성시 봉담읍 동화리 283에 있는 토지를 매입해달라는 의뢰를 받은 사실이 있는가요.

답 예, 이을해를 통해서 박병진으로부터 그런 의뢰를 받은 사실이 있습니다.

문 피의자는 이을해와 공모하여 사실은 토지소유자 최정오로부터 토지 매매대금으로 3억 원을 제시받았음에도 박병진에게는 토지 매매대금이 5억 원이라고 부풀려 말함으로써 이에 속은 박병진으로부터 그 매매대금 5억 원을 송금받아 편취한 사실이 있는가요.

답 예, 박병진에게 거짓말하여 매매대금으로 5억 원을 송금받은 것은 사실입니다만, 저는 이을해의 지시에 따라 그렇게 하였을 뿐이고, 실제 매매대금 3억 원은 토지 소유자인 최정오에게 다시 송금해주었고, 실제 대금과의 차액인 2억 원은 저의 사무소 직원인 양신구를 통해 모두 이을해에게 전달해주었고, 저는 이을해로부터 수고비 명목으로 300만 원을 송금받았을 따름입니다.

문 자세한 경위는 어떠한가요.

답 2012. 4. 초순경 이을해가 저의 중개사무소를 찾아와서 자신의 친구인 박병진이 주유소를 세우기 위해서 최정오의 토지를 사려고 하는데 가격을 좀 알아봐달라고 해서, 제가 토지 소유자인 최정오에게 물어봤더니 최정오는 3억 원을 달라고 하였습니다. 제가 이을해에게 최정오가 3억 원을 부른다고 말했더니, 이을해는 저에게 "박병진은 순진해서 토지 거래에 대해서는 잘 모른다. 그러니 박병진에게는 토지소유자가 부르는 가격보다 부풀려 말해서 이 기회에 한 몫 챙길 생각이다. 나중에 일이 잘 되면 너도 섭섭하지 않게 돈을 나누어주겠다. 너는 나중에 박병진으로부터 연락이 오면 '토지 소유자가 5억 원 아래로는 안 팔겠다고 한다. 요즘 그 부근 토지 시세를 확인해보았는데 그 토지가격이 5억 원 이상 나가니 안심하고 구입해도 된다.'고만 말해달라."고 하였습니다. 그런 후 2012. 4. 10.경 진짜로 박병진으로부터 전화 연락이 왔기에 저는 이을해로부터 부탁받은 그대로 박병진에게 말해주었습니다. 그런 후 2012. 5. 3.경 제가 매수인 박병진을 대행하여 토지 매도인 최정오와 매매대금을 3억 원으로 하는 계약서를 작성하고, 박병진으로부터 계약금 5,000만 원을 송금받아 최정오의 계좌로 송금해주고, 같은 해 5. 18.경 중도금과 잔금 명목으로 4억 5,000만 원을 박병진으로부터 송금받아 그중 2억 5,000만 원은 최정오의 계좌로 송금해준 후 박병진의 앞으로 소유권이전등기를 해주었습니다. 나머지 2억 원은 제 사무소 직원인 양신구를 시켜서 2012. 5. 23.부터 1주일간 소액으로 분산하여 모두 5만 원권 현금으로 인출한 후 2012. 5. 30.경 가방에 넣어 승용차에 싣고 이을해의 집으로 가 전달하게 하였습니다. 그럼에도 불구하고 이을해는 같은 해 5. 19. 수고비로 달랑 300만 원을 저에게 보내주었을 뿐입니다. 그리고 2012. 5. 25.경 박병진이 토지매매계약서를 보내달라고 하기에 같은 날 제가 운영하는 '사구팔 부동산중개소'에서 매매계약서 용지의 부동산의 표시란에 '경기도 화성시 봉담읍 동화리 283 대 1503㎡', 매매대금란에 '금 5억 원' 토지매수인란에 '박병진'이라고 기재한 다음, 박병진의 이름 옆에 갖고 있던 박병진의 도장을 찍어서, 도장과 함께 박병진에게 가져다주었습니다.

문 피의자는 최정오와의 계약을 처리하고, 5억 원을 송금받았으며, 계약서까지 위조하였는데, 왜 2억 원 전액을 추적이 어려운 현금으로 인출하여 이을해에게 교부한 것인가요.

답 이을해의 지시에 따랐을 뿐입니다.

문 이상의 진술내용에 대하여 이의나 의견이 있는가요.

답 없습니다. 죄송합니다. 선처를 부탁합니다.

위의 조서를 진술자에게 열람하게 하였던바, 진술한 대로 오기나 증감·변경할 것이 전혀 없다고 하므로 간인한 후 서명무인하게 하다.

진술자 김 갑 인 (무인)

2012. 10. 2.

서울서초경찰서

사법경찰관 경위 안 경 위 ㊞

사법경찰리 경사 강 철 중 ㊞

피의자신문조서

피의자 이을해에 대한 특정경제범죄가중처벌등에관한법률위반(사기) 피의사건에 관하여 2012. 10. 2. 서울서초경찰서 수사과 경제팀 사무실에서 사법경찰관 경위 안경위는 사법경찰리 경사 강철중을 참여하게 하고, 아래와 같이 피의자임에 틀림없음을 확인하다.

문 피의자의 성명, 주민등록번호, 직업, 주거, 등록기준지 등을 말하십시오.

답 성명은 이을해(李乙亥)

주민등록번호는 52****-1******

직업은 무직

주거, 등록기준지, 직장주소, 연락처는 각각 **(생략)**

사법경찰관은 피의사건의 요지를 설명하고 사법경찰관의 신문에 대하여 「형사소송법」 제244조의3에 따라 진술을 거부할 수 있는 권리 및 변호인의 참여 등 조력을 받을 권리가 있음을 피의자에게 알려주고 이를 행사할 것인지 그 의사를 확인하다.

[진술거부권 및 변호인 조력권 고지함. 그 내용은 (생략)]

이에 사법경찰관은 피의사실에 관하여 다음과 같이 피의자를 신문하다.

[피의자의 범죄전력, 경력, 학력, 가족 · 재산 관계 등 각각 (생략)]

문 피의자는 2012. 3. 하순경 박병진에게서 주유소 부지로 이용하려고 하니 최정오가 소유하는 경기 화성시 봉담읍 동화리 283 토지를 매입해달라는 의뢰를 받은 사실이 있는가요

답 예, 박병진으로부터 그런 의뢰를 받은 사실이 있습니다.

문 피의자는 김갑인과 공모하여 사실은 토지소유자 최정오로부터 토지 매매대금으로 3억 원을 제시받았음에도 박병진에게는 토지 매매대금이 5억 원이라고 부풀려 말함으로써 이에 속은 박병진에게서 그 매매대금 5억 원을 송금받아 편취한 사실이 있는가요.

답 예, 그런 사실이 있습니다.

문 자세한 경위는 어떠한가요.

답 2012. 4. 초순경 친구인 박병진에게서 주유소 부지를 알아봐달라는 부탁을 받고, 고향에서 부동산중개업소를 운영하는 김갑인에게 최정오가 소유하는 경기도 화성시 봉담읍 동화리 283 토지 매입을 의뢰하였습니다. 김갑인이 최정오가 토지 매매대금으로 3억 원을 달라고 한다고 말하기에, 순간적으로 욕심이 나서 박병진에게 최정오

가 부르는 가격보다 토지가격을 부풀려 말해서 차액을 챙기자는 김갑인의 제의에 동의하게 되었습니다. 2012. 4. 10.경 박병진의 집으로 찾아가서 박병진에게 "내가 토지 중개업자인 김갑인에게 알아보았는데 토지 소유자가 5억 원은 주어야 토지를 팔겠다고 하고, 요즘 그 주변 땅 시세가 그 이상 나가니, 5억 원 가량이면 그 땅을 싸게 사는 편이라고 하더라."라고 이야기하였고 김갑인도 전화로 "토지 소유자가 5억 원 아래로는 안 팔겠다고 한다. 요즘 그 부근 토지 시세를 확인해보았는데 그 토지가격이 5억 원 이상 나가니 안심하고 구입해도 된다."고 이야기하였습니다. 결국 2012. 5. 3.경 김갑인이 토지 매도인 최정오와 매매대금을 3억 원으로 하여 계약한 후, 박병진으로부터 총 5억 원을 송금받아 그 중 3억 원만 최정오의 계좌로 송금해주고 박병진의 앞으로 소유권이전등기를 마친 것으로 알고 있습니다.

문　이상의 진술내용에 대하여 이의나 의견이 있는가요.

답　없습니다.

위의 조서를 진술자에게 열람하게 하였던바, 진술한 대로 오기나 증감·변경할 것이 전혀 없다고 하므로 간인한 후 서명무인하게 하다.

진술자　이 을 해　(무인)

2012.　10.　2.

서울서초경찰서

사법경찰관　경위　안 경 위 ㊞

사법경찰리　경사　강 철 중 ㊞

피의자신문조서

피의자 김갑인에 대한 특정범죄가중처벌등에관한법률위반(도주차량) 등 피의사건에 관하여 2012. 9. 18. 서울서초경찰서 교통사고조사계 사무실에서 사법경찰관 경위 노교동은 사법경찰리 경장 오경장을 참여하게 하고, 아래와 같이 피의자임에 틀림없음을 확인하다.

문 피의자의 성명, 주민등록번호, 직업, 주거, 등록기준지 등을 말하십시오.

답 성명은 김갑인(金甲寅)

주민등록번호는 52****-1****** 직업은 부동산중개업

주거, 등록기준지, 직장주소, 연락처는 각각 **(생략)**

사법경찰관은 피의사건의 요지를 설명하고 사법경찰관의 신문에 대하여 「형사소송법」 제244조의3에 따라 진술을 거부할 수 있는 권리 및 변호인의 참여 등 조력을 받을 권리가 있음을 피의자에게 알려주고 이를 행사할 것인지 그 의사를 확인하다.

[진술거부권 및 변호인 조력권 고지함. 그 내용은 (생략)]

이에 사법경찰관은 피의사실에 관하여 다음과 같이 피의자를 신문하다.

[피의자의 범죄전력, 경력, 학력, 가족 · 재산 관계 등 각각 (생략)]

문 피의자는 술을 마시고 운전하다 교통사고를 낸 사실이 있는가요.

답 예, 그렇습니다.

문 언제, 어디서 그랬는가요.

답 2012. 9. 18. 21:30경 술을 마시고 석 달 전에 새로 뽑은 제 소유의 59부5099호 제네시스 승용차를 운전하여 서울 서초구 서초동에 있는 교대역 사거리 앞 도로를 서초역 쪽에서 강남역 쪽으로 편도 3차로를 따라 진행하던 도중에 잠시 딴 생각을 하다가 횡단보도 앞에서 적색신호에 정차한 앞 차량을 보지 못하고 그대로 들이받았습니다.

문 술은 언제 어디에서 얼마나 마셨는가요.

답 2012. 9. 18. 21:00경부터 21:20경까지 서울 서초구 서초동에 있는 서초갈비에서 식사하면서 혼자서 소주 3잔 정도 술을 마시고 집으로 내려가려던 중에 사고가 난 것입니다.

문 피의자는 교통사고를 낸 후 그대로 도주한 사실이 있는가요.

답 사고 당시 피해차량 운전자가 차에서 목을 문지르면서 내리더니 일단 차량을 다른 장소로 이동하자고 하여, 일단 피해차량과 함께 부근 편의점 앞 도로로 이동하였습

니다. 그곳에서 피해차량을 살펴보니 피해차량의 번호판이 약간 꺾이고 뒷범퍼에 흠집이 난 것을 확인할 수 있었습니다. 제가 보험처리를 해주겠다고 하였으나, 피해자가 저로부터 술 냄새가 나는 것 같다고 하더니 경찰에 신고해서 혼이 좀 나봐야 한다고 하면서 합의금으로 300만 원을 요구하였습니다. 약 40분간을 옥신각신하다가 피해자가 정말 경찰을 부르려고 전화를 하자 겁이 나서 그냥 차량을 타고 가버렸는데, 가는 도중에 경찰에서 전화가 와서 출석하라는 통보를 받고 고민하다가 자진하여 서울서초경찰서로 출석하여 음주측정을 받았습니다.

문 피의자가 서울서초경찰서 교통사고조사계에 자진출석하였을 때 음주측정을 한 결과 피의자의 혈중알콜농도 0.045%가 검출되었고, 교통사고 시점으로부터 음주측정시까지 1시간이 경과되었으므로 시간당 감소수치 0.008%를 합산하면 혈중알콜농도가 0.053%에 해당하는데 이를 인정하는가요.

답 예, 제가 술을 마시고 음주운전한 것은 틀림없으니 인정하겠습니다.

문 피해자는 사고 후 병원에서 경추염좌 등으로 치료를 받고 진단서를 제출하겠다고 하는데 피해자가 상해를 입은 사실은 인정하는가요.

답 예, 피해자가 다쳤다고 하면 그게 맞겠지요. 다만 사고 당시에는 피해자가 지나치게 많은 합의금을 요구하고 경찰에 신고하려 하여 가버렸을 뿐 뺑소니를 하려 한 것은 아닙니다.

문 피의자의 차량은 종합보험에 가입되어 있는가요.

답 예, 종합보험에 가입되어 있고 보험회사에 사고신고를 해둔 상황입니다.

문 이상의 진술내용에 대하여 이의나 의견이 있는가요.

답 없습니다. 선처를 부탁합니다.

위의 조서를 진술자에게 열람하게 하였던바, 진술한 대로 오기나 증감·변경할 것이 전혀 없다고 하므로 간인한 후 서명무인하게 하다.

진술자 김 갑 인 (무인)

2012. 9. 18.

서울서초경찰서

사법경찰관 경위 노 교 동 ㊞

사법경찰리 경장 오 경 장 ㊞

진 술 서

성 명 고경자 (75****-2******)
주 소 (생략)

1. 저는 2012. 9. 18. 21:30경 서울 서초구 서초동에 있는 교대역 사거리 앞 도로에서 교통사고를 당한 사실이 있습니다.
1. 저는 그 당시 제 소유의 33수3010호 YF쏘나타 승용차를 운전해서 서초역 쪽에서 강남역 쪽으로 가던 도중에 횡단보도 앞에서 적색신호를 받고 서 있는데 뒤에서 59투5099호 제네시스 승용차에 의하여 들이받혔습니다.
1. 사고 후 가해운전자와 함께 일단 차량을 다른 장소로 이동한 후에 제 차의 번호판이 약간 꺾이고 뒷범퍼에 흠집이 난 것을 확인하였습니다. 거기서 교통사고 합의금 문제로 약 40분간을 옥신각신하였는데 가해자가 음주운전을 하다가 사고를 낸 것이 틀림없음에도 자기는 합의금을 못 주겠다고 하여 제가 경찰을 부르려고 전화하자 허겁지겁 차량을 타고 가버렸습니다.
1. 그래서 제가 경찰에 교통사고를 당하였는데 음주운전 가해자가 59투5099호 제네시스 승용차를 타고 도주하였다고 신고하였습니다.
1. 사고 직후에는 흥분해서 잘 모르고 집에 그냥 갔는데, 집에 돌아가서 다음 날 목과 허리가 좋지 않아서 병원에 갔더니 경추염좌라고 하였습니다.
1. 병원에서 발급해준 요치 2주의 경추염좌상 진단서를 제출하도록 하겠습니다.
1. 피의자의 처벌을 원합니다

첨부: 진단서(생략)

2012. 9. 20.

진술자 **고 경 자** ㊞

<table>
<tr><td colspan="4" rowspan="2">

주취운전자 적발보고서

No. 2012-9-1119-00001</td><td rowspan="2">결
재</td><td>계장</td><td>과장</td><td>서장</td></tr>
<tr><td></td><td></td><td></td></tr>
<tr><td rowspan="4">주취
운전
측정</td><td>일 시</td><td>2012. 9. 18. 22:30</td><td colspan="5">위반유형</td></tr>
<tr><td>장 소</td><td>서울서초경찰서
교통사고조사계 사무실내</td><td colspan="5">□ 단순음주 ■ 음주사고</td></tr>
<tr><td>방 법</td><td colspan="6">■ 음주측정기(기기번호 303) □ 채혈검사</td></tr>
<tr><td>결 과</td><td colspan="6">혈중알콜농도 : 영 점 영 사 오 (0.045%)</td></tr>
<tr><td rowspan="2">최종음
주일시
장소</td><td>일 시</td><td>2012. 9. 18. 21:20</td><td>음주 20분 경과
후 측정여부</td><td colspan="4">경과</td></tr>
<tr><td>장 소</td><td colspan="6">서울 서초구 서초동 서초갈비</td></tr>
<tr><td colspan="2">구강청정제사용여부</td><td>미사용</td><td>입헹굼 여부</td><td colspan="4">○</td></tr>
<tr><td rowspan="3">주 취
운 전 자</td><td>주 소</td><td colspan="2">(생략)</td><td>전 화</td><td colspan="3">(생략)</td></tr>
<tr><td>성 명</td><td>김갑인</td><td>주민등록번호</td><td colspan="4">(생략)</td></tr>
<tr><td>차량번호</td><td>59투5099호</td><td>면허번호 (생략)</td><td>차 종</td><td colspan="3">(승용), 승합, 특수,
건설기계, 이륜</td></tr>
<tr><td rowspan="2">참 고 인</td><td>주 소</td><td colspan="6"></td></tr>
<tr><td>성 명</td><td colspan="2"></td><td>전 화</td><td colspan="3"></td></tr>
<tr><td rowspan="2">단 속 자</td><td>소 속</td><td colspan="6">서울서초경찰서 교통사고조사계</td></tr>
<tr><td>계 급</td><td>경장</td><td>성 명</td><td colspan="4">오경장</td></tr>
<tr><td>인 수 자</td><td>소 속</td><td></td><td>계 급</td><td></td><td>성 명</td><td colspan="2"></td></tr>
<tr><td colspan="8">본인은 위 기재내용이 사실과 틀림없음을 확인하고 서명무인함.

운전자 성명 김 갑 인 (무인)</td></tr>
<tr><td colspan="2">확인결재</td><td colspan="6" rowspan="4">위와 같이 주취운전자를 적발하였기에 보고합니다.
2012. 9. 18.
보고자 성명 오 경 장 (인)

서울서초경찰서장 귀하</td></tr>
<tr><td>일시</td><td></td></tr>
<tr><td>확인자</td><td></td></tr>
<tr><td>결재</td><td></td></tr>
</table>

서울서초경찰서

2012. 9. 21.

수 신 경찰서장

참 조 교통사고조사계장

제 목 수사보고(혈중알콜농도 산출보고)

피의자 이을해에 대한 도로교통법위반(음주운전) 사건에 관하여 피의자가 2012. 9. 18. 22:30경 서울서초경찰서 교통사고조사계 사무실에 자진출석하여 음주측정한 결과 혈중알콜농도가 0.045%로 측정되었는바, 측정시각으로부터 1시간 전인 교통사고 발생 시점 2012. 9. 18. 21:30경의 피의자의 혈중알콜농도를 계산하기 위하여 아래 위드마크 공식에 따라 위 측정치에 피의자에게 가장 유리한 시간당 감소치인 0.008%를 합산하여 피의자의 혈중알콜농도를 0.053%로 추산하였기에 보고합니다.

※ 위드마크 공식에 의한 혈중알콜농도 산출근거 :
운전시점의 혈중알콜농도 = 혈중알콜농도 측정치 + (시간당 알콜분해량 × 경과시간)
: 통계적으로 확인된, 시간당 알콜분해량은 개인에 따라 최저 0.008%에서 최고 0.03%에 이르는 것으로 알려져 있음

보고자 교통사고조사계 경장 오 경 장 (인)

자동차종합보험 가입사실증명서

제201209797호 사고접수번호 201229769

피보험자	성 명	김갑인	자 동 차 등록번호	59투5099호 제네시스
	주 소	(생략)		
사 고 내 용	사고일시	2012년09월18일 21:30경	피 해 자	고경자
	사고장소	서울 서초구 서초동 교대역사거리	피 해 물	33수3010호 YF쏘나타
	운 전 자	김갑인 주민등록번호 : 52＊＊＊＊ - 1＊＊＊＊＊＊		

담보	구분	가입금액	유효기간
	대인배상1	자배법	2012. 6. 5. ~2013. 6. 5.
	대인배상2	무한	2012. 6. 5. ~2013. 6. 5.
	대물배상	2,000만원	2012. 6. 5. ~2013. 6. 5.
	자기신체사고	(인당) 3,000만원	2012. 6. 5. ~2013. 6. 5.
	무보험차상해	1인당 최고 2억원	2012. 6. 5. ~2013. 6. 5.

특약 : 연령한정 특약(만 30세 이상), 운전자 한정특약(가족한정)

상기 사항은 사실과 틀림없음을 확인합니다.

대인배상1 및 대물배상담보에 가입한 경우 자동차손해배상보장법 제5조의 규정에 의한 의무보험에 가입하였음을 증명합니다.

자동차보험에 처음 가입하는 자동차의 경우 보험료를 받은 때부터 마지막 날 24시까지 (단, 증권상의 보험기간 이전에 보험료를 납입한 경우 그 보험기간의 첫날 0시부터 마지막 날 24시까지) 보험 효력이 발생합니다.

2012년 9월 19일

삼성화재해상보험주식회사

(취급자 박 지 급 ㊞) 대표이사 사장 이 삼 승 ㊞

진 술 서

성 명 강 기 술 (67****-1******)
주 소 (생략)

1. 저는 서울 서초구 양재동에서 '양재곱창' 식당을 운영하고 있습니다.

1. 2012. 9. 27. 20:10경 피의자가 저의 식당에 들어와서 5만 원어치의 술과 음식을 주문하여 먹었습니다.

1. 2012. 9. 27. 21:30경 피의자가 음식 값을 계산하지 않고 몰래 식당 밖으로 걸어 나가는 것을 발견하고 뒤따라가 음식 값을 달라고 요구하자, 피의자는 갑자기 저의 목을 잡고 손으로 뺨을 4~5회 때리고 다시 도주하였습니다.

1. 제가 도망가는 피의자를 뒤따라가 피의자의 집이 어디인지 확인한 후에 경찰에 신고를 하였습니다.

1. 피의자가 음식 값을 변제하고 용서를 구하고 있고, 제가 다친 부분이 없으므로 피의자의 처벌까지 원하지는 않습니다.

2012. 9. 28.
진술자 강 기 술 ㊞

피의자신문조서

피의자 이을해에 대한 공갈 피의사건에 관하여 2012. 10. 5. 서울서초경찰서 형사과 형사팀 사무실에서 사법경찰관 경위 홍반장은 사법경찰리 경사 조영사를 참여하게 하고, 아래와 같이 피의자임에 틀림없음을 확인하다.

문 피의자의 성명, 주민등록번호, 직업, 주거, 등록기준지 등을 말하십시오.
답 성명은 이을해(李乙亥)
주민등록번호는 52****-1****** 직업은 무직
주거, 등록기준지, 직장주소, 연락처는 각각 **(생략)**

사법경찰관은 피의사건의 요지를 설명하고 사법경찰관의 신문에 대하여 「형사소송법」 제244조의3에 따라 진술을 거부할 수 있는 권리 및 변호인의 참여 등 조력을 받을 권리가 있음을 피의자에게 알려주고 이를 행사할 것인지 그 의사를 확인하다.

[진술거부권 및 변호인 조력권 고지함. 그 내용은 (생략)]
이에 사법경찰관은 피의사실에 관하여 다음과 같이 피의자를 신문하다.
[피의자의 범죄전력, 경력, 학력, 가족 · 재산 관계 등 각각 (생략)]
문 피의자는 음식 값을 내지 않으려고 식당 주인을 폭행한 사실이 있는가요.
답 예, 그런 사실이 있습니다.
문 그 경위는 어떠한가요.
답 2012. 9. 27. 20:10경 서울 서초구 양재동 집 근처에 있는 '양재곱창'에서 혼자서 5만 원 어치의 술과 음식을 주문하여 먹었습니다. 제가 21:30경 식사를 마치고 음식 값을 계산하려고 지갑을 꺼내보니, 그때서야 소지하고 있는 현금이 3만 원밖에 없다는 것을 발견하게 되었습니다. 어떻게 할까 고민하다가 식당주인이 잠시 한눈을 파는 사이에 식당 밖으로 걸어 나갔습니다. 그런데 식당주인이 저를 발견하고 뒤따라와 음식 값을 달라고 요구하기에, 피해자의 목을 잡고 손으로 뺨을 4~5회 때렸습니다.
문 그 뒤에 어떻게 되었는가요.
답 제가 도망쳤으나 식당주인이 저의 집에까지 뒤따라와서 저의 집이 어디인지 확인한 후에 경찰에 신고한 것으로 알고 있습니다.
문 이상의 진술내용에 대하여 이의나 의견이 있는가요.
답 없습니다. 죄송합니다.

위의 조서를 진술자에게 열람하게 하였던바, 진술한 대로 오기나 증감 · 변경할 것이 전혀 없다고 하므로 간인한 후 서명무인하게 하다.

진술자 이 을 해 (무인)

2012. 10. 5.

서울서초경찰서

사법경찰관 경위 홍 반 장 ㊞

사법경찰리 경사 조 영 사 ㊞

피의자신문조서

성　　　명: 이을해
주민등록번호: 52****-1******

위의 사람에 대한 특정경제범죄가중처벌등에관한법률위반(사기) 등 피의사건에 관하여 2012. 10. 16. 서울중앙지방검찰청 제511호 검사실에서 검사 정이감은 검찰주사 한조사를 참여하게 한 후, 아래와 같이 피의자임에 틀림없음을 확인하다.

문　피의자의 성명, 주민등록번호, 직업, 주거, 등록기준지 등을 말하시오.
답　성명은　이을해(李乙亥)
주민등록번호, 직업, 주거, 등록기준지, 직장주소, 연락처는 각각 **(생략)**

검사는 피의사실의 요지를 설명하고 검사의 신문에 대하여 「형사소송법」 제244조의3에 따라 진술을 거부할 수 있는 권리 및 변호인의 참여 등 조력을 받을 권리가 있음을 피의자에게 알려주고 이를 행사할 것인지 그 의사를 확인하다.

진술거부권 및 변호인 조력권 고지 등 확인

1. 귀하는 일체의 진술을 하지 아니하거나 개개의 질문에 대하여 진술을 하지 아니할 수 있습니다.
2. 귀하가 진술을 하지 아니하더라도 불이익을 받지 아니합니다.
3. 귀하가 진술을 거부할 권리를 포기하고 행한 진술은 법정에서 유죄의 증거로 사용될 수 있습니다.
4. 귀하가 신문을 받을 때에는 변호인을 참여하게 하는 등 변호인의 조력을 받을 수 있습니다.

문　피의자는 위와 같은 권리들이 있음을 고지받았는가요.
답　예, 고지받았습니다.
문　피의자는 진술거부권을 행사할 것인가요.
답　아닙니다.
문　피의자는 변호인의 조력을 받을 권리를 행사할 것인가요.
답　아닙니다. 혼자서 조사를 받겠습니다.
이에 검사는 피의사실에 관하여 다음과 같이 피의자를 신문하다.
문　피의자의 학력, 경력, 가족관계, 재산정도, 건강상태 등은 경찰에서 사실대로 진술하였나요.

이 때 검사는 사법경찰관 작성의 피의자신문조서 중 해당부분을 읽어준바,

답 예. 그렇습니다.

문 피의자는 2012. 9. 27. 20:10경 서울 서초구 양재동 '양재곱창'에서 5만 원어치의 술과 음식을 먹은 후 그 대금을 면하려고 도망하다가 업주 강기술을 폭행한 사실이 있는가요.

답 예, 그렇습니다.

문 피의자는 김갑인과 공모하여 사실은 토지소유자 최정오에게서 토지 매매대금으로 3억 원을 제시받았음에도 박병진에게는 토지 매매대금이 5억 원이라고 부풀려 말함으로써 이에 속은 박병진에게서 그 매매대금 5억 원을 송금받아 편취한 사실이 있는가요.

답 아닙니다. 그런 사실이 없습니다.

문 피의자는 2012. 3. 하순경 박병진으로부터 주유소 부지로 이용하려고 하니 최정오가 소유하는 경기 화성시 봉담읍 동화리 283 토지를 매입해달라는 의뢰를 받고, 김갑인에게 다시 최정오로부터 위 토지를 매입해달라고 의뢰한 사실은 있는가요.

답 예, 그런 사실이 있습니다.

문 피의자는 그 과정에서 김갑인에게 "박병진은 순진해서 토지 거래에 대해서는 잘 모른다. 그러니 박병진에게는 토지 소유자가 부르는 가격보다 부풀려 말해서 이 기회에 한 몫 챙길 생각이다. 나중에 일이 잘 되면 너도 섭섭하지 않게 돈을 나누어주겠다. 너는 나중에 박병진으로부터 연락이 오면 '토지 소유자가 5억 원 아래로는 안 팔겠다고 한다. 요즘 그 부근 토지 시세를 확인해보았는데 그 토지가격이 5억 원 이상 나가니 안심하고 구입해도 된다.'고만 말해달라."고 한 사실이 없는가요.

답 그런 사실이 없습니다. 저는 김갑인이 저에게 최정오가 5억 원을 매매대금으로 부른다고 하고, 그 주변 땅 시세가 그 이상 된다고 하여, 김갑인의 말을 믿고 박병진에게 김갑인의 말을 전달해주고 김갑인과 통화하도록 해준 사실밖에 없습니다.

문 피의자는 김갑인으로부터 양신구를 통해 실제 매매대금 3억 원과의 차액인 현금 2억 원을 전달받은 사실이 없는가요.

답 저는 전혀 그런 사실이 없습니다. 박병진과는 절친한 친구로서 제가 그의 돈을 받을 수 없다고 생각했기에, 박병진에게서 수고비로 받은 300만 원도 받은 다음 날 전부 김갑인에게 송금해주었고, 이번 일과 관련해서 저는 한 푼도 개인적으로 받은 사실이 없습니다.

문 피의자는 경찰에서는 김갑인과 사기범행을 공모한 사실에 관하여 시인하지 않았는가요.

답 2012. 10. 2. 09:30경 경찰관이 전화로 이 사건과 관련해서 당일 11:00까지 서울서초경찰서로 출석하라고 전화를 하였는데, 당시 제가 반포동에 있는 메리어트 호텔 커피숍에서 현재 구상하고 있는 사업과 관련해서 사람을 만나고 있는 중이니 점심식사를 마치고 그날 오후 02:00경까지 출석하겠다고 대답하였는데, 약 30분 가량 지나서 경찰관 2명이 박병진과 함께 메리어트 호텔 로비로 찾아와서 저에게 서울서초경찰서로 함께 가주어야 하겠다고 하였습니다. 제가 지금 사업상 중요한 이야기를 하고 있으니 끝나고 가겠다고 하였으나 경찰관들은 지금 꼭 가야된다고 하면서 저를 경찰차량에 태워서 서울서초경찰서 경제팀 사무실로 데리고 갔습니다. 그곳에서 박병진과 김갑인을 동석시킨 후 경찰관이 저에게 김갑인과 공모하여 박병진으로부터 토지 매매대금 5억 원을 편취한 것이 아니냐고 묻기에 저는 그런 사실이 없다고 부인하였습니다. 그랬더니 경찰관이 저를 긴급체포하였고, 박병진과 김갑인이 옆에서 이미 저의 범죄를 입증할 증거가 모두 갖추어졌으니 부인해봐야 소용없다고 하면서 지금 자백하고 용서를 구하면 가볍게 처벌받을 수도 있을 것이라고 하여 어쩔 수 없이 경찰관이 말하는 대로 진술하였던 것입니다. 그러나 그 때 진술한 것은 사실이 아닙니다.

문 이상의 진술내용에 대하여 이의나 의견이 있는가요.

답 없습니다.

위의 조서를 진술자에게 열람하게 하였던바, 진술한 대로 오기나 증감·변경할 것이 전혀 없다고 말하므로 간인한 후 서명무인하게 하다.

진술자 이 을 해 (무인)

2012. 10. 16.

서울중앙지방검찰청

검 사 정이감 ㊞

검찰주사 한조사 ㊞

기타 법원에 제출되어 있는 증거들

※ 편의상 다음 증거서류의 내용은 생략하였으나, 법원에 증거로 적법하게 제출되어 있음을 유의하여 변론할 것.

○ 교통사고실황조사서(2012. 9. 18. 자)

○ 검사 작성의 피고인 김갑인에 대한 피의자신문조서(2012. 10. 12. 자)

- 공소사실 전부와 관련하여는 피고인 김갑인이 경찰에서 한 진술과 동일하므로 내용 생략.

○ 사망진단서사본(양신구가 2012. 9. 28. 교통사고로 사망하였다는 취지)

○ 피고인들에 대한 각 조회회보서(2012. 10. 8. 자)

- 피고인들에 대한 전과 조회로서 각각 특별한 전과 없음.

제 7 문에 대한 해설

변 론 요 지 서

Ⅰ. 피고인 김갑인에 대하여

1. 사문서위조, 위조사문서행사의 점

이 사건 공소사실은 피고인이 매수인인 박병진 명의의 부동산매매계약서를 위조, 행사하였다는 것입니다.

그런데, 부동산매매계약(증거기록 30쪽)의 기재에 의하면 하나의 매매계약서에 위 박병진과 매도인 최정오 두 사람 연명의 명의가 함께 위조된 사실이 인정되고, 아울러 약식명령등본(공판기록 18쪽)의 기재에 의하면 피고인은 이미 위 최정오 명의의 부동산매매계약서를 위조, 행사하였다는 범죄사실로 2012. 10. 24. 약식명령을 발령받아 2012. 11. 29. 확정된 사실이 인정됩니다.

문서에 2인 이상의 작성명의인이 있을 때에는 각 명의자마다 1개의 문서가 성립되며 2인이상의 연명으로 된 문서를 위조한 때에는 작성명의인의 수대로 수개의 문서위조죄가 성립하고 그 연명문서를 위조하는 행위는 자연적 관찰이나 사회통념상 하나의 행위라 할 것이므로 위 수 개의 문서위조죄는 형법 제40조가 규정하는 상상적 경합범에 해당한다고 볼 것입니다(대법원 1987. 7. 21. 선고 87도564 판결).

결국 위 최정오 명의의 문서위조죄와 위 박병진 명의의 문서위조죄는 형법 제40조 소정의 상상적 경합 관계에 있게 되므로 그 중 1죄에 대하여 이미 확정된 약식명령의 기판력은 다른 죄인 이 사건 공소사실에 대하여도 미치게 됩니다.

따라서, 위 공소사실은 확정판결이 있는 때에 해당하므로 형사소송법 제326조 제1호에 따라 면소판결을 선고하여 주시기 바랍니다.

2. 특정범죄가중처벌등에관한법률위반(도주차량)의 점

피고인이 교통사고를 낸 다음 차에서 내려 피해자에게 보험처리를 약속하였는데도

과도한 합의금을 요구하는 바람에 약 40분간이나 옥신각신하다가 피해자가 경찰에 신고하려하자 겁이 나서 그냥 가버린 사실이 있으나 도주한 것은 아닙니다. 대법원은 사고의 경위와 내용, 피해자의 상해의 부위와 정도, 사고운전자의 과실정도, 사고운전자와 피해자의 나이와 성별, 사고 후의 정황 등을 종합적으로 고려하여 사고운전자가 실제로 피해자를 구호하는 등 도로교통법 제50조 제1항에 의한 조치를 취할 필요가 있었다고 인정되지 아니하는 경우에는 사고운전자가 피해자를 구호하는 등 도로교통법 제50조 제1항에 규정된 의무를 이행하기 이전에 사고현장을 이탈하였더라도 특정범죄가중처벌등에관한법률 제5조의3 제1항 위반죄로는 처벌할 수 없다고 판시하고 있습니다.

피해자 고경자의 경우 사고 후의 경위에 대하여 "가해운전자와 함께 일단 차량을 다른 장소로 이동한 후, 교통사고 합의금 문제로 약 40분간을 옥신각신하였는데 가해자가 음주운전을 하다가 사고를 낸 것이 틀림없음에도 자기는 합의금을 못 주겠다고 하여 제가 경찰을 부르려고 전화하다 허겁지겁 차량을 타고 가버렸다"고 진술하고, 상해의 점에 대하여도 "사고 직후에는 몰랐는데 다음 날 목과 허리가 안 좋아 병원에 간 것이다"라고 진술하고 있습니다(증거기록 40쪽 진술서). 아울러, 피해자의 상해도 요치 2주의 경추염좌상으로서 경미한 점 등을 종합적으로 고려하면 이 사건에서 피고인이 실제로 피해자를 구호하는 등 도로교통법 제50조 제1항에 의한 조치를 취할 필요가 있었다고 볼 수 없습니다.

결국 이 사건 공소사실은 범죄로 되지 아니하는 때에 해당하므로 형사소송법 제325조 전단에 따라 무죄를 선고하여 주시기 바랍니다.

3. 도로교통법위반(음주운전)의 점

피고인이 술을 마시고 운전한 사실은 있으나, 도로교통법 제44조 제4항에 따라 운전이 금지되는 술에 취한 상태의 기준은 혈중 알코올농도 0.05% 이상인 경우인데, 이 사건에서는 운전당시의 피고인의 혈중알코올농도가 그 기준 이상이었다는 점에 대한 증명이 없습니다.

이 사건에서 피고인은 혈중알코올농도 0.053% 술에 취한 상태에서 운전하였다고 공소가 제기되었으나 이는 위드마크공식에 의한 추정치에 불과하고, 사고발생 1시간 후인 측정당시의 혈중알콜농도는 0.045%에 불과할 뿐입니다.

대법원은 위드마크공식을 사용하여 운전당시의 혈중 알코올농도를 추정할 수는 있으나, 그 법칙 적용의 전제가 되는 개별적이고 구체적인 사실에 대하여는 엄격한 증명을 요하며 위드마크공식에 의하여 산출한 혈중 알코올농도가 법이 허용하는 혈중 알코올농도를 근소하게 초과하는 정도에 불과한 경우라면 위 공식에 의하여 산출된 수치에 따라 범죄의 구성요건 사실을 인정함에 있어서 더욱 신중하게 판단하여야 한다라고 판시하고 있습니다.

아울러, 혈중 알코올 분해량은 피검사자의 체질, 음주한 술의 종류, 음주속도, 음주 시 위장에 있는 음식의 정도 등에 따라 개인마다 차이가 있는데 시간당 약 0.008% ~ 0.03%(평균 약 0.015%)씩 감소하는 것으로 알려져 있고, 섭취한 알코올이 체내에 흡수 분배되어 최고 혈중 알코올농도에 이르기까지는 피검사자의 체질, 음주한 술의 종류, 음주속도, 음주 시 위장에 있는 음식의 정도 등에 따라 개인마다 차이가 있습니다. 실험 결과, 혈중 알코올농도는 최종 음주시각부터 상승하기 시작하여 30분부터 90분 사이에 최고도에 달하는 것으로 알려져 있으므로 최종 음주시각부터 90분 내에 혈중 알코올농도가 측정된 경우에는 피검사자의 혈중 알코올농도가 최고도에 이르기까지 상승하고 있는 상태인지, 최고도에 이른 후 하강하고 있는 상태인지 여부를 확정하기 어렵다고 합니다(서적사본, 공판기록 19쪽).

이 사건에서도 산출한 혈중 알코올농도가 처벌기준치를 근소하게 초과하는 것에 그치고 있을 뿐만 아니라, 음주운전 시점이 혈중 알코올농도의 상승시점인지 하강시점인지 확정 할 수 없습니다(검사마저도 공판정에서 음주운전 시점이 혈중 알코올농도의 상승시점인지 하강시점인지 확정할 수 없는 상황이라고 진술하고 있습니다. 공판기록 21쪽). 이러한 상황에서 사후 측정수치에 혈중 알코올농도 감소치를 가산하는 방법으로 산출한 혈중 알코올농도가 처벌기준치를 약간 넘는다고 하여 음주운전시점의 혈중 알코올농도가 처벌기준치를 초과한 것이라고 단정할 수 없고, 그 밖에 이를 증명할 다른 증거도 없습니다.

결국, 공소사실은 범죄의 증명이 없는 때에는 해당하므로 형사소송법 제325조 후단에 따라 무죄를 선고하여 주시기 바랍니다.

4. 교통사고처리특례법위반의 점(축소사실)에 대한 공소기각판결의 주장

도주차량의 점과 음주운전의 점이 무죄라 하더라도, 피고인에게는 교통사고처리특례법 제3조 제1항 위반의 죄가 성립할 수는 있습니다. 그렇다 하더라도 피고인의 자동차는 자동차종합보험에 가입되어 있으므로(증거기록 43쪽) 교통사고처리특례법 제4조에 의하여 공소를 제기할 수 없어 형사소송법 제327조 제2호에 따라 공소제기의 절차가 법률의 규정에 위반하여 무효인 경우에 해당하므로 공소기각의 판결이 선고되어야 합니다.

Ⅱ. 피고인 이을해에 대하여

1. 특정경제범죄가중처벌등에관한법률위반(사기)의 점

가. 쟁점

피고인은 검찰에서 이 법정에 이르기까지 그 범행을 부인하면서, 상피고인 김갑인과 공모하여 피해자 박병진으로부터 부동상매매대금 명목으로 돈 5억원을 편취한 사실이 없고, 김갑인이 부동산 매도인 최정오가 5억원을 매매대금으로 부른다고 하여 김갑인의 말을 믿고 박병진에게 김갑인의 말을 전달해 주었으며 김갑인으로부터 양신구를 통해 실제 매매대급 3억원과의 차액인 현금 2억원을 전달받은 사실도 없다고 변명하고 있으므로 과연 피고인이 상피고인과 공모하여 이사건 범행에 이른 것인지에 대하여 증거관계를 살펴보도록 하겠습니다.

나. 증거관계

(1) 공소사실에 부합하는 증거 중 다음 증거들은 증거능력이 없습니다.

① 사법경찰관 작성의 피고인 이을해에 대한 피의자신문조서

피고인이 내용을 부인하였으므로 증거능력이 없습니다.

② 사법경찰관 작성의 상피고인 김갑인에 대한 피의자신문조서

피고인 이을해가 부동의하며 그 내용을 부인하고 있으므로 판례에 따라 그 증거능력을 인정할 수 없습니다.

③ 증인 안경위의 이 법정에서의 "피고인 이을해를 경찰서에서 조사시 범행을 자백하였다"는 증언

이는 형사소송법 제316조 제1항에 따라 증거능력이 인정된다는 주장도 있을 수 있으나, 당시의 조사 상황에 비추어 특신상태가 있었다고 보기는 어려우므로 증거능력은 인정되지 않습니다.

나아가, 증거가 되는 것은 안경위가 들었다는 이을해의 자백 진술인바, 그 자백이 이루어진 경위를 살펴보면 "이을해가 경찰관의 임의동행 요구를 거절하였음에도 이미 강제 연행된 상태에서 긴급체포되었으므로 위법한 체포이고(증거기록 49쪽, 검사작성의 피의자신문조서의 기재 내용 참조) 불법체포 상태 아래에서 자백한 사실"이 인정되므로 위 자백진술은 위법수집증거배제법칙 또는 자백배제법칙에 따라 증거능력이 없다고 보아야 합니다.

(2) 다음 증거들은 신빙성이 없습니다.

① 상피고인 김갑인의 진술

증거능력이 인정되는 상피고인의 법정에서의 진술, 검사 작성의 상피고인에 대한 피의자신문조서의 진술기재에 따르면 김갑인은 이을해의 지시에 따라 공모하여 5억원을 편취하고, 양신구를 통하여 이을해에게 현금 2억원을 교부하였다고 진술하고 있으나, 이 진술은 다음과 같은 이유로 믿기 어렵습니다.

첫째, 피고인 이을해가 범행직후인 2012. 6. 1. 박병진에게 500만원을 빌려 간 사실이 박병진의 진술에 의하여 인정되는바, 피고인 김갑인의 진술대로 이을해도 공모하여 사기를 하고 또 현금 2억원이 이을해에게 넘어갔다면 굳이 이을해가 박병진으로부터 돈 500만원을 빌릴 이유가 없습니다. 둘째, 김갑인은 직접 최정오와의 계약을 처리하고 5억원을 송금받았으며 계약서도 위조하는 등 실질적인 범행을 주도한 사람인데, 굳이 차액 2억원 전액을 추적이 어려운 현금으로 인출하여 이을해에게 교부하였다는 점은 상식에 반합니다. 셋째, 김갑인은 자신이 이을해로부터 300만원의 수고비만 받았다고 진술하고 있는데 최정오의 진술에 의하면, 김갑인 자신이 받은 돈보다 많은 1000만원을 지급하겠다고 하면서 최정오에게 고소를 하지 말아줄 것을 부탁한 점도 김갑인 진술의 신빙성을 의심스럽게 합니다. 넷째, 피고인 이을해가 지하 건물에서 거주하고 있고, 식대조차도 내지 못하고 도망할 정도로 궁핍하게 지내고 있는 점에 비추어 이을해가 2억원이라는 돈을 받았다고 보기는 어렵습니다.

② 박병진의 진술

이 법정에서의 진술, 사법경찰관 작성의 진술조서의 기재에 의하면 박병진은 "2012. 6 .10. 경 죽은 양신구로부터 '피고인 이을해에게 돈 2억원을 전달하였다'라는 말을 들었다"고 진술합니다. 원진술자인 양신구로부터 "피고인 이을해에게 돈 2억원을 전달하였다"라는 말을 들었다는 부분은 양신구가 사망하여 형사소송법 제316조 제2항의 일단의 요건은 갖추어졌다고 볼 수도 있습니다. 그러나, 위에서 본 바와 같은 이유로 양신구의 진술은 신빙성이 없습니다.

(3) 기타 증거

그 밖에, 매도인인 최정오의 진술, 부동산매매계약서, 무통장 입금증의 기재 등은 모두 진실하다고 하더라도 단순히 매매경위 등에 관한 진술로서 위 공소사실을 증명할 만한 증명력이 없고, 그 밖에 공소사실을 인정할 만한 다른 증거도 없습니다.

다. 결론

따라서 이 부분 공소사실은 범죄의 증명이 없는 때에 해당하여 형사소송법 제325조 후단에 따라 무죄가 선고되어야 합니다.

라. 특정경제범죄가중처벌등에관한법률위반(사기)의 점 불성립 주장

가사 피고인의 범행이 인정된다 하더라도 이 사건의 실체는 3억원에 불과한 부동산을 5억원에 매수하도록 하고, 3억원 상당의 토지를 이전하여 줌과 동시에 5억원을 받아 종국적으로는 돈 2억원을 사실상 부당 취득한 사안으로서, 편취액은 2억원으로 의율함이 상당하다고 생각됩니다.

대법원은 특정경제범죄가중처벌등에관한법률위반죄의 경우, 이익의 산정을 엄격하게 하고 있으므로 판례의 취지에 따른다면 피고인에게는 단순 사기죄만 인정될 뿐임을 고려하여 주시기 바랍니다.

2. 공갈의 점

가. 공갈죄의 불성립

이 사건 공소사실은 피고인이 음식 값 5만원을 내지 않고 도망가려다가 따라온 주인에게 폭행을 가하는 등 겁을 먹게 하여 음식 값의 청구를 단념하게 함으로써 재산상의 이익을 취하였다는 것입니다. 그런데, 재산상 이익의 취득으로 인한 공갈죄가 성립하려면 폭행 또는 협박과 같은 공갈행위로 인하여 피공갈자가 재산상의 이익을 공여하는 처분행위가 있어야 합니다. 단순히 행위자가 법적으로 의무 있는 재산상 이익의 공여를 면하기 위하여 상대방을 폭행하고 현장에서 도주함으로써 상대방이 행위자로부터 원래라면 얻을 수 있었던 죄책을 물을 수 없다 취지의 판례도 있습니다.

따라서, 공소사실은 형사소송법 제325조 전단에 따라 범죄로 되지 아니하는 때로서 무죄를 선고하여 주시기 바랍니다.

나. 폭행죄에 관하여는 피해자가 처벌을 원하지 않습니다.

가사 피고인에게 폭행죄가 인정된다 하더라도 피해자 강기술이 공소제기 전인 2012. 9. 28. 피고인의 처벌을 원하지 아니하고 있으므로 반의사불벌죄인 폭행의 점은 형사소송법 제327조 제2호에 따라 공소기각의 판결이 선고되어야 할 것입니다.

제 8 문

[특정경제범죄가중처벌등에관한법률위반(횡령) 등]

2014년 1월 실시된 제3회 변호사시험 형사기록형 문제이다.

응시자 준수사항

1. 시험 시작 전 문제지의 봉인을 손상하는 경우, 봉인을 손상하지 않더라도 문제지를 들추는 행위 등으로 문제 내용을 미리 보는 경우 모두 부정행위로 간주되어 그 답안은 영점처리 됩니다.
2. 답안은 흑색 또는 청색 필기구(사인펜이나 연필 사용 금지) 중 한 가지 필기구만을 사용하여 답안 작성 난(흰색 부분) 안에 기재하여야 합니다.
3. 답안지에 성명과 수험 번호를 기재하지 않아 인적사항이 확인되지 않는 경우에는 영점처리 등 불이익을 받게 됩니다. 특히 답안지를 바꾸어 다시 작성하는 경우, 성명 등의 기재를 빠뜨리지 않도록 유의하여야 합니다.
4. 답안지에는 문제내용을 기재할 필요가 없으며, 답안 내용 이외의 사항을 기재하거나 밑줄 기타 어떠한 표시도 하여서는 아니됩니다. 답안을 정정할 경우에는 두 줄로 긋고 다시 기재하여야 하며, 수정액 등은 사용할 수 없습니다.
5. 시험종료 시각에 임박하여 답안지를 교체요구한 경우라도 시험시간 종료 후 즉시 새로 작성한 답안지를 회수합니다.
6. 시험 종료 후에는 답안지 작성을 일절 할 수 없으며, 이에 위반하여 시험시간이 종료되었음에도 불구하고 **시험관리관의 답안지 제출지시에 불응한 채 계속 답안을 작성하거나 답안지를 늦게 제출할 경우 그 답안은 영점처리** 됩니다.
7. 답안은 답안지 쪽수 번호 순으로 기재하여야 하고, **배부받은 답안지는 백지 답안이라도 모두 제출**하여야 하며, **답안지를 제출하지 아니한 경우 그 시험시간 및 나머지 시험시간의 시험에 응시할 수 없습니다.**
8. 지정된 시간까지 지정된 시험실에 입실하지 아니하거나 시험관리관의 승인을 얻지 아니하고 시험시간 중에 그 시험실에서 퇴실한 경우 그 시험시간 및 나머지 시험시간의 시험에 응시할 수 없습니다.
9. 시험시간이 종료되기 전에는 어떠한 경우에도 문제지를 시험장 밖으로 가지고 갈 수 없고, 시험 종료 후 가지고 갈 수 있습니다.

문 제

피고인 김갑동에 대해서는 법무법인 공정 담당변호사 김힘찬이 객관적인 입장에서 대표변호사에게 보고할 검토의견서를, 피고인 이을남에 대해서는 변호인 이사랑의 변론요지서를 작성하되, 다음 쪽 검토의견서 및 변론요지서 양식 중 **본문 Ⅰ,Ⅱ 부분만 작성하시오**.
※ 검토의견서에서는 공소장의 죄명 내지 구성요건에 대한 의율이 잘못되었을 경우 관련 법률적 쟁점 및 이에 대한 의견과 더불어 적합한 의율변경을 하여 의율변경된 죄명 내지 구성요건에 대한 법률적 쟁점 및 이에 대한 의견도 제시할 것.

작성요령

1. 학설·판례 등의 견해가 대립되는 경우, 한 견해를 취할 것. 단, 대법원 판례와 다른 견해를 취하여 의견을 제시하고자 하는 경우에는 대법원 판례의 취지를 적시할 것.
2. 증거능력이 없는 증거는 실제 소송에서는 증거로 채택되지 않아 증거조사가 진행되지 않지만, 이 문제에서는 시험의 편의상 증거로 채택되어 증거조사가 진행된 것을 전제하였음. 따라서 필요한 경우 증거능력에 대하여도 논할 것.
3. 검토의견서에 기재한 내용은 변론요지서에서, 변론요지서에 기재한 내용은 검토의견서에서 각각 인용 가능.

주의사항

1. 쪽 번호는 편의상 연속되는 번호를 붙였음.
2. 조서, 기타 서류에는 필요한 서명, 날인, 무인, 간인, 정정인이 있는 것으로 볼 것.
3. 증거목록, 공판기록 또는 증거기록 중 '(생략)'이라고 표시된 부분에는 법에 따른 절차가 진행되어 그에 따라 적절한 기재가 있는 것으로 볼 것.
4. 공판기록과 증거기록에 첨부하여야 할 일부 서류 중 '(생략)' 표시가 있는 것, 증인선서서와 수사기관의 조서에 첨부하여야 할 '수사과정확인서'는 적법하게 존재하는 것으로 볼 것.
5. 송달이나 접수, 통지, 결재가 필요한 서류는 모두 적법한 절차를 거친 것으로 볼 것.
6. 시험의 편의상 주소기재는 도로명 주소가 아닌 지번주소로 하였음.

검토의견서

사 건 2013고합1277 특정경제범죄가중처벌등에관한법률위반(횡령) 등
피고인 김갑동

Ⅰ. 피고인 김갑동에 대하여 (25점)

1. 배임의 점

2. 특정경제범죄가중처벌등에관한법률위반(횡령)의 점

※ 평가제외사항 - 공소사실의 요지, 정상관계(답안지에 기재하지 말 것)

2014. 1. 4.

법무법인 공정 변호사 김힘찬 ㉿

변론요지서

사 건 2013고합1277 특정경제범죄가중처벌등에관한법률위반(횡령) 등
피고인 이을남

위 사건에 관하여 피고인 이을남의 변호인 변호사 이사랑은 다음과 같이 변론합니다.

다 음

Ⅰ. 피고인 이을남에 대하여 (75점)

1. 특정경제범죄가중처벌등에관한법률위반(횡령)의 점
2. 강도의 점
3. 현금 절도, 여신전문금융업법위반의 점
4. 점유이탈물횡령의 점
5. 금목걸이 절도의 점

※ 평가제외사항 - 공소사실의 요지, 정상관계(답안지에 기재하지 말 것)

2012. 1. 4.

피고인 이을남의 변호인 변호사 이사랑 ㉿

서울중앙지방법원 제26형사부 귀중

기록내용시작

구속만료		미결구금
최종만료		
대행갱신 만료		

서 울 중 앙 지 방 법 원

구공판 **형사제1심소송기록**

기일 1회기일	사건번호	2013고합1277	담임	제26부	주심	다
12/5 A10 12/19 P3	사 건 명	가. 특정경제범죄가중처벌등에관한법률위반(횡령) 나. 배임 다. 강도 라. 절도 마. 여신전문금융업법위반 바. 점유이탈물횡령				
	검 사	구사현	2013형제99999호			
	공소제기일	2013. 10. 18.				
	피 고 인	1. 가.나. **김갑동** 2. 가.다.라.마.바. **이을남**				
	변 호 인	사선 법무법인 공정 담당변호사 김힘찬(피고인 김갑동) 사선 변호사 이사랑(피고인 이을남)				

확 정	
보존종기	
종결구분	
보 존	

완결 공람	담 임	과 장	국 장	주심 판사	재판장	원장

접 수 공 람	과 장	국 장	원 장
	㉑	㉑	㉑

공 판 준 비 절 차

회 부 수명법관 지정 일자	수명법관 이름	재 판 장	비 고

법정외에서지정하는기일

기일의 종류	일 시				재 판 장	비 고
1회 공판기일	2013.	12.	5.	10:00	㉑	

서울중앙지방법원

목 록		
문 서 명 칭	장 수	비 고
증거목록	8	검사
공소장	10	
변호인선임신고서	(생략)	피고인 김갑동
변호인선임신고서	(생략)	피고인 이을남
영수증(공소장부본 등)	(생략)	피고인 김갑동
영수증(공소장부본 등)	(생략)	피고인 이을남
영수증(공판기일통지서)	(생략)	변호사 김힘찬
영수증(공판기일통지서)	(생략)	변호사 이사랑
국민참여재판 의사 확인서(불희망)	(생략)	피고인 김갑동
국민참여재판 의사 확인서(불희망)	(생략)	피고인 이을남
의견서	(생략)	피고인 김갑동
의견서	(생략)	피고인 이을남
공판조서(제1회)	15	
공판조서(제2회)	17	
증인신문조서	20	박고소
증인신문조서	21	나부인

서울중앙지방법원

목　　록(구속관계)		
문서명칭	장　수	비　고
체포영장	13	피고인 이을남
피의자 석방보고	(생략)	피고인 이을남

증 거 목 록(증인 등)

2013고합1277

① 김갑동
② 이을남

2013형제99999호

신청인: 검사

순번	작성	쪽수(수)	쪽수(증)	증거명칭	성명	참조사항 등	신청기일	증거의견 기일	증거의견 내용	증거결정 기일	증거결정 내용	증거조사기일	비고
1	검사	37		피의자신문조서 (대질 - 김갑동,이을남)	김갑동	(생략)	1	1	①② ○	(생략)			공소사실1항부분
									① ○				공소사실2항부분
									② ×				〃
					이을남		1	1	①② ○				공소사실1항부분
									① ×				공소사실2항부분
									② ○				〃
2	〃	(생략)		각 세금계산서			1	1	①② ○				
3	〃	46		증명서	전총무		1	1	① ○				
									② ×				
4	〃	(생략)		사망진단서사본	전총무		1	1	①② ○				
5	〃	47		피의자신문조서 (제2회)	이을남		1	1	② ○				
6	사경	24		고소장	박고소		1	1	① ○				
									② ×				
7	〃	(생략)		부동산매매계약서	김갑동 박고소		1	1	①② ○				
8	〃	(생략)		영수증	김갑동		1	1	①② ○				
9	〃	25		각 등기사항전부증명서			1	1	①② ○				
10	〃	27		진술조서	박고소		1	1	① ○				
									② ×				
11	〃	29		피의자신문조서	김갑동		1	1	①② ○				공소사실1,3의 ㄱ,ㄴ,ㄷ 항 부분
									① ○				공소사실2항부분
									② ×				〃
12	〃	32		고소장	김갑동		1	1	② ○				
13	〃	(생략)		신한카드 사용내역			1	1	② ○				
14	〃	33		압수조서			1	1	② ○				
15	〃	34		피의자신문조서	이을남		1	1	② ○				
16	〃	(생략)		각 가족관계증명서			1	1	② ○				
17	〃	(생략)		각 조회회보서	김갑동 이을남		1	1	①② ○				

※ 증거의견 표시 - 피의자신문조서: 인정 ○, 부인 ×
(여러 개의 부호가 있는 경우, 성립/임의성/내용의 순서임)
- 기타 증거서류: 동의 ○, 부동의 ×
- 진술이 특히 신빙할 수 있는 상태 하에서 행하여졌다는 점 부인
: "특신성 부인"(비고란 기재)

※ 증거결정 표시: 채 ○, 부 ×

※ 증거조사 내용은 제시, 내용고지

증 거 목 록(증인 등)

2013고합1277

① 김갑동
② 이을남

2013형제99999호 신청인 : 검사

증 거 방 법	쪽수(공)	입증취지 등	신청기일	증거결정		증거조사기일	비고
				기일	내용		
캐논 디지털 카메라 (증 제2호)		공소사실 3의 다.항	1	1	○	2013. 12. 19. 15:00 (실시)	
금목걸이 (증 제3호)		공소사실 3의 라.항	1	1	○	〃	
증인 박고소	20	공소사실 1항, 2항	1	1	○	〃	
증인 나부인	21	공소사실 2항	1	1	○	〃	

※ 증거결정 표시 : 채 ○, 부 ×

서울중앙지방검찰청

2013. 10. 18.

사건번호 2013년 형제99999호
수 신 자 서울중앙지방법원
제 목 공소장
검사 구사현은 아래와 같이 공소를 제기합니다.

Ⅰ. 피고인 관련사항

1.피 고 인 김갑동(53****-1******), 60세
직업 갑동주식회사 대표이사, 010-****-****
주거 서울시 서초구 양재동 751-5, 02-533-4784
등록기준지 경기 성남시 수정구 태평동 1429

죄 명 특정경제범죄가중처벌등에관한법률위반(횡령), 배임

적용법조 특정경제범죄 가중처벌 등에 관한 법률 제3조 제1항 제2호, 형법 제355조 제1항, 제2항, 제30조, 제37조 제38항

구속여부 불구속

변 호 인 없음

2.피 고 인 이을남(63****-1******), 50세
직업 갑동주식회사 경리부장, 010-****-****
주거 서울시 관악구 봉천동 123 봉천빌라 1동 지하 103호
등록기준지 서울 동작구 상도2동 375

죄 명 특정경제범죄가중처벌등에관한법률위반(횡령), 강도, 절도, 여신전문금융업법위반, 점유이탈물횡령

적용법조 특정경제범죄 가중처벌 등에 관한 법률 제3조 제1항 제2호, 형법 제355조 제1항, 제 333조, 제329조, 여신전문금융업법 제70조 제1항 제4호, 형법 제360조 제1항, 제30조, 제37조, 제38조

구속여부 불구속

변 호 인 없음

1234

접수
No. 15775
2011. 11. 16.
서울중앙지방법원
형사접수실

Ⅱ. 공소사실

피고인 김갑동은 서울 서초구 서초동 89에 있는 갑동부식회사의 대표이사이고, 피고인 이을남은 위 회사의 경리부장이다.

1. 피고인 김갑동의 배임

피고인 김갑동은 피해자 갑동주식회사 재산을 성실히 관리해야 할 의무에 위배하여 2012. 3. 15. 위 회사 사무실에서 시가 3억 원 상당의 위 회사 소유의 서울 종로구 관철동 50-1 대 300㎡에 관하여 채권자 박고소, 채권최고액 2억 원으로 하는 근저당권을 설정하여 주고 박고소로부터 1억 5,000만 원을 대출받았다.

이로써 피고인 김갑동은 위 2억 원에 해당하는 재산상의 이익을 취득하고 피해자에게 같은 액수에 해당하는 손해를 가하였다.

2. 피고인들의 공동범행 – 특정경제범죄가중처벌등에관한법률위반(횡령)

피고인들은 피해자 갑동주식회사가 소유하는 시가 6억 원 상당의 서울 구로구 개봉동 353-4 대 500㎡를 임의로 처분하여 그 돈을 각자 개인적으로 사용하기로 공모하였다.

피고인 김갑동은 2012. 4. 15. 위 회사 사무실에서 피해자 박고소와 위 토지에 관하여 매수인 박고소, 매매대금 4억 원으로 하는 매매계약을 체결한 후 같은 날 계약금 1억 원, 중도금 2억 원 합계 3억 원을 수령하였다.

그럼에도 불구하고 피고인 김갑동은 2012. 5. 9. 위 회사 사무실에서 이미 피해자 박고소에게 위와 같이 매도한 위 토지를 최등기에게 매매대금 4억 원에 매도하는 계약을 체결하고, 2012. 5. 10. 서울남부지방법원 구로등기소에서 최등기의 명의로 소유권이전등기를 마쳤다.

이로써 피고인들은 공모하여 피해자들에 대하여 각각 재물을 횡령하였다.

3. 피고인 이을남

가. 강도

피고인 이을남은 2012. 5. 20. 갑동주식회사 사무실에서 피해자 김갑동에게 "신용카드를 주지 않으면 회사 토지를 마음대로 처분한 것을 경찰에 알려 콩밥을 먹게 하겠다. 내게는 힘 좀 쓰는 동생들도 있다."라고 협박하여 피해자의 반항을 억압하고 피해자로부터 피해자 명의의 신용카드 1장(카드번호 : 4***-****-****-****)을 빼앗아 강취하였다.

나. 절도, 여신전문금융업법위반

피고인 이을남은 2012. 5. 21. 서울 서초구 서초동 456-2에 있는 신한은행 현금자동지급기 코너에서 위와 같이 강취한 피해자 김갑동의 신용카드를 현금자동지급기에 투입하고, 피해자가 위 신용카드 교부시 알려준 신용카드 비밀번호와 금액을 입력하여 피해자의 예금계좌에서 현금 100만 원을 인출하였다.

이로써 피고인 이을남은 강취한 위 신용카드를 사용하여 피해자의 재물을 절취하였다.

다. 점유이탈물횡령

피고인 이을남은 2008. 9.말경 서울 종로구에 있는 경복궁에서 일본인 여성으로 보이는 피해자 성명불상자가 그곳 벤치 옆에 두고 간 피해자 고유의 시가 250만 원 상당의 캐논 디지털 카메라 1대를 습득하고도 피해자에게 반환하는 등 필요한 절차를 취하지 아니한 채 자신이 가질 생각으로 가지고 가 이를 횡령하였다.

라. 절도

피고인 이을남은 2011. 12. 중순경 서울 관악구 봉천동에 있는 피고인의 집 인근에 있는 봉천금은방에서 업주인 피해자 성명불상자가 잠시 자리를 비운 사이 진열대 위에 놓여있던 피해자 소유의 시가 150만 원 상당의 금목걸이 1개를 몰래 가져가 이를 절취하였다.

Ⅲ. 첨부서류

1. 체포영장 1통
2. 피의자석방보고 1통 (생략)

검사 구사현 ㉞

<table>
<tr><td colspan="6">체 포 영 장
서울중앙지방법원</td></tr>
<tr><td>영 장 번 호</td><td colspan="2">1547</td><td colspan="2">죄 명</td><td>강도 등</td></tr>
<tr><td rowspan="3">피 의 자</td><td>성 명</td><td>이을남</td><td colspan="2">직업</td><td>갑동주식회사 경리부장</td></tr>
<tr><td>주민등록번호</td><td colspan="4">63**** - 1******</td></tr>
<tr><td>주 소</td><td colspan="4">서울 관악구 봉천동 123 봉천빌라 1동 지하 103호</td></tr>
<tr><td>청구한 검사</td><td colspan="2">강형준</td><td>청 구 일 자</td><td colspan="2">2013. 6. 28</td></tr>
<tr><td>변 호 인</td><td colspan="2"></td><td>유 효 기 간</td><td colspan="2">2013. 7. 8.</td></tr>
<tr><td>범죄사실의 요지</td><td colspan="2">별지 기재와 같다.</td><td>인치할 장소</td><td colspan="2">□ 서울중앙지방검찰청
■ 서울서초경찰서</td></tr>
<tr><td>구금할 장소</td><td colspan="5">■ 서초경찰서유치장 □ ( ) 구치소 □ ( ) 교도소</td></tr>
<tr><td colspan="3">■ 피의자는 정당한 이유 없이 수사기관의 출석요구에 응하지 아니하였다.

□ 피의자는 정당한 이유 없이 수사시관의 출석요구에 응하지 아니할 우려가 있다.

□ 피의자는 일정한 주거가 없다 (다액 50만 원 이하의 벌금, 구류 또는 과료에 해당하는 사건).</td><td colspan="3">피의자가 별지 기재와 같은 죄를 범하였다고 의심할 만한 상당한 이유가 있고, 체포의 사유 및 체포의 필요가 있으므로, 피의자를 체포한다.

유효기간이 경과하면 체포에 착수할 수 없고, 유효기간이 경과한 경우 또는 유효기간내라도 체포의 필요가 없어진 경우에는 영장을 반환하여야 한다.

2013. 7. 1.
판 사 한현주 ⓔ인</td></tr>
<tr><td>체 포 일 시</td><td colspan="2">2013. 7. 5. 09:00</td><td>체 포 장 소</td><td colspan="2">피의자의 주거지</td></tr>
<tr><td>인 치 일 시</td><td colspan="2">2013. 7. 5. 10:00</td><td>인 치 장 소</td><td colspan="2">서울서초경찰서 수사과 경제범죄수사팀 사무실</td></tr>
<tr><td>구 금 일 시</td><td colspan="2"></td><td>구 금 장 소</td><td colspan="2"></td></tr>
<tr><td>집행불능사유</td><td colspan="5"></td></tr>
<tr><td>처리자의 소속 관서, 관직</td><td colspan="2">서울서초경찰서 수사과</td><td>처 리 자 서 명 날 인</td><td colspan="2">경위 배압수 ⓔ인</td></tr>
</table>

범 죄 사 실

피의자는 2012. 5. 20. 서울 서초구 서초동 89 소재 갑동주식회사 사무실에서 피해자 김갑동에게 "신용카드를 주지 않으면 회사 토지를 마음대로 처분한 것을 경찰에 알려 콩밥을 먹게 하겠다. 내게는 힘 좀 쓰는 농생들도 있다."라고 협박하여 피해자 김갑동 명의의 신용카드 1장(카드번호 : 4***-****-****-****)을 강취하였다.

피의자는 2012. 5. 21. 서울 서초구 서초동 456-2에 있는 신한은행의 현금자동지급지 코너에서 위와 같이 강취한 김갑동의 신용카드를 현금자동지급기에 투입하고, 김갑동이 신용카드 교부시 알려준 신용카드 비밀번호와 금액을 입력하는 방법으로 현금 100만 원을 인출하였다.

피의자는 2008. 9.말경 서울 종로구에 있는 경복궁에서 일본인 여성으로 보이는 피해자 성명불상자가 그곳 벤치 옆에 두고 간 피해자 성명불상자 소유의 시가 250만 원 상당의 캐논 디지털 카메라 1대를 습득하고도 피해자 성명불상자에게 반환하는 등 필요한 절차를 위하지 아니한 채 자신이 가질 생각으로 가지고 가 이를 횡령하였다.

서울중앙지방법원

공 판 조 서

제 1 회

사 건	2013고합1277 특정경제범죄가중처벌등에관한법률위반(횡령) 등		
재판장 판사	김상혁	기 일 :	2013. 12. 5. 10:00
판사	이채은	장 소 :	제425호 법정
판사	김시화	공개여부 :	공개
법원사무관	성진수	고 지 된	
		다음기일 :	2013. 12. 19. 15:00
피 고 인	1. 김갑동 2. 이을남	각 출석	
검 사	이유진	출석	
변 호 인	법무법인 공정 담당변호사 김힘찬 (피고인 1을 위하여)	출석	
	변호사 이사랑 (피고인 2를 위하여)	출석	

재판장

피고인들은 진술을 하지 아니하거나 각개의 물음에 대하여 진술을 거부할 수 있고, 이익 되는 사실을 진술할 수 있음을 고지

재판장의 인정신문

성 명: 1. 김갑동 2. 이을남

주민등록번호: 각 공소장 기재와 같음.

직 업: 〃

주 거: 〃

등록기준지: 〃

재판장

피고인들에 대하여

주소가 변경될 경우에는 이를 법원에 보고할 것을 명하고, 소재가 확인되지 않을 때에는 그 진술 없이 재판할 경우가 있음을 경고

검 사

공소장에 의하여 공소사실, 죄명, 적용법조 낭독

피고인 김갑동

갑동주식회사는 피고인 김갑동이 소유하는 회사이므로 서울 종로구 관철동 50-1 대 300㎡에 근저당권을 설정한 것에 대해서 처벌받는 것은 억울하고, 박고소에게 매도한 서울 구로구 개봉동 353-4 대 500㎡를 다시 최등기에게 이전등기해 준 부분은 잘못을 인정한다고 진술

피고인 이을남

피고인 김갑동이 위 개봉동 토지를 이중으로 파는 데 공모한 사실이 없고, 나머지 공소사실은 인정한다고 진술

피고인 김갑동의 변호인 변호사 김힘찬

피고인 김갑동을 위하여 유리한 변론을 함. 변론기재는 (생략).

피고인 이을남의 변호인 변호사 이사랑

피고인 이을남을 위하여 유리한 변론을 함. 변론기재는 (생략).

재판장

증거조사를 하겠다고 고지

증거관계 별지와 같음(검사, 변호인)

재판장

각각의 증거조사 결과에 대하여 의견을 묻고 권리를 보호하는 데에 필요한 증거조사를 신청할 수 있음을 고지

소송관계인

별 의견 없다고 각각 진술

재판장

변론 속행

2013. 12. 5.

법 원 사 무 관 성 진 수 ㊞
재 판 장 판 사 김 상 혁 ㊞

서울중앙지방법원

공 판 조 서

제 2 회

사 건	2013고합1277 특정경제범죄가중처벌등에관한법률위반(횡령) 등		
재판장 판사	김상혁	기 일 :	2013. 12. 19. 15:00
판사	이채은	장 소 :	제425호 법정
판사	김시화	공개여부 :	공개
법원사무관	성진수	고 지 된	
		다음기일 :	2014. 1. 9. 15:00
피 고 인	1. 김갑동 2. 이을남	각 출석	
검 사	이유진	출석	
변 호 인	법무법인 공정 담당변호사 김힘찬 (피고인 1을 위하여)	출석	
	변호사 이사랑 (피고인 2를 위하여)	출석	
증 인	박고소, 나부인	각 출석	

재판장

전회 공판심리에 관한 주요사항의 요지를 공판조서에 의하여 고지

소송관계인

변경할 점이나 이의할 점이 없다고 진술

출석한 증인 박고소, 나부인을 별지와 같이 신문하다

증거관계 별지와 같은(검사, 변호인)

소송관계인

별 의견 없으며, 달리 신청할 증거도 없다고 각각 진술

재판장

증거조사를 마치고 피고인신문을 하겠다고 고지

검 사

피고인 김갑동에게

문 피고인은 2012. 3. 15. 갑동주식회사가 소유하는 서울 종로구 관철동 50-1 대 300㎡에 관하여 임의로 채권자 박고소, 채권최고액 2억 원으로 하는 근저당권을 설정하여 주고 박고소로부터 1억 5,000만 원을 빌린 사실이 있지요.

답 예. 그렇습니다.

문 피고인은 이을남과 공모하여 2012. 4. 15. 위 회사 소유의 서울 구로구 개봉동 353-4 대 500㎡에 관하여 매수인 박고소, 매매대금 4억 원으로 하는 매매계약을 체결한 후 같은 날 계약금 1억 원, 중도금 2억 원 합계 3억 원을 수령하였음에도 2012. 5. 9. 최등기에게 위 토지를 다시 매도하고 2012. 5. 10. 최등기 앞으로 위 토지의 소유권이전등기를 마친 사실이 있지요.

답 예. 그렇습니다.

피고인 이을남에게

문 피고인은 김갑동과 공모하여 2012. 4. 15. 위 회사 소유의 서울 구로구 개봉동 353-4 대 500㎡에 관하여 매수인 박고소, 매매대금 4억 원으로 하는 매매계약을 체결한 후 같은 날 계약금 1억 원, 중도금 2억 원 합계 3억 원을 수령하였음에도 2012. 5. 9. 최등기에게 위 토지를 다시 매도하고 2012. 5. 10. 최등기 앞으로 위 토지의 소유권이전등기를 마친 사실이 있지요.

답 김갑동과 최등기 사이를 오가며 매매가 성사되도록 도와준 사실은 있으나 소유권이전등기 당시까지는 김갑동이 위 토지를 이미 박고소에게 매도한 사실은 몰랐습니다.

문 피고인은 2012. 5. 20. 김갑동에게 "신용카드를 주지 않으면 회사 토지를 마음대로 처분한 것을 경찰에 알려 콩밥을 먹게 하겠다. 내게는 힘 좀 쓰는 동생들도 있다."라고 협박하여 김갑동으로부터 김갑동 명의의 신용카드 1장을 빼앗은 사실이 있지요.

답 예. 그렇습니다. 하지만 그렇다고 해서 강도죄로까지 처벌받는 것은 억울합니다.

문 피고인은 2012. 5. 21. 신한은행 현금자동지급기에서 위와 같이 강취한 김갑동의 신용카드를 사용하여 김갑동의 예금계좌에서 현금 100만 원을 인출한 사실이 있지요.

답 예. 그렇습니다.

문 피고인은 2008. 9.말경 경복궁 안 벤치 옆에 놓여있던 성명불상자 소유의 시가 250만 원 상당의 캐논 디지털 카메라 1대를 몰래 가져가고, 2011. 12.중순 경 봉천금은방에서 업주가 잠시 자리를 비운 사이 진열대 위에 놓여있던 업주 소유의 시가 150만 원 상당의 금목걸이 1개를 몰래 가져간 사실이 있지요.

답 예. 그렇습니다.

피고인 이을남의 변호인 변호사 이사랑

문답 기재(생략)

재판장

피고인신문을 마쳤음을 고지

재판장

변론 속행(변론 준비를 위한 변호인들의 요청으로)

2013. 12. 19.

법 원 사 무 관 성 진 수 ㊞

재 판 장 판 사 김 상 혁 ㊞

서울중앙지방법원

증인신문조서(제2회 공판조서의 일부)

사 건 2013고합1277 특정경제범죄가중처벌등에관한법률위반(횡령) 등
증 인 이 름 박고소
생년월일 및 주거는 (생략)

재판장

증인에게 형사소송법 제148조 또는 제149조에 해당하는가의 여부를 물어 증인이 이에 해당하지 아니함을 인정하고, 위증의 벌을 경고한 후 별지 선서서와 같이 선서를 하게 하였다. 다음에 신문한 증인은 재정하지 아니하였다.

검 사

증인에게 수사기록 중 증인이 작성한 고소장과 사법경찰이 작성한 증인에 대한 진술조서를 보여주고 이를 열람하게 한 후,

문 증인은 그 고소장을 직접 작성하여 경찰에 제출하고, 경찰에서 사실대로 진술하고 그 조서를 읽어보고 서명, 무인한 사실이 있고 그 진술조서는 그때 경찰관에게 진술한 내용과 동일하게 기재되어 있는가요.

답 예. 그렇습니다.

문 김갑동과 이을남을 함께 고소한 이유는 무엇인가요.

답 김갑동에게 제가 매수한 토지의 잔금을 치르러 간 날 김갑동이 최등기에게 그 토지를 매도한 사실을 알고 그렇다면 받은 돈이라도 돌려달라고 하였더니, 김갑동이 "받은 돈은 이을남과 함께 다 써버렸다."라고 하여 김갑동과 이을남이 함께 계획적으로 범행을 한 것이라고 생각해서 두 사람 모두 고소한 것입니다.

피고인 이을남의 변호인 변호사 이사랑

문답 기재 (생략)

2013. 12. 19.

법 원 사 무 관 성 진 수 ㊞
재 판 장 판 사 김 상 혁 ㊞

서 울 중 앙 지 방 법 원

증인신문조서(제2회 공판조서의 일부)

사 건 2013고합1277 특정경제범죄가중처벌등에관한법률위반(횡령) 등

증 인 이 름 나부인

생년월일 및 주거는 (생략)

재판장

증인에게 형사소송법 제148조 또는 제149조에 해당하는가의 여부를 물어 증인이 이에 해당하지 아니함을 인정하고, 위증의 벌을 경고한 루 별지 선서서와 같이 선서를 하게 하였다.

검 사

문 증인은 김갑동, 이을남을 아는가요.

답 예. 김갑동은 남편이 교통사교를 당한 때부터 저희 가족을 경제적으로 많이 도와주고 계신 고마운 분이고, 이을남은 남편의 친구입니다.

문 남편뿐만 아니라 증인도 개인적으로 김갑동이나 이을남과 가까운가요.

답 그렇지는 않습니다. 다만, 매년 현충일 무렵에 이을남의 집에 생일 음식은 싸다 준 일은 있습니다. 10여년 전에 봉천동 판자촌에 있는 이을남의 집에 처음 가보았는데 보증금 300만 원에 월세 20만 원짜리 단칸방에서 혼자 어렵게 살아가고 있고 남편이 저를 보내서 매년 이을남의 생일을 챙겨왔는데 10년 넘게 이을남의 생활이 나아지는 것이 없으니 안타깝습니다.

검사는 전총무 명의의 증명서를 증인에게 제시하고 이를 열람하게 한 뒤,

문 증인은 2013. 6. 5.자 전총무 명의의 증명서에 대해서 아는가요.

답 예. 그때쯤 남편이 교통사고로 입원해 있을 때 김갑동이 갑자기 찾아와 남편과 이야기를 하다가 남편이 다쳐 글을 쓰지 못하니 남편 말을 받아 적어달라고 부탁하여 남편이 불러주는 대로 제가 직접 자필로 작성한 것으로 본문과 성명을 모두 제가 직접 적은 것이 맞습니다. 하지만 그 내용이 사실인지 여부는 모릅니다.

피고인 이을남의 변호인 변호사 이사랑

문답 기재 (생략)

2013. 12. 19.

법 원 사 무 관 성진수 ㊞

재판장 판 사 김상혁 ㊞

제 1 책
제 1 권

서울중앙지방법원

증거서류등(검사)

사 건 번 호	2013고합1277	담임	제26형사부	주심	다
	20 노		부		
	20 도		부		
사 건 명	가. 특정경제범죄가중처벌등에관한법률위반(횡령) 나. 배임 다. 강도 라. 절도 마. 여신전문금융업법위반 바. 점유이탈물횡령				
검 사	구사현		2013년 형제99999호		
피 고 인	1. 가.나 **김갑동** 2. 가.다.라.마.바. **이을남**				
공소제기일	2013. 10. 18.				
1심 선고	20 . . .	항소	20 . . .		
2심 선고	20 . . .	상고	20 . . .		
확 정	20 . . .	보존			

제 1 책
제 1 권

<table>
<tr><td colspan="7">구공판 서울중앙지방검찰청
증 거 기 록</td></tr>
<tr><td rowspan="2">검 찰</td><td>사건번호</td><td>2013년 형제99999호</td><td rowspan="2">법원</td><td>사건번호</td><td colspan="2">2013년 고합1277호</td></tr>
<tr><td>검 사</td><td>구사현</td><td>판 사</td><td colspan="2"></td></tr>
<tr><td>피 고 인</td><td colspan="6">1. 가.나. 김갑동
2. 가.다.라.마.바. 이을남</td></tr>
<tr><td>죄 명</td><td colspan="6">가. 특정경제범죄가중처벌등에관한법률위반(횡령)
나. 배임
다. 강도
라. 절도
마. 여신전문금융업법위반
바. 점유이탈물횡령</td></tr>
<tr><td>공소제기일</td><td colspan="6">2013. 10. 18.</td></tr>
<tr><td>구 속</td><td colspan="4">각각 불구속</td><td>석 방</td><td></td></tr>
<tr><td>변 호 인</td><td colspan="6"></td></tr>
<tr><td>증 거 물</td><td colspan="6">있 음</td></tr>
<tr><td>비 고</td><td colspan="6"></td></tr>
</table>

고 소 장

서초경찰서 접수인(5555호)(2013.5.6.)

고 소 인 박 고 소
인적사항(생략)

피고소인 1. 김 갑 동
인적사항(생략)
2. 이 을 남
인적사항(생략)

죄 명 배임, 횡령

피고소인들은 공모하여,

2012. 3.경 갑동주식회사 소유의 시가 3억 원 상당의 서울 종로구 관철동 50-1 대 300㎡에 관하여 채권자 박고소, 채권최고액 2억 원으로 하는 근저당권을 설정하고 박고소로부터 1억 5,000만 원을 대출받아 갑동주식회사에 대하여 배임행위를 하고,

2012. 4.경 위 회사 소유의 시가 6억 원 상당의 서울 구로구 개봉동 353-4 대 500㎡를 피해자인 고소인 박고소에게 4억 원에 매도하는 계약을 체결한 후 같은 날 계약금 1억 원, 중도금 2억 원을 수령하였음에도 2013. 5.경 최등기에게 위 토지를 4억 원에 매도한 후 소유권이전등기를 경료하여 위 토지를 횡령하였습니다.

피고소인들을 조사하여 죄가 인정되면 엄중하게 처벌해 주시기 바랍니다.

참 고 자 료

1. 매매계약서
2. 영수증
3. 각 등기사항전부증명서

2013. 5. 6.

고소인 박 고 소 ㉑

서울서초경찰서장 귀중

등기사항전부증명서(말소사항 포함)–토지

[토지] 서울 종로구 관철동 50-1 고유번호 3103-1997-341247

【 표 제 부 】 (토지의 표시)					
표시번호	접 수	소 재 지 번	지목	면적	등기원인 및 기타사항
1 (전2)	1997년6월15일	서울 종로구 관철동 50-1	대	300㎡	부동산등기법시행규칙부칙 제3조 제1항의 규정에 의하여 2003년 7월 14일 전산이기

【 갑 구 】 (소유권에 관한 사항)				
순위번호	등기목적	접 수	등 기 원 인	권 리 자 및 기 타 사 항
1 (전2)	소유권이전	2009년6월4일 제1351호	2009년6월3일 매매	소유자 갑동주식회사 110111-2091124 서울 서초구 서초동 89
				부동산등기법시행규칙부칙 제3조 제1항의 규정에 의하여 1997년7월 14일 전산이기
2	소유권이전	2010년4월16일 제1499호	2010년4월15일 매매	소유자 김갑동 53****-1****** 서울 서초구 양재동 751-5

[토지] 서울 종로구 관철동 50-1 고유번호 3103-1997-341247

【 을 구 】 (소유권 이외의 권리에 관한 사항)				
순위번호	등기목적	접 수	등 기 원 인	권 리 자 및 기 타 사 항
1	근저당권설정	2012년3월15일 제5950호	2012년3월15일 설정계약	채권최고액 금 200,000,000원 채무자 김갑동 53****-1****** 서울 서초구 양재동 751-5 근저당권자 박고소 651021-1574258 서울 성북구 동선동1가 18

서기 2013년 5월 6일

법원행정처 등기정보중앙관리소 전산운영책임관 박수한 [등기정보중앙관리소전산운영책임관]

등기사항전부증명서(말소사항 포함)–토지

[토지] 서울 구로구 개봉동 353-4 고유번호 3103-1997-342356

【 표 제 부 】	(토지의 표시)				
표시번호	접 수	소 재 지 번	지목	면적	등기원인 및 기타사항
1 (전2)	1997년6월15일	서울 구로구 개봉동 353-4	대	500㎡	부동산등기법시행규칙부칙 제3조 제1항의 규정에 의하여 1997년7월14일 전산이기

【 갑 구 】	(소유권에 관한 사항)			
순위번호	등기목적	접 수	등 기 원 인	권 리 자 및 기 타 사 항
1 (전2)	소유권이전	2009년6월4일 제1352호	2009년6월3일 매매	소유자 갑동주식회사 110111-2091124 서울 서초구 서초동 89 부동산등기법시행규칙부직 제3조 제1항의 규정에 의하여 1997년7월 14일 전산이기
2	소유권이전	2010년5월10일 제1500호	2010년5월9일 매매	소유자 최등기 640524-1019410 서울 송파구 가락동 21-6

[토지] 서울 구로구 개봉동 353-4 고유번호 3103-1997-342356

【 을 구 】	(소유권 이외의 권리에 관한 사항)			
순위번호	등기목적	접 수	등 기 원 인	권 리 자 및 기 타 사 항
1	근저당권설정	2010년3월15일 제3200호	2010년3월15일 설정계약	채권최고액 금 200,000,000원 채무자 갑동주식회사 110111-2091124 서울 서초구 서초동 89 근저당권자 주식회사 신한은행 110301-1109403 서울 중구 을지로 1가 18

서기 2013년 5월 6일

법원행정처 등기정보중앙관리소 전산운영책임관 박수한 등기정보중앙관리소전산운영책임관

진 술 조 서
성　　　명 : 박 고 소(인적사항 생략)
주민등록번호 : 651021-1574258
직업, 주거, 등록기준지, 직장주소, 연락처는 각각 (생략)

위의 사람은 피의자 김갑동에 대한 배임 등 피의사건에 관하여 2013. 5. 13. 서울서초경찰서 경제범죄수사팀 사무실에 임의 출석하여 다음과 같이 진술하다.

문 진술인이 박고소인가요.

답 예. 그렇습니다.

문 피고소인들과는 어떤 관계인가요.

답 김갑동은 제 고향 형님이고 이을남은 김갑동이 운영하는 갑동주식회사의 경리부장입니다.

문 고소인은 피의자들을 무슨 내용으로 고소한 것인가요.

답 김갑동과 이을남이 위 회사 소유의 토지를 마음대로 처분하여 피해를 입었으니 처벌해 달라는 것입니다.

문 구체적인 고소내용은 무엇인가요.

답 김갑동이 2012. 2.말경에 저를 찾아와 돈을 빌려달라고 했습니다. 제가 담보가 있느냐고 하니 김갑동은 자기 명의로 되어 있는 서울 종로구 관철동 50-1 대 300㎡가 있다고 했습니다. 그 토지의 시가를 알아보니 3억 원 정도 되어서 2012. 3.중순경에 위 토지에 관하여 채권최고액 2억 원의 근저당권을 설정하고 김갑동에게 1억 5,000만 원을 빌려 준 적이 있습니다.

문 근저당권을 설정했으니 고소인이 피해를 입은 것은 없지 않나요.

답 나중에 알고 보니 위 토지는 사실 위 회사 소유였는데, 김갑동이 자기 소유인 것처럼 말한 것이 괘씸하여 처벌해달라는 것입니다.

문 채권최고액은 2억 원인데 1억 5,000만 원을 빌려준 이유는 무엇인가요.

답 제가 돈놀이를 하는 친구들이 좀 있어서 알아보니 개인이 근저당권 채권최고액의 70퍼센트 이상을 빌려주면 후한 것이라고 했습니다. 그래서 김갑동이 제 고향 형님임을 생각해서 2억 원의 75퍼센트인 1억 5,000만 원을 빌려준 것입니다.

문 다른 고소 내용은 무엇인가요.

답 2012. 4. 중순경에 김갑동이 회사 운영자금이 급히 필요하다며 시가 6억 원 상당의 회사 소유의 토지인 서울 구로구 개봉동 353-4 대 500㎡를 4억 원에 팔고 싶다고 했습니다. 마침 제가 부동산 재테크를 생각하고 있던 때라서 그 날 즉시 계약금 1억 원, 중도금 2억 원을 현금으로 급히 마련해서 총 3억 원을 김갑동에게 주었습니다. 그런데 2012. 5.경 잔금을 치르러 가보니 김갑동이 사정이 급해 최등기라는 사람에게 4억 원을 받고 소유권을 넘겼다는 사실을 알게 되었습니다. 그래서 저는 계약금과 중도금 합계 3억 원의 피해를 보았으니 김갑동을 처벌해달라는 것입니다.

문 이을남을 고소한 이유는 무엇인가요.

답 김갑동에게 잔금을 치르러 간 날 제가 김갑동이 최등기에게 토지를 넘긴 것을 따지만 돈이라도 돌려달라고 했습니다. 그랬더니 김갑동이 "이을남과 함께 이미 돈을 다 써버리고 없다"고 말하였습니다. 그래서 근저당 건이든 매매 건이든 김갑동과 이을남이 미리 짜고 계획적으로 사기를 친 것이라고 생각해서 함께 고소를 한 것입니다.

문 김갑동이 이을남에게 얼마를 주었다고 하던가요.

답 김갑동이 그것까지는 구체적으로 말하지 않았습니다.

문 이상의 진술은 사실인가요.

답 예. 사실대로 진술하였습니다.

위의 조서를 진술자에게 열람하게 하였던바, 진술한 대로 오기나 증감·변경할 것이 전혀 없다고 말하므로 간인한 후 서명무인하게 하다.

진술자 박 고 소 (무인)

2013. 5. 13.

서울서초경찰서

사법경찰리 경장 권 장 기 ㊞

피의자신문조서

피 의 자: 김갑동

위의 사람에 대한 배임 등 피의사건에 관하여 2013. 6. 3. 서울서초경찰서 수사과 경제범죄수사팀 사무실에서 사법경찰관(리) 경장 권장기는(은) 사법경찰관(리) 경사 변동구를(을) 참여하게 하고, 아래와 같이 피의자임에 틀림없음을 확인하다.

문 피의자의 성명, 주민등록번호, 직업, 주거, 등록기준지 등을 말하십시오.

답 성명은 김갑동(金甲童)

주민등록번호는 53****-1******

직업, 주거, 등록기준지, 직장주소, 연락처는 각각 (생략)

사법경찰관(리)은(는) 피의사건의 요지를 설명하고 사법경찰관(리)의 신문에 대하여 「형사소송법」 제244조의3에 따라 진술을 거부할 수 있는 권리 및 변호인의 참여 등 조력을 받을 권리가 있음을 피의자에게 알려주고 이를 행사할 것인지 그 의사를 확인하다.

진술거부권 및 변호인 조력권 고지 등 확인

1. 귀하는 일체의 진술을 하지 아니하거나 개개의 질문에 대하여 진술을 하지 아니할 수 있습니다.
2. 귀하가 진술을 하지 아니하더라도 불이익을 받지 아니합니다.
3. 귀하가 진술을 거부할 권리를 포기하고 행한 진술은 법정에서 유죄의 증거로 사용될 수 있습니다.
4. 귀하가 신문을 받을 때에는 변호인을 참여하게 하는 등 변호인의 조력을 받을 수 있습니다.

문 피의자는 위와 같은 권리들이 있음을 고지받았는가요.

답 예, 고지를 받았습니다.

문 피의자는 진술거부권을 행사할 것인가요.

답 아닙니다.

문 피의자는 변호인의 조력을 받을 권리를 행사할 것인가요.

답 변호사 없이 조사를 받겠습니다.

이에 사법경찰관(리)은(는) 피의사실에 관하여 다음과 같이 피의자를 신문하다.

[**피의자의 범죄전력, 경력, 학력, 가족 · 재산 관계** 등(생략)]

문 피의자는 회사 소유 토지를 임의로 처분한 사실이 있나요.

답 예. 2012. 2.말경에 박고소에게 돈을 빌리러 갔는데 담보를 요구해서 2012. 3.중순경에 제 명의로 되어 있는 서울 종로구 관철동 50-1 대 300㎡에 관하여 박고소 앞으로 채권최고액 2억 원의 근저당권을 설정하고 박고소로부터 1억 5,000만 원을 빌린 사실이 있습니다.

문 피의자는 고소인 박고소에게 팔기로 한 토지를 다른 사람에게 판 사실이 있나요.

답 예. 제가 2012. 4.중순경에 박고소를 찾아가 시가 6억 원 상당의 위 회사 소유의 서울 구로구 개봉동 353-4 대 500㎡를 매매대금 4억 원에 팔고 싶다고 했습니다. 박고소는 그날 바로 계약금 1억 원, 중도금 2억 원을 주었습니다. 그런데 급전이 더 필요해서 2012. 5.경에 아는 사채업자인 최등기에게 매매대급 4억 원을 받고 그 토지를 넘겼습니다.

문 개봉동 토지를 처분한 돈은 어떻게 했나요.

답 제가 최등기에게 토지를 넘긴 직후인 2012. 5.경에 최등기로부터 받은 4억 원 중에서 2억 원을 이을남에게 주었고, 나머지 돈은 제가 개인 빚 변제 등으로 사용했습니다.

문 처음부터 이을남과 짜고 회사 소유 토지를 처분한 것은 아닌가요.

답 그 토지는 명의만 회사로 되어 있을 뿐, 실제로는 제 토지와 마찬가지인데, 제가 알아서 팔면 되지 이을남과 짜고 처분할 이유가 없습니다.

문 그렇다 이을남에게 2억 원이나 준 이유가 무엇인가요.

답 저의 사촌동생인 이을남이 급전이 필요하다고 하여 빌려준 것입니다.

문 더 하고 싶은 말이 있나요.

답 제가 이을남에게 2억 원이나 주었음에도 불구하고 이을남은 배은망덕하게 "신용카드를 주지 않으면 회사 토지를 마음대로 처분한 것을 경찰에 알려 콩밥을 먹게 하겠다. 내게는 힘 좀 쓰는 동생들도 있다."라고 협박해서 어쩔 수 없이 제 신용카드를 주면서 비밀번호도 알려주었습니다. 이을남은 그 다음 날인 2012. 5. 21. 제 카드를 사용해서 100만 원을 인출하였습니다. 어차피 제 잘못이 들통이 난 김에 이을남이 제 신용카드를 빼앗아 이를 사용하여 돈을 인출한 것도 함께 처벌해주셨으면 합니다. 이에 제가 준비해온 고소장과 신한카드 사용내역을 제출하도록 하겠습니다.

이때 피의자가 제출한 고소장과 신한카드 사용내역을 기록에 첨부하기로 하고

문 그 외에 또 이을남에게 빼앗긴 것이 있나요.

답 아니오, 없습니다. 다만 제가 2008. 9.말경에 이을남과 함께 경복궁에 간 적이 있는데, 그때 이을남이 누군가의 벤치 옆에 놓고 간 고급 디지털카메라 1대를 슬그머니 집에 지신의 기방에 넣는 것을 목격한 적도 있습니다. 이주 니쁜 놈입니다. 처벌해 주십시오.

문 이상의 진술은 사실인가요.

답 예. 모두 사실입니다.

위의 조서를 진술자에게 열람하게 하였던바, 진술한 대로 오기나 증감·변경할 것이 전혀 없다고 말하므로 간인한 후 서명무인하게 하다.

진술자 김 갑 동 (무인)

2013. 6. 3.

서울서초경찰서

사법경찰리 경장 권 장 기 ㊞

사법경찰리 경사 변 동 구 ㊞

고 소 장

서초경찰서 접수인(6633호)(2013.6.3.)

고 소 인 김 갑 동
인적사항(생략)

피고소인 이 을 남
인적사항(생략)

죄 명 강도 등

피고소인은 2012. 5.중순경 "신용카드를 주지 않으면 회사 토지를 마음대로 처분한 것을 경찰에 알려 콩밥을 먹게 하겠다. 내게는 힘 좀 쓰는 동생들도 있다." 라고 협박하여 고소인으로부터 신용카드를 빼앗고, 그 무렵 신한은행 현금인출기에서 위 신용카드를 사용하여 고소인의 예금계좌에서 권한 없이 100만 원을 인출하였으니 처벌해주시기 바랍니다.

참고로, 고소인이 2008. 9.말경에 피고소인과 함께 경복궁에 간 것이 있는데, 그때 피고소인이 누군가가 놓고 간 벤치 옆에 있던 고가의 캐논 디지털카메라 1대를 슬그머니 집어 간 것을 목격하였습니다. 이 부분도 조사하여 처벌해주시기 바랍니다.

참 고 자 료

신한카드 사용내역

2013. 6. 3.
고소인 김 갑 동 ㉑

서울서초경찰서장 귀중

압 수 조 서

피의자 이을남에 대한 강도 등 피의사건에 관하여 2013. 7. 5. 09:00 경 서울 관악구 봉천동 123 봉천빌라 1동 지하 103호에서 사법경찰관 경위 배압수는 사법경찰리 경장 권장기를 참여하게 하고 별지 목록의 물건을 다음과 같이 압수하다.

압 수 경 위

피의자 이을남에 관한 강도 등 혐의로 피의자의 집에서 피의자를 체포하면서 그곳에 있던 신용카드와 캐논 디지털카메라를 압수하였으며, 또한 피의자의 생활형편 등에 비추어 별도의 범죄행위로 취득하였을 것으로 사료되는 고가의 금목걸이 1개를 별지 압수목록과 같이 압수하다.

참여인	성 명	주민등록번호	주 소	서명 또는 날인
	이을남	63****-1******	서울 관악구 봉천동 123 봉천빌라 1동 지하 103호	이을남

2013년 7월 5일

서울서초경찰서 수사과 경제범죄수사팀

사법경찰관 경위 배 압 수 (인)

사법경찰리 경장 권 장 기 (인)

압 수 목 록								
번호	품 종	수량	피 압 수 자 주 거 성 명				소 유 자 주 거·성 명	비 고
			1	2	(3)	4		
			유류자	보관자	소지자	소유자		
1	신용카드	1개	서울 관악구 봉천동 123 봉천빌라 1동 지하 103호 이을남				김갑동	가환부
2	캐논 디지털 카메라	1개	상동				성명불상자	
3	금목걸이	1개	상동				상동	

피의자신문조서

피 의 자 : 이을남

위의 사람에 대한 강도 등 피의사건에 관하여 2013. 7. 5. 서울서초경찰서 수사과 경제범죄수사팀 사무실에서 사법경찰관(리) 경장 권장기는(은) 사법경찰관(리) 경사 변동구를(을) 참여하게 하고, 아래와 같이 피의자임에 틀림없음을 확인하다.

문　피의자의 성명, 주민등록번호, 직업, 주거, 등록기준지 등을 말하십시오.

답　성명은 이을남(李乙男)

주민등록번호는 63****-1******

직업, 주거, 등록기준지, 직장주소, 연락처는 각각 (생략)

사법경찰관(리)은(는) 피의사건의 요지를 설명하고 사법경찰관(리)의 신문에 대하여 「형사소송법」 제244조의3에 따라 진술을 거부할 수 있는 권리 및 변호인의 참여 등 조력을 받을 권리가 있음을 피의자에게 알려주고 이를 행사할 것인지 그 의사를 확인하다.

진술거부권 및 변호인 조력권 고지 등 확인

1. 귀하는 일체의 진술을 하지 아니하거나 개개의 질문에 대하여 진술을 하지 아니할 수 있습니다.
2. 귀하가 진술을 하지 아니하더라도 불이익을 받지 아니합니다.
3. 귀하가 진술을 거부할 권리를 포기하고 행한 진술은 법정에서 유죄의 증거로 사용될 수 있습니다.
4. 귀하가 신문을 받을 때에는 변호인을 참여하게 하는 등 변호인의 조력을 받을 수 있습니다.

문　피의자는 위와 같은 권리들이 있음을 고지받았는가요.

답　예, 고지를 받았습니다.

문　피의자는 진술거부권을 행사할 것인가요.

답　아닙니다.

문　피의자는 변호인의 조력을 받을 권리를 행사할 것인가요.

답　변호사 없이 조사를 받겠습니다.

이에 사법경찰관(리)은(는) 피의사실에 관하여 다음과 같이 피의자를 신문하다.

[피의자의 범죄전력, 경력, 학력, 가족 · 재산 관계 등(생략)]

문　피의자는 2013. 6. 10. 서울서초경찰서로부터 김갑동이 피의자를 고소한 사건과 관련하여 출석을 요구받았는지요.

답　예. 그렇습니다.

문 그 후에도 수차례 출석요구를 받고도 출석을 하지 않았지요.
답 예. 그렇습니다.
문 그 이유는 무엇인가요.
답 제가 김갑동을 협박한 것이 있어서 처벌받을까봐 두려워서 나오지 않았습니다. 죄송합니다.
문 피의자는 고소인인 김갑동과 어떤 관계인가요.
답 예. 김갑동은 제 사촌형님인데 저는 김갑동이 운영하는 갑동주식회사의 경리부장으로 일하고 있습니다. 제가 김갑동과 친족관계를 증명하는 가족관계증명서들을 제출하겠습니다.
이때 본직이 피의자로부터 가족관계증명서들을 제출받아 조서 말미에 첨부하기로 하고,
문 피의자는 고소인의 돈을 빼앗은 사실이 있나요.
답 예. 2012. 5.경에 김갑동이 개인적으로 위 회사 토지 2필지(서울 종로구 관철동 50-1 대 300㎡, 서울 구로구 개봉동 353-4 대 500㎡)를 처분한 사실을 발견했습니다. 그래서 2012. 5. 20.경 김갑동에게 가서 평소 알고 지내는 건장한 동생들 이야기를 하면서 김갑동의 위와 같은 잘못을 경찰에 알릴 수도 있는데 신용카드를 주면 참겠다고 하였더니 김갑동이 자신의 신용카드를 주면서 비밀번호도 알려주었습니다. 다음 날 그 신용카드를 사용해서 100만 원을 인출하여 생활비로 사용하였습니다.
이때 피의자에게 압수된 카메라와 금목걸이를 보여주면서
문 이 카메라를 취득한 경위는 어떤가요.
답 실은 2008. 9.말경 경복궁에 갔다가 일본인 관광객이 벤치 옆에 놓고 간 카메라를 몰래 가져온 것입니다.
문 이 금목걸이를 취득한 경위는 어떤가요.
답 예. 2011. 크리스마스 일주일 전 쯤에 제 집 근처에 있는 봉천금은방에 갔다가 주인이 잠시 자리를 비운 사이에 진열대 위에 있던 금목걸이를 몰래 가져온 것입니다.
문 이상의 진술은 사실인가요.
답 예. 모두 사실입니다.

위의 조서를 진술자에게 열람하게 하였던바, 진술한 대로 오기나 증감·변경할 것이 전혀 없다고 말하므로 간인한 후 서명무인하게 하다.

진술자 이 을 남 (무인)
2013. 7. 5.
서울서초경찰서
사법경찰리 경장 권 장 기 ㊞
사법경찰리 경사 변 동 구 ㊞

피의자신문조서(대질)

성　　　명 : 김갑동
주민등록번호 : 53****-1******

위의 사람에 대한 배임 등 피의사건에 관하여 2013. 8. 5. 서울중앙지방검찰청 901호 검사실에서 검사 구사현은 검찰주사 전주사를 참여하게 한 후, 아래와 같이 피의자임에 틀림없음을 확인한다.

문　피의자의 성명, 주민등록번호, 직업, 주거, 등록기준지 등을 말하시오.
답　성명은　　김갑동(金甲童)
주민등록번호, 직업, 주거, 등록기준지, 직장주소, 연락처는 각각 (생략)

검사는 피의사실의 요지를 설명하고 검사의 신문에 대하여 「형사소송법」 제244조의3에 따라 진술을 거부할 수 있는 권리 및 변호인의 참여 등 조력을 받을 권리가 있음을 피의자에게 알려주고 이를 행사할 것인지 그 의사를 확인하다.

진술거부권 및 변호인 조력권 고지 등 확인

1. 귀하는 일체의 진술을 하지 아니하거나 개개의 질문에 대하여 진술을 하지 아니할 수 있습니다.
2. 귀하가 진술을 하지 아니하더라도 불이익을 받지 아니합니다.
3. 귀하가 진술을 거부할 권리를 포기하고 행한 진술은 법정에서 유죄의 증거로 사용될 수 있습니다.
4. 귀하가 신문을 받을 때에는 변호인을 참여하게 하는 등 변호인의 조력을 받을 수 있습니다.

문　피의자는 위와 같은 권리들이 있음을 고지받았는가요.
답　예, 고지를 받았습니다.
문　피의자는 진술거부권을 행사할 것인가요.
답　아닙니다.
문　피의자는 변호인의 조력을 받을 권리를 행사할 것인가요.
답　아닙니다. 혼자서 조사를 받겠습니다.
이에 검사는 피의자 김갑동 옆에 피의자 이을남을 동석하게 하고 피의자 김갑동을 다음과 같이 신문하다.

〈피의자 김갑동에게〉

문 피의자의 병역, 학력, 가족관계, 재산 및 월수입, 건강상태 등은 경찰에서 진술한 바와 같은가요.

이때 검사는 피의자에게 기록 중 해당 부분을 읽어준 바,

답 예. 사실과 같습니다.

문 피의자는 형사처벌을 받은 사실이 있는가요.

답 아니오, 없습니다.

문 피의자와 갑동주식회사의 관계는 어떤가요.

답 의류제조업체인 갑동주식회사는 2009. 6.경 제가 자본금 5,000만 원과 시가 3억 원 상당의 서울 종로구 관철동 50-1 대 300㎡, 시가 6억 원 상당의 서울 구로구 개봉동 353-4 대 500㎡를 출연하여 설립한 회사이고, 그때부터 제가 대표이사로서 100퍼센트 주식을 가지고 있으며 단독으로 회사의 모든 의사결정을 해오고 있습니다.

문 그동안 토지들의 시세는 변동이 있었나요.

답 부동산 경기가 좋지 않아서 지금까지 시세는 계속 제자리입니다.

문 피의자 외에 다른 이사나 경영진은 없나요.

답 조그만 회사인데 다른 이사가 무슨 필요가 있나요. 경리부장인 이을남과 총무부장인 전총무만 직원으로 두고 저 혼자서 힘겹게 회사를 꾸려왔습니다.

문 피의자는 위 회사 소유의 토지를 임의로 처분한 사실이 있나요.

답 예. 2012. 2.말경에 고향 동생인 박고소에게 돈을 빌리러 갔는데 담보가 필요하다서 해서 2012. 3.초 경에 제 명의로 되어 있는 회사 소유 토지인 서울 종로구 관철동 50-1 대 300㎡에 박고소 앞으로 채권최고액 2억 원의 근저당권을 설정하고 박고소로부터 1억 5,000만 원을 빌린 사실이 있습니다.

문 관철동 토지는 위 매매 당시 피의자 명의로 되어 있는데 어떻게 된 것인가요.

답 원래 회사를 설립할 때 회사 명의로 회사 자산을 매입했던 것인데, 대표이사인 제가 외형상 아무 재산도 없으면 위신이 떨어지는 것 같아서 서류상으로만 매매 형식을 꾸며 명의만 제 앞으로 돌려놓았던 것입니다.

문 회사 소유의 토지를 피의자 앞으로 명의신탁을 했다는 말인가요.

답 예. 그렇습니다.

문 위 토지를 처분하는 과정에서 회사 내부에서 어떤 절차를 거쳤나요.

답 제 회사인데 제 물건 제가 처분하는데 무슨 절차가 필요하나요. 제가 회사 소유의 토지에 근저당권을 설정한 것은 맞지만 ㄱ 일루 처벌받는 것은 억울합니다.

문 박고소는 피의자가 위 관철동 토지를 임의로 처분한다는 것을 알고 있었나요.

답 아니오, 박고소는 제 개인 토지에 정당하게 근저당권을 설정하는 줄로만 알았습니다.

문 빌린 돈은 1억 5,000만 원인데 채권최고액을 2억 원으로 설정한 이유는 무엇인가요.

답 개인에게 채권최고액의 70퍼센트 이상을 빌리는 것은 쉽지 않은 일입니다. 그나마 박고소가 제 고향 동생이어서 후하게 빌려준 것입니다.

문 박고소로부터 빌린 1억 5,000만 원은 어떻게 사용하였나요.

답 저희 회사에서 원단 납품업체들에게 돌린 어음 부도를 막기 위해서 모두 사용했습니다.

문 원단 납품업체들에게 돈을 지급한 자료는 있나요.

답 예. 제가 납품업체들에게 대금을 지급하고 받은 세금계산서들을 가지고 왔으니 제출하겠습니다.

이에 검사는 피의자로부터 위 세금계산서들을 임의 제출받아 본 조서 말미에 첨부하기로 하고,

문 피의자는 고소인 박고소에게 팔기로 한 토지를 다른 사람에게 판 사실이 있나요.

답 예. 2012. 4.중순경에 회사 운영자금이 급히 필요해서 박고소를 찾아가 6억 원 상당의 회사 소유의 서울 구로구 개봉동 353-4 대 500㎡를 4억 원에 팔고 싶다고 했습니다. 박고소가 그 토지를 꼭 원했는지 그날 저녁에 바로 계약금 1억 원, 중도금 2억 원을 현금으로 마련해주었습니다. 그런데 제 개인 형편이 너무 어려워서 2012. 5. 10. 아는 사채업자인 최등기에게 4억 원을 받고 그 토지를 넘겼습니다.

문 박고소와 최등기는 피의자가 회사의 개봉동 토지를 임의로 처분한다는 것을 알고 있었나요.

답 아니오, 두 사람 모두 정당하게 회사 소유의 토지를 사는 줄로만 알았습니다.

문 그렇다면 최등기는 피의자가 이미 개봉동 토지를 박고소에게 매도하고 계약금과 중도금까지 받은 사실을 알고 있었나요.

답 아니오, 제가 알려주지도 않았고, 최등기는 사채업자라서 그것을 알았다면 사지 않았을 것입니다.

이때 검사는 피의자에게 서울 구로구 개봉동 353-4 대 500㎡에 관한 등기사항전부증명서를 보여주면서,

문 이 토지는 2010. 3. 15. 주식회사 신한은행이 채권최고액 2억 원의 근저당권을 설정한 것으로 되어 있는데, 그 내용은 무엇인가요.

답 예. 그 날짜에 회사에서 필요한 물품구입 자금이 필요해서 신한은행으로부터 1억 5,000만 원을 대출받으면서 위 토지에 채권최고액 2억 원의 근저당권을 설정해 준 것입니다. 다행히 이자는 꼬박꼬박 갚아와서 그때부터 현재까지 계속 대출금액에는 변

동이 없는 상태입니다.

문 박고소와 최등기로부터 받은 돈은 어떻게 하였나요.

답 최등기로부터 받은 4억 원 중 2억 원을 이을남에게 나누어주고 나머지는 제가 개인 빚이 좀 많아 그 빚을 갚는데 썼습니다.

문 이을남에게는 왜 돈을 나누어 주었나요.

답 사촌동생인 이을남이 급전이 필요하다고 하여 빌려준 것입니다.

문 처음부터 이을남과 짜고 회사 땅을 처분한 것은 아닌가요.

답 (잠시 생각하다가 한숨을 푹 쉬더니) 실은 박고소에게 관철동 토지에 대한 근저당을 설정해 준 것은 저 혼자 한 것이 맞으나, 최등기에게 개봉동 토지를 매도한 것은 이을남과 함께 처분한 것입니다. 그렇지 않다면 아무리 이을남이 사촌동생이라고 해도 2억 원씩이나 주겠습니까? 경찰에서는 사촌동생이어서 감싸주었으나, 이제는 남보다 못한 사이가 되어 사실대로 말씀드리는 것입니다.

문 이을남과 함께 범행을 한 경위는 어떠한가요.

답 실은 박고소에게 개봉동 토지를 매도한 직후에 이을남이 그 사실을 알고는 제가 와서 예전부터 현금 부자인 최등기가 그 토지에 관심을 많이 가지고 있었는데 아깝다는 말을 했습니다. 그리고 며칠 후에 이을남이 제가 다시 와서 혹시 박고소에게 개봉동 토지의 소유권이전등기까지 넘겼냐고 물어보아서 등기는 아직 제 명의로 남아 있지만 박고소를 위해서 대신 보관만 하고 있을 뿐이고 그 토지는 이미 박고소의 물건이라고 대답했습니다. 그랬더니 이을남이 "형님이나 저나 요즘 형편이 너무 어려운데 최등기는 아직 토지를 박고소에게 넘긴 것을 모르니 최등기에게 팝시다."라고 제안해서 제가 마지못해 승낙했습니다. 그래서 이을남이 최등기에게 가서 토지를 살 의향이 있냐고 물어보자 최등기는 4억 원에 살 용의가 있다고 했습니다. 이을남이 제게 "덤으로 생기는 돈이니 최등기에게 그 토지를 팔아 4억을 반반씩 나누면 2억씩 이득이 되지 않겠느냐."라고 계속 강권하여 형편이 어려운 저로서는 마지 못해 받아들였습니다. 그래서 2012. 5. 9. 제 사무실에서 최등기를 직접 만나 개봉동 토지에 대한 매매계약서를 작성하고, 다음 날인 2012. 5. 10. 최등기로부터 4억 원을 받은 즉시 서울남부지방법원 구로등기소에 가서 최등기 앞으로 소유권이전등기를 한 것입니다.

문 이을남에게 피의자 명의의 신용카드를 빼앗긴 사실이 있나요.

답 예. 2012. 5. 20. 이을남이 대낮부터 회사 사무실로 혼자 찾아와 제게 "신용카드를 주지 않으면 회사 토지를 마음대로 처분한 것을 경찰에 알려 콩밥을 먹게 하겠다. 내게는 힘 좀 쓰는 동생들도 있다."라고 협박하여 어쩔수 없이 제 신용카드(카드번호 :

4***-****-****-****) 1장을 주었습니다.

문 "힘 좀 쓰는 동생들"은 누구를 말하는가요.

답 평소 조폭까지는 아니고 동네 건달 수준으로 보이는 건장한 남자들이 이을남에게 "형님"이라고 깍듯하게 인사하는 것을 본 적이 있습니다. 혹시 이을남 요구를 거절하면 그들을 회사에 데려와 소란을 피울까봐 염려되고 회사 소유의 토지를 임의로 처분한 것이 발각되는 것도 두려워 신용카드를 준 것입니다.

〈피의자 이을남에게〉

문 피의자의 성명, 주민등록번호, 직업, 주거, 등록기준지 등을 말하시오.

답 성명은 이을남(李乙男)

주민등록번호, 직업, 주거, 등록기준지, 직장주소, 연락처는 각각 (생략)

검사는 피의사실의 요지를 설명하고 검사의 신문에 대하여 「형사소송법」 제244조의3에 따라 진술을 거부할 수 있는 권리 및 변호인의 참여 등 조력을 받을 권리가 있음을 피의자에게 알려주고 이를 행사할 것인지 그 의사를 확인하다.

진술거부권 및 변호인 조력권 고지 등 확인

1. 귀하는 일체의 진술을 하지 아니하거나 개개의 질문에 대하여 진술을 하지 아니할 수 있습니다.
2. 귀하가 진술을 하지 아니하더라도 불이익을 받지 아니합니다.
3. 귀하가 진술을 거부할 권리를 포기하고 행한 진술은 법정에서 유죄의 증거로 사용될 수 있습니다.
4. 귀하가 신문을 받을 때에는 변호인을 참여하게 하는 등 변호인의 조력을 받을 수 있습니다.

문 피의자는 위와 같은 권리들이 있음을 고지받았는가요.

답 예. 고지받았습니다.

문 피의자는 변호인의 조력을 받을 권리를 행사할 것인가요.

답 아닙니다. 혼자서 조사를 받겠습니다.

이에 검사는 피의자 이을남의 피의사실에 관하여 다음과 같이 피의자를 신문하다.

문 피의자의 병역, 학력, 가족관계, 재산 및 월수입, 건강상태 등은 경찰에서 진술한 바와 같은가요.

이때 검사는 피의자에게 기록 중 해당부분을 읽어준 바,

답 예. 사실과 같습니다.

문 피의자는 형사처벌을 받은 사실이 있는가요.

답 아니오. 없습니다.

문 피의자는 김갑동과 어떤 사이인가요.

답 예. 김갑동은 제 사촌형님이고, 저는 김갑동이 운영하는 갑동주식회사의 경리부장으로 근무하여 잘 알고 있습니다.

문 지금까지 김갑동이 하는 말을 들었지요.

답 예. 그렇습니다.

문 김갑동이 위와 같이 회사 소유의 토지들을 처분한 것이 맞나요.

답 김갑동이 정확히 얼마를 챙겼는지는 모르지만, 김갑동이 말한 대로 박고소와 최등기에게 근저당을 설정하거나 소유권을 넘긴 것은 사실입니다.

문 김갑동이 관철동 토지에 관해서 박고소에게 채권최고액 2억 원의 근저당권을 설정해주고 1억 5,000만 원을 빌린 것은 적정한 것인가요.

답 김갑동이 회사에서 아무러너 절차를 거치지 않고 독단적으로 회사 소유의 토지에 근저당권을 설정한 것은 잘못이지만, 시중 대출 관행에 비추어 볼 때 채권최고액 2억 원에 2억 5,000만 원을 빌린 것은 나쁘지 않은 것 같습니다.

문 회사에 김갑동 외에 다른 이사나 경영진이 있나요.

답 영세업체이다 보니 대표이사인 김갑동, 경리부장인 저, 그리고 총무부장인 전총무 3명이서 회사를 꾸려왔습니다.

문 김갑동이 관철동 토지를 담보로 빌린 돈을 어디에 썼는지 아는가요.

답 예. 당시 회사에서 원단 납품업체들에게 들린 어음을 급히 막아야 해서 거기에 1억 5,000만 원을 쓴 것을 제가 직접 확인한 적이 있습니다. 김갑동이 회사의 부채를 갚기 위해서 쓴 것이 맞습니다.

문 혹시 피의자가 김갑동과 같이 위 돈을 나누어 쓰고 지금 거짓말을 하는 것은 아닌가요.

답 절대 아닙니다. 이미 김갑동과 저는 갈 데까지 간 험악한 사이인데 서로 감싸줄 이유가 없습니다.

문 피의자는 개봉동 토지를 처분한 돈 중 일부를 김갑동과 함께 나누어 쓴 사실이 있나요.

답 그런 사실이 없습니다.

문 김갑동은 피의자와 미리 짜고 회사 소유의 토지를 같이 처분했다고 하는데 어떤가요.

답 절대로 아닙니다. 제가 언젠가 지나가는 말로 김갑동에게 최등기가 개봉동토지에 관심이 많이 있다는 말을 한 적은 있습니다. 그리고 2012. 5.초경에 김갑동이 제게 회사자금이 부족하여 개봉동 토지를 팔아야겠으니 최등기에게 가서 현금으로 토지를 살 수 있는지 의사를 타진해보라고 해서 제가 최등기와 김갑동을 오가며 4억 원에 매매가 성사되도록 한 것은 맞습니다. 하지만 저와 최등기는 모두 김갑동이 이미 박고소에게 개봉동 토지를 팔아먹은 상태에서 최등기에게 토지를 또 팔아먹은 줄은 꿈에도 몰랐습니다.

문 김갑동이 회사 소유의 토지를 개인이 임의로 파는 것에 피의자가 관여한 것은 잘못이 아닌가요.

답 앞서 말씀드렸듯이 김갑동이 박고소 앞으로 관철동 토지에 근저당을 설정하고 받은 돈이 1억 5,000만 원으로 회사 부도를 막은 적이 있습니다. 그래서 저는 개봉동 토지를 최등기에게 팔 때도 김갑동이 회사자금이 필요하다고 해서 그 말만 믿고 매매를 성사시켜 준 것 뿐입니다. 그런데 나중에 알고보니 김갑동은 개봉동 토지와 관련해서 박고소와 최등기로부터 현금으로 받은 돈을 직접 가지고 있다가 모든 돈을 회사와 무관하게 개인적으로 혼자 다 써버린 것을 알게 되었습니다. 그러고는 이제 책임을 회피하기위해서 저에게 2억 원이나 주었다고 하니 황당할 뿐입니다. 그 인색한 사람이 감옥에 갈지언정 2억 원을 줄 리가 절대 없습니다.

문 피의자의 말을 증명할 증거가 있나요.

답 돈을 받았다면 증거가 있겠지만 받지도 않았는데 무슨 증거가 있겠습니까?

문 피의자는 김갑동을 협박하여 신용카드를 빼앗은 사실이 있는가요.

답 예. 제가 김갑동을 최등기에게 소개를 시켜주어 매매가 성사되었음에도 저에게 고맙다는 말 한마디 없어서 괘씸하게 생각하고 있던 중, 김갑동이 이미 그 토지를 박고소에게 팔고 또다시 최등기에게 팔아서 돈을 받았다는 사실을 알게 되었습니다. 그래서 2012. 5. 20. 점심 무렵에 김갑동의 회사 사무실에 혼자 점잖게 찾아가 왜 회사 토지를 마음대로 처분하느냐, 경찰에 알리겠다고 했더니 김갑동이 겁을 먹었는지 자신의 신용카드(카드번호 : 4***-****-****-****)를 주면서 비밀번호도 알려주었습니다. 그래서 다음 날인 2012. 5. 21. 서울 서초구 서초동 456-2에 있는 신한은행 현금자동지급기코너에서 그 카드를 사용하여 김갑동의 예금계좌에서 100만 원을 인출하여 생활비에 사용하였습니다.

문 김갑동에게 신용카드를 달라고 하면서 "콩밥을 먹게 하겠다." "내게는 힘 좀 쓰는 동생들도 있다."라고 말한 사실이 있나요.

답 생각해보니 그런 말도 약간 했던 것 같습니다. 그 정도는 말해야 김갑동이 겁을 먹지 않겠습니까.

〈피의자 김갑동에게〉

문 이을남은 피의자로부터 신용카드 외에 2억 원을 받은 사실이 없다고 주장하는데 어떤가요.

답 말도 안됩니다. 제가 처분한 토지들의 시가를 합치면 무려 9억 원입니다. 제가 얼마를 챙겼는지 정확히 말하지는 않았지만 회사 경리부장인 이을남이 제 수중에 수억 원이 들어왔을 것이라 짐작하는 것은 당연합니다. 그런데 고작 신용카드 한 장만 받아서 100만 원만 인출했겠습니까. 이을남이 자신은 처벌을 적게 받으려고 거짓말을 하는 것입니다.

문 피의자의 주장을 뒷받침할 증거가 있나요.

답 예. 2012. 6.경 총무부장인 전총무가 교통사고를 당해 입원해 있을 때 제가 아끼던 직원이어서 안타까운 마음에 생활비라고 좀 보태주러 병문안을 갔다가 전총무로부터 제가 5만 원짜리 현금 다발 40개 합계 2억 원을 이을남에게 주는 것을 목격하였다는 내용의 증명서를 받은 사실이 있습니다. 전총무는 온 몸에 다발성골절상을 입어 글씨를 쓰기 어려운 상황이었기 때문에 위 증명서는 전총무가 하는 이야기를 병간호를 하고 있던 전총무의 아내 나부인이 전총무가 불러주는 그대로를 받아 적은 것입니다.

이때 검사는 피의자로부터 전총무 명의의 증명서를 제출받아 기록에 첨부하기로 하고,

문 전총무는 지금도 회사에서 근무하고 있는가요.

답 아닙니다. 제가 병문안 갔을 때만 하더라도 정신은 멀쩡했는데, 갑자기 내출혈이 심해져 한 달 정도 뒤 사망했습니다. 전총무가 입원했을 때부터 지금까지도 그랬지만 앞으로도 전총무 가족은 제가 책임지도록 하겠습니다.

〈피의자들에게〉

문 이상의 진술은 모두 사실인가요.

답 (피의자 김갑동) 예. 사실입니다.
(피의자 이을남) 예. 사실입니다.

위의 조서를 진술자들에게 열람하게 하였던바, 진술한 대로 오기나 증감·변경할 것이 전혀 없다고 말하므로 간인한 수 서명무인하게 하다.

진 술 자 김갑동 (무인)
진 술 자 이을남 (무인)
2013. 8. 5.
서울중앙지방검찰청
검 사 구사현 ㊞
검 찰 주 사 전주사 ㊞

증 명 서

저는 갑동주식회사의 총무부장으로서 2012년 5월 10일 경에 회사 사무실에서 김갑동이 이을남에게 5만 원짜리 현금 다발 40개(2억 원)을 주는 것을 목격한 사실이 있습니다.

2012. 6. 5.

전 총 무

피의자신문조서(제2회)

피 의 자 : 이을남

위의 사람에 대한 절도 등 피의사건에 관하여 2013. 10. 7. 서울중앙지방검찰청 901호 검사실에서 검사 구사현은 검찰주사 전주사를 참여하게 한 후, 아래와 같이 피의자임에 틀림없음을 확인한다.

검사는 피의사실의 요지를 설명하고 검사의 신문에 대하여 「형사소송법」 제233조의3에 따라 진술을 거부할 수 있는 권리 및 변호인의 참여 등 조력을 받을 권리가 있음을 피의자에게 알려주고 이를 행사할 것인지 그 의사를 확인하다.

진술거부권 및 변호인 조력권 고지 등 확인

1. 귀하는 일체의 진술을 하지 아니하거나 개개의 질문에 대하여 진술을 하지 아니할 수 있습니다.
2. 귀하가 진술을 하지 아니하더라도 불이익을 받지 아니합니다.
3. 귀하가 진술을 거부할 권리를 포기하고 행한 진술은 법정에서 유죄의 증거로 사용될 수 있습니다.
4. 귀하가 신문을 받을 때에는 변호인을 참여하게 하는 등 변호인의 조력을 받을 수 있습니다.

답 예. 고지받았습니다.

문 피의자는 진술거부권을 행사할 것인가요.

답 아닙니다.

문 피의자는 변호인의 조력을 받을 권리를 행사할 것인가요.

답 아닙니다. 혼자서 조사를 받겠습니다.

이에 검사는 피의사실에 관하여 다음과 같이 피의자를 신문하다.

문 피의자는 전회에 사실대로 진술하였나요.

이때 검사는 피의자에게 기록 중 해당부분을 읽어준바,

답 예. 사실대로 말씀드렸습니다.

문 피의자는 다른 사람의 카메라를 몰래 가져간 사실이 있나요.

답 예. 2008. 9.말경 김갑동과 함께 경복궁에 바람을 쐬러 갔는데, 일본인 단체관광객들이 많았습니다. 저는 한적한 곳에 있는 벤치에 앉아 쉬고 있는데 일본인 아주머니가 풍경 사진을 찍다가 제 옆에 와서 앉았습니다. 얼마 후 단체관광 가이드가 비행기 시간이 나 되있는지 급히 신호를 하자 제 옆에 있던 아주머니가 벤치 옆에 카메라를 놓아둔 채 허겁지겁 달려갔고 관광객들이 다 모이자 버스에 타는 즉시 떠났습니다. 저는 김갑동과 함께 경복궁 경내를 한바퀴 돌고 왔는데도 그 카메라가 그대로 그 장소에 방치되어 있어서 주변을 둘러보니 경복궁 폐장 시간이 다 되어 보는 사람이 없어서 순간적으로 잘못된 마음을 먹고 출입문이 닫히기 직전 슬쩍 가져온 것입니다.

문 김갑동은 피의자가 카메라를 가져가는 것을 보았나요.

답 옆에 있기는 했는데 제가 카메라를 집어 잽싸게 가방에 집어넣었기 때문에 보았는지는 잘 모르겠습니다.

문 그 카메라를 지금까지 집에다 보관해 온 이유는 무엇인가요.

답 제가 몇 번 사용하다가 팔려고 하였지만 혹시 카메라가 절도로 신고되어 있었을지 몰라 그냥 집에 둔 것입니다.

문 피의자는 다른 사람의 금목걸이를 훔친 사실이 있나요.

답 예. 2011. 크리스마스 일주일 전쯤에 이웃집에서 돌잔치를 한다고 해서 선물을 사러 봉천금은방에 갔는데, 주인이 진열대 위에서 금목걸이를 닦고 있었습니다. 그런데 주인이 휴대폰을 받더니 제가 있는 자리에서 말하기 힘든 급한 사정이 있었는지 갑자기 가게 밖으로 뛰쳐나갔습니다. 얘기가 길어지는지 5분이 지나도 오지 않아서 순간적으로 잘못된 마음을 먹고 진열대 위에 있던 금목걸이를 몰래 가져와서 지금까지 제가 걸고 다녔습니다. 그런데 이번에 경찰에 체포되면서 제 집에 벗어놓았던 금목걸이를 압수당하였습니다.

문 금은방 주인과는 어떤 관계인가요.

답 아무런 관계도 아닙니다. 사실 금목걸이를 가져온 다음날 이를 돌려주고 용서를 빌러 금은방에 찾아갔는데 유리로 된 출입문에는 "폐업"이라는 쪽지가 붙여있고 가게 안은 어수선하게 난장판이 되어 있는 것이 야반도주라도 한 것처럼 보였습니다.

문 이상의 진술은 사실인가요.

답 예. 사실입니다.

문 더 할 말이나 유리한 증거가 있는가요.

답 없습니다.

위의 조서를 진술자에게 열람하게 하였던바, 진술한 대로 오기나 증감·변경할 것이 전혀 없다고 말하므로 간인한 수 서명무인하게 하다.

진술자 이을남 (무인)
2013. 10. 7
서울중앙지방검찰청
검 사 구사현 ㊞
검찰주사 전주사 ㊞

기타 법원에 제출되어 있는 증거들

※ 편의상 다음 증거서류의 내용은 생략하였으나, 법원에 증거로 적법하게 제출되어 있음을 유의하여 변론할 것.

○ **부동산매매계약서(2012. 4. 15.자)**

- 김갑동이 개봉동 토지를 박고소에게 계약금 1억 원, 중도금 2억 원, 잔금 1억 원에 매도하는 계약서.

○ **영수증(2012. 4. 15.자)**

- 김갑동이 박고소로부터 개봉동 토지 매매 계약금과 중도금 합계 3억 원을 수령한 사실을 김갑동이 확인한 내용.

○ **신한카드 사용내역(카드번호 : 4***-****-****-****)**

- 2012. 5.21. 신한은행 현금자동지급기에서 김갑동 명의의 신한카드를 이용하여 100만 원이 인출된 내역.

○ **각 가족관계증명서**

- 김갑동과 이을남이 사촌지간이라는 사실의 기재.

○ **갑동주식회사 납품업체들이 발해한 각 세금계산서**

- 갑동주식회사로부터 합계 1억 5,000만 원을 납품대금으로 받았음.

○ **사망진단서사본**

- 전총무가 2012. 7. 1. 사망함.

제8문에 대한 해설

법 률 의 견 서

Ⅰ. 피고인 김갑동에 대하여

1. 배임의 점

먼저 배임죄와 횡령죄를 구별하여야 하는 문제라 할 수 있습니다. 횡령죄의 주체는 타인의 재물을 보관하는 자이고, 배임죄의 주체는 타인의 사무를 처리하는 자입니다. 부동산에 관하여 외견상 유효하게 이를 처분할 수 있는 지위에 있는 자는 보관자가 된다. 부동산에 대한 사실상의 지배가 없는 경우에도 등기명의를 기준으로 보관자가 되며 명의신탁에 의하여 소유권이전등기를 경료받은 자는 보관자가 되는 것입니다. 위 피고인은 대표이사이지만 명의수탁자로서 부동산의 보관자 지위에 있다. 따라서 횡령죄의 주체가 되므로 검사가 배임으로 의율한 것은 잘못이고 횡령죄로 기소하는 것이 타당하다.

검사가 기본적 사실관계가 동일한 횡령죄로 공소장을 변경할 수 있으므로 이 경우에 대비한 방어가 필요하게 됩니다. 본래 1인회사라 하더라도 그 대주주가 회사재산을 처분하는 등 횡령이나 배임행위를 하는 경우 죄가 성립한다고 보아야 합니다. 다만 본건 사안의 경우, 이을남의 진술(검사작성 김갑동에 대한 피의자신문조서 중 이을남의 진술부분의 진술)에 비추어 보면, 피고인 김갑동의 횡령행위에 대한 불법영득의사가 없으므로 형사소송법 제325조 전단에 의하여 무죄가 선고되어야 마땅한 사안입니다.

2. 특정경제범죄가중처벌등에관한법률위반(횡령)의 점

먼저 박고소와 관련하여 부동산의 이중양도 문제이므로 피고인은 타인의 사무를 처리하는 자로서 전형적인 배임죄의 성립여부가 문제가 됩니다. 즉 매도인인 피고인이 제 1매수인으로부터 중도금을 받은 이후에는 타인의 사무(잔금을 받음과 동시에 그에 대한 부동산이전해 주어야 하는 사무)를 처리하는 자가 됩니다. 따라서 피해자 박고소에 대한 배임죄가 성립함과 동시에 대표이사인 피고인이 회사 명의의 부동산을 처분한 것은 1인회사라 하더라도 회사의 사무를 처리하는 자의 지위에 있으므로 회사에 대한 업무상배임이 되고 양자의 관계는 상상적 경합범이라 할 것입니다.

다만 이득(피해)액이 4억 5천만원이므로 특정경제범죄가중처벌등에관한 법률의 적용(5억이상)대상이 아니고 형법상 배임죄가 적용되어야 합니다. 즉 피해액은 시가 6억원에서 기존 신한은행에 대한 피담보채무 1억 5천만원을 공제하여야 하기 때문입니다. 피고인에게 불법영득의사도 인정되며, 사실을 자백하고 있고, 보강증거도 있기 때문에 검사의 공소제기가 잘못되었지만 만약 공소장변경을 통하여 배임죄로 변경할 경우 유죄인정하고 정상변론하여야 함이 타당하다고 사료됩니다.

나아가 피고인이 1차 매매시 박고소로부터 중도금까지 받았으므로 회사에 대한 배임이 문제되는 바, 1차 매매로 인한 회사에 대한 배임과 2차 매매로 인한 회사에 대한 배임은 피해자가 회사로 동일하고 행위태양과 범의가 유사하므로 포괄일죄관계에 있고 피해액은 시가 상당액에서 기존 피담보채무를 공제한 4억 5천만원으로 보아야 할 것입니다.

변 론 요 지 서

Ⅱ. 피고인 이을남에 대하여

1. 특정경제범죄가중처벌등에관한법률위반의 점

가. 쟁점

피고인 이을남이 피고인 김갑동과 공모하였는지 여부가 문제되는 바, 이에 대한 증거를 검토하여 보기로 하겠습니다.

나. 검토

(1) 증거능력이 없는 증거

먼저 공소사실에 부합하는 듯한 증거 중에서 증거능력 없는 증거를 살펴 보겠습니다. 김갑동에 대한 경찰작성 피의자신문조서는 공범인 공동피고인에 대한 것으로 당해 피고인인 이을남이 내용부인하는 취지로 부동의하고 있으므로 증거능력이 없고, 박고소의 법정진술(원진술자 김갑동으로부터 전문한 내용), 사법경찰관작성의 박고소에 대한 진술조서 중 김갑동으로부터 들은 내용의 진술기재는 상피고인 김갑동이 법정에 재정하고 있으므로 제316조 제2항의 전문법칙 예외인정 요건 중 필요성 요건이 충족되지 못해 각 증거능력이 없으며, 증명서는 제313조 제1항의 요건을 충족하여야 하지만 원진술자(전총무)의 자필이거나 서명날인이 없으므로 증거능력을 인정할 수 없습니다. 이 증명서의 경우 제314조도 적용여부를 검토하여 보아야 하지만 그 작성에 허위개입의 여지가 있으며 진술내용의 신빙성이나 임의성을 담보할 구체적이고 외부적인 정황이 없는 점에서 증거능력이 없다고 보아야 타당합니다. 다만 나부인의 법정진술 중 남편 전총무로부터 들은 내용은 제 316조 제2항에 따라 원진술자인 남편이 사망하였으므로 필요성의 요건은 갖추었으므로 특신상태가 있다면 증거능력이 있을 수 있겠습니다만 특신상태을 인정하기 어려워 증거능력을 가질 수 없다고 보아야 합니다.

(2) 증명력 판단

먼저 상피고인 김갑동의 경찰에서의 진술과 검찰에서의 진술에 관하여 살펴보면, 진술의 일관성을 인정하기 어렵습니다. 특히 피고인 이을남이 2억원이나 수령하였다면 굳이 위 김갑동으로부터 신용카드를 갈취할 이유가 없다고 보아야 하며, 사실상 상피고인 김갑동 소유의 토지를 매도하면서 이을남에게 수익의 절반(2억원)이나 나누어 주는 것은 경험측에 심히 반한다는 점, 이을남의 상피고인에 대한 신용카드 갈취에 대한 악감정이 있을 수 있는 점, 이을남에 대한 책임전가의 가능성에 비추어 상피고인의 진술은 믿을 수 없습니다. 또한 나부인의 증언에 증거능력을 인정한다 하더라도 위 나부인과 남편인 망전총무는 김갑동으로부터 경제적 도움을 받았기에 김갑동의 진술에 일치하여 진술하는 것으로서 믿을 수 없습니다.

또한 박고소의 진술은 주관적인 추측에 불과하고, 부동산매매계약서 등은 공소사실 인정함에 부족하다고 보아야 합니다. 오히려 나부인의 증언에 따르면 본건 당시에도 피고인이 월세 단칸방에서 혼자 어렵게 살고 있는 등 돈이 피고인 이을남에게 유입된 흔적이 없으므로 피고인의 변소에 부합하다고 보아야 합니다. 따라서 피고인 이을남에 대한 위 공소사실은 합리적인 의심의 여지가 없을 정도로 입증되었다고 보기 어려워 제325조 후단 무죄가 선고되어야 마땅합니다.

가사 백보를 양보하여 공모관계가 인정된다 하더라도 위 검토의견서에서 설시한 바와 같이 특정경제범죄가중처벌등에관한법률상의 배임이 아닌 단순 배임죄에 불과하다고 보아야 합니다.

2. 강도의 점

(1) 쟁점

강도죄의 피해자 김갑동과 피고인 이을남의 진술에 비추어 카드를 취득하기 위한 협박의 정도는 강취를 위해 반항을 억압할 정도가 아니라 공갈죄의 협박의 정도를 초과하지 아니한다고 보아야 합니다. 그러므로 피고인 이을남에 대한 강도죄는 형사소송법 제325조후단의 무죄판결이 선고되어야 마땅합니다. 만약 법원이 사실의 변화없이 법적 평가를 달리하여 공소장의 변경없이 공갈죄를 인정하게 되는 경우라면 아래와 같이 예비적으로공소기각판결이 선고되어야 합니다.

(2) 공소기각 판결 주장

공갈죄에는 친족상도례(형법 제354조)가 적용되는 바, 가족관계등록부, 피고인들의 경찰, 검찰 단계의 진술 등에 의하면 피고인들은 동거하지 않는 사촌으로 친고죄 규정이 적용됩니다. 친고죄의 고소기간은 범인을 알게 된 날로부터 6개월(형소법 제230조 제1항)인데, 본건의 경우, 고소인인 김갑동은 2012.5.20. 범행과 범인을 인식하였음에도 불구하고 2013.6.3.에 이르러 고소를 제기하였는 바, 역수상 고소기간이 도과하였음이 명백하므로 형소법 제327조 제2호에 따라 공소기각 판결을 하여야 마땅합니다.

3. 현금 절도, 여신전문금융업법 위반의 점

먼저 절도를 보면, 피해자(은행이 아니라 김갑동임)가 카드의 사용처분권을 피고인 이을남에게 수여하였으므로 공갈죄와 포괄일죄의 관계에 있고 별도로 절도죄가 성립하지 않습니다. 다음으로 여신전문금융법위반의 점은, 피고인이 신용카드를 본래의 용법이 아닌 현금카드 기능으로 사용한 것이어서 신용카드 부정사용죄가 성립하지 않습니다. 피고인에게 형소법제325조 전단의 무죄를 선고하여 주시기 바랍니다.

4. 점유이탈물횡령의 점

본건의 공소시효는 5년(형소법 제249조 제5호)인 바, 범행일은 2008년 9월 말이므로, 2013.9.29.이 도과함으로써 공소시효가 완성되었는데, 검사는 2013.10.18. 공소를 제기하였다. 따라서 공소시효가 도과되었으므로 이 공소사실에 대하여는 면소판결(형소법 제326조 제3호)을 하여야 한다.

5. 금목걸이 절도의 점

피고인은 절도혐의를 자백하고 있어 보강증거가 있는지 살펴보아야 합니다. 수사기관이 금목걸이를 압수 할 때 절도혐의에 대한 소명이 부족하였으므로 체포 혐의와 관련 없는 사실로 인한 별건 압수로서 위법수집증거입니다. 또한 영장없이 압수한 경우라 하더라도 사후 영장을 발부받아야 함에도 발부받지 아니하였으므로 금목걸이는 위법수집증거임이 틀림없어 증거능력이 없습니다. 따라서 피고인의 자백에 대한 보강증거가 없으므로 형소법 제325조 후단 무죄가 선고되어야 합니다.

김 재 중
한양대학교 법과대학 졸업
한양대학교 대학원 졸업(법학석사)
충북대학교 대학원 졸업(법학박사)
제25회 사법시험 합격(사법연수원 제15기)
충북지방변호사회 회장, 부회장, 총무이사 역임
청주지방검찰청 형사조정위원장,
충청북도 행정심판위원, 토지수용위원, 인사위원, 감사위원
언론중재위원, 노동위원회 공익위원 역임
현) 충북대학교 법학전문대학원 원장
충청북도 소청심사위원회 위원장
충북지방경찰청 인권위원장
청주범죄피해자지원센터 부위원장
청주지방법원 민사 · 가사 조정위원

〈저서〉
형벌제도 개선방안
형사재판론
〈논문〉
스포츠맨 · 연예인에 대한 인터넷상 '악플'의 제재방안
배심원평결의 실효성 확보방안
형사소송법 지도이념으로서의 피해자 보호주의
한국의 전자감시제도 및 그 발전방안
대체형벌로서의 징벌적 손해배상제도
집행유예에 관한 판례동향과 개선방안
피해자의 시각에서 본 재정신청제도
한국에 있어서의 위법수집증거배제법칙 등 다수

형사기록연습

지은이 / 김 재 중
펴낸이 / 조 형 근
펴낸곳 / 도서출판 동방문화사

인쇄 / 2014. 8. 11
발행 / 2014. 8. 11

주 소 / 서울시 서초구 방배동 905-16, 101호
전 화 / 02)3473-7294　　팩 스 / (02)587-7294
메 일 / 34737294@hanmail.net　　등 록 / 서울 제22-1433호

저자와의 합의, 인지생략

파본은 바꿔 드립니다.
정 가 / 30,000원

ISBN 978-89-97569-74-8 93360